난생처음

R 코딩 & 데이터 분석

오세종, 신현석 지음

한빛아카데미
Hanbit Academy, Inc.

지은이 오세종 sejongoh@dankook.ac.kr

서강대학교 컴퓨터학부 학사와 석사를 거쳐 동대학원 컴퓨터학과에서 접근제어이론으로 박사학위를 받았다. 학위 후 미국 George Mason University에서 Psot Doc. 연구원으로 2년간 일하였다. 대우정보시스템 CIM 사업부에 근무하면서 데이터베이스 설계, ERP 시스템 개발에도 참여하였다. 현재 단국대학교 소프트웨어학과 교수로 재직 중이다. 주요 연구 분야로 빅데이터 분석, 데이터 시각화, 머신러닝을 활용한 의료분야 진단 모델 개발 등이 있다. 저서로는 『모두를 위한 R 데이터 분석 입문』(한빛아카데미, 2019), 『데이터베이스 설계 및 구축』(생능출판사, 2012), 『C로 배우는 기초 프로그래밍』(그린, 2010)이 있다. 현재 K-MOOC에서 'R 데이터 분석 입문'을 강의하고 있다.

지은이 신현석 shinhseok@gmail.com

아주대학교 미디어학과에서 학사를 거쳐 동대학원에서 뉴미디어 커뮤니케이션으로 석사학위를 받았다. ㈜티랩컨버전스연구소에서 약 4년간 근무하며 IPTV 서비스의 백오피스 기획, 프로젝트 개발 관리, 사내 데이터 수집 및 분석 플랫폼 구축 TF에 참여하였다. 현재 단국대학교 컴퓨터학과 박사과정을 밟으며 생명정보기술 연구실에서 인공지능 안과 진단 모델 개발 프로젝트에 참여 중이다. 아울러 학부생을 대상으로 'R을 활용한 데이터마이닝' 강의를 진행하고 있다.

난생처음 R 코딩 & 데이터 분석

초판발행 2021년 1월 5일
5쇄발행 2025년 7월 30일

지은이 오세종, 신현석 / **펴낸이** 전태호
펴낸곳 한빛아카데미(주) / **주소** 서울시 서대문구 연희로2길 62 한빛아카데미(주) 2층
전화 02-336-7112 / **팩스** 02-336-7199
등록 2013년 1월 14일 제2017-000063호 / **ISBN** 979-11-5664-513-9 93000

총괄 박현진 / **책임편집** 김성무 / **기획·편집** 김성무 / **교정** 윤미현 / **진행** 안비단
디자인 이아란 / **전산편집** 이소연 / **삽화** 임의영 / **제작** 박성우, 김정우
영업 김호철, 김태진, 김성삼, 이정훈, 임현기, 이성훈, 김주성, 심지연

이 책에 대한 의견이나 오탈자 및 잘못된 내용은 출판사 홈페이지나 아래 이메일로 알려주십시오.
파본은 구매처에서 교환하실 수 있습니다. 책값은 뒤표지에 표시되어 있습니다.
홈페이지 www.hanbit.co.kr / 이메일 question@hanbit.co.kr

지은이 머리말

R로 시작하는 데이터 프로그래밍

4차 산업혁명 시대의 도래와 더불어 인공지능과 빅데이터 분야가 주목을 받고 있습니다. 이에 따라 많은 이들이 관련 기술을 배우기 원하지만, 컴퓨터 전공자가 아닌 경우 학습을 위한 진입장벽이 너무 높아 중도에 포기하는 경우를 많이 봅니다. 인공지능과 빅데이터 분야에 진입하려면 프로그래밍 스킬이 필수적인데, 프로그래밍을 배우는 것 자체가 어렵기 때문입니다. 이런 분들에게 R은 좋은 출발점이 될 수 있습니다.

R은 잘 알려진 오픈소스 소프트웨어 중 하나로 데이터 분석에 특화된 프로그래밍 언어입니다. 전통적인 프로그래밍 언어가 코딩, 컴파일, 실행 파일 생성 등 복잡한 과정을 거쳐야 하는 것과는 달리 R은 사용자가 컴퓨터와 대화하듯이 명령을 내리고, 컴퓨터가 명령을 실행한 결과를 바로 확인할 수 있기 때문에 컴퓨터 비전공자도 쉽게 이해하고 배울 수 있는 장점이 있습니다. 또한 R은 전통적인 프로그래밍 언어가 따라올 수 없는 탁월한 데이터 처리와 분석 기능을 갖추고 있어서 실제로 통계나 데이터 분석 업무에 널리 활용되고 있습니다. 따라서 R은 인공지능과 빅데이터 분야에 들어서기 위한 좋은 시작점이 될 수 있습니다. R에서 제공하는 다양한 데이터를 다루다 보면 자연스레 데이터 분석과 프로그래밍 언어를 익힐 수 있을 것입니다.

이 책은 R을 처음 배우는 컴퓨터 비전공자를 염두에 두고 저술하였습니다. 이론적인 내용은 가급적 간단히 언급하였고, 어려운 용어들은 알기 쉽게 풀어 쓰려고 노력하였습니다. 중요하지만 입문 단계에서 이해하기 어려운 내용들은 과감히 생략하였습니다. 이 책의 설명과 예제를 따라 하다 보면 자연스럽게 프로그래밍 기법과 데이터를 다루는 능력이 습득될 것입니다. 이 책이 R 프로그래밍이나 데이터 분석에 대한 모든 것을 말해 주지는 않지만 전문가가 되기 위한 좋은 입문서가 될 것이라고 확신합니다.

외국어를 배우는 데 왕도가 없듯이 프로그래밍 언어를 배우는 데에도 특별한 지름길은 없습니다. R도 마찬가지입니다. 기본적인 문법을 이해한 뒤에 예제를 반복해서 실습해보는 것이 효과적으로 학습하는 방법입니다. 설명이 이해가 안 되는 부분은 본 교재와 함께 제공되는 동영상 강의를 통해서 해결할 수 있습니다. 이 교재를 발판삼아 많은 분들이 데이터 전문가의 길로 나아갈 수 있기를 기원합니다.

저자 오세종, 신현석

이 책의 구성

『난생처음 R 코딩 & 데이터 분석』 8단계 길잡이

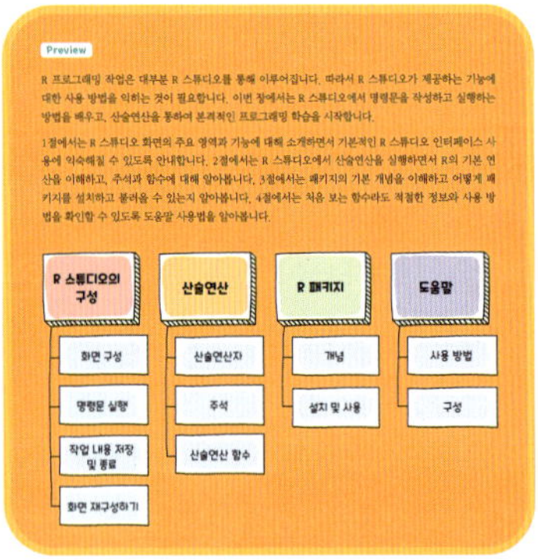

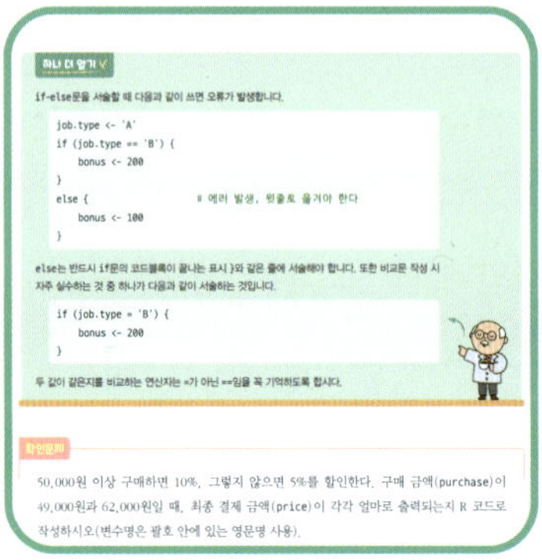

코드

소스 코드를 통해 직접 실습하면서 R의 기본 개념을 이해할 수 있습니다. R 스튜디오 환경에서 실습을 진행합니다.

말풍선

지나치기 쉬운 내용이나 꼭 기억해 두어야 할 내용을 짚어줍니다.

1 2 3 4

1 PREVIEW

해당 장에서 배울 내용을 간략하게 정리하며, 로드맵을 통해 주제 및 주요 개념을 큰 맥락에서 볼 수 있도록 도와줍니다.

3 하나 더 알기

본문과 관련된 도움말이나 참고로 알아두면 좋은 내용을 담고 있습니다.

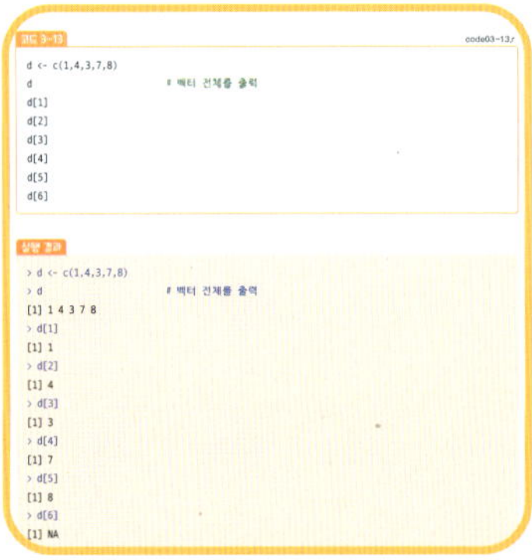

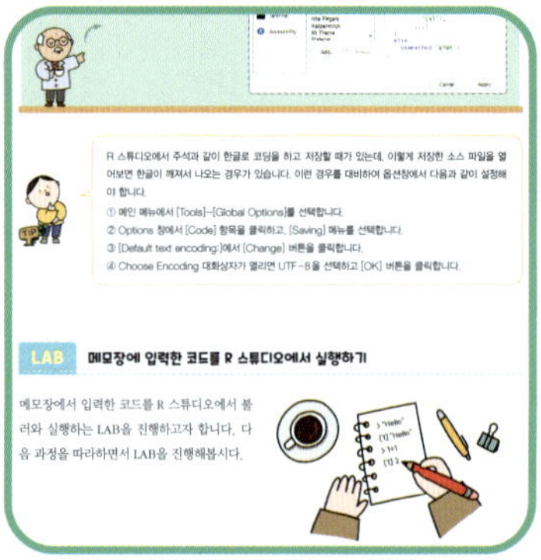

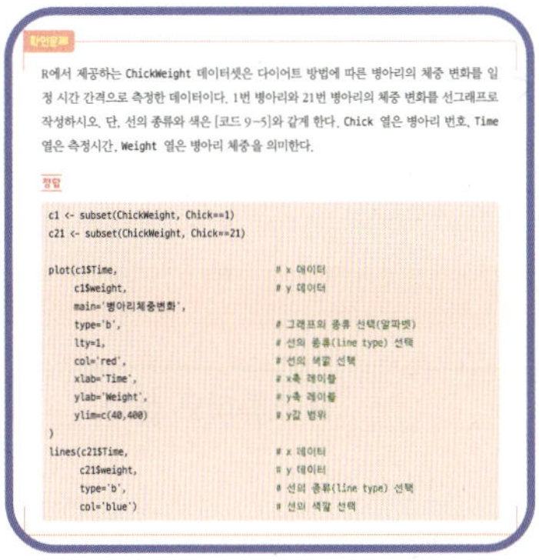

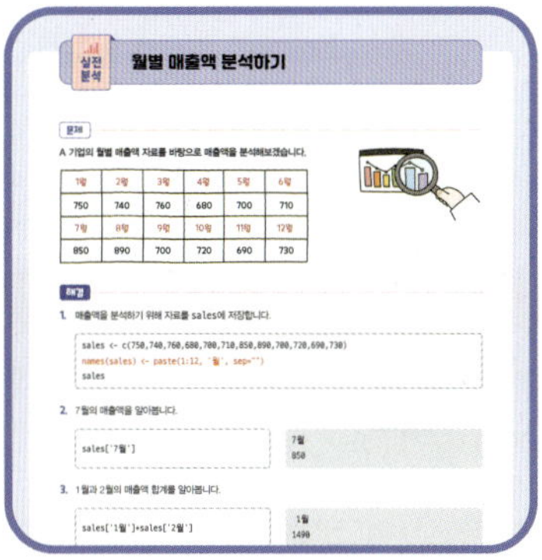

LAB

하나의 절이 끝날 때마다 실생활에서 접할 수 있는 문제를 LAB으로 제시하여 해결할 수 있도록 합니다.

연습문제

해당 장에서 배운 개념과 문법을 묻고, 코드를 분석하는 문제를 통해 실력을 테스트할 수 있습니다.

5 6 7 8

확인문제

하나의 주제가 끝날 때마다 간단한 문제를 통한 확인학습이 가능합니다.

실전분석

하나의 장이 끝날 때마다 실제로 접할 수 있는 데이터를 분석합니다.

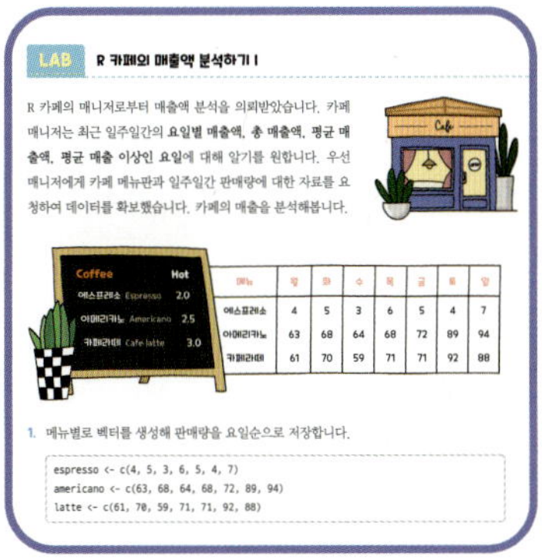

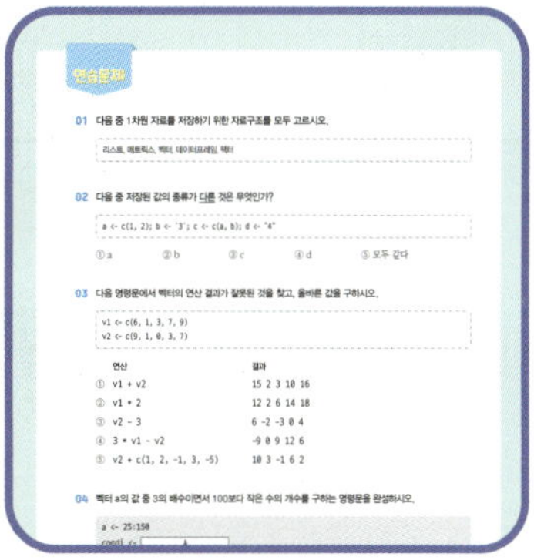

학습 로드맵

Go!

1-2장

프로그래밍이 무엇이며 왜 배워야 하는지 알아보고, 실습을 위해 R과 R 스튜디오의 설치 방법을 배웁니다.

01 R 개요

R 소개

R 스튜디오 설치

8-9장

분석 결과를 이해하기 쉽게 표현하기 위해 다양한 그래프인 막대그래프, 히스토그램, 원그래프, 선그래프, 상자그림, 산점도를 작성하는 방법을 알아봅니다.

03 데이터 시각화

기본 그래프 작성 I

기본 그래프 작성 II

10-11장

R에 대한 학습을 기반으로 단일변수 자료와 다중변수 자료에 대한 탐색적 분석 방법에 대해 알아보고, 데이터를 분석에 적합한 형태로 가공하기 위한 여러 가지 전처리 관련 기법들에 대해 학습합니다.

04 데이터 탐색과 전처리

데이터 탐색

데이터 전처리

3-7장

R의 기본 문법에 대해 알아보고 변수의 개념과 1차원 데이터를 저장하기 위한 벡터, 2차원 데이터를 저장하기 위한 매트릭스와 데이터프레임의 활용법, 파일에서 읽기와 쓰기를 학습합니다. 또한 프로그래밍에서 자주 사용하는 조건문, 반복문, 함수에 대해서도 배웁니다.

02

R 프로그래밍

변수, 벡터, 함수의 이해

벡터 다루기

매트릭스와 데이터프레임

데이터 입출력

제어문과 사용자 정의 함수

12-13장

고급 그래프 기법인 나무지도, 다중 상자그림, 방사형 차트, ggplot에 대해 알아봅니다. 마지막으로 포브스 기업 리포트 데이터와 대기오염 측정 데이터를 바탕으로 실제 데이터 분석 사례를 살펴봅니다.

05

데이터 분석 심화

고급 그래프 작성

사례로 알아보는 데이터 분석

Goal!

이 책의 사용 설명서

• 실습 자료와 부록

실습에 필요한 자료와 부록 PDF는 아래 주소에서 내려받을 수 있습니다.
http://www.hanbit.co.kr/src/4513

• 실습 환경

이 책의 실습 환경은 다음과 같습니다.

- **운영체제** Windows 10(Windows 7 이후라면 모두 사용 가능)
- **실습도구** R, R 스튜디오

• 동영상 강의 안내

저자가 직접 강의한 내용을 한빛아카데미 유튜브(Youtube)에서 들을 수 있습니다. 아래 링크로 들어가거나, 검색창에서 '한빛아카데미'를 입력해주세요.
https://www.youtube.com/한빛아카데미TV

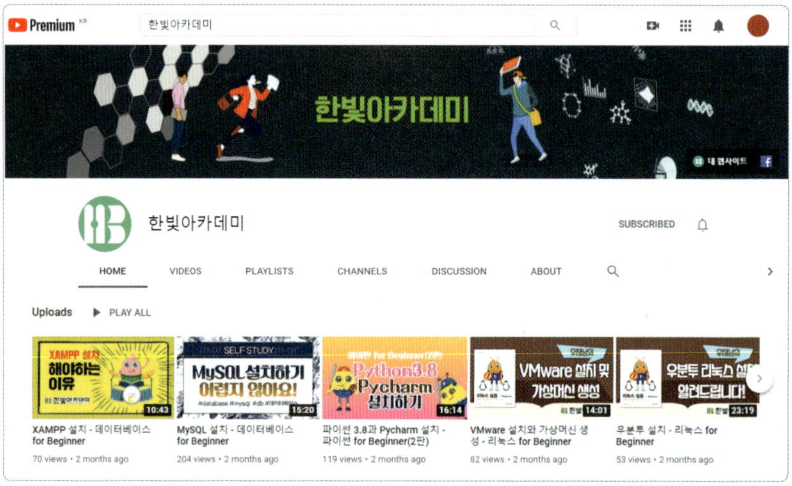

• 강의 보조 자료

한빛아카데미 홈페이지에서 '교수회원'으로 가입하신 분은 인증 후 교수용 강의 보조 자료를 제공받을 수 있습니다. 한빛아카데미 홈페이지 상단의 〈교수전용공간〉 메뉴를 클릭하세요.
http://www.hanbit.co.kr/academy

• 연습문제 해답 안내

이 책은 대학 강의용 교재로 개발되었으므로 연습문제 해답을 제공하지 않습니다.

목차

CHAPTER 01 R 비긴즈

CHAPTER 02 R 스튜디오와 친해지기

목차

CHAPTER 03 변수, 벡터, 함수 알아보기

CHAPTER 04 벡터 다루기

목차

목차

CHAPTER 01

R 비긴즈

학습목표

- 프로그래밍의 개념을 이해합니다.
- R 언어의 특징과 필요성을 살펴봅니다.
- R 프로그래밍을 위한 기반 환경인 R 스튜디오의 설치 방법을 학습합니다.

Preview

4차 산업혁명 시대가 도래하면서 코딩 능력, 즉 프로그래밍 능력과 데이터를 다룰 줄 아는 능력이 중요해지고 있습니다. 이 책에서 학습할 R 언어는 데이터 처리와 분석에 특화된 프로그래밍 언어로 지금 시대에 꼭 알아야 하는 언어입니다. 이번 장에서는 R을 본격적으로 학습하기 전에 프로그래밍이 무엇인지 이해한 후 R 언어에 대해 개략적으로 살펴보고, R과 R 스튜디오 설치 방법에 대해 알아봅니다.

1절에서는 프로그래밍이란 무엇이고 왜 필요한 것인지, 프로그래밍 언어는 왜 사용하는 것인지를 컴퓨터의 특성과 함께 살펴봄으로써 프로그래밍에 필요한 기초 지식을 다져봅니다. 2절에서는 R이 가진 여러 가지 장점과 함께 R이 데이터 분석에 특화된 프로그래밍 언어임을 이해합니다. 3절에서는 R로 프로그래밍하기 위한 환경을 구축하는 과정에 대해 학습합니다.

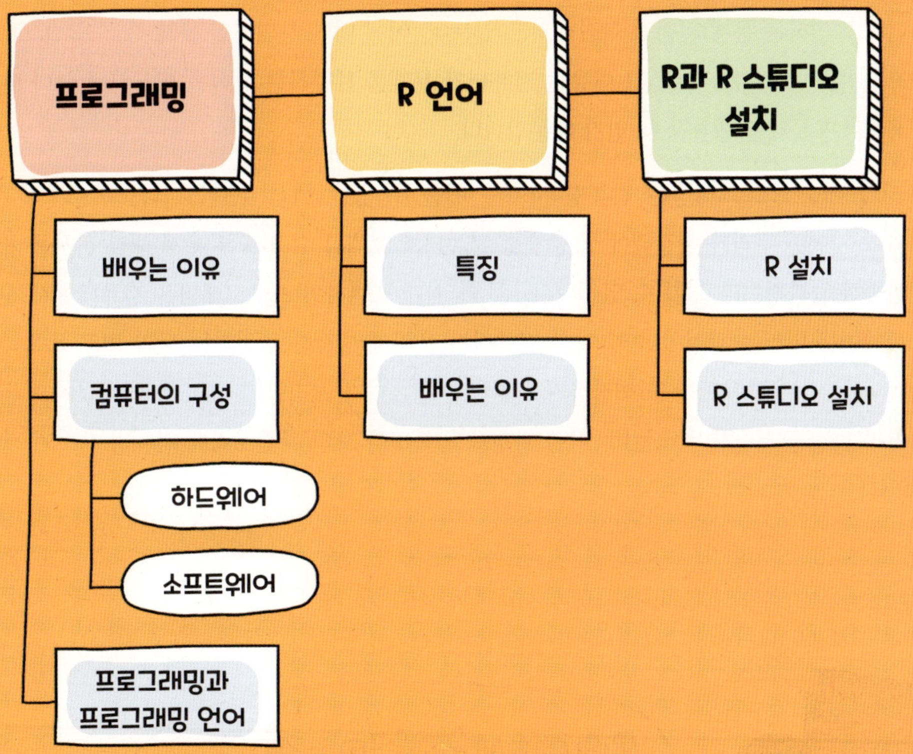

Section 01

프로그래밍이란 무엇인가요?

1 프로그래밍을 배우는 이유

최근 교육계에서는 '컴퓨팅 사고'가 중요한 화두로 떠오르고 있습니다. 컴퓨팅 사고(Computational Thinking)란 **사람이 컴퓨터가 문제를 분석하고 해결하는 방식처럼 생각하는 것**으로, 복잡한 문제를 단순화하고 이를 논리적이면서 효율적으로 해결하는 사고 과정을 말합니다. 사회가 빠르게 변하면서 우리가 직면하는 문제도 점점 복잡해지고 있는데, 이에 대한 창의적인 문제 해결 방법으로 컴퓨팅 사고가 주목받고 있습니다. 그 이유는 컴퓨터가 문제를 해결하는 방식을 이용하면 보다 효율적이면서 빠르게 문제를 해결할 수 있기 때문입니다.

앞으로 우리가 배울 프로그래밍은 컴퓨팅 사고를 배울 수 있는 핵심 수단입니다. 프로그래밍(programming)이란 **우리가 해결해야 할 문제를 컴퓨터가 처리할 수 있도록 문제 해결 절차를 체계적으로 서술하는 과정**이라고 할 수 있습니다. 좀 더 쉽게 표현하면 프로그래밍은 컴퓨터에서 실행할 소프트웨어를 만드는 과정입니다. 사실 컴퓨터는 우리가 생각하는 것과는 달리 별로 똑똑하지 않습니다. 컴퓨터로 어떤 문제를 해결하기 원한다면 컴퓨터가 처리할 수 있도록 체계적이고 논리적으로 처리 과정을 서술해야 하는데, 이런 과정을 반복하다 보면 자연스럽게 컴퓨팅 사고가 생길 수 있습니다.

그림 1-1 컴퓨팅 사고를 통한 프로그래밍

프로그래밍을 학습하면 컴퓨팅 사고를 배울 수 있을 뿐만 아니라 문제 해결에 적합한 자신만의 소프트웨어를 만들 수 있습니다. 우리는 지금까지 이미 만들어진 소프트웨어를 설치하여 사용하였습니다. 그러다 보니 자신이 원하는 기능이 없을 수도 있고, 처리 결과가 원하는 것과 다른 모양일 수도 있었습니다. 하지만 프로그래밍이 가능하다면 자신의 필요와 입맛에 맞는 소프트웨어를 소유하는 것이 가능해집니다.

프로그래밍을 배우면 내가 원하는 소프트웨어를 만들 수 있고, 자연스럽게 컴퓨팅 사고도 습득할 수 있습니다.

확인문제

다음을 읽고 빈 칸에 들어갈 적절한 단어를 적으시오.

컴퓨터가 문제를 해결하는 방식처럼 생각하는 것을 ______ 라고 말한다.

정답

컴퓨팅 사고

2 컴퓨터의 구성 : 하드웨어와 소프트웨어

프로그래밍의 1차적인 목적은 컴퓨터로 하여금 우리가 원하는 어떤 일을 수행하도록 하는 것입니다. 따라서 컴퓨터 자체에 대해 이해하는 것이 가장 먼저 필요합니다.

컴퓨터는 하드웨어와 소프트웨어로 구성됩니다. 하드웨어(hardware)는 **만질 수 있고 눈에 보이면서 형태를 가진 기계 장치들**을 말하는데, 컴퓨터 본체 외부에 있는 키보드, 모니터, 마우스 등과 컴퓨터 본체 내부에 있는 중앙처리장치(CPU), 메모리, 하드디스크 등이 대표적인 하드웨어입니다. 반대로 형태도 없고 손으로 만질 수도 없는 소프트웨어(software)는 **하드웨어의 기능을 원활하게 수행하기 위한 '명령들의 집합'**입니다. 컴퓨터상에서 실행되는 엑셀, 파워포인트, 카카오톡, 페이스북 등이 이에 속합니다. 흔히 하드웨어와 소프트웨어의 관계를 자동차와 운전자에 비유합니다. 자동차가 운전자 없이는 스스로 움직일 수 없는 것처럼, 소프트웨어 없이는 하드웨어 스스로 아무 일도 할 수 없습니다.

그림 1-2 **하드웨어와 소프트웨어**

컴퓨터가 동일한 하드웨어를 통해 다양한 일을 할 수 있는 것은 소프트웨어 덕분입니다. 컴퓨터를 문서 편집기로 쓰고 싶다면 한글이나 워드와 같은 워드프로세서를 설치하면 되고, 게임기로 사용하고 싶으면 게임 소프트웨어를 설치하면 됩니다. 이와 같이 컴퓨터에 어떤 소프트웨어가 설치되어 있는가에 따라 컴퓨터의 용도가 달라집니다. 소프트웨어는 작업의 실행 과정에서 CPU나 메모리와 같은 하드웨어 자원을 필요로 합니다. 소프트웨어 없이는 하드웨어 혼자 컴퓨터 구실을 할 수 없는 것처럼 하드웨어 없이는 소프트웨어가 설치되거나 작업을 실행할 수 없습니다.

컴퓨터 하드웨어는 일련의 제조 과정을 통해 공장에서 만들 수 있습니다. 그렇다면 소프트웨어는 어떻게 만들어질까요? 바로, 소프트웨어 개발자가 프로그래밍이라는 과정을 통해서 만들게 됩니다. 우리도 프로그래밍을 할 수 있는 능력을 갖추면 원하는 소프트웨어를 만들 수 있습니다. 이것이 프로그래밍을 배우는 이유 중의 하나입니다.

확인문제

다음 중 하드웨어와 관련이 먼 것을 모두 고르시오.

① CPU　② 이메일　③ 스피커　④ 웹 브라우저　⑤ 모니터

정답

②, ④

3 프로그래밍과 프로그래밍 언어

프로그래밍(programming)은 **우리가 해결해야 할 문제를 컴퓨터가 처리할 수 있도록 문제 해결 절차를 체계적으로 서술하는 과정**입니다. 실생활과 연결시키면 프로그래밍은 요리하는 과정에 비

유할 수 있습니다. 예를 들어, 해산물 토마토 파스타를 만들어 먹는다고 가정합시다. 이것이 해결해야 할 문제가 됩니다. 이 문제를 해결하기 위해서는 [그림 1-3]과 같이 정해진 절차에 따라 요리를 해야 합니다.

그림 1-3 해산물 토마토 파스타 만들기

이러한 레시피는 작업의 순서와 방법을 논리적으로 설명하고 있어서 요리를 만드는 사람들에게 좋은 지침이 됩니다. 마찬가지로 컴퓨터에게 어떤 작업을 시키려면 요리의 레시피처럼 컴퓨터가 해야 할 작업의 순서와 방법을 논리적으로 제시해야 합니다. 이 과정이 프로그래밍입니다.

[그림 1-3]에 있는 레시피는 일상의 어휘들로 작성이 되었기 때문에 글을 읽을 줄만 알면 과정을 따라하면서 요리하는 것이 가능하고, 그 과정이 끝나면 맛있는 파스타를 먹을 수 있습니다. 그렇다면 컴퓨터를 위한 작업 과정도 일상의 언어로 작성할 수 있을까요? 만약 어떤 사람이 컴퓨터에게 목소리를 이용해 '100명 중 누구의 성적이 뛰어난지 알려줘!'라고 명령한다고 가정합시다. 사실 이렇게 일상적인 언어로 컴퓨터에게 작업을 지시할 수 있으면 좋겠지만 인간의 언어는 모호성이 많이 내포되어 있습니다. 따라서 컴퓨터가 이해하기 어려워 실행할 수 없는 경우가 대부분입니다.

그림 1-4 일상의 언어로 명령을 내리면 컴퓨터는 이해할 수 없습니다.

앞에서와 같은 명령문의 경우 성적이 뛰어나다는 기준이 모호하고, 어떻게 성적이 뛰어난 사람을 골라낼지에 대한 방법도 제시되지 않았습니다. 따라서 컴퓨터가 실행할 수 있도록 작업의 목표와 처리 방법을 명확히 표현할 수 있는 언어가 필요한데 이것이 바로 프로그래밍 언어입니다. 프로그래밍 언어(programming language)란 **컴퓨터가 어떤 작업을 수행하기 위한 프로그램(program)을 작성하는 데 사용하는 언어**로, [그림 1-5]와 같이 간단한 영어 단어와 기호들로 구성되어 있으며, 문법도 존재합니다. 프로그래밍을 공부한다는 것은 프로그래밍 언어의 문법 구조를 배우고 이것을 활용하여 컴퓨터에게 일을 시키기 위한 '작업 지시서'를 작성하는 방법, 즉 프로그램 작성 방법을 학습하는 것입니다.

```
sum <- 0
for (i in 1:1000) {
    sum <- sum + i
}
print(sum)
```

그림 1-5 숫자 1~1000까지의 합계를 구하는 간단한 프로그램

지금까지 다양한 프로그래밍 언어가 개발되었습니다. 그중 C, 자바, 파이썬 등이 대표적인 프로그래밍 언어입니다. 어떤 언어는 지금도 사용하고 있고, 어떤 언어는 거의 사용하지 않습니다. 우리가 소프트웨어를 만들고자 한다면 이들 언어 중 하나를 반드시 배워야만 합니다.

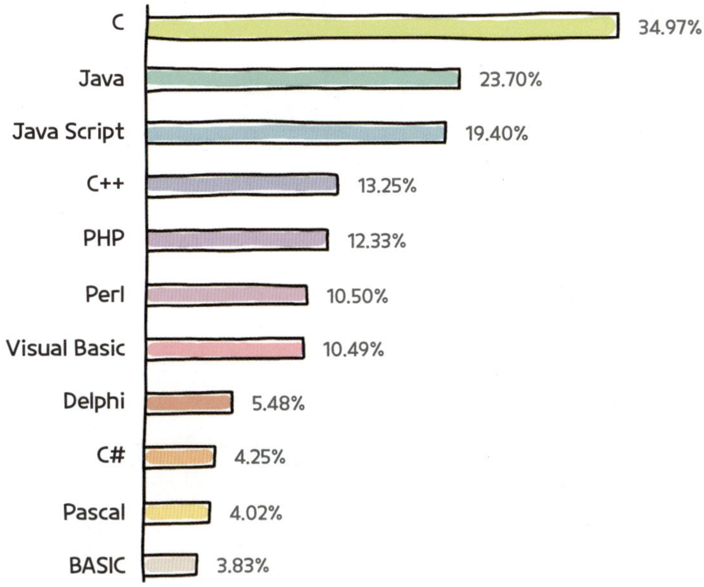

그림 1-6 **프로그래밍 언어의 사용 비율** © Popular programming languages 1965-2019

특정 프로그래밍 언어를 사용하여 문제 해결 과정을 작성한 문서를 **프로그램(program)**이라고 하며, 이는 컴퓨터에게 일을 시키기 위한 '작업 지시서'라고 할 수 있습니다. 1~1000 사이에 있는 숫자의 합을 구하기 위해서는 [그림 1-5]와 같이 코딩, 즉 프로그램을 작성해야 합니다. 그런데 이러한 프로그램은 인간의 언어에 가깝게 작성되었기 때문에 실제 컴퓨터가 이해할 수 없습니다. 사실 컴퓨터는 [그림 1-7](a)와 같이 0과 1로 구성된 **기계어(machine language)**만 이해할 수 있습니다. 그래서 [그림 1-7](b)와 같이 인간의 언어에 가까운 프로그램을 컴퓨터가 이해할 수 있는 기계어 형태로 변환하는 과정이 필요한데 이를 **컴파일(compile)**이라고 합니다. 컴파일을 하기 위해 **컴파일러(compiler)**라고 하는 특별한 소프트웨어가 사용됩니다. 프로그램을 컴파일하면 컴퓨터가 이해하여 실행 가능한 기계어 파일이 생성되는데, 이를 **실행 파일(executable file)**이라고 합니다. 이것이 구체적인 의미의 소프트웨어입니다.

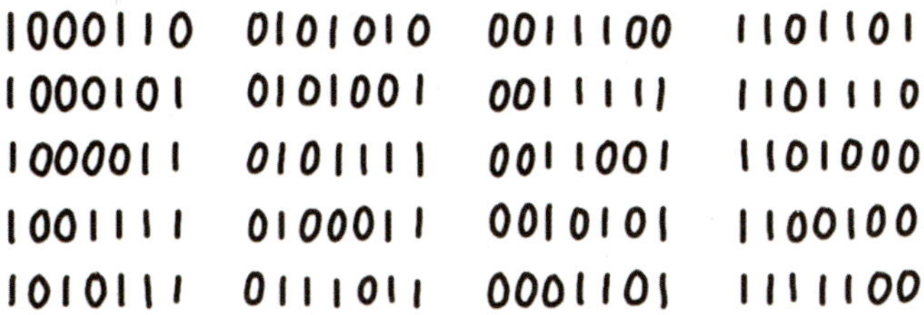

(a) 기계어의 예

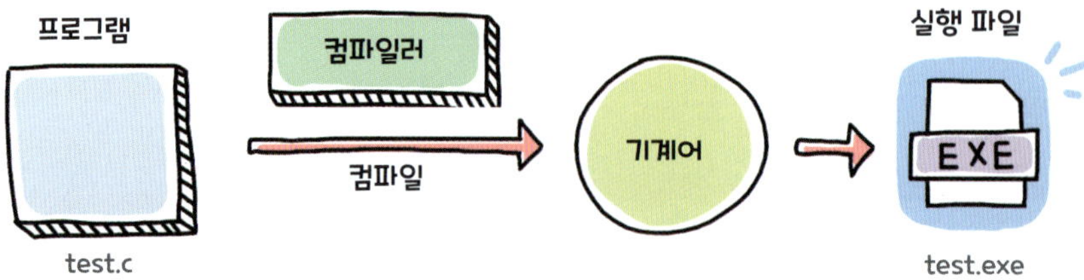

(b) 컴파일을 통한 실행 파일이 생성

그림 1-7 **프로그램이 만들어지는 과정**

하나 더 알기 ✓ **실행 파일**

우리가 컴퓨터의 탐색기를 통해 특정 폴더의 내용을 보았을 때 파일의 확장자가 'exe'인 파일이 바로 실행 파일입니다. 실행 파일을 더블클릭하면 그 안에 있는 기계어로 된 명령문들이 실행되면서 소프트웨어가 작동됩니다.

많은 사람들에게 이러한 프로그래밍 과정은 매우 어려운 것으로 다가올 수 있습니다. 특별히 컴퓨터를 전공하지 않은 사람들에게는 더욱 그렇습니다. 사실 컴퓨터 전공자라 하더라도 처음에 프로그래밍을 배우는 과정은 쉽지 않습니다. 그것은 낯선 제2외국어를 배우는 것 이상으로 넘기 어려운 산임에 틀림없습니다. 결국 컴퓨터 비전공자들도 쉽게 배워서 업무에 사용할 수 있는 프로그래밍 언어가 필요했고, 그러한 목적으로 개발된 언어 중의 하나가 바로 본 교재를 통해서 배우고자 하는 R 언어입니다. 그럼 R 언어에 대해 보다 자세히 알아보도록 하겠습니다.

확인문제

다음을 읽고 빈 칸에 들어갈 적절한 단어를 적으시오.

작성된 프로그램을 컴퓨터가 이해할 수 있는 기계어 형태의 파일로 변환하는 과정을 [　　　　]이라고 한다.

정답

컴파일

TIP 프로그래밍 언어도 언어이기 때문에 반복적 연습 외에는 달리 프로그래밍을 잘할 수 있는 방법이 없습니다. 즉, 반복적 학습을 한다면 누구나 프로그래밍을 잘할 수 있습니다.

Section
02
R 언어에 대해 알아봅니다

1 R 언어의 특징

R 언어는 비교적 최근에 개발된 프로그래밍 언어 중 하나입니다. R은 1993년, 뉴질랜드 오클랜드 대학의 로스 이하카(Ross Ihaka)와 로버트 젠틀맨(Robert Gentleman)에 의해 통계 프로그래밍 언어인 S-PLUS의 무료 버전 형태로 처음 소개되었습니다.

그림 1-8 **R 언어 로고**

R은 배우기 쉽고 강력한 기능을 제공해 학습뿐만 아니라 실제 기업의 업무에도 널리 활용되고 있습니다. R 언어의 특징은 다음과 같습니다.

데이터 분석에 특화된 언어

C, 자바와 같은 전통적인 프로그래밍 언어는 어떤 종류의 소프트웨어라도 개발할 수 있는 범용 언어입니다. 그에 비해 R은 통계를 포함한 데이터 분석 작업에 활용할 목적으로 개발된 언어입니다. 따라서 R을 이용하여 문서 편집 프로그램이나 이메일 송수신 프로그램을 만드는 것은 어렵습니다. 그 대신 데이터 관리 및 데이터 분석을 위해 편리하면서 다양한 기능을 제공합니다. 따라서 통계 업무나 빅데이터 분석과 같은 데이터를 다루기 위해서는 필수적으로 R을 학습해야 합니다.

배우기 쉬운 언어

R은 컴파일 과정이 필요 없는 스크립트 언어입니다. 전통적인 프로그래밍 언어는 작성한 프로그램을 실행하기 위해 컴파일이나 실행 파일 생성과 같은 복잡한 과정을 거쳐야 합니다. 그에 비해 R은

컴파일 과정 없이도 바로 실행하여 결과를 확인할 수 있기 때문에 학습자 입장에서는 다른 프로그래밍 언어보다 쉽게 느껴질 것입니다. 이처럼 컴파일이나 별도의 실행 파일을 만들지 않고 바로 실행 가능하다는 특징 때문에 R로 작성한 것을 '프로그램'이 아니라 스크립트(script)라고 부르는 경우가 많습니다.

탄탄한 사용자 커뮤니티

R은 사용자층이 두텁기 때문에 다양한 커뮤니티가 존재합니다. R로 프로그래밍을 하다가 막혔을 때 웹에서 검색만 하면 수많은 설명과 사용 예를 찾을 수 있기 때문에 문제 해결 시간을 단축시킬 수 있습니다. 또한 초보자를 위한 학습 자료도 풍부하게 존재합니다. 과거에는 주로 구글을 통해 R과 관련된 자료를 찾았는데, 최근에는 국내 검색 사이트를 통해서 찾을 수 있는 한글 자료들이 증가하는 추세입니다.

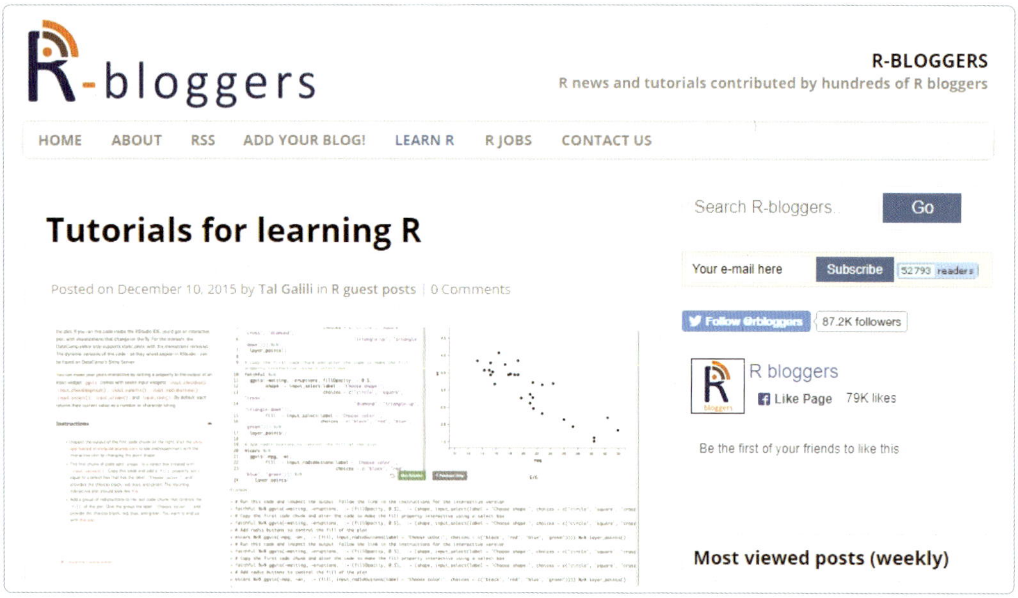

그림 1-9 대표적 R 커뮤니티 R-bloggers(https://www.r-bloggers.com/)

다양한 패키지 제공

R은 데이터 분석에 사용되는 함수들을 종류별로 묶어 패키지 형태로 제공합니다. 이러한 패키지들은 수많은 이용자들에 의해 개발되거나 지원되고 있는데, 현재 12,000개 이상의 패키지를 다운로드하여 사용할 수 있습니다. 이는 데이터 분석에 필요한 거의 모든 기능이 제공된다고 볼 수 있습니다. 또한 최신 이론이 발표되면 바로 R 패키지가 만들어지기 때문에 신속하게 최신 이론을 데이터 분석에 활용하는 것이 가능합니다.

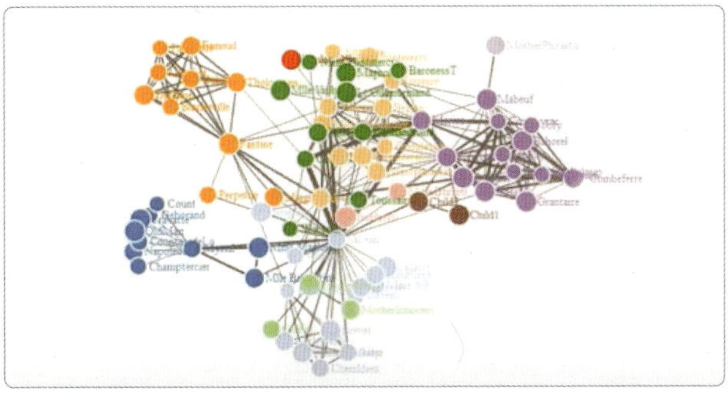

그림 1-10 networkD3 패키지 : 네트워크 형태의 데이터를 시각화하는 데 사용

미적이고 기능적인 통계 그래프 제공

데이터 분석에 있어서 분석 결과를 시각적으로 표현하는 것은 매우 중요합니다. 숫자나 표로 결과를 보여주는 것보다 그래프로 나타내는 것이 훨씬 이해도를 높이기 때문입니다. R에서는 `ggplot`이라는 패키지를 통해 아름다우면서도 기능적인 그래프를 쉽게 작성할 수 있도록 지원합니다.

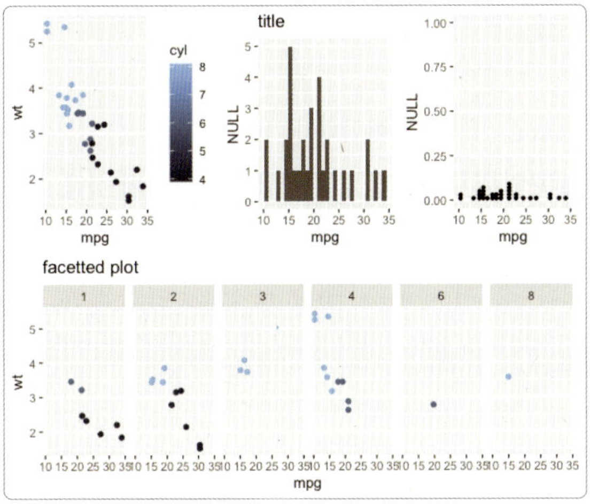

그림 1-11 ggplot 그래프의 예

편리한 프로그래밍 환경

R 프로그래밍을 위한 통합 개발 환경으로 R 스튜디오가 제공되어 모든 작업을 R 스튜디오 내에서 처리할 수 있습니다. 원론적으로 모든 프로그래밍 언어는 윈도우에서 기본적으로 제공하는 메모장을 사용하여 편집이 가능합니다. 하지만 프로그램 작성 · 실행 · 수정 등 여러 작업을 수행하려면 보다 편리한 작업 환경이 필요합니다. 이러한 작업 환경을 **통합 개발 환경**, **IDE(Integrated Development Environment)**라고 합니다. R 스튜디오가 얼마나 편리한지는 곧 경험하게 될 것입니다.

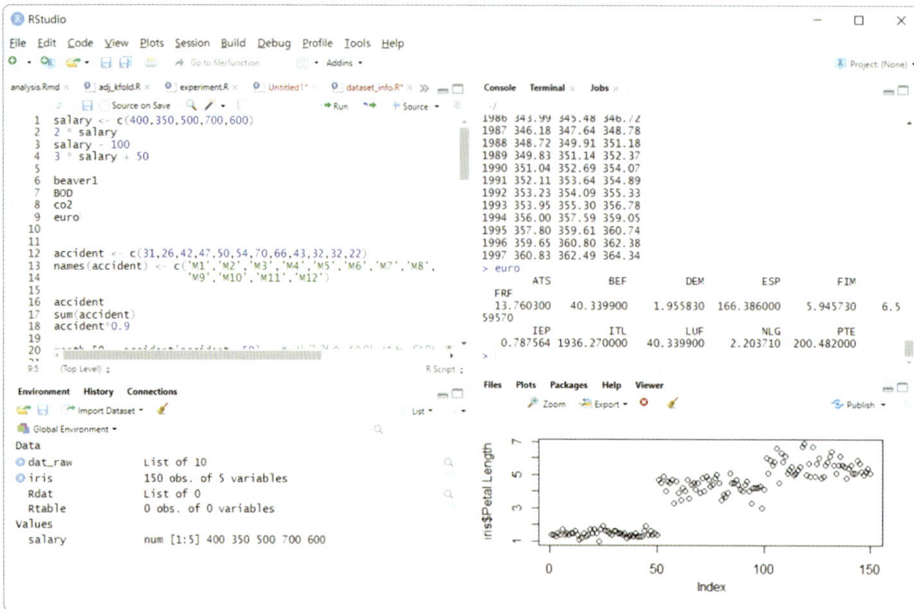

그림 1-12 R 스튜디오 실행 화면

무료 사용

R은 무료로 사용할 수 있는 오픈소스(open source) 소프트웨어입니다. 비슷한 기능을 제공하는 통계 소프트웨어들을 사용하려면 대부분 유료로 구입해야 하는데, R은 무료이기 때문에 더욱 매력적입니다. 비록 R은 무료이지만 1년에 1~2차례 정기적으로 업데이트가 이루어져 지속적으로 기능이 향상되고 있습니다. 또한 R은 윈도우 환경뿐만 아니라 리눅스, 맥OS 환경에서도 설치 및 사용이 가능합니다.

확인문제

다음 중 R 언어의 특징이 아닌 것을 모두 고르시오.

① R은 편리한 프로그래밍 환경을 가지고 있다.

② R에서 통계 그래프를 작성하고 싶으면 별도의 소프트웨어를 구매해야 한다.

③ R은 인터넷에서 풍부한 학습 자료를 구할 수 있다.

④ R을 이용하면 어떤 종류의 소프트웨어도 만들 수 있다.

⑤ R은 배우기 쉽다.

정답

②, ④

2 R을 배우는 이유

2016년 스위스 다보스에서 열렸던 세계경제포럼(World Economic Forum)에서는 기술 혁명의 새로운 시대가 열렸음을 천명하고 이를 '4차 산업혁명'이라고 명명하였습니다. 4차 산업혁명(The Fourth Industrial Revolution)이란 인공지능, 빅데이터, 로봇, 사물인터넷 등 새로운 과학 기술이 정치·경제·문화 전반에 영향을 미치면서, 이러한 변화를 수용하고 발전 가능성을 최대화시키는 시대를 말합니다. 이 중에서도 인공지능(AI, Artificial Intelligence)과 빅데이터(Big Data)가 핵심 기술로 인식되고 있습니다. 인공지능 기술 또한 상당 부분을 데이터에 의존하고 있음을 생각할 때 4차 산업혁명의 중심은 데이터라고 말해도 과언이 아닐 것입니다.

4차 산업혁명으로 인하여 직업을 포함한 사회와 산업 전반에 엄청난 파급효과를 가져올 것으로 예상됩니다. 이러한 시대적 흐름은 데이터를 잘 다룰 줄 아는 기업과 개인이 경쟁에서 우위를 점할 수 있음을 의미합니다. 데이터의 활용은 산업 외에도 정치·경제·문화 등 다양한 분야에서 확산되고 있습니다. 따라서 컴퓨팅 사고와 데이터 활용 능력은 전공을 불문하고 어떤 분야로 진출하든 점점 더 중요한 스펙이 될 것입니다.

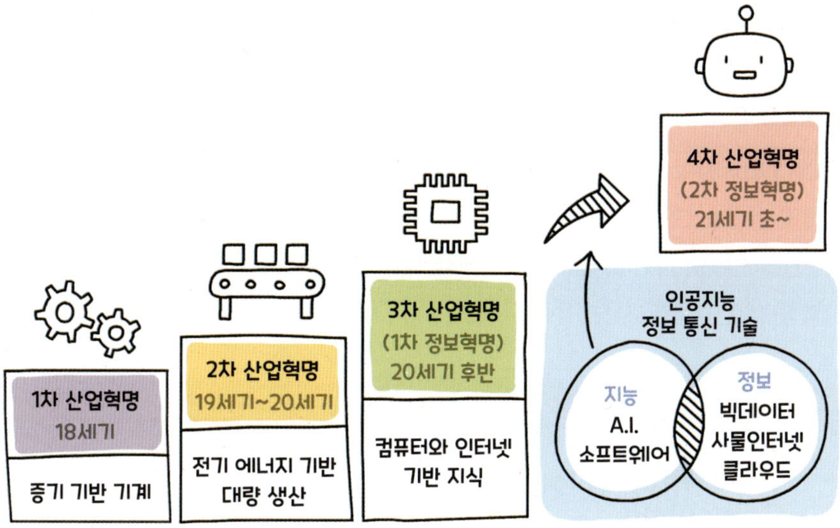

그림 1-13 산업혁명의 발전과 핵심 기술

우리는 지금까지 R이 갖고 있는 특징들에 대해서 살펴보았습니다. R은 배우기 쉬우면서도 강력한 데이터 처리 및 데이터 분석 능력을 제공하고 있습니다. 또한 프로그래밍 언어로 컴퓨팅 사고를 배우기에도 적합합니다. 그렇다면 이제 4차 산업혁명 시대의 인재로 성장하기 위한 첫걸음을 떼어 보도록 합시다.

> R을 배우는 것이 4차 산업혁명 시대의 인재로 성장하기 위한 첫걸음을 떼는 일입니다.

Section 03

R과 R 스튜디오를 설치해봅니다

R 프로그래밍을 학습하기 위해서는 소프트웨어인 R과 R 스튜디오(RStudio)를 설치해야 합니다. R은 프로그램을 작성하고 실행하기 위한 소프트웨어이고, R 스튜디오는 R 프로그래밍을 편리하게 작업할 수 있도록 도움을 주는 보조 소프트웨어입니다. R 스튜디오는 반드시 R이 있어야 사용할 수 있습니다. 따라서 R을 먼저 설치하고, 그 다음에 R 스튜디오를 설치합니다. R은 윈도우, 리눅스, 맥OS 환경에서도 설치가 가능합니다.

1 R 설치하기

R을 사용하려면 먼저 공식 웹사이트에서 R을 다운로드하고 설치해야 합니다.

01 R 공식 웹사이트인 https://www.r-project.org/에 접속한 다음 왼쪽 메뉴에서 [Download] 항목의 [CRAN]을 클릭합니다. CRAN-Mirrors 웹페이지에서 스크롤을 내려 [Korea] 항목의 링크 중 하나를 클릭하고, Download and Install R 영역에서 사용자의 운영체제에 맞는 링크를 클릭합니다. 이 책은 윈도우 버전으로 진행하므로 [Download R for Windows]를 클릭합니다.

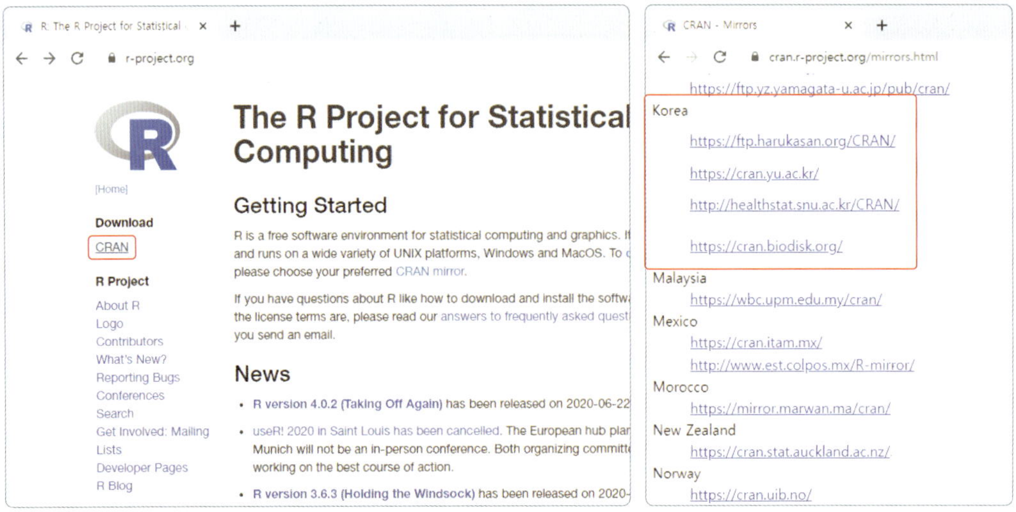

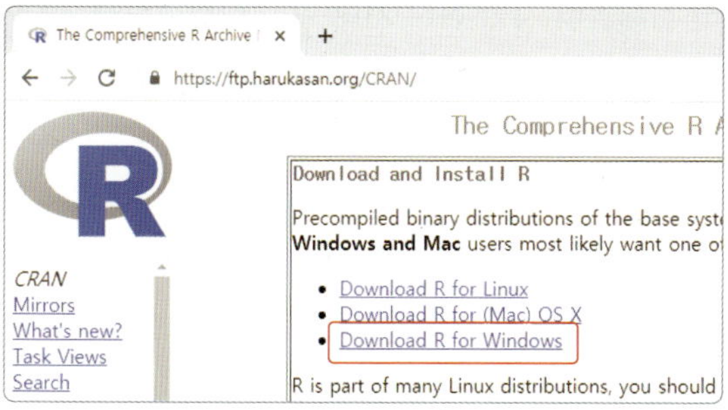

CRAN(the Comprehensive R Archive Network)은 전 세계에 흩어져 있는 R 문서나 파일을 보관하고 있는 서버 네트워크입니다.

하나 더 알기 ✓ **미러 사이트**

하나의 웹사이트에서만 R을 제공하면 전 세계 사용자가 몰려 이용 속도가 저하될 수 있습니다. 이를 방지하기 위해 동일한 사이트를 여러 곳에 복사해서 사용자들을 분산시켜야 합니다. 이렇게 원래 사이트에서 복사된 사이트를 미러(Mirrors) 사이트라고 합니다. 사용자가 지리적으로 가까운 미러 사이트를 이용하면 보다 빠르게 파일을 다운로드받을 수 있습니다.

02 R for Windows 페이지에서 [install R for the first time] 링크를 클릭하면 R 버전과 함께 다운로드 링크가 표시됩니다. [Download R 4.0.2 for Windows]를 클릭하여 가장 최신 버전의 설치 파일을 다운로드합니다.

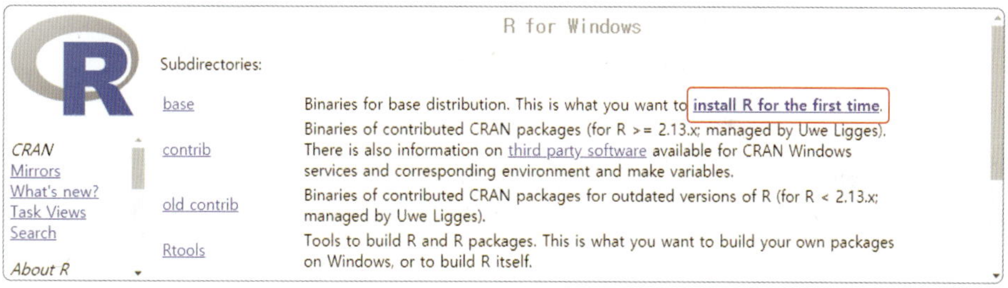

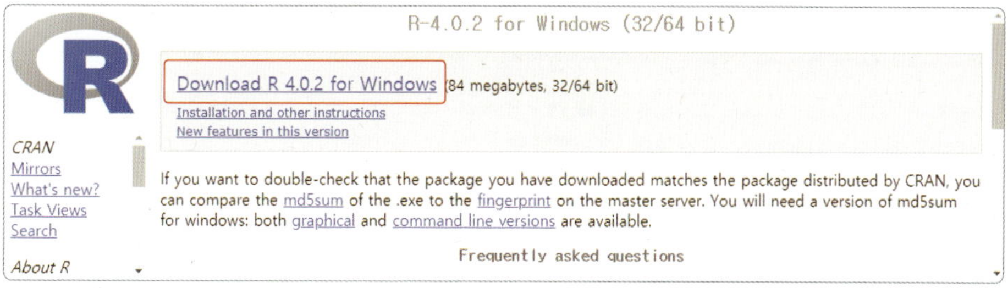

R은 주기적으로 버전을 업그레이드하기 때문에 독자들의 설치 시점에는 책에 나온 버전과 다를 수 있습니다. 1년에 1~2회 버전 업그레이드를 하고 있으니 이에 따라 자신의 컴퓨터에 설치된 R도 최신 버전으로 업그레이드하는 것이 좋습니다.

03 다운로드가 끝나고 설치 파일을 더블클릭하여 실행하면 설치 언어 선택 창이 나타나는데, 여기서 [한국어]를 선택하고 [확인] 버튼을 클릭합니다.

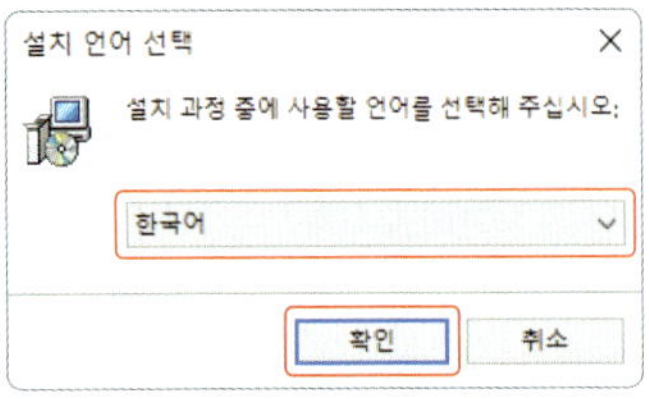

04 설치 정보가 나타나면 내용을 확인하고 [다음] 버튼을 클릭합니다. 설치할 위치 선택에서 경로를 선택한 후 [다음] 버튼을 클릭합니다. 특별한 이유가 없다면 화면에 나타난 경로를 변경하지 않습니다.

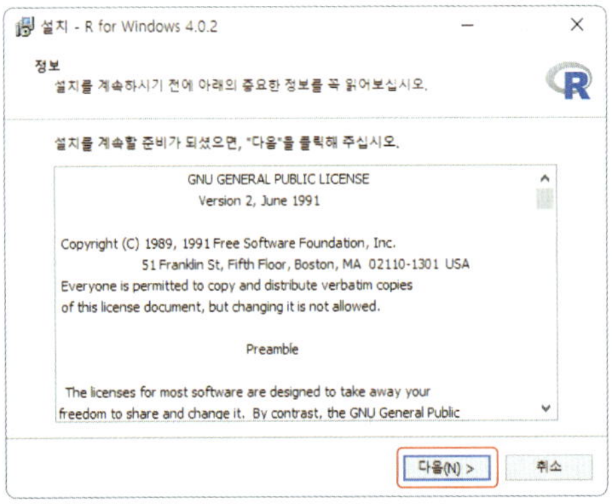

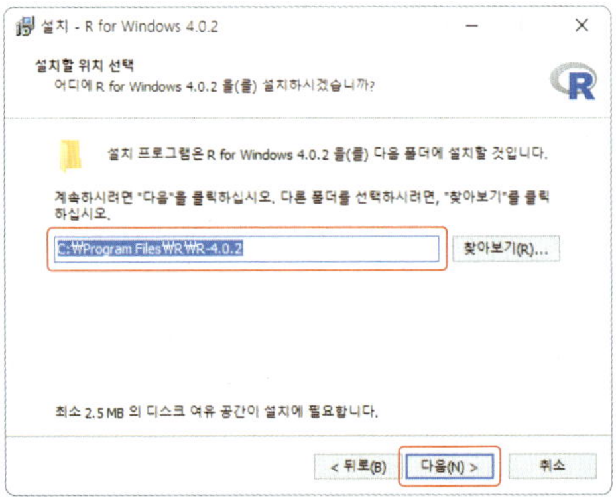

05 구성 요소 설치에서 필요한 항목을 체크하고 [다음] 버튼을 클릭합니다. 이때 기본 설정으로 모든 요소에 체크되어 있습니다. 설치하는 컴퓨터의 운영체제가 64bit인 경우는 '64-bit Files'를, 운영체제가 32bit인 경우는 '32-bit Files'를 체크합니다. 스타트업 옵션에서 [No]를 선택하고 [다음] 버튼을 클릭합니다.

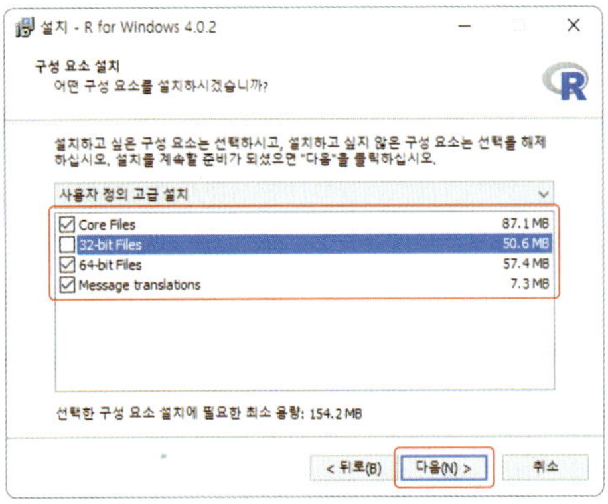

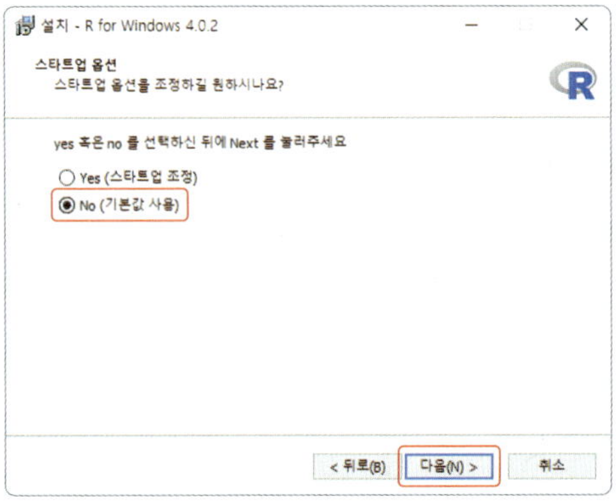

06 시작 메뉴 폴더 선택은 내용 변경 없이 [다음] 버튼을 클릭합니다. 추가 사항 적용도 내용 변경 없이 [다음] 버튼을 클릭합니다.

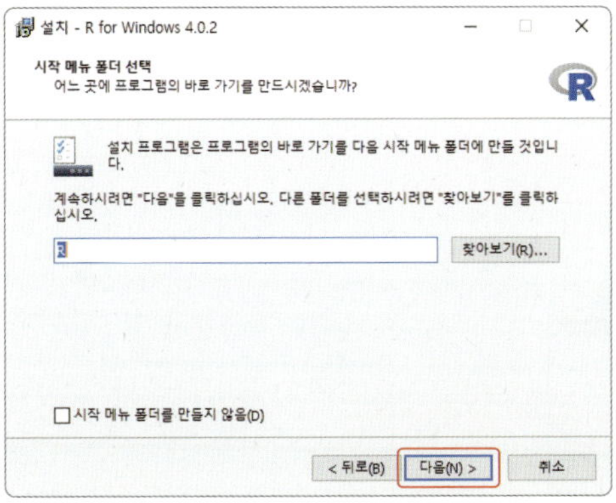

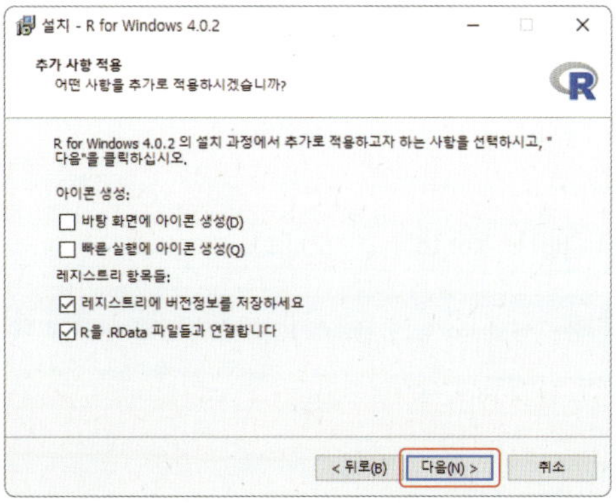

07 설치 완료 창이 열리면 [완료] 버튼을 클릭해 설치를 끝냅니다.

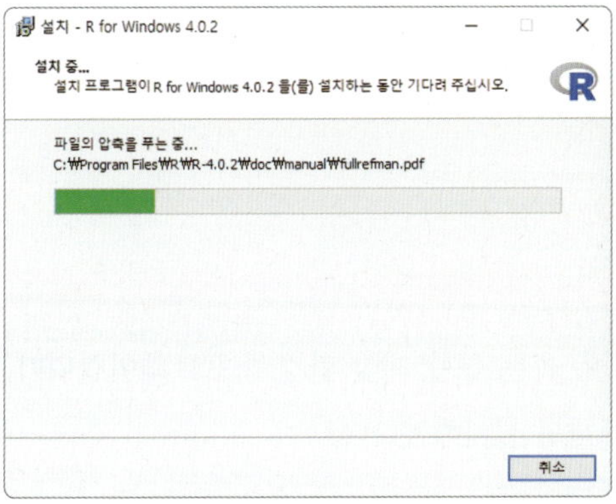

08 설치가 완료되면 윈도우 시작 메뉴에서 R을 클릭하여 정상적으로 실행되는지 확인합니다. 다음과 같은 화면이 보인다면 정상적으로 설치된 것입니다. 특히 화면에서 명령어를 입력하여 실행할 수 있는 안쪽 창을 콘솔창(Console Pane)이라고 합니다.

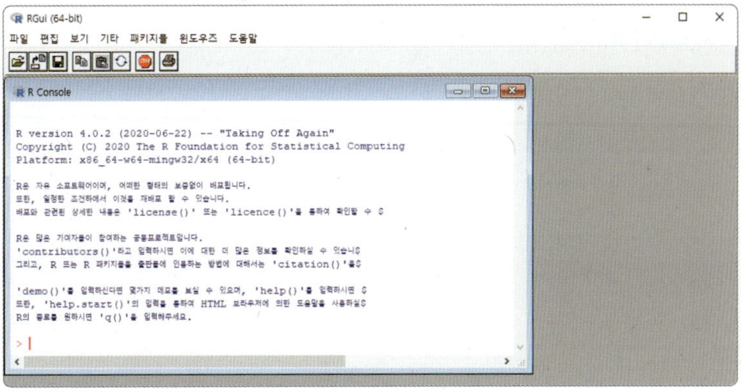

확인문제

R을 실행한 후 (1) 콘솔창에 "Hello World"를 입력한 후 Enter를 눌러 실행 결과를 확인하시오(따옴표도 함께 입력해야 함). (2) 1+1을 입력한 후 Enter를 눌러 실행 결과를 확인하시오.

정답

(1) `[1] "Hello World"` (2) `[1] 2`

R만 설치해도 프로그램의 작성과 실행이 가능하지만, 보다 편리한 작업 환경을 만들기 위해서는 R 스튜디오의 설치가 필수입니다.

2 R 스튜디오 설치하기

R 스튜디오(RStudio)는 R을 편리하게 사용할 수 있도록 돕는 통합 개발 환경 소프트웨어입니다. R 스튜디오 공식 웹사이트에서 R 스튜디오를 다운로드하고 설치해봅니다.

01 R 스튜디오 공식 웹사이트인 http://posit.co/에 접속하고, 상단 메뉴에서 [PRODUCTS]를 클릭한 후 Open Source 카테고리에서 [RStudio IDE]를 클릭합니다.

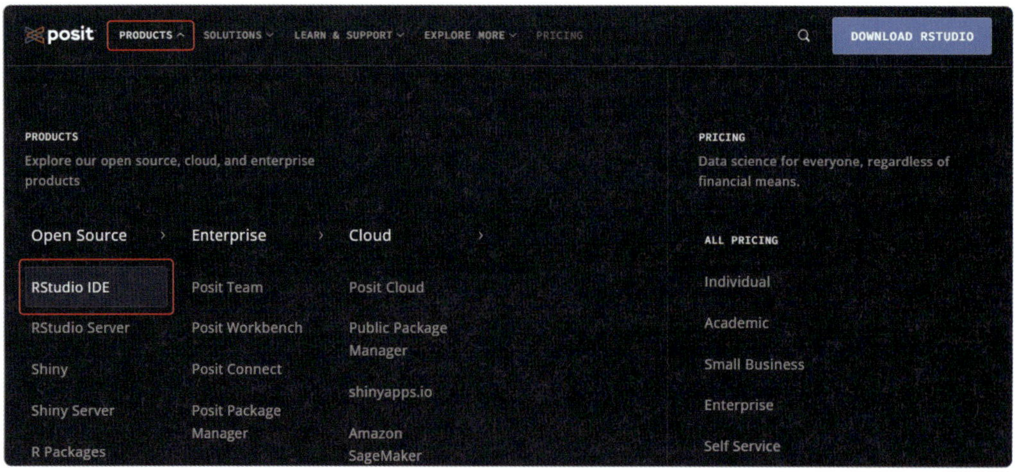

02 우측 상단에 있는 [DOWNLOAD RSTUDIO]를 클릭합니다.

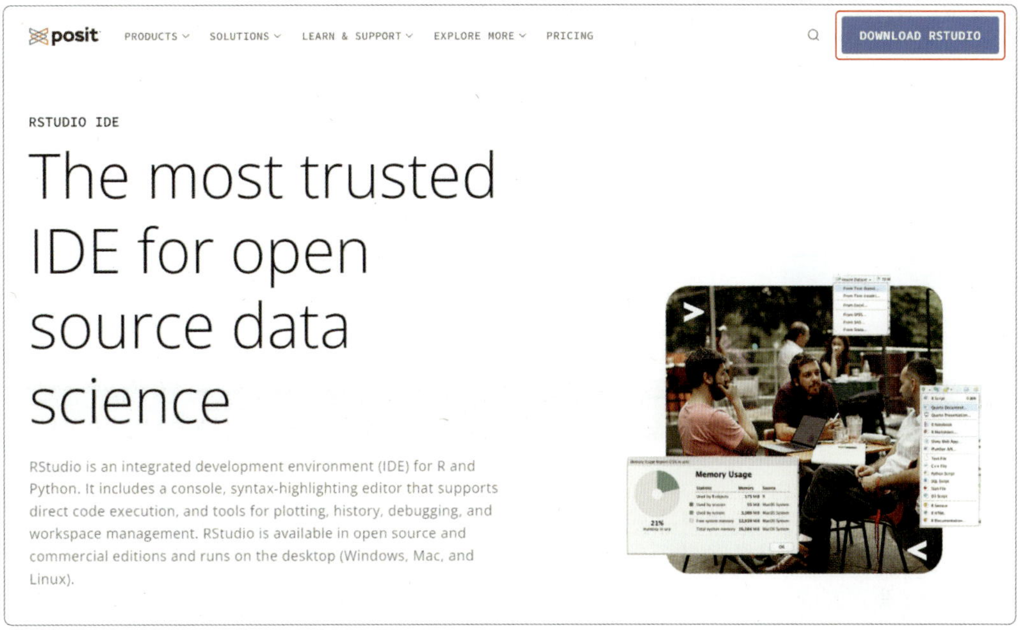

03 페이지를 스크롤해 RStudio Desktop 하단의 [DOWNLOAD RSTUDIO]를 클릭합니다.

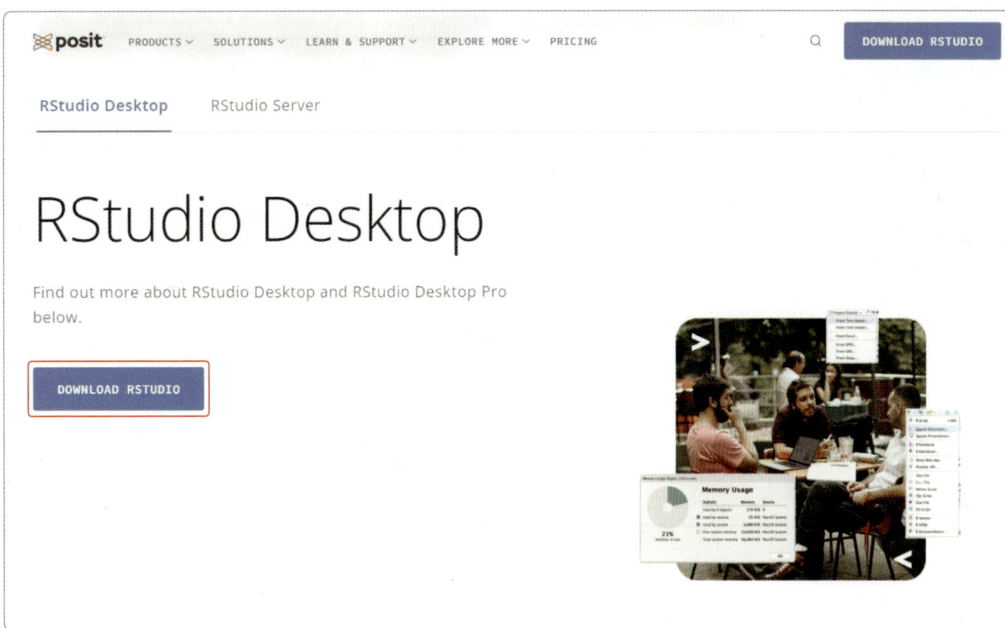

04 페이지를 스크롤해 2: Install RStudio 항목에 있는 [DOWNLOAD RSTUDIO DESKTOP FOR WINDOWS]를 클릭하여 설치 파일을 다운로드합니다.

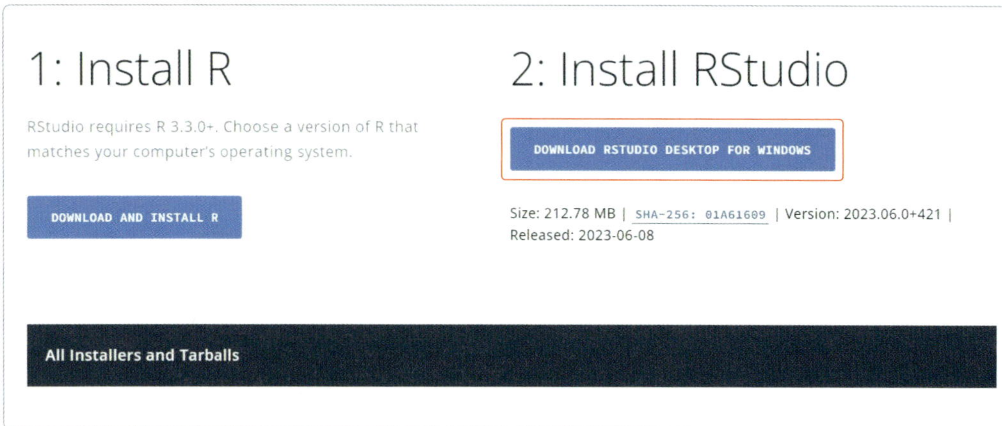

05 다운로드가 끝나면 설치 파일을 더블클릭하여 실행시킵니다. 특별히 선택해야 할 옵션이 없기 때문에 계속해서 [다음] 버튼을 클릭하여 진행하고, R 스튜디오 설치가 완료되면 [마침] 버튼을 클릭합니다.

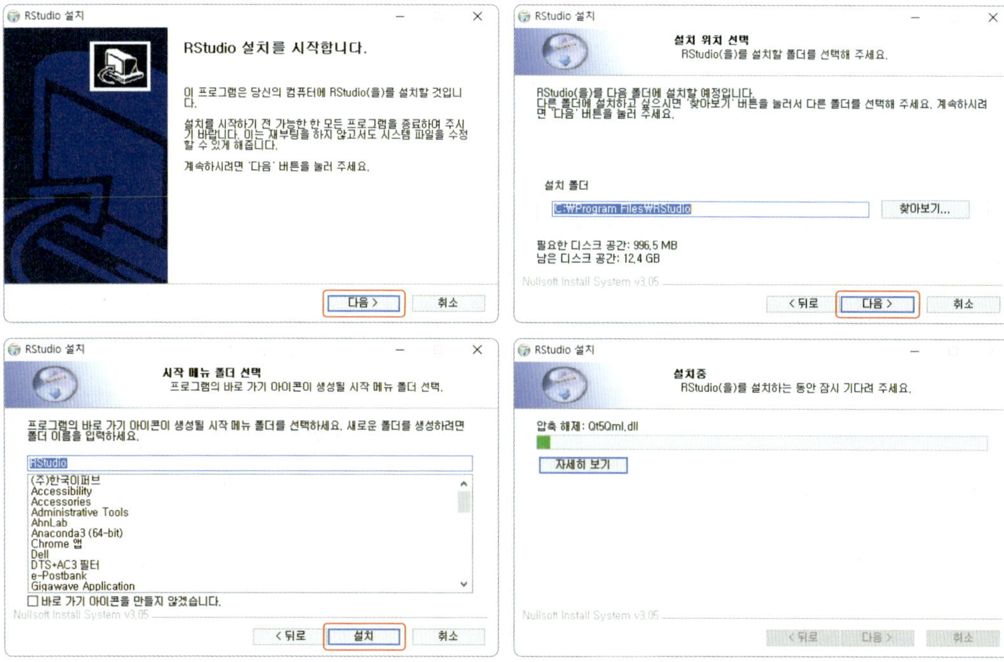

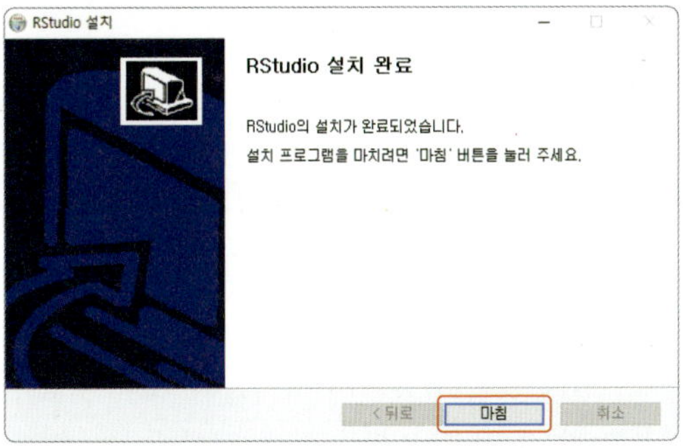

06 설치가 완료되면 윈도우 시작 메뉴에서 R 스튜디오를 클릭하여 정상적으로 실행되는지 확인합니다.

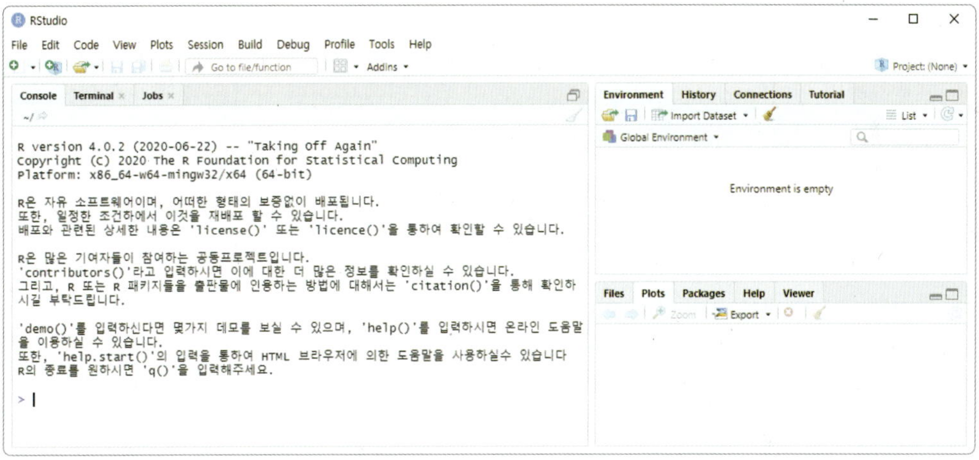

확인문제

R 스튜디오를 실행한 후 (1) 콘솔창(왼쪽 상단 창)에 `5*10`을 입력한 후에 Enter를 눌러 실행 결과를 확인하시오. (2) `plot(1:10)`을 입력한 후 Enter를 눌러 실행 결과를 확인하시오.

정답

(1) `[1] 50`

(2)

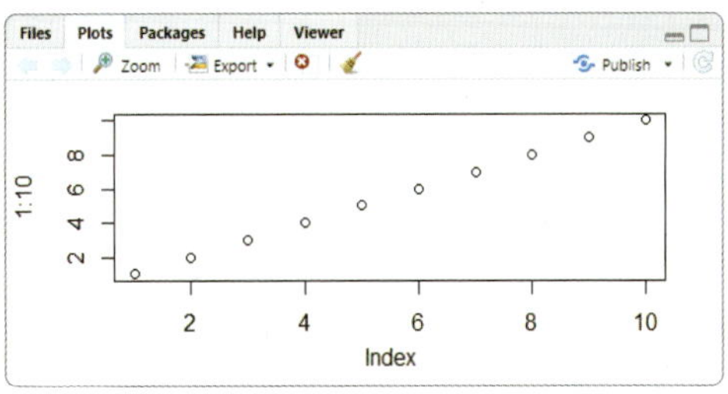

요약

01 컴퓨팅 사고(Computational Thinking)는 컴퓨터가 문제를 해결하는 방식처럼 복잡한 문제를 단순화하고 이를 논리적이면서 효율적으로 해결하는 사고 과정을 말합니다.

02 프로그래밍(programming)은 우리가 해결해야 할 문제를 컴퓨터가 처리할 수 있도록 문제 해결 절차를 체계적으로 서술하는 과정이라고 할 수 있습니다.

03 컴퓨터는 하드웨어와 소프트웨어로 구성됩니다. 하드웨어(hardware)는 만질 수 있고 눈에 보이면서 형태를 가진 기계 장치들을 말하며, 소프트웨어(software)는 하드웨어의 기능을 원활하게 수행하기 위한 '명령들의 집합'입니다.

04 프로그래밍 언어(programming language)란 컴퓨터에서 어떤 작업을 수행하기 위한 프로그램을 작성하기 위해 사용하는 기호 체계로, 다양하면서 정해진 문법이 존재합니다.

05 프로그램(program)은 컴퓨터에게 일을 시키기 위한 '작업 지시서'입니다.

06 작성된 프로그램을 컴퓨터가 이해할 수 있는 기계어 형태로 변환하는 과정을 컴파일(compile)이라고 합니다. 이때 컴파일러(compiler)라고 하는 특별한 소프트웨어가 사용됩니다. 컴파일의 결과로 실행 파일(executable file)이 만들어집니다.

07 R은 데이터 분석에 특화된 언어로 다양한 패키지를 제공하며, 미적이고 기능적인 통계 그래프를 작성할 수 있습니다. 또한 오픈소스 소프트웨어로 무료로 사용 가능하고, 탄탄한 사용자 커뮤니티를 가지고 있습니다.

08 R 스튜디오는 R을 위한 대표적인 통합 개발 환경(IDE)으로, R 프로그램의 작성 · 실행 · 오류 수정 등의 작업을 보다 편리하게 해줍니다. R 스튜디오를 이용하려면 R을 먼저 설치해야 합니다.

연습문제

01 다음의 컴퓨터 구성 요소에 대해 하드웨어는 H, 소프트웨어는 S로 표시하시오.

(1) 헤드셋 (   )　　(2) 윈도우10 (   )

(3) 모니터 (   )　　(4) 엑셀 (   )

(5) 마우스 (   )　　(6) 게임 콘솔 (   )

(7) 카카오톡 (   )　　(8) 키보드 (   )

02 다음을 읽고 빈 칸에 알맞은 단어를 적으시오.

(1) [　　　　]은 우리가 해결하기 원하는 어떤 문제가 있을 때 그 문제의 해결 과정을 컴퓨터가 이해할 수 있도록 체계적으로 서술하는 과정이다.

(2) 사람이 컴퓨터가 이해할 수 있는 기계어로 직접 프로그래밍하는 것은 현실적으로 매우 어렵기 때문에 [　　　　]를 이용하여 프로그램을 작성한다.

(3) 작성된 프로그램을 컴퓨터가 실행할 수 있는 파일로 변환하는 과정을 [　　　　]이라고 한다.

(4) 프로그래밍 과정에서 프로그램의 작성 · 수정 · 실행을 보다 편리하게 할 수 있는 환경을 제공해 주는 소프트웨어를 [　　　　]이라고 한다.

03 다음 문장을 읽고, A와 B에 들어갈 내용으로 적절한 것을 적으시오.

> [　A　]는 컴퓨터가 문제를 해결하는 방식처럼 생각하는 것이다. 복잡한 문제를 단순화하고 이를 논리적이면서 효율적으로 해결하는 사고 과정으로 그 중요성이 점점 커지고 있다. 이러한 흐름 속에 우리나라를 포함한 여러 국가에서 [　B　]은 [　A　]를 배울 수 있는 핵심 수단으로 주목하고 있다.

A : ____________　　B : ____________

04 다음 문장에서 틀린 부분을 찾으시오.

> 소프트웨어 없이는 하드웨어 단독으로 컴퓨터의 역할을 수행할 수 없지만, 소프트웨어는 하드웨어 없이도 실행 가능하다.

CHAPTER 02

R 스튜디오와 친해지기

학습목표

- R 스튜디오의 메뉴와 화면이 어떻게 구성되었는지 이해합니다.
- 산술연산자와 산술연산 함수를 이용하여 R 프로그래밍을 수행합니다.
- R 패키지를 설치하고 사용하는 방법을 학습합니다.
- 도움말의 사용 방법과 구성에 대해 알아봅니다.

Preview

R 프로그래밍 작업은 대부분 R 스튜디오를 통해 이루어집니다. 따라서 R 스튜디오가 제공하는 기능에 대한 사용 방법을 익히는 것이 필요합니다. 이번 장에서는 R 스튜디오에서 명령문을 작성하고 실행하는 방법을 배우고, 산술연산을 통하여 본격적인 프로그래밍 학습을 시작합니다.

1절에서는 R 스튜디오 화면의 주요 영역과 기능에 대해 소개하면서 기본적인 R 스튜디오 인터페이스 사용에 익숙해질 수 있도록 안내합니다. 2절에서는 R 스튜디오에서 산술연산을 실행하면서 R의 기본 연산을 이해하고, 주석과 함수에 대해서도 알아봅니다. 3절에서는 패키지의 기본 개념을 이해하고 어떻게 패키지를 설치하고 불러올 수 있는지 알아봅니다. 4절에서는 처음 보는 함수라도 적절한 정보와 사용 방법을 확인할 수 있도록 도움말 사용법을 알아봅니다.

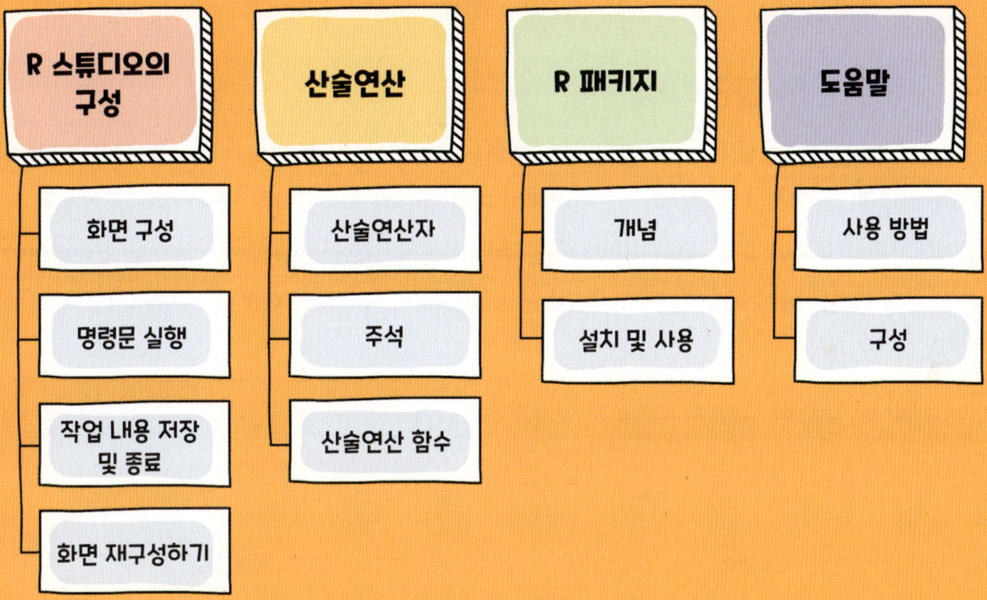

Section 01 R 스튜디오 메뉴와 화면은 어떻게 구성되어 있나요?

R 스튜디오(RStudio)는 R을 이용한 프로그래밍과 데이터 분석 작업시 매우 편리한 작업 환경을 제공합니다. 따라서 R 스튜디오의 기능을 잘 익혀 두면 R 프로그래밍 학습에 큰 도움이 됩니다. R 스튜디오가 갖고 있는 많은 기능 중에서 프로그래밍을 처음 접하는 학습자에게 꼭 필요한 내용을 중심으로 살펴보겠습니다.

1 R 스튜디오의 화면 구성

R 스튜디오의 화면은 [그림 2-1]과 같이 소스 영역, 콘솔 영역, 환경 영역, 파일 영역으로 구성되며, 전체 화면을 4등분하고 있습니다. 각 영역에는 관련 창들이 위치합니다. 소스 영역의 경우 R 스튜디오를 처음 실행하면 바로 나타나지 않지만, 주로 이곳에서 프로그램을 작성하므로 열어두어야 합니다. 소스 영역은 메인 메뉴에서 [File]-[New File]-[R Script]를 선택하면 생성됩니다.

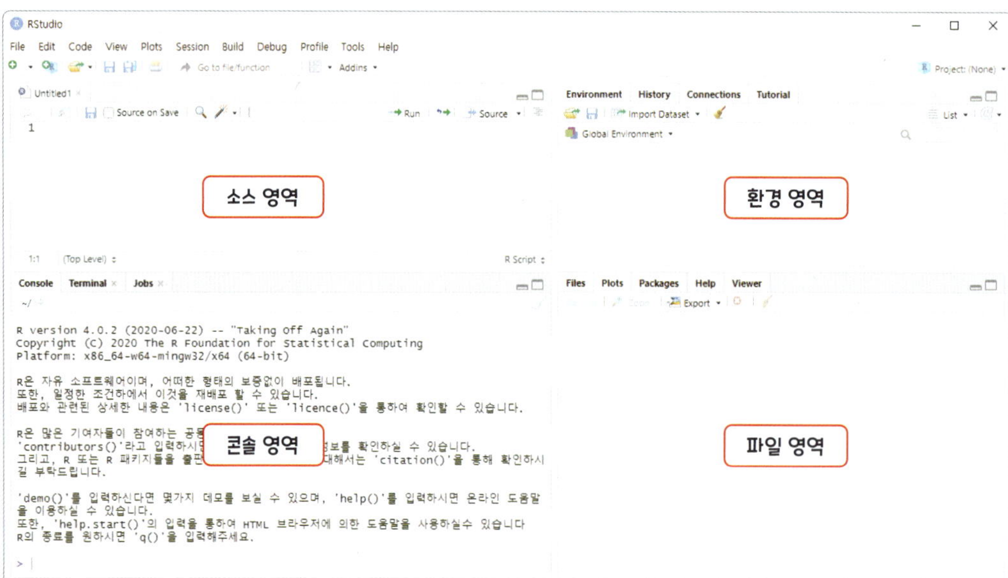

그림 2-1 R 스튜디오 초기 화면

소스 영역

소스 영역에는 소스창이 위치합니다. 소스창(Source Pane)은 R 명령문을 작성하고 실행하는 영역으로 메모장과 같은 문서 편집기와 유사합니다. 소스창에서 명령문을 입력해도 바로 실행되지 않고, 소스창 상단에 있는 실행 버튼(→Run)을 눌러야 명령문이 실행됩니다. 단축키로 명령문을 실행하는 방법 등 명령문 실행에 대한 자세한 내용은 이후에 설명하겠습니다.

하나 더 알기 **명령문**

명령문은 다음과 같이 컴퓨터에게 어떤 일을 시키기 위한 작업 지시 문장을 말하는데, R 프로그램은 이러한 명령문들의 집합으로 이루어집니다.

```
100+15
temp <- iris[,5]
```

콘솔 영역

콘솔 영역에는 콘솔창을 포함하여 총 3개의 창이 위치합니다. 콘솔창(Console Pane)은 소스창에서 작성한 R 명령문을 실행시켰을 때 명령문의 실행 과정 및 결과가 표시되는 영역입니다. 물론 콘솔창에 직접 명령문을 입력하고 실행하는 것도 가능합니다. 이때 소스창과 달리 명령문을 입력한 후 키보드에서 Enter를 누르면 바로 실행됩니다. 콘솔창과 같은 영역으로 묶여 있는 터미널창(Terminal Pane)은 윈도우의 '명령 프롬프트'와 동일한 기능을 제공합니다. 하지만 실제 사용하는 경우는 많지 않습니다.

환경 영역

환경 영역에는 환경창을 포함하여 총 4개의 창이 위치합니다. 환경창(Environment Pane)은 R 명령문이 실행되는 동안 만들어지는 각종 변수나 자료구조의 내용을 보여주는 영역입니다. 환경 영역에는 히스토리창과 커넥션창도 있습니다. 히스토리창(History Pane)은 R 스튜디오에서 실행한 명령문, 결과, 패키지 설치, 오류 등 거의 모든 작업 과정에 대한 이력이 표시됩니다. 커넥션창(Connection Pane)은 R과 데이터 관리를 위한 서버를 연결하는 창으로, 잘 사용하지는 않습니다. 마지막으로 1.3 버전부터는 R을 따라하며 배울 수 있는 튜토리얼창(Tutorial Pane)이 추가되었습니다.

파일 영역

파일 영역에는 파일창을 포함하여 5개의 창이 위치합니다. 파일창(Files Pane)은 윈도우의 파일 탐색기와 동일한 역할을 합니다. 즉, 윈도우의 탐색기를 이용하지 않고도 R 스튜디오 내에서 파일창을 통해 특정 파일을 R 스튜디오로 불러오거나 복사·삭제·이동 등의 작업을 수행할 수 있습니다. 또한 작업 폴더를 지정할 수도 있습니다. [그림 2-2]는 파일창의 주요 메뉴에 대한 설명입니다.

그림 2-2 **파일창의 주요 메뉴**

하나 더 알기 **작업 폴더 설정 방법**

작업 폴더란 R에서 문서를 읽거나 쓸 때 기준이 되는 폴더를 말합니다. 작업 폴더를 설정하려면 파일창에서 설정하고 싶은 폴더로 이동한 뒤 내 [More] 버튼(More)–[Set As Working Directory]를 클릭하면 현재 경로가 작업 폴더로 설정됩니다.

파일창과 같은 그룹으로 묶여있는 플롯창(Plots Pane), 패키지창(Packages Pane) 도움말창(Help Pane), 뷰어창(Viewer Pane)은 그래프 출력, 패키지 설치·조회, 도움말 사용 등 유용한 기능을 제공합니다. 각각의 기능은 다음과 같습니다.

- **플롯창 :** R 명령문으로 작성한 그래프가 표시되는 영역입니다.
- **패키지창 :** R에서는 수많은 함수를 제공하고 있는데, 이러한 함수들은 작성 목적이나 개발자에 따라 패키지 형태로 묶여 제공됩니다. 패키지창에서 내 컴퓨터에 설치된 R 패키지들의 목록을 볼 수 있고, 필요 시 새로운 패키지를 다운로드하여 설치할 수도 있습니다. 또한 각 패키지에 대한 매뉴얼을 볼 수도 있습니다.
- **도움말창 :** 특정 함수에 대한 도움말을 찾아볼 수 있습니다. 도움말 지원이 가능하려면 그 함수가 포함된 패키지가 컴퓨터에 설치되어 있어야 합니다.
- **뷰어창 :** 분석의 결과가 숫자가 아닌 이미지 형태일 때 웹브라우저 상에 결과를 출력하는 경우가 있는데, 그런 경우 뷰어창에 표시됩니다.

확인문제

R 스튜디오의 소스창에 다음과 같이 입력한 후 실행 버튼(→Run)을 누르면 어떤 결과가 나타나는지 설명하시오.

```
sqrt(200)
```

정답

콘솔창에 다음과 같이 출력됩니다.

```
> sqrt(200)
[1] 14.14214
```

2 R 스튜디오에서의 명령문 실행

R 스튜디오에서 명령문을 실행하기 위해 먼저 R 명령문을 이해할 필요가 있습니다. 그리고 나서 다양한 방법으로 명령문을 실행하는 방법에 대해 알아봅니다.

R 명령문 이해하기

R 명령문은 컴퓨터에게 원하는 일을 시키기 위해 작성하는 작업 지시 문장으로, 일정한 문법 규칙에 의거하여 작성됩니다. R 프로그래밍을 배운다는 것은 이러한 명령문을 작성하는 방법에 대해 배우는 것을 의미합니다. [코드 2-1]은 R 문법에 맞추어 작성한 3줄의 명령문입니다. 이와 같이 보통 한 줄에 하나의 명령문을 작성합니다. R 스튜디오 소스창에 [코드 2-1]을 입력합니다.

코드 2-1 code02-01.r

```
3+(4*5)
A <- 51:80
print(A)
```

첫 번째 줄의 3+(4*5)는 숫자와 산술연산자(+, *)로 구성되어 간단한 계산을 수행하는 명령문입니다. 두 번째 줄의 A <- 51:80은 51~80 사이에 있는 숫자들을 A에 저장하는 명령문인데, '<-'는 오른쪽에 있는 것을 왼쪽에 저장하라는 의미입니다. 마지막 줄의 print(A)는 저장된 내용을 화면에 출력하는 명령문입니다. print()와 같은 형식을 '함수'라고 하는데 프로그래밍의 중요한 요소 중 하나입니다. 이와 같이 R 명령문은 다양한 요소들로 구성되어 있으며 앞으로 하나하나 자세히 배우게 될 것입니다.

실행 버튼으로 명령문 실행하기

작성한 명령문을 실행하는 기본적인 방법은 소스창 상단의 실행 버튼(→Run)을 클릭하는 것입니다. 이때 **현재 커서가 위치하고 있는 라인의 명령문이 실행**됩니다. 맨 첫 번째 줄에 커서를 두고 실행 버튼을 클릭하면 콘솔창에서 3+(4*5) 명령문이 실행되고 23이란 결과를 나타냅니다. 명령문을 실행하고 나면 커서는 다음 줄로 이동합니다. 이 상태에서 다시 실행 버튼을 클릭하면 A <- 51:80 명령문이, 한 번 더 실행 버튼을 누르면 print(A)가 실행됩니다. 이와 같이 실행 버튼을 클릭하여 한 줄씩 순차적으로 명령문을 실행할 수 있습니다. 콘솔창에 다음과 같이 실행 결과가 나오는지 확인합니다.

```
> 3+(4*5)
[1] 23
> A <- 51:80
> print(A)
 [1] 51 52 53 54 55 56 57 58 59 60 61 62 63 64 65 66 67 68 69 70
[21] 71 72 73 74 75 76 77 78 79 80
```

Q 명령문을 실행했을 때 결과 앞에 [1], [21]과 같은 번호가 붙는데 무슨 의미인가요?

A 명령문의 실행 결과로 여러 개의 값이 출력되었을 때 각각의 값이 전체에서 몇 번째에 위치하는지를 쉽게 찾을 수 있도록 도와주는 표시입니다. 위의 결과에서 [1]은 51이 전체에서 첫 번째 값이라는 의미이고 [21]은 71이 전체에서 21번째 값이라는 의미입니다. 그렇기 때문에 출력되는 값이 하나이면 항상 [1]이 표시됩니다.

하나 더 알기 여러 줄의 명령문 한번에 실행하기

만약 여러 줄의 명령문을 한번에 실행하고 싶다면 명령문들을 마우스로 드래그하여 블록 설정한 다음 실행 버튼을 클릭하면 됩니다. 키보드에서 Shift 를 누른 상태에서 방향키 를 이동해 여러 줄의 명령문을 선택할 수도 있습니다.

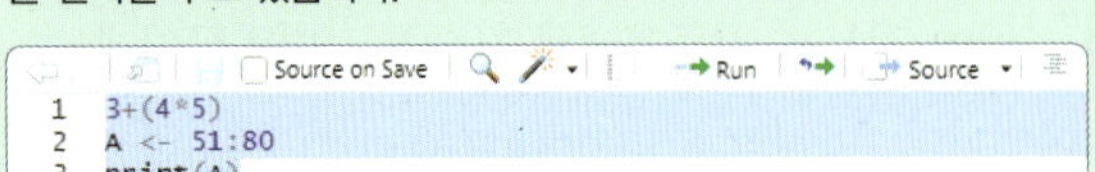

단축키로 명령문 실행하기

어느 정도 프로그래밍에 익숙해지면 키보드로 명령문을 작성한 후 실행하기 위해서 마우스를 움직여 실행 버튼을 클릭하는 것이 번거롭게 느껴집니다. 이때 단축키를 사용하면 쉽게 명령문을 실행할 수 있습니다. Ctrl + Enter 를 누르면 실행 버튼을 클릭했을 때와 동일하게 커서가 위치한 명령문 한 줄이 실행됩니다. 앞으로 Ctrl + Enter 를 주로 사용할 것이므로 익숙해지면 좋습니다. 명령문 실행과 관련된 단축키를 [표 2-1]에 정리하였습니다.

표 2-1 명령문 실행 단축키

명령어 실행	단축키
한 줄의 명령문 실행	커서를 명령문이 있는 줄로 이동 후 Ctrl + Enter
여러 줄의 명령문 실행	명령문들을 블록 설정한 후 Ctrl + Enter
소스창에 있는 모든 명령문 실행	Ctrl + Alt + R
바로 직전 명령문 재실행	Ctrl + Shift + P

불완전한 명령문 실행하기

만약 [코드 2-1]의 첫 번째 명령문에서 [코드 2-2]와 같이 괄호를 하나 빠뜨리고 실행하면 어떻게 될까요? 이런 경우 R은 명령문이 덜 입력되었다고 판단합니다. R은 콘솔창 프롬프트에 더하기(+) 기호를 표시하고 나머지 명령문이 입력될 때까지 기다립니다. 이럴 때 괄호를 넣어 명령을 완료하거나 Esc 를 눌러 명령문을 취소할 수 있습니다.

코드 2-2 code02-02.r

```
3 + (4 * 5
```

실행 결과

```
> 3 + (4 * 5
+
```

잘못된 명령문 실행하기

마지막으로 [코드 2-3]을 실행합니다. B의 내용을 출력하는 명령문인데 B의 내용이 무엇인지를 앞에서 정의해주지 않았기 때문에 이것은 잘못된 명령문입니다.

코드 2-3 code02-03.r

```
print(B)
```

실행 결과

```
> print(B)
Error in print(B) : 객체 'B'를 찾을 수 없습니다
```

R이 명령문을 이해할 수 없거나 정상적으로 수행할 수 없을 때 그 이유를 설명하는 붉은색의 에러 메시지(error message)를 출력합니다. 에러 메시지가 출력되면 메시지를 단서로 오류를 찾아 수정한 후 다시 명령문을 실행시킵니다.

확인문제

다음을 실행했을 때 각 결과를 구하시오.

(1) 명령문이 있는 줄에서 Ctrl+Enter

```
31 + (2 * 4) - 6
```

(2) 명령문 일부인 (2 * 4)를 블록 처리한 후 Ctrl+Enter

```
31 + (2 * 4) - 6
```

정답

(1) 33 (2) 8

하나 더 알기 **한 줄에 여러 개의 명령문 작성**

R 프로그램에서는 보통 한 줄에 하나의 명령문을 작성합니다. 그런데 간단한 명령문의 경우에는 한 줄에 여러 개의 명령문을 작성할 수 있습니다. 이때는 명령문들을 구분하기 위해 명령문과 명령문 사이에 세미콜론(;)을 넣습니다. 다음은 3개의 명령문을 한 줄에 작성한 예입니다.

```
3 + (4 * 5) ; A <- 51:80 ; print(A)
```

3 작업 내용의 저장과 종료

작성한 프로그램을 파일로 저장하려면 메인 메뉴에서 [File]–[Save] 또는 [File]–[Save As]를 클릭합니다. 또는 소스창 바로 위에 있는 저장 아이콘( )을 클릭해도 됩니다. R 프로그램 파일의 확장자 이름은 일반적으로 '`test.R`'에서 알 수 있듯이 '`.R`'이 붙습니다.

또한 R 스튜디오 작업을 종료할 때 [그림 2–3]과 같은 메시지를 볼 수 있습니다. 현재 작업 중인 내용과 환경을 그대로 저장했다가 다음에 이어서 작업을 하고 싶은 경우 [Save] 버튼을 클릭합니다. 하지만 대부분의 경우 굳이 저장할 필요는 없습니다. 작성한 R 프로그램 파일만 갖고 있으면 작업 환경을 재현할 수 있기 때문입니다.

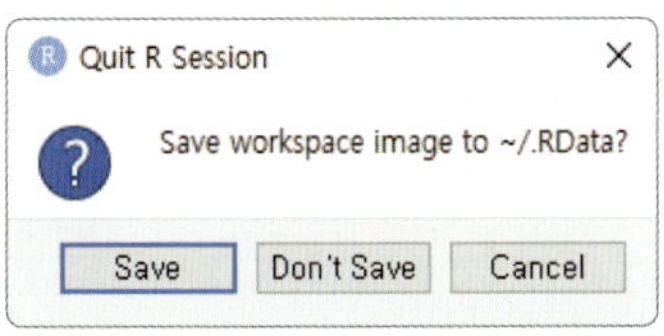

그림 2–3 **R 스튜디오 작업 환경 저장을 묻는 대화상자**

확인문제

[코드 2–1]의 내용을 'my_first_code'라는 파일명으로 저장하시오(저장할 폴더는 C:\Rworks). 그리고 R 스튜디오의 파일창을 열어 'my_first_code.R'이 생성되었는지 확인하시오.

정답

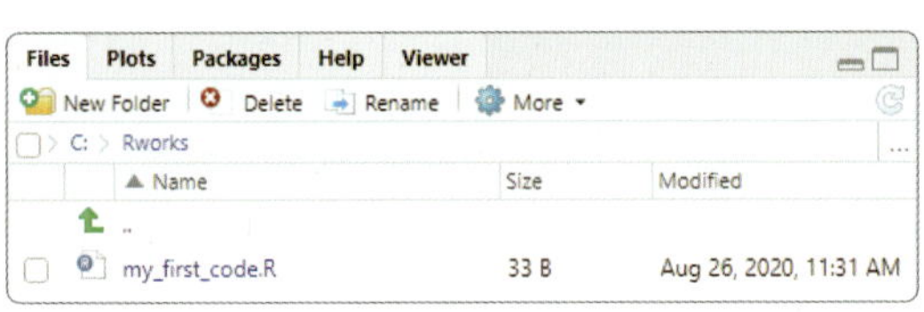

4 R 스튜디오의 화면 재구성

R 스튜디오에서 사용자는 내부의 창 배치를 변경할 수 있습니다. 콘솔창의 위치를 옮기려면 메인 메뉴에서 [View]–[Panes]–[Console on Right]를 선택합니다. 또 다른 방법으로 [View]–[Panes]–[Pane Layout]을 클릭하면 [그림 2–4](b)와 같은 옵션창에서 각 영역에 어떤 창을 배치할지 보다 자유롭게 선택할 수 있습니다.

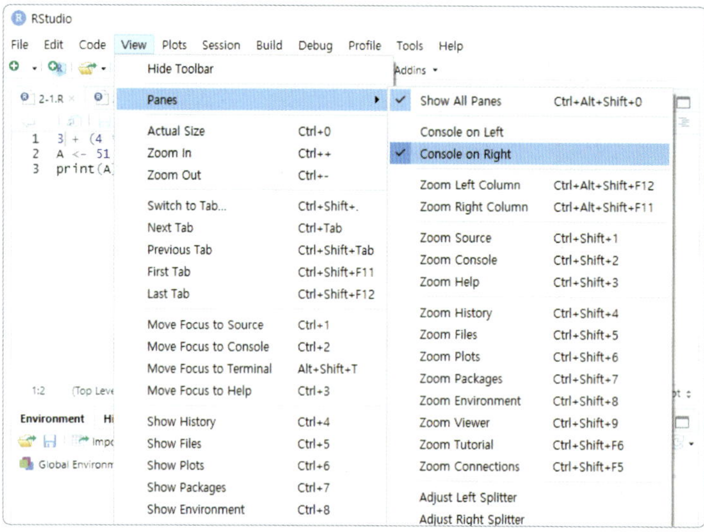

(a) 콘솔창 재배치 메뉴

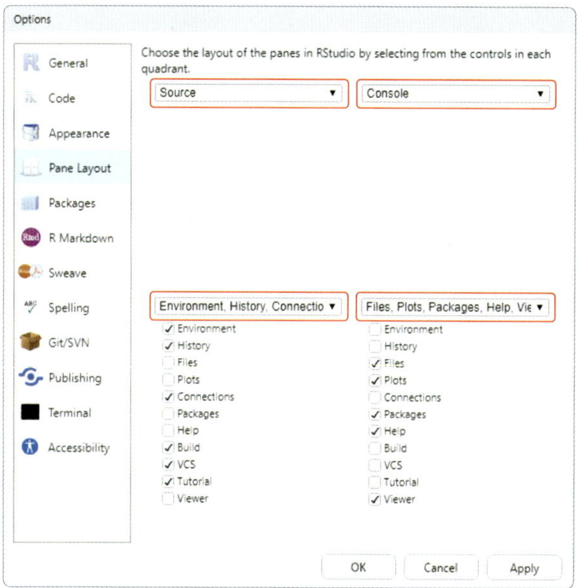

(b) 화면 레이아웃 변경 옵션

그림 2-4 **R 스튜디오 화면 재구성하기**

확인문제

콘솔창을 왼쪽 위, 소스창을 왼쪽 아래에 위치하도록 배치를 변경하시오.

정답

생략

하나 더 알기 옵션(Options)창

R 스튜디오에서 각 영역에 나타나는 창의 폰트 종류, 폰트 크기, 배경 테마 등도 사용자가 변경 가능합니다. 메인 메뉴에서 [Tools]–[Global Options]를 선택한 후 Options 창에서 [Appearance] 항목을 클릭합니다. 여기서 원하는 내용으로 설정을 바꾼 다음 [Apply] 버튼을 클릭하면 수정한 내용이 반영됩니다.

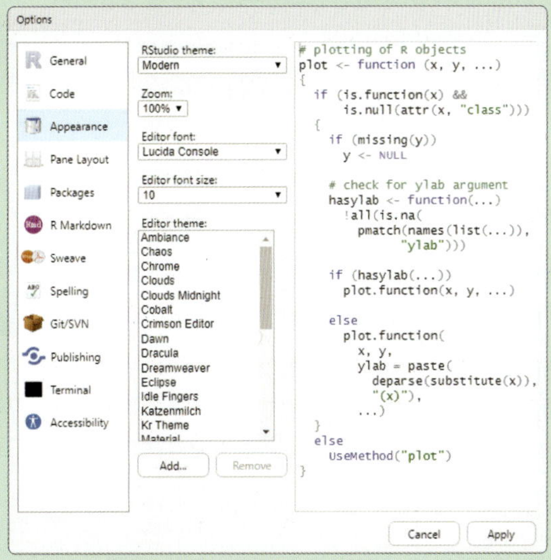

R 스튜디오에서 주석과 같이 한글로 코딩을 하고 저장할 때가 있는데, 이렇게 저장한 소스 파일을 열어보면 한글이 깨져서 나오는 경우가 있습니다. 이런 경우를 대비하여 옵션창에서 다음과 같이 설정해야 합니다.

① 메인 메뉴에서 [Tools]–[Global Options]를 선택합니다.
② Options 창에서 [Code] 항목을 클릭하고, [Saving] 메뉴를 선택합니다.
③ [Default text encoding:]에서 [Change] 버튼을 클릭합니다.
④ Choose Encoding 대화상자가 열리면 UTF–8을 선택하고 [OK] 버튼을 클릭합니다.

LAB 메모장에 입력한 코드를 R 스튜디오에서 실행하기

메모장에서 입력한 코드를 R 스튜디오에서 불러와 실행하는 LAB을 진행하고자 합니다. 다음 과정을 따라하면서 LAB을 진행해봅시다.

1. 윈도우 메모장에 다음과 같이 입력한 후 C:\Rworks 폴더에 'test.R'로 저장합니다. 저장할 때 파일 형식은 '모든 파일'로 설정합니다.

2. R 스튜디오를 실행한 후 파일창에서 C:\Rworks 폴더로 이동합니다. [...] 버튼을 클릭해 원하는 폴더로 이동할 수 있습니다.

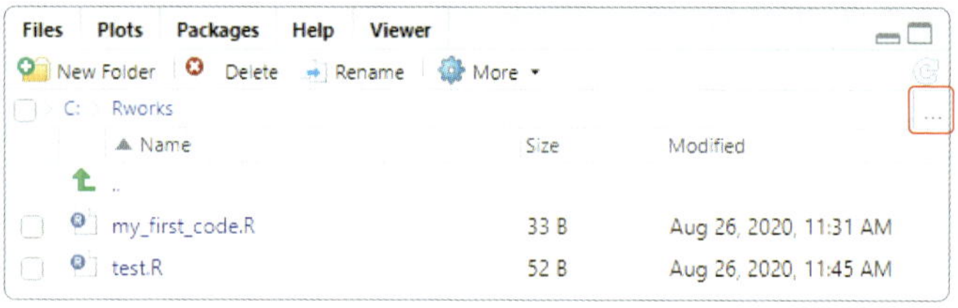

3. 파일 목록에서 'test.R'을 클릭하여 소스창으로 파일 내용을 불러옵니다.

4. 명령문 전체를 드래그하여 선택한 후 [Ctrl]+[Enter]를 눌러 프로그램을 실행하고 콘솔창에서 결과를 확인합니다.

Section 02

산술연산을 실행해볼까요?

1 산술연산자

R을 경험하는 가장 쉬운 방법은 간단한 계산을 해보는 것입니다. 그중에서 산술연산은 이미 우리에게 너무 익숙하기 때문에 보다 쉽게 R 프로그래밍으로 시작할 수 있습니다. R 스튜디오를 열어 스크립트를 새로 생성한 후 [코드 2-4]를 입력하고 실행합니다.

새로운 스크립트를 생성하기 위해서는 메인 메뉴에서 [File]-[New File]-[R Script]를 선택하거나 단축키 Ctrl+Shift+N을 누릅니다.

코드 2-4 code02-04.r

```
2+3
(3+6)*8
2^3                     # 2의 세제곱 계산
```

실행 결과

```
> 2+3
[1] 5
> (3+6)*8
[1] 72
> 2^3                   # 2의 세제곱 계산
[1] 8
```

[코드 2-4]의 명령문 중 2^3은 2의 세제곱을 의미하며 2*2*2와 동일한 결과를 갖습니다. 기본적으로 R은 한 줄씩 명령문을 실행하여 결과를 보여주는 방식으로 동작합니다. 마치 사용자는 R과 대화하듯이 어떤 명령문을 실행하면 즉시 결과를 확인할 수 있습니다. R은 컴파일을 통해 .exe 형태의 실행 파일을 만들지 않고 명령문을 바로 실행하는 인터프리터(interpreter) 방식의 언어입니다.

이를 스크립트(script) 언어라고 부르기도 합니다.

[코드 2-4]는 연산자의 의미만 알고 있다면 쉽게 이해할 수 있습니다. '*'와 '^'와 같이 기존에 알고 있던 수학 기호와 R에서 사용하는 산술연산자의 모양이 다른 것도 있지만 대부분은 비슷합니다. [표 2-2]에 자주 사용하는 산술연산자를 정리하였습니다.

하나 더 알기 **연산자**

연산자는 프로그램에서 특정한 작업을 하기 위해 사용하는 +, -, *, <-, &와 같은 기호를 말합니다. 연산의 성격에 따라 산술연산자, 비교연산자, 논리연산자 등이 있습니다.

표 2-2 R에서 자주 사용하는 산술연산자

연산자	의미	사용 예
+	덧셈	3+5+8
-	뺄셈	9-3
*	곱셈	7*5
/	나눗셈	8/3
%%	나눗셈의 나머지	8%%3
^	제곱	2^3

Q 명령문에서 연산자와 숫자 사이를 띄어쓰기해도 되나요?

A '2 + 3'과 같이 띄어쓰기를 해도 계산 결과는 동일합니다. 띄어쓰기를 적용한 명령문이 눈에 쉽게 들어오는 경우가 많습니다.

2 주석

[코드 2-4]의 세 번째 명령문 옆에 있는 '# 2의 세제곱 계산'을 주석(comment)이라 부릅니다. 주석은 # 기호로 시작하며, 명령문 또는 프로그램이 어떤 일을 하는지 쉽게 이해할 수 있도록 설명해주는 역할을 합니다. 잘 작성된 주석은 본인이 나중에 R 프로그램을 보거나 제 3자와 R 프로그램을

공유할 때 그 내용을 쉽게 이해할 수 있도록 도와줍니다. 주석은 실행 명령문이 아니므로 **R은 주석을 제외하고 실행**합니다. 본 교재에서 주석문은 쉽게 구분할 수 있도록 초록색 글씨로 표시하였습니다. 명령문과 주석문에 대해서 다음 사항을 꼭 기억해야 합니다.

- 일반적으로 R 프로그램에서는 한 줄에 하나의 명령문을 입력합니다.
- 한 줄 내에서 # 이후의 내용은 주석문으로 간주하여 실행되지 않습니다.

따라서 [코드 2-5]에서 두 번째 줄은 실행하여도 아무런 결과를 보여주지 않습니다.

코드 2-5 code02-05.r

```
7+4
# 2^3
```

실행 결과

```
> 7+4
[1] 11
> # 2^3
```

확인문제

다음 문제를 해결하기 위한 R 명령문을 작성하시오.

(1) 5의 세제곱을 계산하시오.

(2) 8을 5로 나눈 나머지와 10을 4로 나눈 나머지의 합을 계산하시오.

정답

(1) 5^3

(2) (8%%5)+(10%%4)

3 산술연산 함수

산술연산은 연산자 외에도 함수(function)를 사용하여 계산할 수 있습니다. [코드 2-6]을 실행해 봅니다. 산술연산 함수는 수학 시간에 배운 로그함수나 삼각함수를 연상하면 됩니다.

코드 2-6 code02-06.r

```
log(10)+5          # 로그함수
sqrt(25)           # 제곱근
max(5,3,2)         # 최댓값
```

실행 결과

```
> log(10)+5        # 로그함수
[1] 7.302585
> sqrt(25)         # 제곱근
[1] 5
> max(5,3,2)       # 최댓값
[1] 5
```

[코드 2-6]에서 로그함수, 제곱근, 최댓값을 구하는 함수를 각각 사용하였습니다. [표 2-3]은 R에서 자주 사용하는 산술연산 함수를 정리한 것입니다.

표 2-3 **R에서 자주 사용하는 산술연산 함수**

함수	의미	사용 예
log()	로그함수	log(10), log(10, base=2)
sqrt()	제곱근	sqrt(36)
max()	최댓값	max(3,9,5)
min()	최솟값	min(3,9,5)
abs()	절대값	abs(-10)
factorial()	팩토리얼	factorial(5)
sin(), cos(), tan()	삼각함수	sin(pi/2)

확인문제

다음 문제를 R의 산술연산자와 산술연산 함수를 이용해 명령문으로 작성하시오.

(1) 73을 8로 나눈 나머지에 10을 더한 결과를 구하시오.

(2) 6, 1, 3, 7 중 최댓값과 최솟값의 차이를 구하시오.

정답

(1) (73%%8)+10 (2) max(6,1,3,7)-min(6,1,3,7)

LAB 다양한 산술연산 문제 수행하기

산술연산자와 산술연산 함수를 이용하여 삼각형의 면적, 원의 면적, 초 변환, 거스름돈 계산, 상금 수여와 같은 다양한 문제를 해결해봅니다.

1. 밑변의 길이가 10이고 높이가 5인 삼각형의 면적을 구해봅니다.

```
> 10*5*(1/2)
[1] 25
```

2. 반지름이 10인 원의 면적을 계산해봅니다.

```
> 10*10*3.14
[1] 314
```

3. 5시간 48분 32초를 모두 초로 환산해봅니다.

```
> 5*60*60 + 48*60 + 32
[1] 20912
```

4. 마트에서 1,000원짜리 과자 5봉지와 500원짜리 사탕 3봉지를 사고 10,000원을 내었을 때 거스름돈을 계산해봅니다.

```
> 10000 - (1000*5 + 500*3)
[1] 3500
```

5. 가장 우수한 성적을 받은 학생에게 점수당 500원을 상금으로 주려고 합니다. 학생들의 성적이 63, 95, 84, 36, 48일 때 상금을 계산해봅니다(max( ) 함수 사용).

```
> max(63, 95, 84, 36, 48)*500
[1] 47500
```

Section

03 R 패키지를 설치해봅니다

1 패키지의 개념

R에서는 데이터 분석을 위해 다양한 함수를 제공합니다. 패키지(package)는 이러한 함수들을 기능별로 묶어놓은 일종의 '꾸러미'입니다. 쉽게 말하자면 공구함, 미술도구함, 조리도구함과 같이 필요에 따라 특정 도구를 모아 놓은 상자입니다. 공구함 안에 있는 망치, 드라이버, 줄자와 같은 각각의 도구를 함수로 볼 수 있습니다. 이렇듯 어떤 작업을 하느냐에 따라 필요한 패키지도 달라집니다. 물론 스스로 공구를 만들어 사용할 수도 있지만 이미 다른 사람들이 잘 만들어 놓은 도구가 있다면 가져다 쓰는 것이 훨씬 효율적입니다.

그림 2-5 패키지의 개념

R에서 어떤 함수를 이용하려면 원칙적으로 그 함수가 속해 있는 패키지를 불러와야 합니다. 예를 들면 'svm()'이라는 함수를 사용하기 위해서는 'e1071'이라는 패키지를 불러와야 합니다. 패키지를 R에서 사용할 수 있도록 불러오는 작업을 로딩(loading)이라고 합니다. 패키지는 작업 중인 컴퓨터의 특정 폴더에 저장되어 있어야 로딩이 가능합니다. 만일 원하는 패키지가 없으면 다운로드하여 설치해야 합니다. 지금부터 패키지를 설치하고 프로그램에서 사용할 수 있도록 로딩하는 방법에 대해 알아보겠습니다.

확인문제

R에서 함수들을 기능별로 묶어 놓은 꾸러미를 [ ] 라고 한다.

정답

패키지

2 패키지 설치와 사용

특정 패키지 안에 있는 함수를 이용하려면 다음과 같은 사전 작업이 필요합니다.

❶ 특정 함수를 포함하고 있는 패키지 설치하기(install)

❷ 설치한 패키지 불러오기(load)

이 두 가지 작업이 완료되어야 비로소 패키지 안의 함수를 마음껏 사용할 수 있습니다. 패키지 설치는 필요한 공구함을 마트에서 사오는 것과 같습니다. 다른 점이 있다면 R의 패키지는 무료입니다. 패키지를 불러오는 것은 사다놓은 공구함을 필요할 때 여는 것과 같습니다. 이 비유가 이해된다면 **패키지의 설치는 한 번만 필요**하지만 **패키지 로드는 R 스튜디오가 새로 시작될 때마다 필요**하다는 것도 이해할 수 있을 것입니다.

그림 2-6 **패키지 사용 방법**

`ggplot2` 패키지를 설치하여 그래프 작성 함수 중의 하나인 `ggplot()` 함수를 사용하는 과정을 통해 패키지의 설치와 로딩 방법에 대해 학습하도록 합니다.

패키지 설치하기

R 스튜디오에서 패키지를 설치하기 전에 인터넷이 연결되어 있는지 먼저 확인합니다. 기본적으로

R 패키지는 CRAN(http://cran.r-project.org)에서 다운로드하기 때문에 인터넷 연결이 필요합니다. 패키지를 R이 설치된 폴더의 하위 폴더인 'library'에 직접 설치할 수도 있지만 여기서는 자세히 다루지 않습니다. 명령문과 R 스튜디오 메뉴에서 설치하는 두 가지 방법을 중점적으로 설명합니다.

■ 명령문으로 설치하기

CRAN 웹사이트를 방문해 직접 R 패키지를 다운로드할 필요는 없습니다. R에서 `install.packages()` 함수를 이용하면 알아서 설치해주기 때문입니다. 소스창을 열어 [코드 2-7]을 입력한 후 실행하겠습니다. 다운로드와 설치에 약간의 시간이 필요합니다.

코드 2-7 code02-07.r

```
# ggplot2 패키지 설치
install.packages('ggplot2')
```

■ R 스튜디오 메뉴로 설치하기

[그림 2-7](a)와 같이 파일 영역의 패키지창을 통해서도 패키지를 설치할 수 있습니다. 패키지창에서 [Install] 버튼을 클릭하면 Install Packages 팝업창이 열립니다. [그림 2-7](b)와 같이 패키지 이름을 입력하는 곳에 설치를 원하는 패키지 이름을 입력합니다. 이름 일부만 입력해도 설치 가능한 패키지 목록이 나타납니다. 원하는 패키지를 선택한 다음 [Install dependencies]가 체크된 상태에서 [Install] 버튼을 클릭합니다. 그러면 패키지 설치 과정이 콘솔창에 표시된 후 설치 완료 메시지가 출력됩니다.

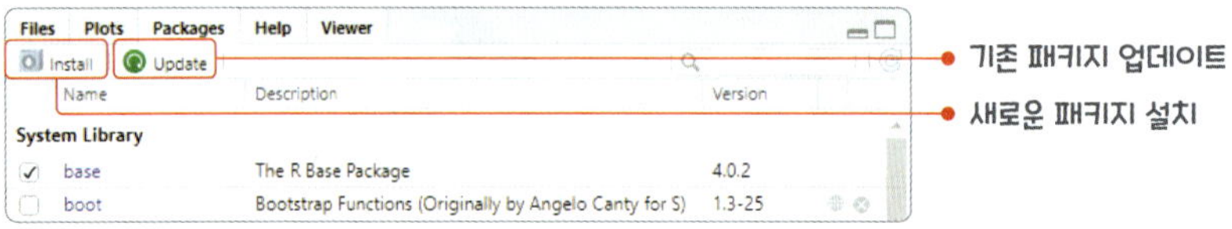

(a) 패키지창 화면

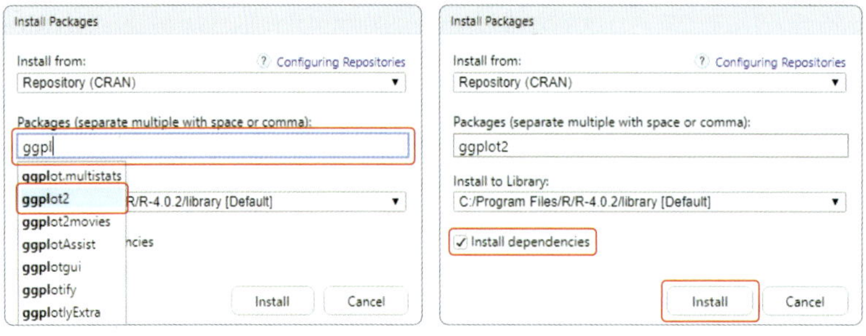

(b) 패키지 설치 화면

그림 2-7 R 스튜디오 메뉴로 패키지 설치하기

■ **설치된 패키지 확인하기**

패키지창의 하단을 보면 컴퓨터에 설치된 패키지의 목록을 확인할 수 있습니다. 방금 설치한 `ggplot2` 외에도 다른 패키지들이 보이는데 이는 R을 설치할 때 자동으로 설치된 패키지들입니다.

그림 2-8 **설치된 패키지의 목록**

패키지 로드하기

앞서 설명했듯이 패키지를 설치했다고 해서 바로 사용할 수 있는 것은 아닙니다. 하드디스크에 설치된 패키지를 R 작업 환경으로 불러와야 합니다. 이때 [코드 2-8]과 같이 `library()` 함수로 패키지를 불러올 수 있습니다.

코드 2-8 code02-08.r

```
# ggplot2 불러오기
library(ggplot2)
```

함수 사용하기

패키지를 정상적으로 불러왔다면 함수를 사용할 준비가 끝났습니다. [코드 2-9]를 실행해봅니다. 아직 명령문이 어떤 의미인지 몰라도 괜찮습니다. [그림 2-9]와 같이 파일 영역의 플롯창에 그래프가 출력되는 것을 볼 수 있습니다.

코드 2-9 code02-09.r

```
library(ggplot2)
ggplot(data = iris, aes(x = Petal.Length, y = Petal.Width)) + geom_point()
```

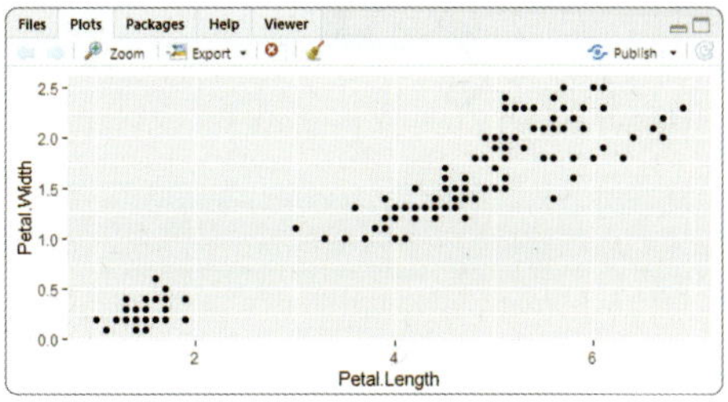

그림 2-9 **`ggplot()` 함수의 실행 결과 화면**

확인문제

dplyr 패키지를 설치(install)하고 로드(load)하는 명령문을 작성하고 실행하시오.

정답

```
install.packages('dplyr')
library(dplyr)
```

어떤 패키지는 설치할 때 이전에 설치된 다른 패키지들을 최신 패키지로 업데이트할지를 물어보는 경우가 있는데 이럴 때는 'Yes'를 선택하면 됩니다.

Q 앞에서 배운 max(), min(), sqrt()와 같은 함수들은 아무 패키지를 로딩하지 않았는 데도 사용이 가능합니다. 왜 그런 건가요?

A 모든 함수는 그 함수가 포함된 패키지를 로딩해야 하는 것이 원칙입니다. 다만 사용자의 편의를 위해 널리 사용하는 몇 개의 패키지는 R을 시작하는 순간 알아서 미리 로딩되도록 설정해 놓았습니다. 따라서 사용자는 로딩 없이 함수를 이용할 수 있는 것입니다.

LAB 패키지로 그림 불러오고 말풍선 그리기

실용적이지는 않지만 재미있는 R 패키지 하나를 설치하여 실행해보겠습니다. cowsay라는 패키지로 문자를 이용해 동물이나 인물 그림 위에 말풍선을 그려 보는 것입니다. 참고로 cowsay 패키지는 say()라는 함수 하나로만 구성되어 있습니다.

1. cowsay 패키지를 설치합니다.

```
install.packages('cowsay')
```

2. cowsay 패키지를 불러옵니다.

```
library(cowsay)
```

3. say() 함수를 실행합니다. 이때 함수 입력값으로 'Hello world!'라고 입력하고, 고양이(cat) 그림을 선택합니다.

```
say('Hello world!', by='cat')
```

```
> say('Hello world!', by='cat')

 --------------
Hello world!
 --------------
    \
      \
        \
            |\___/|
          ==) ^Y^ (==
            \  ^  /
             )=*=(
            /     \
            |     |
           /| | | |\
           \| | |_|/\
      jgs  //_// ___/
               \_)
```

4. say() 함수에 입력값을 변경해 실행합니다. 쓰고 싶은 말을 따옴표 안에 작성하는 것에 주의합니다.

```
say('좋은 아침', by = 'snowman')
```

```
> say('좋은 아침', by = 'snowman')

 -----
좋은 아침
 ------
    \
     \
     _[_]_
      (")
  >--( : )--<
    (__:__) [nosig]
```

사용 가능한 동물, 인물 이름은 도움말에서 확인할 수 있습니다. 도움말 기능은 다음 절에서 학습합니다.

Section

04 도움말을 사용해볼까요?

R에는 많은 함수가 있으며 계속 새로운 함수가 개발되고 있습니다. 따라서 이것을 모두 기억하고 배우기에는 그 수가 너무 많습니다. 다행히 R에서는 각 함수가 어떻게 동작하는지에 대한 도움말을 제공합니다. 다만 해당 함수가 속한 패키지를 불러와야 그 함수에 대한 도움말을 볼 수 있습니다.

1 도움말 사용 방법

도움말을 확인하기 위해서는 모두 4가지 방법이 있습니다. sort() 함수를 예로 들어 설명하겠습니다. 4가지 방법 모두 도움말창에 [그림 2-11]과 같은 동일한 결과를 출력합니다.

- R 스튜디오 도움말창(Help Pane)에서 검색하고자 하는 함수명을 입력합니다.

그림 2-10 **도움말창 활용하기**

- 소스창에서 함수 이름을 입력하고 마우스로 드래그하여 블록 설정한 후 F1을 클릭합니다.

```
sort
```

- 소스창에서 함수 이름 앞에 물음표(?)를 입력하고 실행합니다.

```
?sort
```

- 소스창에서 help() 함수의 괄호 안에 함수 이름을 입력하고 실행합니다.

```
help(sort)
```

각자 편하다고 생각하는 방식으로 도움말을 호출하면 됩니다. 구글에서 'R sort'로 검색해도 다양한 사용 방법에 대한 정보를 얻을 수 있습니다.

그림 2-11 **도움말창 예시 화면**

2 도움말의 구성

도움말은 일반적으로 [표 2-4]와 같이 구성되어 있습니다. 이 중에서 주목해야 할 항목은 함수에 어떤 값을 입력해야 하는지 알려주는 '인수(Arguments)', 함수 실행 시 어떤 값이 반환되는지 알려주는 '값(Value)', 실제로 작동하는 예제 코드가 제시된 '예제(Examples)'입니다. 모든 도움말은 동일한 형식으로 되어 있기 때문에 몇 번 보다 보면 쉽게 익숙해질 수 있습니다.

표 2-4 **함수 도움말 구성 항목**

구분	설명
설명(Description)	함수에 대한 간단한 소개
사용법(Usage)	함수 호출 방법
인수(Arguments)	입력값(매개변수)들에 대한 설명
세부사항(Details)	구체적인 동작 방식 및 주의사항
값(Value)	함수 실행 시 돌려주는 결괏값
참조(See Also)	관련된 다른 R 함수
예제(Examples)	실제로 작동하는 예제 코드

확인문제

`log()` 함수에서 사용하는 두 개의 인수는 무엇인지 도움말 기능을 통해 알아보시오.

정답

x, base

LAB 도움말 활용하기

이번 LAB에서는 ceiling() 함수와 Sys.time() 함수에 대한 도움말을 활용해보겠습니다.

1. ceiling() 함수에 대한 도움말을 화면에 나타내고 설명(Description)을 읽으며 ceiling() 함수는 어떤 기능을 하는 함수인지 설명해봅시다.

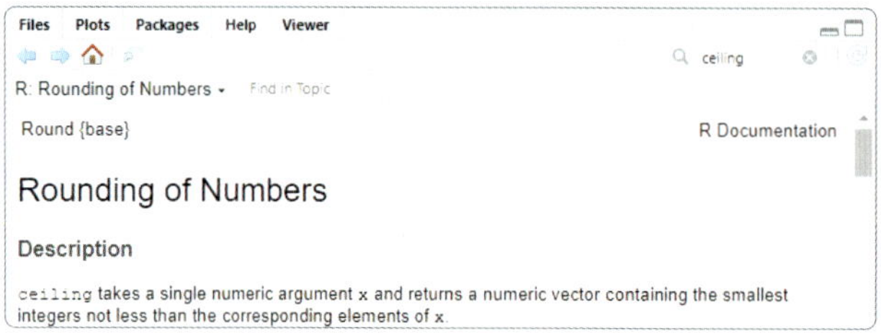

▶ 올림 계산에 사용합니다.

2. ceiling(2.4), ceiling(3.6)의 실행 결과를 나타냅니다.

```
> ceiling(2.4)
[1] 3
> ceiling(3.6)
[1] 4
```

3. Sys.time() 함수는 어떤 기능을 하는 함수인지 설명해봅니다.

▶ 현재 날짜와 시간을 알려줍니다.

4. Sys.time() 함수의 실행 결과를 나타냅니다.

```
> Sys.time()
[1] "2020-08-26 14:27:34 KST"
```

실전분석 생일 맞추기

문제

석준이의 생일을 맞아 친한 친구 5명이 모였다. 그중 평소 퀴즈를 좋아하는 민철이가 다음과 같이 문제를 냈다. "우리 다섯 명의 생일을 맞춰보자! 단, 내가 설명하는 방식으로 계산해서 알아내야 해. 먼저 태어난 달에 4를 곱하고, 그 결과에 9를 더하고, 다시 그 결과에 25를 곱하고, 마지막으로 다시 그 결과에 태어난 날짜를 더하는 거야." 친구들의 계산 결과가 다음과 같을 때 각자의 생일을 구해보시오.

이름	소윤	주연	민철	석준	현석
결과값	931	754	1029	1139	1442

해결

이 문제에서 태어난 달을 m, 태어난 날을 d라고 하면 각자의 결과값은 ((m×4)+9)×25+d입니다. 이 식을 간단히 정리하면 100 × m + d + 225입니다. 따라서 결과값에서 225를 뺀 후 100으로 나누었을 때 몫(m)이 태어난 달, 나머지(d)가 태어난 날입니다. 즉, 소윤이가 태어난 달과 날을 구하는 명령문과 실행 결과는 다음과 같습니다.

```
# 소윤이 태어난 날
(931 - 225) %% 100
# 소윤이 태어난 달
((931 - 225) - ((931 - 225) %% 100)) /100
```

```
> # 소윤이 태어난 날
> (931 - 225) %% 100
[1] 6
> # 소윤이 태어난 달
> ((931 - 225) - ((931 - 225) %% 100)) /100
[1] 7
```

∴ **결과적으로 소윤이의 생일은 7월 6일입니다. 다른 친구들의 생일도 동일한 방법으로 알아낼 수 있습니다.**

요약

01 R 스튜디오는 데이터 분석 작업을 위해 매우 편리한 작업 화면을 제공하며 소스 영역, 콘솔 영역, 환경 영역, 파일 영역으로 구성되어 있습니다.

① 소스 영역 : R 명령문을 작성하고 실행하는 영역입니다.

② 콘솔 영역 : 소스창에서 R 명령문을 실행했을 때 명령문의 실행 과정 및 결과를 표시하는 영역입니다.

③ 환경 영역 : R 명령문이 실행되는 동안 만들어지는 각종 변수나 자료구조의 내용을 보여주는 영역입니다.

④ 파일 영역 : 일종의 파일 탐색기로 파일을 저장하거나 불러오는 등의 파일 관련 작업을 수행하는 영역입니다. 여기서 작업 폴더를 지정할 수도 있습니다.

02 R 스튜디오에서 작성한 명령문을 실행하는 기본적인 방법은 소스창 상단의 실행 버튼 (Run)을 클릭하는 것입니다.

03 R 스튜디오에서 명령문과 관련된 단축키는 다음과 같습니다.

- 한 줄의 명령문 실행 : 명령문이 있는 줄에서 Ctrl + Enter
- 여러 줄의 명령문 실행 : 명령문들을 마우스로 드래그하여 블록 설정한 후 Ctrl + Enter
- 소스창에 있는 모든 명령문 실행 : Ctrl + Alt + R
- 바로 직전 명령문 재실행 : Ctrl + Shift + P

04 R 스튜디오에서 작성한 프로그램을 파일로 저장하려면 메인 메뉴에서 [File]-[Save], 또는 [File]-[Save As]를 클릭합니다. 또한 소스창 바로 위에 있는 저장 아이콘( )을 클릭해도 됩니다. R 스크립트 파일의 확장자 이름은 일반적으로 'test.R' 과 같이 '.R'이 붙습니다.

05 R 스튜디오에서 창의 배치를 변경하려면 메인 메뉴에서 [View]-[Panes]-[Pane Layout]을 선택한 다음 각 영역에 배치할 창을 변경합니다.

06 주석(comment)은 명령문에 대해 설명해 놓은 것으로 # 다음에 내용을 작성합니다.

07 프로그래밍에서 함수(function)는 명령문의 집합으로 **함수명()**의 형태로 되어 있습니다.

08 패키지(package)란 함수들을 기능별로 묶어놓은 일종의 꾸러미입니다. R에서는 다양한 패키지를 무료로 사용할 수 있습니다.

09 패키지에 있는 함수를 사용하려면 패키지를 설치(install)한 후 패키지를 불러와야(load) 합니다. 설치는 한 번만 하면 되지만 불러오는 것은 R 스튜디오가 새로 시작될 때마다 필요합니다. 설치 명령문은 `install.packages('패키지명')`이고, 불러오는 명령문은 `library(패키지명)`입니다.

10 R에서는 각 함수가 어떻게 동작하는지에 대한 도움말을 제공합니다. 도움말은 파일 영역의 도움말창에서 함수명을 검색하거나, 소스창에서 함수명 앞에 물음표(?)를 붙여 실행하면 볼 수 있습니다.

■ R에서 사용하는 산술연산자와 함수

연산자 및 함수	기능
+, -, *, /	더하기, 빼기, 곱하기, 나누기
%%, ^	나머지, 제곱
log()	로그함수
sqrt()	제곱근
max(), min()	최댓값, 최솟값
abs()	절대값
factorial()	팩토리얼
sin(), cos(), tan()	삼각함수

연습문제

01 빈 칸에 적합한 R 스튜디오의 내부 창(Pane)의 이름을 적으시오.

(1) [ ] : R 명령문을 작성하고 실행하는 영역으로 메모장과 유사하다.

(2) [ ] : R 명령문을 실행했을 때 실행 과정 및 결과를 표시한다.

(3) [ ] : 일종의 윈도우 파일 탐색기와 동일한 기능을 제공한다.

(4) [ ] : R 명령문이 실행되는 동안 각종 변수나 자료구조를 보여준다.

02 다음을 읽고 빈 칸에 알맞은 단어를 적으시오.

(1) R 스튜디오는 파일을 저장하거나 불러올 때 [ ]에 있는 파일을 참조한다. [ ]는 경로를 미리 설정해 놓을 수 있고, 파일창에서 이 설정이 가능하다.

(2) [ ]란 컴퓨터의 특정 작업을 지시하기 위해 사용하는 기호이다. 작업 내용에 따라 산술[ ], 비교[ ], 논리[ ] 등이 있다.

(3) `max()` 함수에 대한 도움말을 보기 위해서는 R 스튜디오 소스창에서 [ ]를 입력 및 선택한 후 키보드에서 [ ]을 누르면 된다.

03 다음 R 스튜디오에 대한 설명 중 맞는 것은 ○, 틀린 것은 ×로 표시하시오.

(1) 플롯창에서는 작성한 그래프를 보여준다. ( )

(2) 패키지창에서는 설치된 패키지 목록을 확인할 수 있지만, 설치하는 기능 자체는 제공하지 않는다. ( )

(3) 특정 함수의 도움말은 뷰어창에서 확인할 수 있다. ( )

04 패키지에 대한 설명 중 맞는 것은 ○, 틀린 것은 ×로 표시하시오.

(1) 패키지에 있는 함수는 패키지를 설치하면 바로 사용할 수 있다. ( )

(2) `install.packages()` 함수로 패키지를 설치하기 위해서는 인터넷 연결이 필요하다. ( )

(3) 패키지는 명령문 외에도 R 스튜디오 파일 영역의 패키지창에 있는 메뉴에서 설치 가능하다. ( )

(4) R을 설치할 때 기본적인 패키지들도 함께 설치된다. ( )

05 다음 중 실행되는 명령문이 같은 것끼리 짝지어 보시오(1, 2, 3, 4는 커서의 위치).

```
1a <- "Hello World!"
b <- 2"R programming"3
4c <- paste(A,B)
print(c)5
```

(A) 커서를 2에 둔 상태에서 Ctrl + Alt + R 을 누른 경우

(B) 커서를 2에 둔 상태에서 실행 버튼(Run)을 누른 경우

(C) 커서가 3에 있는 상태에서 Ctrl + Enter 를 누른 경우

(D) 1부터 5까지 블록으로 지정한 후 Ctrl + Enter 를 누른 경우

06 R의 산술연산자를 이용하여 다음 문장을 코드로 작성하고 결과를 구하시오.

(1) 37에 7을 더하시오.

(2) 4를 5배한 후 10을 빼시오.

(3) 99를 3으로 나누시오.

(4) 152를 7로 나누었을 때 나머지를 구하시오.

(5) 5의 제곱을 구하시오.

(6) 2의 10제곱을 구하시오.

(7) 11에 4를 곱한 값과 13을 4로 나눈 나머지의 차를 구하시오.

(8) 9와 7의 차를 3으로 나눈 나머지를 구하시오.

07 R의 산술연산 함수를 이용하여 다음 문장을 코드로 작성하고 결과를 구하시오.

(1) 20, 11, 17, 21, 19 중 최댓값

(2) 20, 11, 17, 21, 19 중 최솟값

(3) −20의 절대값

(4) 25의 제곱근

CHAPTER 03

변수, 벡터, 함수 알아보기

학습목표

- 변수의 개념, 연산, 특징, 활용법을 학습합니다.
- 벡터의 개념, 생성, 활용법을 학습합니다.
- 함수의 개념과 매개변수에 대해 알아봅니다.

Preview

지난 장에서는 R 프로그래밍을 위한 통합 개발 환경(IDE) 소프트웨어인 R 스튜디오의 사용법과 기초적인 산술연산 명령문의 실행 방법에 대해 살펴보았습니다. 이번 장에서는 R 프로그래밍에서 가장 기본적이면서도 핵심적인 내용인 변수, 벡터, 함수의 개념을 이해하고 기본적인 사용법을 연습합니다.

1절에서는 변수란 무엇인지, 어떻게 만들 수 있는지 알아보고, 변수의 이름을 명명하는 방법, 변수의 특징, 변수를 통한 연산 방법 등을 함께 살펴봅니다. 2절에서는 가장 기본적인 자료구조인 벡터를 생성하고 값에 이름을 지정하는 방법, 특정 위치의 값을 추출하고 변경하는 방법에 대해 살펴봅니다. 3절에서는 예시를 통해 함수의 구성 요소가 무엇인지 살펴봄으로써 함수에 대한 기본 개념을 습득합니다.

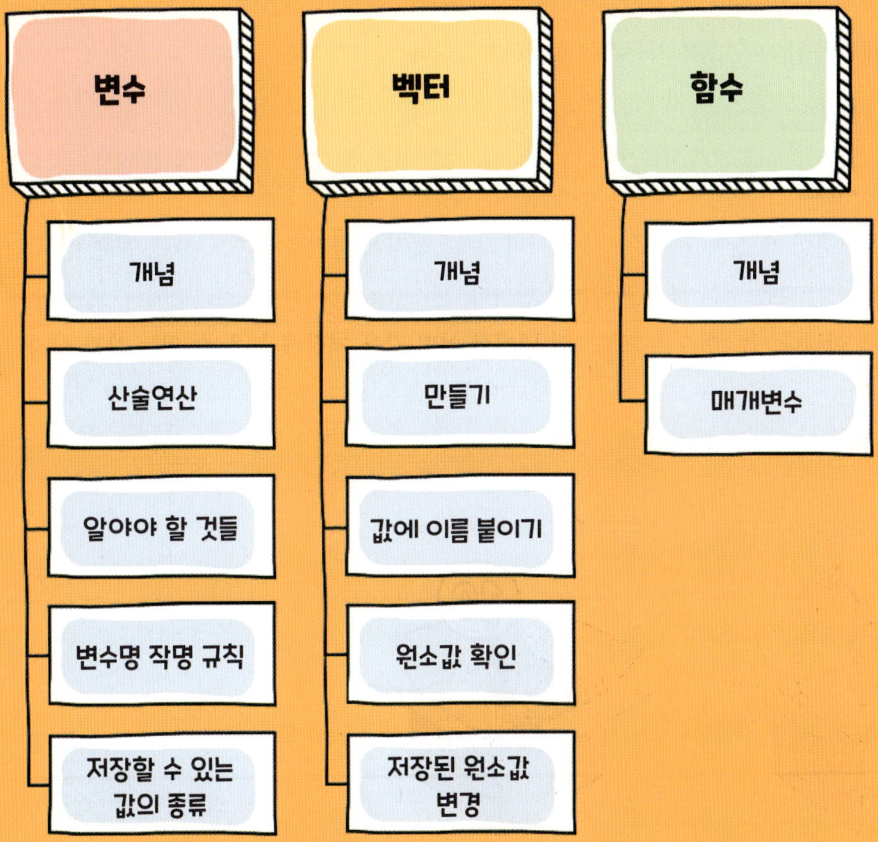

Section 01

이것이 변수입니다

2장에서는 산술연산을 통해 R을 계산기처럼 이용하는 방법을 연습했습니다. 3장부터 본격적으로 프로그래밍에 대한 학습을 시작합니다. 모든 프로그래밍 언어를 학습할 때 가장 기본적이고 중요한 개념이 '변수'입니다. '변수를 이해하면 프로그래밍의 절반은 이해한 것'이라는 말이 있을 정도로 변수는 중요한 개념입니다. 하지만 처음 프로그래밍 언어를 배우는 학습자에게는 다소 어려울 수 있으니 쉽게 이해할 수 있도록 차근차근 설명하겠습니다.

1 변수의 개념

우리는 물건을 보관할 때 상자를 자주 이용합니다. 보관 상자에 물건을 넣기도 하고, 보관 상자 안에 있는 물건을 꺼낸 다음 다른 물건을 넣기도 합니다. 변수(variable)는 프로그램에서 '보관 상자'와 같은 역할을 합니다. 즉, 변수는 **프로그램 내에서 어떤 값을 저장해 놓을 수 있는 보관 상자**인 것입니다. [그림 3-1]의 오른쪽 그림을 보면 상자는 변수, a는 변수의 이름, 10은 변수에 저장되는 값을 의미합니다.

그림 3-1 보관 상자와 변수

표 3-1 보관 상자와 변수의 공통점과 차이점

	공통점	차이점
보관 상자	• 어떤 것을 안에 보관할 수 있다. • 보관된 내용물이 바뀔 수 있다. • 내용물을 구분하기 위해 이름을 붙일 수 있다.	• 저장할 수 있는 내용물이 다양하다. • 여러 물건을 한 상자에 보관 가능하다.
변수		• 저장할 수 있는 내용물은 오직 숫자나 문자이다. • 하나의 변수에는 하나의 값만 저장할 수 있다.

변수 만들기

변수의 개념을 이해했으니 이제 R 프로그램에서 변수를 만드는 방법에 대해 알아봅시다. a라는 변수에 10이라는 값을 저장하고 싶다면 다음과 같은 명령문을 실행하면 됩니다.

```
a <- 10
```

이 명령문은 10을 a로 보내라는 모양을 하고 있는데, 이것이 '10을 a에 저장하라'는 명령입니다. 명령문에서 a는 변수의 이름(변수명), 10은 변수에 저장할 값, 왼쪽 방향 화살표(<-)는 오른쪽에 있는 값을 왼쪽에 있는 변수에 저장하는 기능을 하는 연산자입니다. 이 예를 보면 **특정 변수의 이름을 지정하고 그곳에 어떤 값을 저장하는 순간 변수가 만들어진다**는 것을 알 수 있습니다.

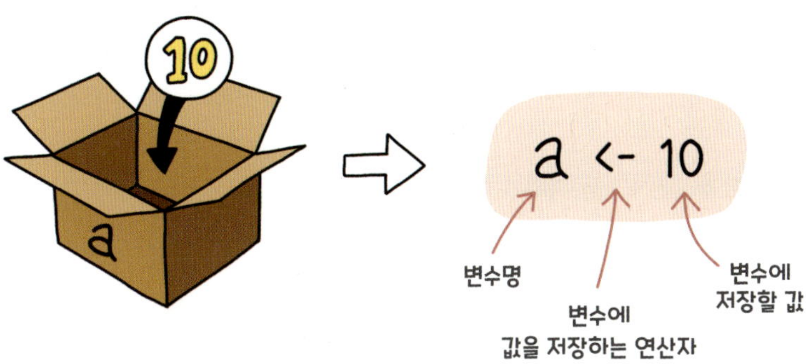

그림 3-2 변수 a에 10을 저장하기

'<-'를 좀 더 편리하게 입력하기 위해 R 스튜디오에서는 단축키를 제공합니다. 단축키 Alt+-를 사용하면 '<-'가 자동으로 입력됩니다.

변수의 내용 확인하기

보관 상자의 내용물을 확인하려면 상자의 뚜껑을 열고 내용물을 꺼내 보면 됩니다. 그러면 변수에 저장된 값을 확인하려면 어떻게 해야 할까요? 여러 가지 방법이 있지만 [코드 3-1]을 통해서 대표적인 3가지 방법에 대해 알아봅니다.

코드 3-1 code03-01.r

```
total <- 5050              # 5050을 변수 total에 저장
total                      # 방법 1
print(total)               # 방법 2
cat('합계 :', total)       # 방법 3
```

[코드 3-1]의 실행 결과를 나누어서 설명하면 다음과 같습니다.

```
> total <- 5050            # 5050을 변수 total에 저장
> total                    # 방법 1
[1] 5050
```

변수의 내용을 확인하는 첫 번째 방법은 가장 쉬운 방법으로 변수명 `total`을 입력하여 실행하는 것입니다. 변수명 `total`을 입력하는 것조차 귀찮다면 [그림 3-3]과 같이 `total <- 5050`에 있는 변수명 `total`을 마우스로 블록 설정한 다음 Ctrl+Enter를 누르면 됩니다. 단, 먼저 `total <- 5050`을 실행한 이후에 가능합니다.

그림 3-3 변수 total을 마우스로 블록 설정한 후 Ctrl+Enter 누르기

```
> print(total)             # 방법 2
[1] 5050
```

두 번째 방법은 `print()` 함수를 사용하는 것입니다. `print()` 함수의 괄호 안에 변수명을 입력하면 해당 변수에 저장된 값을 보여주기 때문에 값을 확인할 수 있습니다.

```
> cat('합계 :', total)     # 방법 3
합계 : 5050
```

세 번째 방법은 `cat()` 함수를 이용하는 것입니다. `print()` 함수가 하나의 변수나 값을 출력할 때 사용한다면, `cat()` 함수는 여러 개의 변수 또는 값을 연결하여 한번에 출력할 때 사용합니다. 여기

에서는 '**합계 :**' 와 total을 연결해 출력하고 있습니다. 출력 결과를 보면 변수명 total의 자리에 저장된 값이 출력된 것을 확인할 수 있습니다.

하나 더 알기 ✓ **R 스튜디오에서 변수의 내용을 확인하는 방법**

R 스튜디오에서 다음과 같이 환경창(Environment Pane)을 보면 현재 만들어진 변수와 저장된 값을 확인할 수 있습니다.

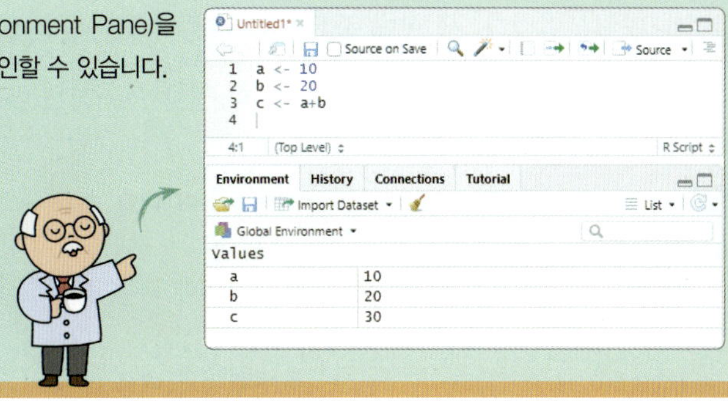

확인문제

변수 age에 자신의 나이를 저장하고 print( ) 함수로 출력하는 명령문을 작성하시오.

정답

```
age <- 20                  # 자신의 나이를 저장
print(age)
```

2 변수를 이용한 산술연산

이제 변수를 이용하여 두 수의 합을 구하는 프로그램을 살펴보겠습니다.

코드 3-2 code03-02.r

```
a <- 10                    # 변수 a에 10을 저장
b <- 20                    # 변수 b에 20을 저장
c <- a + b                 # 변수 a, b에 저장된 값을 더하여 변수 c에 저장
print(a)                   # 변수 a의 내용 출력
print(b)                   # 변수 b의 내용 출력
print(c)                   # 변수 c의 내용 출력
```

[코드 3-2]의 실행 결과를 나누어서 설명하면 다음과 같습니다.

```
> a <- 10                    # 변수 a에 10을 저장
> b <- 20                    # 변수 b에 20을 저장
> c <- a + b                 # 변수 a, b에 저장된 값을 더하여 변수 c에 저장
```

첫 번째 줄은 변수 a에 10이라는 값을 저장하는 명령문이고, 두 번째 줄은 변수 b에 20이라는 값을 저장하는 명령문입니다. 세 번째 줄은 변수 a에 저장된 값과 변수 b에 저장된 값을 더하여 변수 c에 저장하는 명령문입니다. 그 결과 변수 c에는 30이 저장됩니다.

```
> print(a)                   # 변수 a의 내용 출력
[1] 10
> print(b)                   # 변수 b의 내용 출력
[1] 20
> print(c)                   # 변수 c의 내용 출력
[1] 30
```

변수 a, b, c에 저장된 값을 차례로 화면에 출력(print)하는 명령문입니다. 10, 20, 30이 차례로 출력되는 것을 확인할 수 있습니다.

확인문제

자신이 태어난 연도를 이용해 올해 나이를 구하는 명령문을 작성하시오. 태어난 해는 year_born, 올해는 current_year, 나이는 age로 변수명을 지정한다.

정답

```
year_born <- 2002            # 자신이 태어난 연도를 저장
current_year <- 2021         # 현재 연도를 저장
age <- current_year - year_born + 1
print(age)
```

3 변수에 대해 알아야 할 것들

바뀔 수 있는 변수의 값

변수는 **'변할 수 있는 값'**을 의미합니다. [그림 3-1]을 보면 변수를 상징하는 박스는 항상 열려 있어서 언제든지 안에 저장할 물건을 바꿀 수 있습니다. 마찬가지로 변수에 저장된 값도 자유롭게 바꿀 수 있습니다. [코드 3-3]을 보면 처음에는 변수 a에 10을 저장했다가 그 다음에는 50을 저장하

고 있습니다. 그 결과 처음에 저장했던 10은 사라지고 나중에 저장한 50만 남아 있는 것을 알 수 있습니다. 하나의 변수에 값을 여러 번 바꾸어 저장하는 경우 가장 나중에 저장한 값만 남는다는 것을 기억해야 합니다.

코드 3-3 code03-03.r

```
a <- 10
print(a)
a <- 50
print(a)
```

실행 결과

```
> a <- 10
> print(a)
[1] 10
> a <- 50
> print(a)
[1] 50
```

하나의 변수에는 하나의 값만 저장 가능

하나의 변수에는 하나의 값만 저장됩니다. 다음과 같이 num이라는 변수에 두 개의 값 2, 5를 저장하려고 하면 에러가 발생합니다. R에서는 여러 개의 값을 한 곳에 저장하는 방법으로 벡터(vector)를 제공하는데, 이에 대해서는 2절에서 학습하기로 합니다.

```
num <- 2, 5                # 에러 발생
```

변수와 변수의 연산은 변수에 저장된 값들의 연산으로 바뀌어 실행

[코드 3-2]를 보면 다음과 같이 변수 a에 저장되어 있는 값과 변수 b에 저장된 값을 더하여 변수 c에 저장하는 명령문이 있습니다.

```
c <- a + b
```

이 명령문은 [그림 3-4]와 같이 실행됩니다. 여기서 알 수 있는 것은 **변수와 변수의 연산은 변수에 저장된 값들의 연산으로 바뀌어 실행**된다는 것입니다.

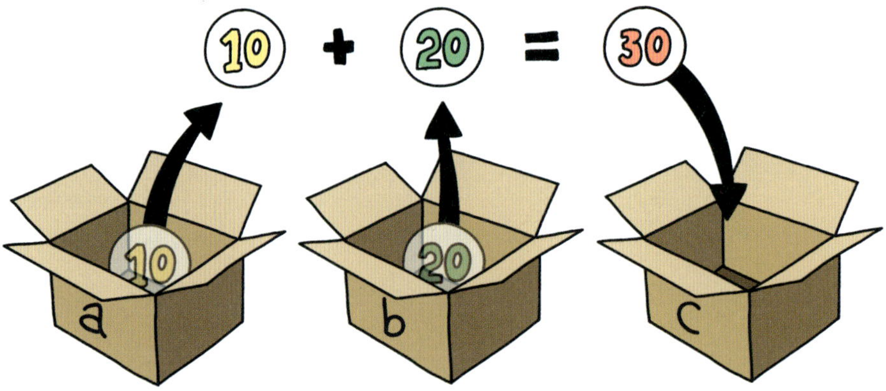

그림 3-4 c <- a + b의 실행 과정

확인문제

다음 명령문을 한번에 실행했을 때 (1), (2)에서 출력되는 값은 무엇인가?

```
input <- 13; output <- 29; times <- 5
input <- input * times
print(input)    # (1)
input <- input - output
print(input)    # (2)
```

정답

(1) 65   (2) 36

4 변수명의 작명 규칙

변수의 이름, 즉 변수명은 사용자가 임의로 만들어서 사용할 수 있습니다. 다만 다음의 규칙을 지켜야 합니다.

- 첫 글자는 영문자(알파벳)나 마침표(.)로 시작하는데, 일반적으로 영문자로 시작합니다.
  - 예 avg, .total
  - 예 12th는 숫자로 시작했기 때문에 변수명 사용 불가
- 두 번째 글자부터는 영문자, 숫자, 마침표(.), 밑줄(_)을 사용할 수 있습니다.
  - 예 value.1, sub_total, d10
  - 예 this-data, this@data는 @와 – 같은 특수문자를 사용했으므로 변수명 사용 불가

- 변수명에서 대문자와 소문자는 별개의 문자로 취급합니다.

  예 var_A와 var_a는 서로 다른 변수

- 변수명 중간에 빈 칸을 넣을 수 없습니다.

  예 first ds는 변수명 사용 불가

변수명은 저장되는 값이 무엇인지 알 수 있도록 의미 있는 단어를 사용하는 것이 좋습니다. 예를 들어, 중간 합계를 저장하는 변수라면 의미를 알 수 없는 abc보다는 mid.sum이라는 변수명을 붙이는 것이 좋습니다.

```
abc <- 850                  # 어떤 작업을 하려는 것인지 알기 어렵다.
mid.sum <- 850              # 중간 합계로 850을 저장하려는 것임을 예상할 수 있다.
```

또한 자주 사용하는 함수의 이름은 변수명으로 사용하지 않는 것이 좋습니다. 에러가 발생하지는 않지만 함수와 혼동이 되어 프로그램을 이해하기 어렵게 만듭니다. 다음과 같이 함수명 sqrt를 변수명으로 사용하면 혼란스러워집니다.

```
a <- sqrt(120)              # 제곱근을 구하는 함수로서의 sqrt
a                           # a에 저장된 값을 출력
sqrt <- 340                 # 변수명으로서의 sqrt
sqrt                        # sqrt에 저장된 값을 출력
```

확인문제

다음 중 올바른 변수명을 모두 고르시오.

(A) Phone	(B) 1st.phone	(C) phone.2nd	(D) phone 3rd
(E) phone.1st.price	(F) phone_2nd_price	(G) phone-3rd-price	(H) .price

정답

A, C, E, F, H

5 변수에 저장될 수 있는 값의 종류

R에서는 데이터 분석을 위해 다양한 종류의 값을 사용할 수 있도록 지원하며, 이러한 값들은 모두

변수에 저장할 수 있습니다. 변수에 저장할 수 있는 값의 종류를 자료형(data type)이라고 합니다. [표 3-2]는 R에서 사용할 수 있는 값에 대한 자료형을 정리한 것입니다.

표 3-2 R에서 사용할 수 있는 값에 대한 자료형

자료형	사용 예	비고
숫자형	1, 2, -4, 12.8	정수, 실수 모두 가능
문자형	'Tom', "Jane"	작은따옴표나 큰따옴표로 묶어서 표현
논리형	TRUE, FALSE	T, F로 줄여서 사용하는 것도 가능
특수 값	NULL	정의되어 있지 않음을 의미하며, 자료형도 없고 길이도 0
	NA	결측값(missing value)
	NaN	수학적으로 정의가 불가능한 값(예 sqrt(-3))
	Inf, -Inf	양의 무한대(Inf), 음의 무한대(-Inf)

숫자형과 문자형

숫자형은 자연수를 포함하여 양의 정수, 음의 정수, 0, 실수 등의 값을 의미하며, 크기를 갖고 있고 산술연산에도 사용할 수 있습니다. 문자형은 숫자형과는 달리 산술연산을 할 수 없습니다. 문자형의 값은 반드시 작은따옴표나 큰따옴표로 묶어 표시해야 합니다. 모양은 숫자라도 따옴표로 묶으면 문자로 간주되어 산술연산에 사용할 수 없다는 것을 꼭 기억해야 합니다. 3은 계산에 사용할 수 있는 숫자이지만 '3'은 계산에 사용할 수 없는 문자입니다. [코드 3-4]는 숫자형 변수와 문자형 변수의 덧셈에서 에러가 발생하는 사례를 보여주고 있습니다.

코드 3-4 code03-04.r

```
age.1 <- 20                   # 숫자 저장
age.2 <- 25                   # 숫자 저장
print(age.1 + age.2)          # 정상 실행
name.1 <- 'John'              # 문자 저장
print(name.1)                 # 정상 실행
grade.1 <- '3'                # 문자 저장
print(age.1 + grade.1)        # 에러 발생
```

실행 결과

```
> age.1 <- 20                 # 숫자 저장
> age.2 <- 25                 # 숫자 저장
> print(age.1 + age.2)        # 정상 실행
```

```
[1] 45
> name.1 <- 'John'                    # 문자 저장
> print(name.1)                       # 정상 실행
[1] "John"
> grade.1 <- '3'                      # 문자 저장
> print(age.1 + grade.1)              # 에러 발생
Error in age.1 + grade.1 : 이항연산자에 수치가 아닌 인수입니다
```

논리형

논리형 값 TRUE와 FALSE는 '참'과 '거짓'을 표현하는 특별한 값입니다. T와 F로 줄여서 쓸 수도 있는데, 보통 비교연산의 결과값으로 주어집니다. 물론 변수에 직접 저장하는 것도 가능합니다. 특이하게도 TRUE와 FALSE는 덧셈과 같은 산술연산을 적용하면 TRUE는 1로, FALSE는 0으로 변환되어 계산에 사용됩니다.

코드 3-5 code03-05.r

```
5 > 3                                 # 비교연산
2 > 7                                 # 비교연산
TRUE + TRUE                           # 산술연산에서 TRUE는 1
a <- TRUE                             # a에 논리값 TRUE 저장
b <- F                                # b에 논리값 FALSE 저장

a                                     # a의 내용 출력
b                                     # b의 내용 출력
a + b                                 # 논리값의 산술연산 결과
```

실행 결과

```
> 5 > 3                               # 비교연산
[1] TRUE
> 2 > 7                               # 비교연산
[1] FALSE
> TRUE + TRUE                         # 산술연산에서 TRUE는 1
[1] 2
> a <- TRUE                           # a에 논리값 TRUE 저장
> b <- F                              # b에 논리값 FALSE 저장
>
> a                                   # a의 내용 출력
[1] TRUE
```

```
> b                           # b의 내용 출력
[1] FALSE
> a + b                       # 논리값의 산술연산 결과
[1] 1
```

특수한 값들

NULL은 '정의되지 않음'을 의미하는 특수한 값으로 변수 생성 시 가끔 사용합니다. R에서 변수를 생성하기 위해 변수명에 반드시 값을 넣어야 하는데, 이렇게 변수 생성 시 최초로 넣는 값을 초깃값(initial value)이라고 합니다. NULL은 초깃값을 어떤 것으로 정해야 할지 애매할 때 사용합니다. NULL은 계산에 사용할 수 없으며, Null, null, 'NULL'과 같은 형태로 쓰면 안 되고 반드시 따옴표가 없는 대문자 NULL로 써야 합니다.

코드 3-6 code03-06.r

```
addr <- NULL                  # NULL 저장
print(addr)
```

실행 결과

```
> addr <- NULL                # NULL 저장
> print(addr)
NULL
```

NA는 'Not Applicable'의 약자로 결측값(missing value) 또는 누락된 값을 나타낼 때 사용합니다. 예를 들면 5개 문항으로 구성된 설문조사에서 어떤 응답자가 3번 문항에 대한 응답을 하지 않았다면 (1, 2, NA, 2, 4)와 같이 NA로 표시합니다. 이렇게 함으로써 3번 문항에 대한 응답은 알 수 없지만 전체적으로 설문 문항이 5개라는 사실을 표현할 수 있습니다. NA도 Na, na, 'NA'와 같이 쓰면 안 되고 반드시 따옴표가 없는 대문자 NA로 써야 합니다.

코드 3-7 code03-07.r

```
a <- NA                       # 결측값 저장
b <- 'NA'                     # 문자형 값 저장
a                             # a의 내용 출력
b                             # b의 내용 출력
```

실행 결과

```
> a <- NA                            # 결측값 저장
> b <- 'NA'                          # 문자형 값 저장
> a                                  # a의 내용 출력
[1] NA
> b                                  # b의 내용 출력
[1] "NA"
```

NaN(not a number), Inf(infinite), -Inf는 각각 수학적으로 정의가 불가능한 값, 양의 무한대, 음의 무한대를 나타내는 특수한 값으로 프로그래밍에서 접하기 어려운 값입니다.

코드 3-8

code03-08.r

```
1/0
-2/0
sqrt(-5)                             # -5의 제곱근
```

실행 결과

```
> 1/0
[1] Inf
> -2/0
[1] -Inf
> sqrt(-5)                           # -5의 제곱근
[1] NaN
경고메시지(들):
In sqrt(-5) : NaN이 생성되었습니다
```

확인문제

다음 명령문을 보고 세 변수의 자료형을 기입하시오.

shop.name : (   ), sales.today : (   ), increase : (   )

```
shop.name <- "R-mart"
sales.today <- 530
sales.yesterday <- 440
increase <- sales.today > sales.yesterday
```

정답

문자형, 숫자형, 논리형

LAB 소금물의 농도 구하기

이번 LAB에서는 변수와 cat() 함수를 활용해봅니다. 순서 를 참고하여 소금물의 농도 구하는 프로그램을 만들어봅시다.

순서

① 소금의 양을 변수 salt에 저장합니다.
② 물의 양을 변수 water에 저장합니다.
③ 소금물의 농도를 계산하고 그 결과를 result에 저장합니다.
④ 결과를 다음과 같은 형식으로 출력합니다(cat() 함수 이용).
"소금 = ( ), 물 = ( ) : 농도 = ( ) %"

1. 소금 50g과 물 100g을 섞었을 때 소금물의 농도(%) 구하는 명령문을 작성합니다.

```
salt <- 50
water <- 100
result <- salt / (salt + water) *100
cat("소금 =", salt, ", 물 =", water, " : 농도 =", result, "%")
```

```
⋮ (생략)
소금 = 50 , 물 = 100  : 농도 = 33.33333 %
```

2. 소금 70g과 물 110g을 섞었을 때 소금물의 농도(%) 구하는 명령문을 작성합니다.

```
salt <- 70
water <- 110
result <- salt / (salt + water) *100
cat("소금 =", salt, ", 물 =", water, " : 농도 =", result, "%")
```

```
⋮ (생략)
소금 = 70 , 물 = 110  : 농도 = 38.88889 %
```

Section

02 벡터란 무엇인가요?

1 벡터의 개념

프로그래밍에서 변수는 어떤 값을 임시로 저장하는 용도로 사용됩니다. 그런데 변수에는 오직 하나의 값만 저장할 수 있어서 불편할 때가 있습니다. 예를 들어 10명의 학생 성적을 변수에 저장한 후 평균을 계산하는 문제를 생각해봅시다. 우리가 배운 방법으로 작성한다면 [코드 3-9]와 같이 해야 합니다.

코드 3-9 code03-09.r

```
score.1 <- 68; score.2 <- 95; score.3 <- 83; score.4 <- 76; score.5 <- 90
score.6 <- 80; score.7 <- 85; score.8 <- 91; score.9 <- 82; score.10 <- 70
total <- score.1 + score.2 + score.3 + score.4 + score.5 +
         score.6 + score.7 + score.8 + score.9 + score.10
avg <- total / 10                    # 10명의 평균 계산
avg                                  # 평균 출력
```

실행 결과

```
> score.1 <- 68; score.2 <- 95; score.3 <- 83; score.4 <- 76; score.5 <- 90
> score.6 <- 80; score.7 <- 85; score.8 <- 91; score.9 <- 82; score.10 <- 70
> total <- score.1 + score.2 + score.3 + score.4 + score.5 +
+   score.6 + score.7 + score.8 + score.9 + score.10
> avg <- total / 10                  # 10명의 평균 계산
> avg                                # 평균 출력
[1] 82
```

원하는 결과를 얻기는 했지만 변수에 성적을 저장하는 과정과 성적 합계를 계산하는 과정이 매우 번거로운 것을 알 수 있습니다. 만일 학생이 50명이라면 50개의 변수를 만들어야 합니다. 이러한 과정을 보다 쉽게 할 수는 없을까요? R에서는 [코드 3-10]과 같이 간단히 할 수 있습니다.

코드 3-10 code03-10.r

```
score <- c(68, 95, 83, 76, 90, 80, 85, 91, 82, 70)
mean(score)                                          # 평균 출력
```

실행 결과

```
> score <- c(68, 95, 83, 76, 90, 80, 85, 91, 82, 70)
> mean(score)                                        # 평균 출력
[1] 82
```

[코드 3-10]을 보면 처리 과정이 매우 단순해졌습니다. 10명의 성적을 하나의 변수에 저장한 후 이를 단 한 번의 연산으로 평균을 구한 것처럼 보입니다. 이와 같이 R에서는 여러 개의 값을 한꺼번에 저장하는 기능을 제공하는데, 이를 벡터(vector)라고 부릅니다. 일반적인 프로그래밍 용어로는 1차원 배열(array)이라고도 합니다. 벡터는 다음과 같이 동일한 성격을 갖는 값들이 여러 개 있는 경우 이를 저장하고 처리하는 데 사용됩니다.

- 1학년 학생들의 **몸무게** 자료
- 2학년 학생들의 **영어 성적** 자료
- 1학년 학생들의 **선호하는 색상** 자료

변수도 각각의 변수를 구분하기 위해 이름(변수명)이 있듯이 벡터도 각각의 벡터들을 구분하기 위해 이름이 필요합니다. 벡터도 한 번 이름을 붙인 후에는 내용이 자유롭게 변할 수 있는 변수의 특징을 갖습니다. 벡터의 이름을 붙이는 규칙은 변수의 규칙과 동일합니다.

[그림 3-5]는 10개의 변수를 만드는 대신 하나의 벡터를 만들어 10개의 값을 저장하는 사례를 개념적으로 표현하였습니다. 벡터의 목적은 여러 개의 값들을 하나의 묶음으로 처리하기 위한 것임을 꼭 기억하도록 합니다.

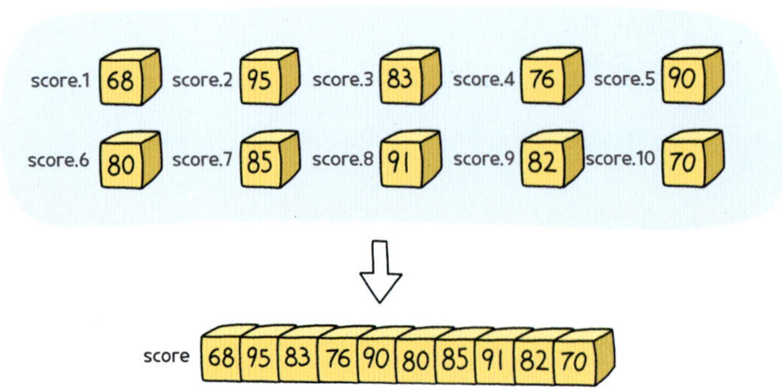

그림 3-5 **10개의 일반 변수와 1개의 벡터**

확인문제

다음 그래프는 어떤 사람의 일주일간 몸무게를 기록한 것이다. 벡터 weight에 일주일간의 몸무게를 저장하시오.

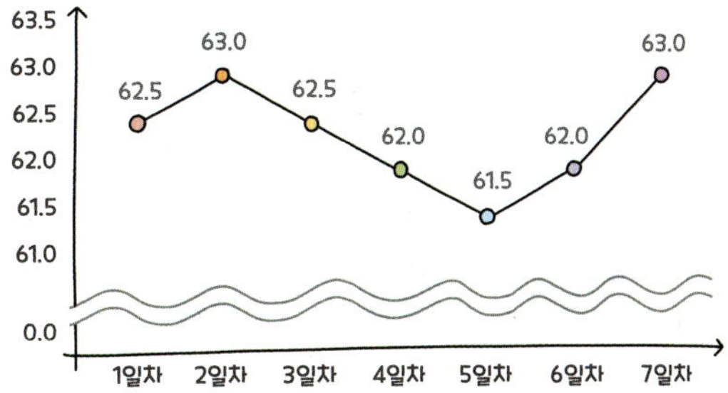

정답

```
weight <- c(62.5, 63, 62.5, 62, 61.5, 62, 63)
```

2 벡터 만들기

이제 [코드 3-11]을 통하여 벡터 만드는 방법을 알아봅니다. x, y, z라는 이름의 벡터를 만들고 그곳에 저장된 내용을 출력하는 예입니다.

코드 3-11 code03-11.r

```
x <- c(1,2,3)                      # 숫자형 벡터
y <- c('a','b','c')                # 문자형 벡터
z <- c(TRUE,TRUE,FALSE,TRUE)       # 논리형 벡터
x                                  # 벡터 x에 저장된 값을 출력
y                                  # 벡터 y에 저장된 값을 출력
z                                  # 벡터 z에 저장된 값을 출력
```

실행 결과

```
> x <- c(1,2,3)                    # 숫자형 벡터
> y <- c('a','b','c')              # 문자형 벡터
> z <- c(TRUE,TRUE, FALSE, TRUE)   # 논리형 벡터
> x                                # 벡터 x에 저장된 값을 출력
[1] 1 2 3
> y                                # 벡터 y에 저장된 값을 출력
[1] "a" "b" "c"
> z                                # 벡터 z에 저장된 값을 출력
[1]  TRUE  TRUE FALSE  TRUE
```

벡터의 생성도 변수와 마찬가지로 벡터의 이름을 지정하고 그곳에 어떤 벡터값을 저장하는 것으로 이루어집니다. 앞에서 보는 바와 같이 벡터를 만드는 데 사용되는 함수는 c() 함수입니다(대문자 C가 아닌 소문자 c임에 주의). 함수 이름 c는 'combine'의 첫 자를 따온 것으로 알려져 있습니다. 함수 이름이 의미하는 바와 같이 여러 개의 값을 하나로 묶어주는 역할을 한다고 생각하면 됩니다. 실행 결과에서 알 수 있는 것처럼 하나의 벡터에 여러 개의 값이 저장된 것을 확인할 수 있습니다.

벡터 생성 시 주의할 점은 **하나의 벡터에는 동일한 자료형**(data type)**의 값이 저장되어야 한다**는 것입니다. 예를 들어 문자와 숫자를 섞어서 벡터에 저장하면 안 된다는 뜻입니다. 만일 이렇게 생성하면 다음과 같이 숫자가 모두 문자로 바뀌게 됩니다.

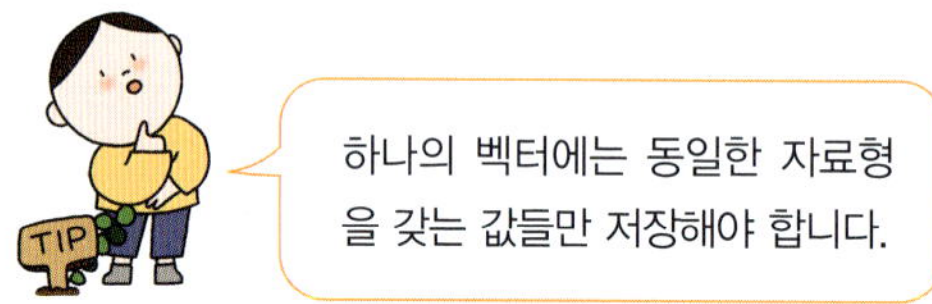


```
> w <- c(1,2,3, 'a','b','c')
> w
[1] "1" "2" "3" "a" "b" "c"
```

벡터를 만들 때는 c() 함수를 이용하는 것이 일반적이지만 어떤 패턴이 있는 값들을 벡터에 저장할 때는 다양한 방법들이 있습니다.

연속적인 숫자로 이루어진 벡터

```
> v1 <- 50:90
> v1
 [1] 50 51 52 53 54 55 56 57 58 59 60 61 62 63 64 65 66 67 68 69 70 71
[23] 72 73 74 75 76 77 78 79 80 81 82 83 84 85 86 87 88 89 90
```

콜론(:)을 이용하면 연속된 정수로 이루어진 벡터를 만들 수 있습니다. 50:90은 50에서 90 사이의 정수를 의미합니다. 즉, 어떤 구간에 있는 정수들로 벡터를 만들 수 있습니다.

```
> v2 <- c(1,2,5, 50:90)
> v2
 [1]  1  2  5 50 51 52 53 54 55 56 57 58 59 60 61 62 63 64 65 66 67 68
[23] 69 70 71 72 73 74 75 76 77 78 79 80 81 82 83 84 85 86 87 88 89 90
```

콜론(:)을 이용하여 벡터를 만드는 방법은 위의 예에서 보는 것처럼 c() 함수 안에서 사용해도 됩니다.

일정한 간격의 숫자로 이루어진 벡터

```
> v3 <- seq(1,101,3)              # 시작, 종료, 간격
> v3
 [1]   1   4   7  10  13  16  19  22  25  28  31  34  37  40  43  46
[17]  49  52  55  58  61  64  67  70  73  76  79  82  85  88  91  94
[33]  97 100
>
> v4 <- seq(0.1,1.0,0.1)          # 시작, 종료, 간격
> v4
 [1] 0.1 0.2 0.3 0.4 0.5 0.6 0.7 0.8 0.9 1.0
```

이와 같이 일정한 간격의 숫자로 이루어진 벡터를 만들어야 할 때, **seq(시작값, 종료값, 간격)** 함수를 이용합니다. 이때 간격은 0.1과 같이 소수도 가능합니다. **seq()** 함수는 시작값에서 출발하여 일정 간격으로 정수값 또는 소수값을 생성하다가 종료값이 되면 생성을 중지합니다.

반복된 숫자로 이루어진 벡터

```
> v5 <- rep(1,times=5)            # 1을 5번 반복
> v5
[1] 1 1 1 1 1
>
> v6 <- rep(1:5,times=3)          # 1, 2, 3, 4, 5를 3번 반복
> v6
 [1] 1 2 3 4 5 1 2 3 4 5 1 2 3 4 5
>
> v7 <- rep(c(1,5,9), times=3)    # 1, 5, 9를 3번 반복
> v7
[1] 1 5 9 1 5 9 1 5 9
```

반복된 숫자로 이루어진 벡터는 **rep(반복대상값, times=반복횟수)** 함수를 이용하여 작성할 수 있으며, 반복대상값은 하나의 값일 수도 있고 여러 개의 값일 수도 있습니다.

```
> v8 <- rep(c('a','b','c'), each = 3)
> v8
[1] "a" "a" "a" "b" "b" "b" "c" "c" "c"
```

매개변수 times 대신에 each를 쓰면 반복대상값 하나하나를 각각 정해진 횟수만큼 반복할 수 있습니다.

확인문제

a, b, c가 각각 3개씩 총 9개로 구성된 벡터 v를 생성하되 다음과 같이 출력되는 코드를 작성하시오(rep() 함수 사용).

(1) "a" "b" "c" "a" "b" "c" "a" "b" "c"

(2) "a" "a" "a" "b" "b" "b" "c" "c" "c"

정답

(1)

```
v <- rep(c('a', 'b', 'c'), times = 3)
v
```

(2)

```
v <- rep(c('a', 'b', 'c'), each = 3)
v
```

3 벡터의 값에 이름 붙이기

월요일부터 금요일까지 결근한 사원들의 인원수를 absent라는 벡터에 저장한다고 가정해봅니다. 다음과 같이 5개의 값이 저장된다고 합시다.

```
absent <- c(8,2,0,4,1)
```

이 벡터를 만든 사람은 벡터에 저장된 숫자 8, 2, 0, 4, 1의 의미를 알지만 제3자는 그 의미를 알기 어렵습니다. 만일 각각의 값에 이름을 붙일 수 있다면 그 값의 의미를 이해하는 데 도움이 될 것입니다. [코드 3-12]는 5개의 값에 요일을 이름으로 붙이는 예입니다.

코드 3-12 code03-12.r

```
absent <- c(8,2,0,4,1)              # absent 벡터에 결근 인원수 저장
absent                              # absent 벡터의 내용 출력
names(absent)                       # absent 벡터의 값들의 이름을 확인
names(absent) <- c('Mon','Tue','Wed','Thu','Fri')      # 값들의 이름을 입력
```

```
absent                          # absent 벡터의 내용 출력
names(absent)                   # absent 벡터의 값들의 이름을 확인
```

[코드 3-12]의 실행 결과를 나누어서 설명하면 다음과 같습니다.

```
> absent <- c(8,2,0,4,1)        # absent 벡터에 결근 인원수 저장
> absent                        # absent 벡터의 내용 출력
[1] 8 2 0 4 1
```

벡터 absent에 5개의 결근 인원수를 입력한 후 벡터의 내용을 출력하였습니다. 입력된 값 외에는 다른 정보가 표시되지 않습니다.

```
> names(absent)                 # absent 벡터의 값들의 이름을 확인
NULL
```

벡터 absent에 입력된 값들의 이름을 출력하는 명령어입니다. names() 함수는 벡터 값들의 이름을 확인하거나 이름을 지정할 때 사용합니다. 지정된 이름이 없기 때문에 '값이 없음'을 나타내는 NULL이 출력됩니다.

```
> names(absent) <- c('Mon','Tue','Wed','Thu','Fri') # 값들의 이름을 입력
```

names() 함수를 이용하여 5개의 값에 요일을 이름으로 지정하는 명령문입니다. 값의 이름은 위와 같이 문자열 타입으로 지정한 뒤 이를 c()로 묶어서 names() 함수로 보내면 됩니다. 벡터에 저장된 값의 개수와 이름의 개수가 같도록 지정합니다.

```
> absent                        # absent 벡터의 내용 출력
Mon Tue Wed Thu Fri
  8   2   0   4   1
```

벡터 absent의 내용을 출력하니 이번에는 지정된 이름이 값들과 함께 출력되었습니다.

```
> names(absent)                 # absent 벡터의 값들의 이름을 확인
[1] "Mon" "Tue" "Wed" "Thu" "Fri"
```

벡터 absent의 이름을 출력하니 지정된 이름들이 출력되었습니다.

Q 벡터의 값들에 이름을 붙일 때도 지켜야 할 규칙이 있나요?

A 변수 이름이나 벡터 이름과는 달리 값들에 붙이는 이름에는 아무런 제약이 없습니다. 다만 같은 이름을 동일 벡터 안에 있는 여러 값들에 붙이는 것은 피하는 것이 좋습니다. 즉, 동일 벡터 안에서는 값들의 이름은 유일한 것이 바람직합니다. 그리고 이름 중간에 'this Monday'와 같이 공백이 포함되는 것도 피하는 것이 좋습니다.

확인문제

다음 표는 어느 상점에서 일주일간 발생한 품목별 반품 횟수이다. 벡터 return에 반품 횟수를 입력하고 각 값에 대응하는 품목을 이름으로 설정하는 명령문을 작성하시오.

	shoes	shirt	pants	scarf	belt
return	4	11	5	3	2

정답

```
return <- c(4, 11, 5, 3, 2)
names(return) <- c('shoes', 'shirt', 'pants', 'scarf', 'belt')
```

4 벡터에서 원소값 확인하기

변수에 대해 어떤 연산을 하면 변수에 저장된 값이 연산에 사용된다고 배웠습니다. 벡터는 여러 개의 값을 저장하고 있는데, 벡터의 특정 위치에 저장된 값들을 하나 또는 여러 개 추출하여 계산에 이용하려면 어떻게 하면 될까요? R에서는 벡터에 저장된 각각의 값들을 구별하기 위하여 앞쪽의 값부터 순서를 부여하는데, 이를 인덱스(index)라고 합니다.

그림 3-6 벡터의 인덱스

[그림 3-6]의 예에서 d[1]은 벡터 d에 저장된 값 중 첫 번째 값을 지칭하므로 d[1]을 출력하면 1이 출력됩니다. 같은 이유로 d[4]를 출력하면 7이 출력됩니다. [코드 3-13]을 통해 d에 저장된 값들을 출력하기 위해 인덱스를 이용해봅니다. d[6]에는 아직 대응되는 값이 없으므로 결측값을 의미하는 NA가 출력됩니다.

코드 3-13 code03-13.r

```
d <- c(1,4,3,7,8)
d                          # 벡터 전체를 출력
d[1]
d[2]
d[3]
d[4]
d[5]
d[6]
```

실행 결과

```
> d <- c(1,4,3,7,8)
> d                        # 벡터 전체를 출력
[1] 1 4 3 7 8
> d[1]
[1] 1
> d[2]
[1] 4
> d[3]
[1] 3
> d[4]
[1] 7
> d[5]
[1] 8
> d[6]
[1] NA
```

벡터에서 여러 개의 값을 한번에 추출하기

벡터를 생성하면 자동적으로 인덱스도 만들어진다고 생각하면 됩니다. 인덱스를 이용하면 벡터 내의 특정 위치 값을 알아낼 수 있는데, 하나의 값도 가능하지만 여러 개의 값도 가능합니다.

코드 3-14 code03-14.r

```
d <- c(1,4,3,7,8)
d[c(1,3,5)]               # 1, 3, 5번째 자료 출력
d[1:3]                    # 1, 2, 3번째 자료 출력
d[seq(1,5,2)]             # 홀수 번째 자료 출력

d[-2]                     # -는 '제외하고'의 의미
d[-c(3:5)]                # 세 번째에서 다섯 번째 값은 제외
```

[코드 3-14]의 실행 결과를 나누어서 설명하면 다음과 같습니다.

```
> d <- c(1,4,3,7,8)
```

벡터 d에 5개의 값을 저장합니다.

```
> d[c(1,3,5)]             # 1, 3, 5번째 자료 출력
[1] 1 3 8
```

여러 개의 인덱스를 한번에 지정하여 값을 가져오는 가장 일반적인 방법입니다. d에서 가져오고 싶은 값들의 인덱스를 c()로 묶어서 대괄호([ ]) 안에 입력하면 해당 인덱스에 대응하는 값을 가져올 수 있습니다.

```
> d[1:3]                  # 1, 2, 3번째 자료 출력
[1] 1 4 3
```

가져오고 싶은 값들이 연속해서 존재하면 콜론(:)을 이용하여 인덱스를 지정합니다. 이 예는 첫 번째, 두 번째, 세 번째의 값을 연속적으로 가져온다는 뜻입니다.

```
> d[seq(1,5,2)]           # 홀수 번째 자료 출력
[1] 1 3 8
```

seq(1,5,2)는 1부터 5까지의 값을 2씩 건너뛰어 가져온다는 의미로 첫 번째, 세 번째, 다섯 번째 값을 가져옵니다. 결국 벡터에서 홀수 번째 값을 가져오는 것과 동일합니다.

```
> d[-2]                   # -는 '제외하고'의 의미
[1] 1 3 7 8
```

순서에서 -2번째는 정의할 수 없습니다. R에서 인덱스 지정시 '–'(negative index)를 사용하면 그것은 '**제외하고**'의 의미입니다. 즉, 두 번째를 제외하고 나머지 값들을 모두 가져오라는 의미가 됩니다.

```
> d[-c(3:5)]              # 세 번째에서 다섯 번째 값은 제외
[1] 1 4
```

c(3:5)는 세 번째에서 다섯 번째를 의미하는데, 여기에 '–'가 붙어 있으므로 세 번째, 네 번째, 다섯 번째를 제외한 값을 가져오게 됩니다.

이름으로 값을 추출하기

일반적으로 벡터에 저장된 값 중 원하는 값을 가져오는 방법은 대응하는 인덱스를 지정하는 것으로 가능합니다. 그리고 배운 바와 같이 인덱스는 순서를 지정하는 숫자입니다. 그런데 인덱스를 사용하지 않고 값에 붙여진 이름으로도 원하는 값을 추출할 수 있습니다. [코드 3–15]의 예를 살펴보도록 합니다.

코드 3-15 code03-15.r

```
sales <- c(640,720,680,540)                  # 1~4월 매출액
names(sales) <- c('M1','M2','M3','M4')       # 매출액에 월을 이름으로 붙임
sales                                        # 1~4월 매출액 출력
sales[1]                                     # 1월 매출액 출력
sales['M2']                                  # 2월 매출액 출력
sales[c('M1','M4')]                          # 1월, 4월 매출액 출력
```

[코드 3–15]의 실행 결과를 나누어서 설명하면 다음과 같습니다.

```
> sales <- c(640,720,680,540)                # 1~4월 매출액
> names(sales) <- c('M1','M2','M3','M4')     # 매출액에 월을 이름으로 붙임
> sales                                      # 1~4월 매출액 출력
 M1  M2  M3  M4
640 720 680 540
```

sales 벡터에 1~4월 매출액을 저장하고 월을 이름으로 지정하였습니다. sales의 내용을 출력하면 월 이름과 매출액이 출력됩니다.

```
> sales[1]                              # 1월 매출액 출력
 M1
640
```

인덱스를 이용하여 1월의 매출액을 출력하였습니다. sales[1]은 sales 벡터에서 첫 번째 값을 의미합니다.

```
> sales['M2']                           # 2월 매출액 출력
 M2
720
```

이번에는 인덱스 대신 값의 이름을 이용하여 2월 매출액을 출력하였습니다. sales['M2']는 sales 벡터에서 M2라는 이름을 갖는 값을 의미합니다.

```
> sales[c('M1','M4')]                   # 1월, 4월 매출액 출력
 M1  M4
640 540
```

두 개의 월 이름을 c() 함수로 묶어서 인덱스 대신 지정하여 1월과 4월의 매출액을 출력하였습니다.

확인문제

다음 명령어를 실행했을 때 결과가 다른 것을 보기 중에서 고르시오.

```
sales <- c(20, 21, 77, 98, 52, 34, 27)
names(sales) <- c('sun', 'mon', 'tue', 'wed', 'thu', 'fri', 'sat')
```

(1) sales[1:5]　　　(2) sales[-(6:7)]

(3) sales[-c('fri','sat')]　　　(4) sales[c('sun', 'mon', 'tue', 'wed', 'thu')]

정답

(3) 이름으로 추출할 때 '-'는 사용할 수 없습니다. 에러가 발생합니다.

5 벡터에 저장된 원소값 변경하기

변수에 저장된 값은 필요할 때 언제든지 변경할 수 있는 것처럼 벡터에 저장된 값도 필요할 때 변경할 수 있습니다. [코드 3-16]을 따라하면서 벡터의 값을 변경하는 방법에 대해 알아봅니다.

코드 3-16 code03-16.r

```
v1 <- c(1,5,7,8,9)
v1
v1[2] <- 3                      # v1의 두 번째 값을 3으로 변경
v1
v1[c(1,5)] <- c(10,20)          # v1의 1, 5번째 값을 각각 10, 20으로 변경
v1
v1 <- c(100,200,300)            # v1의 내용을 100, 200, 300으로 변경
v1
```

[코드 3-16]의 실행 결과를 나누어서 설명하면 다음과 같습니다.

```
> v1 <- c(1,5,7,8,9)
> v1
[1] 1 5 7 8 9
```

벡터 v1에 5개의 값을 저장한 후 v1의 내용을 출력했습니다.

```
> v1[2] <- 3                    # v1의 두 번째 값을 3으로 변경
> v1
[1] 1 3 7 8 9
```

벡터 v1의 두 번째 원소값을 3으로 변경한 후 v1의 내용을 출력하였습니다. 이와 같이 **어떤 원소값을 변경하고 싶으면 그 원소값의 자리에 다른 값을 저장**하면 됩니다.

```
> v1[c(1,5)] <- c(10,20)        # v1의 1, 5번째 값을 각각 10, 20으로 변경
> v1
[1] 10  3  7  8 20
```

벡터 v1의 첫 번째와 다섯 번째 원소값을 10과 20으로 변경한 후 v1의 내용을 출력했습니다. 두 원소값이 동시에 변경된 것을 알 수 있습니다.

```
> v1 <- c(100,200,300)          # v1의 내용을 100, 200, 300으로 변경
> v1
[1] 100 200 300
```

이 예는 벡터 v1의 내용을 통째로 다른 값으로 변경하는 예를 나타냅니다. 원래 있던 5개의 값 대신에 새로운 3개의 값이 저장된 것을 알 수 있습니다.

확인문제

다음 표는 일주일 동안 음악이 실행된 횟수이다. 그런데 서버 장애로 누락되었던 데이터가 복구되어 화요일과 목요일의 데이터가 변경되었다(빨간색 숫자). 이를 반영하기 위한 명령문을 작성하시오(단, 하나의 명령문으로 두 값을 동시에 변경해야 함).

	sun	mon	tue	wed	thu	fri	sat
play	421	298	254→267	232	239→241	368	465

```
play <- c(421, 298, 254, 232, 239, 368, 465)
names(play) <- c('sun', 'mon', 'tue', 'wed', 'thu', 'fri', 'sat')
```

정답

```
play[c('tue', 'thu')] <- c(267, 241)
```

LAB 적금 만기 금액 계산하기

다음 표에서 5명의 사람은 서로 다른 연이율(%)과 예금 기간을 가진 정기적금에 가입했습니다. 각각의 사람이 만기시 받을 금액은 얼마인지 계산하는 명령문을 작성해봅니다. 이때, 이율은 복리로 계산합니다.

이름	kim	lee	park	choi	seo
원금	5,000,000	4,500,000	4,000,000	5,500,000	6,000,000
이율	3.5%	3%	4%	5%	4.5%
기간	2	2	5	7	4

복리 계산식

만기 금액 = 원금 × $(1+\text{연이율}/100)^{\text{기간}}$

1. 이름, 원금, 이율, 기간을 각각의 벡터로 만듭니다. 각 벡터의 값이 같은 사람의 값이 되도록 순서에 주의합니다.

```
customer <- c('kim', 'lee', 'park', 'choi', 'seo')
deposit <- c(5000000, 4500000, 4000000, 5500000, 6000000)
rate <- c(3.5, 3, 4, 5, 4.5)
period <- c(2, 2, 5, 7, 4)
```

2. 원금, 이율, 기간 벡터 이름에 각 사람의 이름을 설정합니다.

```
names(deposit) <- customer
names(rate) <- customer
names(period) <- customer
```

3. 사람을 지정할 수 있는 변수 who를 만듭니다. 우선 이 변수에 'kim'을 넣습니다.

```
who <- 'kim'
```

4. 만기 금액을 계산하는 식을 작성합니다. 이때 변수 who를 이용해 각 벡터에서 값을 추출할 수 있게 합니다.

```
sum <- deposit[who] * ( 1 + rate[who] / 100)^ period[who]
sum
```

```
    kim
5356125
```

5. 변수 who에 다른 사람의 이름을 넣고 4번 명령문을 실행하면 그 사람의 결과를 바로 얻을 수 있습니다. 만약 변수 who에 벡터 customer를 대입하고 4번 명령문을 실행하면 모든 고객에 대한 결과를 확인할 수 있습니다.

Section 03 함수를 소개합니다

R의 기본적인 문법을 익히고 나면 그 나머지는 이미 만들어져서 제공되는 함수(function)의 사용법만 배우면 될 만큼 함수의 역할은 중요합니다. 우리가 데이터 분석 작업을 해야 한다면 관련된 함수를 찾아보는 일부터 시작해야 합니다. 이번 절에서는 함수의 개념과 사용법에 대해서 자세히 알아보도록 하겠습니다.

1 함수의 개념

우리는 중·고등학교 수학 시간에 함수에 대해 이미 배웠습니다. 프로그래밍에서의 함수도 수학 시간에 배운 함수와 그 개념이 크게 다르지 않습니다. 잠시 함수에 대해 배웠던 것을 상기시켜 봅시다. 함수를 포함한 식은 다음과 같은 형태로 표현됩니다.

$$y = f(x)$$

- f : 함수
- $f(x)$: x를 입력하고 함수를 실행한 결과값
- x : 함수의 입력값(input)
- y : 함수를 실행한 결과값을 받는 변수

정리를 하면 함수란 [그림 3-7]과 같이 **어떤 값 x를 입력받아 정해진 계산을 수행한 후 그 결과값 $f(x)$를 돌려주는 장치**라고 표현할 수 있습니다. 함수 f를 어떻게 정의하느냐에 따라서 결과값은 달라집니다.

함수 $f()$를 다음과 같이 정의하겠습니다. 입력값 x=1일 때 결과값 $f(1)$=3, x=2일 때 결과값 $f(2)$=5가 됩니다.

```
f(x) = 2x + 1
```

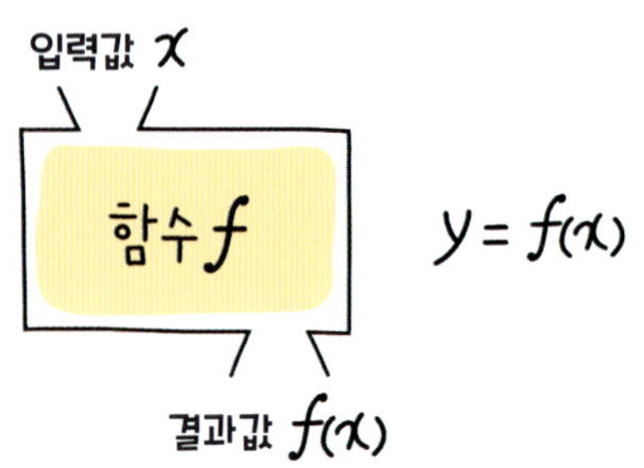

그림 3-7 함수의 개념

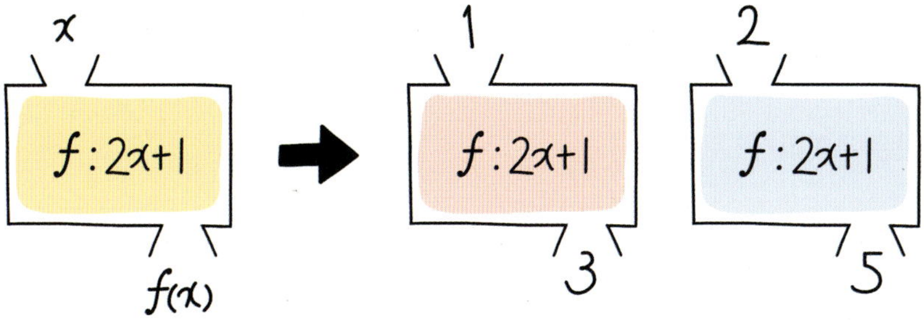

그림 3-8 **함수 f(x)=2x+1의 실행**

지금까지 배운 함수의 개념을 R에서 제공하는 제곱근 함수 sqrt()에 적용해봅시다. 정수 100의 제곱근을 구하고자 한다면 다음과 같이 실행하면 됩니다.

코드 3-17 code03-17.r

```
y <- sqrt(100)                # 100의 제곱근을 구하여 변수 y에 저장
y                             # y에 저장된 값을 출력
```

실행 결과

```
> y <- sqrt(100)              # 100의 제곱근을 구하여 변수 y에 저장
> y                           # y에 저장된 값을 출력
[1] 10
```

100이라는 값을 sqrt() 함수에 입력하면 그 결과값으로 10을 돌려줍니다. 이것이 함수를 사용하는 전형적인 방법입니다.

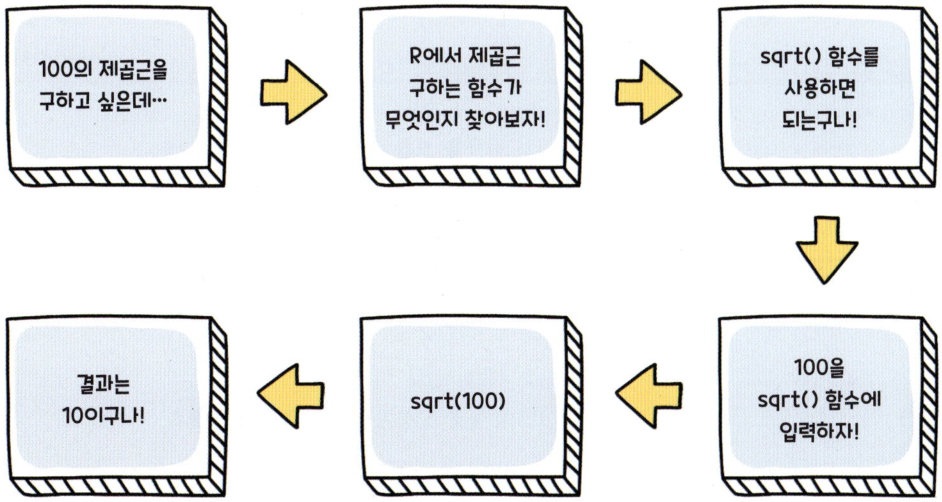

그림 3-9 **함수를 이용하여 문제를 해결하는 과정**

확인문제

다음은 벡터의 길이, 즉 벡터가 몇 개의 값을 가졌는지 구하는 length() 함수의 사용 예이다. 입력값과 출력값은 무엇인가?

```
> y <- length(c(23:37))
> y
[1] 15
```

정답

입력값 c(23:37), 출력값 15

2 함수의 매개변수

프로그래밍에서 함수의 입력값을 받는 변수를 매개변수(parameter)라고 합니다. 수학에서 보면 함수 $y=f(x)$에서 x가 매개변수입니다. 함수 $z=f(x,y)$에서는 x와 y가 매개변수입니다. 매개변수는 함수에 따라 하나일 수도 있고, 여러 개일 수도 있습니다. 어떤 함수가 어떤 종류의 매개변수값을 받아들일지는 그 함수가 만들어질 때 정의됩니다. **우리가 함수의 정의에 맞추어 매개변수를 입력하면 정의된 결과값을 얻을 수 있습니다.**

매개변수의 입력

벡터에 저장된 값들을 정렬하는 sort() 함수를 통해 R에서 제공하는 함수의 매개변수에 대해 알아봅니다. 우선 sort() 함수가 어떤 결과를 도출하는지 알기 위해 [코드 3-18]을 실행합니다.

코드 3-18 code03-18.r

```
d <- c(1,7,4,2,3)              # 벡터 d에 5개의 값을 저장
sort(d)                        # 벡터 d의 값들을 오름차순으로 정렬하여 출력
sort(d,decreasing=TRUE)        # 벡터 d의 값들을 내림차순으로 정렬하여 출력
```

[코드 3-18]의 실행 결과를 나누어서 설명하면 다음과 같습니다.

```
> d <- c(1,7,4,2,3)            # 벡터 d에 5개의 값을 저장
> sort(d)                      # 벡터 d의 값들을 오름차순으로 정렬하여 출력
[1] 1 2 3 4 7
```

벡터 d에 5개의 값을 저장한 후 이를 sort() 함수의 입력값으로 넣었더니 결과값으로 벡터 d의 값들을 오름차순으로 정렬하여 출력하였습니다.

```
> sort(d,decreasing=TRUE)          # 벡터 d의 값들을 내림차순으로 정렬하여 출력
[1] 7 4 3 2 1
```

벡터 'd'와 'decreasing=TRUE'를 입력값으로 넣었더니 결과값으로 벡터 d의 값들을 내림차순으로 정렬하여 출력하였습니다.

① R 함수에서는 숫자뿐만 아니라 벡터도 함수의 입력값으로 넣을 수 있고, 결과값도 숫자가 아닌 벡터가 될 수 있습니다.

② sort() 함수는 매개변수를 하나만 입력하는 경우도 있고 두 개를 입력하는 경우도 있습니다. 이것이 수학 시간에 배운 함수와 다른 점입니다.

이제 sort() 함수를 사용하는 정확한 문법을 배우도록 합니다. 벡터 d의 값들을 오름차순으로 정렬하는 정확한 명령문은 다음과 같습니다.

```
sort(x = d, decreasing = FALSE)
```

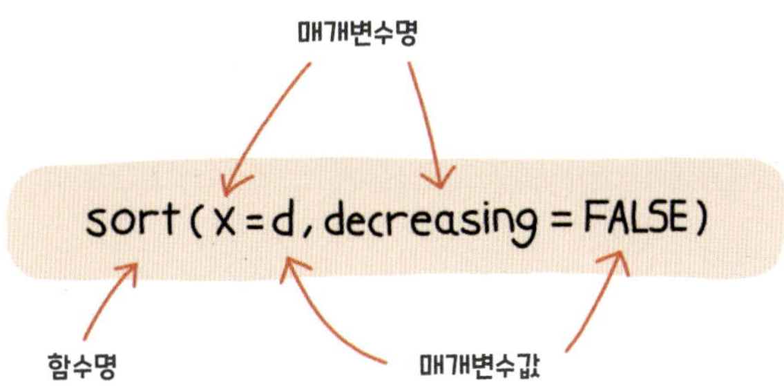

그림 3-10 **함수와 매개변수**

sort() 함수는 원칙적으로는 2개의 매개변수를 입력해야 합니다. 여기에서 x와 decreasing을 **매개변수명**이라고 하고 d와 FALSE를 **매개변수값**이라고 합니다. R 함수를 사용하려면 함수의 입력값을 'x=d', 'decreasing=FALSE'와 같이 '**매개변수명=매개변수값**'의 형태로 입력해야 합니다. 매개변수와 매개변수는 콤마(,)로 구분됩니다.

Q

입력값 지정시 매개변수값만 주어져도 될텐데 매개변수명을 함께 주는 이유는 무엇인가요?

A

여러 가지 이유가 있지만 가장 중요한 이유는 매개변수명이 매개변수값의 의미를 명확히 설명할 수 있기 때문입니다. 예를 들면 decresing=TRUE에서 decresing은 TRUE라는 매개변수값이 내림차순(decreasing)으로 정렬할지 말지 결정하는 값이라는 사실을 알 수 있습니다. 그냥 TRUE라고만 입력한다면 이것이 무엇을 의미하는지 이해하기 어려워집니다.

매개변수의 생략

함수를 사용하기 위해서는 함수에 정의된 매개변수들에 대해 각각의 대응하는 입력값을 지정해야 합니다. 그런데 사용자의 편리성을 위해 매개변수명이나 매개변수값의 생략을 허용하는 경우가 있습니다. 다음 사례를 보면서 배우도록 합니다.

```
sort(x=d, decreasing = FALSE)              # 정식 문법
sort(d, FALSE)                             # 매개변수 이름의 생략
```

매개변수값을 함수에 지정된 순서대로 입력하는 경우는 매개변수명을 생략할 수 있습니다. sort() 함수에서는 매개변수의 순서가 '정렬대상 벡터', '내림차순 여부'이기 때문에 이 순서를 지키면 매개변수명을 생략해도 됩니다. 다음과 같이 일부만 생략하는 것도 가능합니다.

```
sort(x=d, FALSE)
sort(d, decreasing=FALSE)
```

매개변수의 이름뿐만 아니라 아예 매개변수값까지 통째로 생략할 수 있는 경우도 있습니다. R 함수에서 매개변수는 반드시 입력해주어야 하는 필수 매개변수와 선택적 매개변수로 구분되는데, 선택적 매개변수는 생략 가능합니다. sort() 함수에서 매개변수 x는 필수 매개변수이고, decreasing은 선택적 매개변수입니다. 따라서 decreasing은 생략할 수 있습니다. 선택적 매개변수의 경우는 사용자가 생략할 경우를 대비해서 미리 어떤 값을 지정해 놓았습니다. 이런 값을 기본값(default value)이라고 합니다. decreasing의 기본값은 FALSE입니다. **사용자가 선택적 매개변수의 값을 입력하지 않으면 기본값이 자동 적용됩니다.** sort() 함수에서 decreasing의 값을 입력하지 않으면 FALSE가 자동 적용되어 오름차순 정렬을 하게 됩니다. 다른 말로 sort() 함수는 기본적으로 오름차순 정렬을 한다고 표현합니다.

```
sort(x=d, decreasing = FALSE)            # 정식 문법
sort(x=d)                                # 선택적 매개변수의 생략
sort(d)                                  # 매개변수명의 생략
```

Q **어떤 함수의 매개변수가 무엇이 있는지, 필수/선택적 매개변수는 무엇인지 어떻게 알 수 있나요?**

A **함수에 대한 도움말을 찾아보면 됩니다. 구글에서 검색해도 되고, R 스튜디오 내에서도 도움말을 이용해 쉽게 찾아볼 수 있습니다. 매개변수들 중 기본값이 없는 것이 필수 매개변수입니다.**

확인문제

다음 코드를 실행하여 y1과 y2의 값을 구하시오. 그리고 sum( ) 함수의 매개변수 중 선택적 매개변수는 무엇인지 찾으시오.

```
x <- c(5, 2, 3, NA, 6, 9, 8, NA, 11, 7)
y1 <- sum(x, na.rm = TRUE)
y2 <- sum(x, na.rm = FALSE)
```

정답

y1: 51, y2: NA, 선택적 매개변수: na.rm

LAB paste( ) 함수로 문자열 만들기

R에서 제공하는 기본 함수 중 하나인 paste( )는 여러 개의 문자열이나 숫자값을 결합하여 하나의 문자열로 만드는 기능을 합니다. paste( ) 함수를 이용하여 원하는 문자열을 만들어보겠습니다.

1. paste()의 기본적인 사용법은 다음과 같습니다.

```
str <- paste('good', 'morning', sep=' / ')
str
```

```
...(생략)
[1] "good / morning"
```

∴ **문자열 good과 morning을 결합하여 변수 str에 저장한 후 str을 출력했습니다. 매개변수 sep의 역할은 값과 값을 연결할 때 연결 부분에 삽입할 문자열을 지정하는 것입니다.**

2. paste() 함수는 변수에 저장되어 있는 값들도 연결할 수 있습니다. 변수 a, b, c에 다음과 같은 값이 저장되어 있다고 할 때 a, b, c를 paste() 함수로 연결하여 출력해봅시다. 값과 값 사이에는 공백(space)을 삽입합니다.

```
a <- '나의 나이는'
b <- 20
c <- '입니다'
paste(a, b, c, sep=' ')
```

```
...(생략)
[1] "나의 나이는 20 입니다"
```

3. 벡터 a와 값 b를 연결하면 벡터 a에 있는 값을 차례로 가져와서 b와 연결한 뒤 새로운 벡터에 저장합니다. 다음의 예를 실행해봅시다.

```
a <- 1:12
b <- '월'
c <- paste(a,b, sep='')
c
```

```
...(생략)
 [1] "1월"  "2월"  "3월"  "4월"  "5월"  "6월"  "7월"  "8월"  "9월" "10월"
[11] "11월" "12월"
```

실전 분석

월별 매출액 분석하기

문제

A 기업의 월별 매출액 자료를 바탕으로 매출액을 분석해보겠습니다.

1월	2월	3월	4월	5월	6월
750	740	760	680	700	710
7월	8월	9월	10월	11월	12월
850	890	700	720	690	730

해결

1. 매출액을 분석하기 위해 자료를 sales에 저장합니다.

```
sales <- c(750,740,760,680,700,710,850,890,700,720,690,730)
names(sales) <- paste(1:12, '월', sep="")
sales
```

2. 7월의 매출액을 알아봅니다.

```
sales['7월']
```

```
7월
850
```

3. 1월과 2월의 매출액 합계를 알아봅니다.

```
sales['1월']+sales['2월']
```

```
 1월
1490
```

4. sort() 함수를 이용해서 매출액이 가장 많은 달을 알아봅니다.

```
max.month <- sort(sales, decreasing=T)
max.month[1]
```

```
8월
890
```

5. sum() 함수를 이용해서 상반기 매출액의 합계를 알아봅니다.

```
sum(sales[1:6])
```

```
[1] 4340
```

요약

01 변수(variable)는 프로그램에서 특정 값을 저장하는 공간을 뜻합니다. '어떤 값을 저장해 놓을 수 있는 저장소나 보관 상자'와 같은 개념입니다.

02 화살표 모양의 '<-'는 변수에 값을 저장하는 연산자입니다. 화살표 오른쪽의 값을 왼쪽에 있는 변수로 저장한다는 뜻입니다.

03 변수의 내용 확인은 변수명을 명령어처럼 입력하여 실행하거나 `print()` 함수 또는 `cat()` 함수를 이용하는 방법이 있습니다.

04 변수명을 만들 때 지켜야 할 규칙은 다음과 같습니다.

① 첫 글자는 영문자나 마침표(.)로 시작할 수 있는데, 일반적으로 영문자로 시작합니다.

② 두 번째 글자부터는 영문자, 숫자, 마침표(.), 밑줄(_)을 사용할 수 있습니다.

③ 대문자와 소문자를 구분합니다.

④ 변수명 중간에 빈 칸을 넣을 수 없습니다.

05 변수명은 저장될 값이 무엇인지 알 수 있도록 의미 있는 단어를 사용하는 것이 바람직합니다.

06 자료형(data type)은 변수가 어떤 형태의 데이터를 저장하는가를 나타냅니다. R에서 사용하는 자료형에는 숫자형, 문자형, 논리형이 있습니다. 이러한 자료형에 포함되지 않는 특수한 값들도 존재합니다.

07 벡터는 R에서 사용하는 가장 기본적인 자료구조로 1차원 배열 형태의 데이터를 저장할 수 있습니다. 하나의 벡터에 저장되는 값들은 동일한 자료형을 가져야 합니다.

08 `names()` 함수를 사용하여 벡터 값에 대한 이름 속성을 부여할 수 있습니다.

09 벡터는 값이 저장된 위치 정보인 인덱스(index)를 갖습니다. 가장 앞쪽의 값부터 시작하여 순서대로 값을 부여합니다. 인덱스는 1부터 시작합니다.

10 인덱스를 이용하면 벡터에서 특정 위치의 값을 추출할 수 있습니다. 또한 특정 위치에 있는 벡터의 이름도 추출할 수 있습니다.

11 함수는 어떤 값 x를 입력받아 정해진 계산을 수행한 후 그 결과값 $f(x)$를 돌려주는 장치입니다. 이때 입력값을 받는 변수를 매개변수(parameter)라고 합니다. 선택적 매개변수는 생략이 가능합니다.

■ R에서 사용하는 벡터 연산자와 관련 함수

벡터 연산자와 함수	기능
`c()`	벡터 생성
`:`	1:10과 같이 연속된 정수 벡터 생성
`seq()`	일정 간격으로 이루어진 숫자 벡터 생성
`rep()`	반복된 값으로 이루어진 벡터 생성
`names()`	벡터의 원소에 대한 이름을 보거나 이름을 지정할 때 사용
`sum()`	벡터 값들의 합계
`mean()`	벡터 값들의 평균값
`max(), min()`	벡터 값들의 최댓값, 최솟값
`sort()`	벡터 값들을 정렬
`rank()`	벡터 값들의 순위
`length()`	벡터의 길이(벡터 값들의 개수)

연습문제

01 R을 이용하여 다음의 내용을 코드로 작성하고 답을 구하시오.

> 변수 a와 b에 7과 9를 저장한 후 a와 b를 곱한 결과를 c에 저장하고 c를 출력한다.

02 R을 이용하여 다음의 내용을 코드로 작성하고 답을 구하시오.

> 네 각이 a, b, c, d인 사각형이 있다. a가 90도, b가 60도, c가 80도일 때, 나머지 한 각 d를 구하고 그 값을 출력한다.

03 R을 이용하여 다음의 내용을 코드로 작성하고 답을 구하시오.

> 세 변의 길이가 a, b, c인 직각 삼각형이 있다. 높이 a는 4, 밑변 b는 3일 때 a와 b를 이용해 삼각형 넓이를 구하고 그 결과를 s에 저장 및 출력한다.

04 R을 이용하여 다음의 내용을 코드로 작성하고 답을 구하시오.

> 거리가 60km인 두 지점을 자동차가 왕복할 때 가는 길에는 속력이 v1, 오는 길에는 속력이 v2였다. v1이 20, v2가 30일 때 이 자동차의 왕복 시간 avg를 구하여 출력한다.

05 다음 빈 칸을 채워 설탕 25g과 물 125g을 섞었을 때 설탕물의 농도(%)를 구하는 명령문을 완성하시오 (C, D, E는 변수명).

```
sugar <- [  A  ]
water <- [  B  ]
percent <- [  C  ] / ([  C  ] + [  D  ]) * 100
print([  E  ])
```

06 92, 43, 55, 28, 19라는 값을 벡터 v에 저장하기 위해 다음과 같은 코드를 작성하였다. 무엇이 문제인지 설명하고 적절한 코드로 수정하시오.

```
v <-  92, 43, 55, 28, 19
```

07 다음 조건에 맞는 벡터를 생성하는 코드를 작성하시오.

(1) cyan, magenta, yellow, black으로 구성된 벡터 v1

(2) TRUE, FALSE, TRUE로 구성된 벡터 v2

(3) 37.5, 8.2, 9.6, 11.8, 24.9로 구성된 벡터 v3

08 다음 R 코드를 실행하였더니 에러가 발생하였다. 그 이유를 설명하고 결과를 얻을 수 있도록 코드를 수정하시오.

```
v <- c(1, 2, '3', 4)
sum(v)
```

09 다음 벡터 v1과 v2를 sum() 함수를 이용해 합계를 구하려고 한다.

```
v1 <- c('T', 'T', 'T', 'F', 'T', 'F', 'F' ,'T' ,'T', 'F')
v2 <- c(T, T, T, F, T, F, F ,T ,T, F)
```

(1) sum(v1)을 실행하면 어떤 결과가 나오는가? 그 이유는 무엇인가?

(2) sum(v2)를 실행하면 어떤 결과가 나오는가? 그 이유는 무엇인가?

10 1~5000까지의 자연수의 합을 구하는 명령문을 작성하시오.

11 1~100 사이의 짝수로 구성된 벡터 even을 생성하고, even의 합계를 출력하는 코드를 작성하시오.

12 다음의 내용을 수행하는 코드를 작성하시오.

(1) 1부터 100까지의 정수로 구성된 벡터 d를 생성하시오.

(2) 벡터 d에서 홀수만 추출하여 벡터 odd에 저장하시오.

(3) 벡터 odd에서 끝에 10개를 제외하고 출력하시오.

(4) 벡터 odd에서 3번째, 7번째, 32번째 값을 추출하여 벡터 pick에 저장하시오.

(5) pick 벡터에 이름 속성을 '3rd', '7th', '32th'로 설정하시오.

(6) pick 벡터에서 이름이 '7th'인 값을 제외하고 출력하시오.

(7) pick 벡터에서 이름이 '3rd'인 값을 3으로 변경하시오.

CHAPTER 04

벡터 다루기

학습목표

- 자료 분석을 하는 목적과 사례를 이해합니다.
- 자료구조와 자료형에 대해 이해합니다.
- 벡터 연산에 대한 원리를 이해하고 자주 사용하는 함수에 대해 알아봅니다.
- 팩터와 리스트에 대해 알아봅니다.

Preview

R에서는 다양한 형태의 자료를 저장하고 처리할 수 있습니다. 이번 장에서는 자료의 특성에 대해 먼저 살펴보고, 1차원 자료를 저장하기 위한 대표적 자료구조인 벡터, 팩터, 리스트에 대해서 학습합니다.

1절에서는 R에서 제공하는 자료구조를 알아봅니다. 2절에서는 벡터의 연산, 즉 벡터와 숫자값의 연산, 벡터와 벡터 간의 연산에 대해 알아보고, 벡터에 적용 가능한 함수는 무엇인지, 벡터에서 논리연산자를 어떻게 적용시키는지 실습을 통해 학습합니다. 3절에서는 1차원 범주형 데이터를 저장하는 팩터와 서로 다른 자료형의 값을 저장하고 다룰 수 있도록 해주는 리스트에 대해 학습합니다.

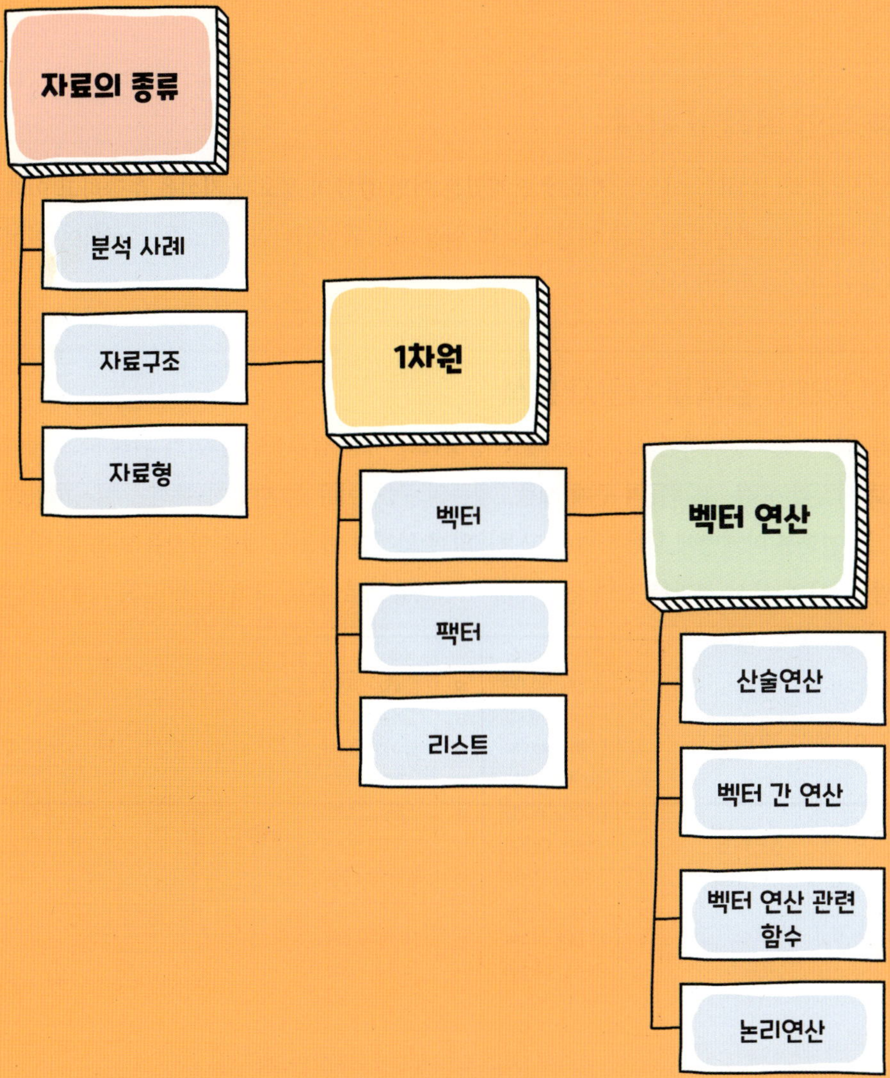

Section
01 자료의 종류를 알아봅니다

R은 자료(data)의 분석을 주요 목적으로 하는 프로그래밍 언어입니다. 따라서 자료가 무엇인지 이해하는 것이 프로그래밍을 배우는 데 도움이 됩니다. 먼저 자료 분석(데이터 분석)에 대해 알아보고, 자료에는 어떤 종류가 있는지 살펴보도록 합니다.

1 자료 분석의 목적과 사례

자료 분석(데이터 분석)을 하는 이유는 **자료에 담겨있는 어떤 종류의 정보나 지식을 추출하고 이를 통해 현실을 이해하거나 현실의 문제를 해결하는 데 활용하기 위함**입니다. 자료를 분석하여 현실에 적용시킨 몇 가지 사례를 알아봅니다.

자료 분석의 사례 I : 입욕제 사용자 분석

어린이용 입욕제를 제조·판매하는 A 기업은 제품 경쟁력과 시장 점유율을 높이기 위해 SNS 데이터를 바탕으로 시장의 고객, 고객들의 구매 제품, 제품의 구매 이유 등 다양한 분석을 실시하였습니다. 그리고 그 결과를 마케팅에 활용하면서 고객들의 호의적인 반응과 매출 향상을 얻을 수 있었습니다. [그림 4-1]의 분석 결과를 보면 입욕제가 어린이용으로 주로 구매될 것이라는 예상과는 달리 성인 커플용으로도 많이 구매됨을 확인할 수 있습니다. A 기업은 이 분석 결과를 바탕으로 성인 커플용 입욕제 신제품을 출시하여 시장의 좋은 반응을 이끌어낼 수 있었습니다.

No.	구분	언급량	No.	구분	언급량
1	아이	60.737	12	남편	5.014
2	아기	48.821	13	애기	4.688
3	커플	40.986	14	남자친구	3.959
4	데이트	38.903	15	육아	3.259
5	유아	36.393	16	주년	1.381
6	어린이	34.529	17	여자친구	1.336
7	부부	32,434	18	커플여행	646
8	연인	31.615	21	애인	452
9	혼자/홀로	15.316	22	와이프	359
10	아가	10.000	23	육아템	302
11	기념일	9.390	24	워킹맘	134

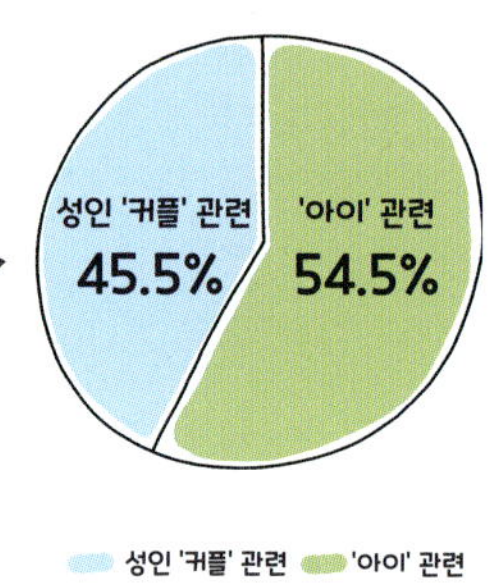

그림 4-1 입욕제 사용자 및 사용 관련 키워드 언급량

자료 분석의 사례 II : 코로나핀

코로나핀은 공적 마스크 재고, 마스크 알리미(KF94 방역), 코로나19 상황판, 재난 문자 다시보기 등을 제공하는 모바일 앱입니다. 약국, 우체국, 마트 등과 같은 공적 마스크 판매처의 지난주 판매 시간 기록을 토대로 판매처가 개별로 지정한 판매 시간을 유추해서 알려줍니다. 또한 건강보험 심사평가원에서 제공하는 공공 데이터를 활용하여 공적 마스크 관련 정보를 제공합니다. 데이터가 실생활에 도움을 줄 수 있는 대표적인 사례입니다.

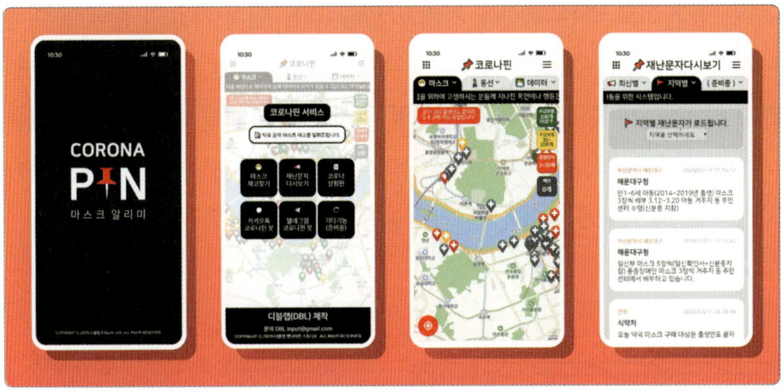

그림 4-2 **코로나핀 앱 화면**

자료 분석의 사례 III : 온난화와 기상 이변

지구 온난화가 실제로 기후 변화와 그에 따른 자연 재해를 증가시키는지에 대한 해답은 데이터가 가지고 있습니다. [그림 4-3]은 1980~2008년 사이에 일어난 기상 이변 발생 자료에 대한 그래프입니다. 그래프를 보면 지진이나 화산 활동의 빈도수는 큰 변화가 없지만, 다른 재해들은 빈도수가 증가하고 있습니다. 특히 태풍, 해일, 토네이도의 발생 빈도가 급격히 증가하고 있는데, 이러한 결과는 지구 온난화에 대한 대응이 필요하다는 것을 말해줍니다. 이와 같이 데이터는 인간이 궁금해하는 문제에 대해 정확하게 상황을 파악할 수 있는 정보를 제공합니다.

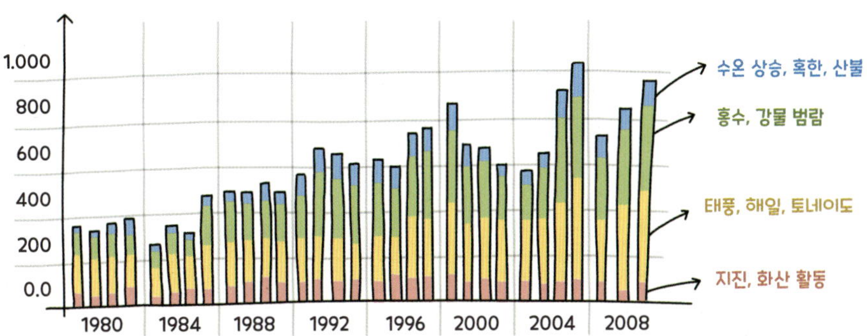

그림 4-3 **기상 이변 발생 빈도수** © Extreme Weather and Climate Change

앞에서 살펴본 사례와 같이 현실 세계에 있는 자료를 모아서 이를 정리하여 분석하면 비즈니스에 활용될 뿐만 아니라 공공 서비스의 질을 향상시키거나 환경 문제까지 대응할 수 있습니다. 빅데이터가 4차 산업혁명의 핵심 요소라고 했을 때 데이터를 이해하고 활용할 수 있는 능력은 현대 사회에서 매우 중요하다고 할 수 있습니다.

2 1차원 자료와 2차원 자료

분석의 대상이 되는 자료들은 각각 서로 다른 특성을 가지고 있습니다. 먼저 자료의 형태에 대해 알아봅니다. 우리가 현실에서 접할 수 있는 자료는 대부분 1차원 자료나 2차원 자료입니다. 1차원 자료는 '전 세계 국가의 GNP'나 '연도별 수출액'과 같이 **단일 주제**에 대한 값들을 모아 놓은 것을 말합니다. [그림 4-4]는 시도별 인구수 자료의 일부로, 각각의 값들은 어느 시도의 인구수를 나타냅니다. 이 자료는 **'인구수'**라는 단일 주제에 대한 값을 모아 놓은 1차원 자료입니다.

인구수

972, 341, 243과 같은 개별 숫자를 값(value)이라 하고, '인구수'와 같은 특정 주제에 대한 값들을 모아 놓은 것을 자료(data)라고 합니다.

그림 4-4 **1차원 자료의 예 : 시도별 인구수**

2차원 자료는 '4학년 학생의 전 과목 성적'이나 '시도의 월별 실업률'과 같이 **복수 주제**에 대한 값들을 모아 놓은 자료를 말합니다. [그림 4-5]는 광역시별 경제 통계 자료의 일부로, **'전체인구'**, **'도시지역면적'**, **'농림지역면적'**, **'택시업체수'**라는 4개의 주제에 대한 값들을 모아 놓은 2차원 자료의 예입니다. 2차원 자료는 표(테이블)의 형태로 표현됩니다.

도시	전체인구	도시지역면적	농림지역면적	택시업체수
서울	972	606	0	255
부산	341	940	0	97
대구	243	797	37	92
인천	295	580	263	60
광주	145	481	4	76
대전	147	495	28	76
울산	114	755	283	43
세종	34	140	148	5

그림 4-5 **2차원 자료의 예 : 광역시별 경제 통계**

R에서는 1차원 자료와 2차원 자료를 저장할 수 있는 자료구조(data structure)를 제공합니다. 1차원 자료 저장을 위한 자료구조는 3장과 4장에서 배우고, 2차원 자료 저장을 위한 자료구조는 5장에서 배우도록 합니다.

표 4-1 R에서의 자료구조

자료	자료구조
1차원 자료	벡터(vector), 리스트(list), 팩터(factor)
2차원 자료	매트릭스(matrix), 데이터프레임(data frame)

분석 대상이 되는 자료의 형태에 따라 R에서 사용할 자료구조가 달라집니다.

3 범주형 자료와 수치형 자료

자료는 자료구조 안에 저장되는 값들의 특성에 따라 범주형 자료(categorical data)와 수치형 자료(numerical data)로 구분됩니다. **범주형 자료**란 '분류'의 의미를 갖는 값들로 구성된 자료를 말합니다. [그림 4-6](a)와 같이 범주형 자료는 보통 문자로 표현되고 산술연산을 적용할 수 없습니다. 이와는 다르게 **수치형 자료**는 값들이 크기를 가지며 산술연산이 가능합니다. [그림 4-6](b)는 수치형 자료의 예입니다. 범주형 자료와 수치형 자료를 구분하는 이유는 자료의 형태에 따라 자료 분석 시 사용하는 도구가 달라지기 때문입니다. 예를 들어 '표준편차'는 범주형 자료에 대해서는 계산할 수 없기 때문에 수치형 자료에만 적용할 수 있는 도구입니다.

법안 찬성여부	YES, YES, NO, YES, NO, NO, YES, ...
선호하는 색상	blue, red, orange, blue, green, red, ...
음식 맛 평가	good, bad, bad, good, good, bad, ...
성별	M, F, F, M, M, F, F, F, M, ...

(a) 범주형 자료의 예

키	169, 173, 158, 185, 169, 176, 181, ...
시력	1.5, 1.2, 0.7, 0.6, 0.1, 1.3, 2.0 ...
온도	10, 14, 26, −5, −20, 16, 31, −10, ...

(b) 수치형 자료의 예

그림 4-6 범주형 자료와 수치형 자료

확인문제

다음 빈 칸에 들어갈 단어를 채우시오.

단일 주제에 대해 모아 놓은 값들은 [A]차원 자료구조를 사용하여 저장할 수 있으며, R에서 사용가능한 [A]차원 자료구조로는 벡터, 리스트, 팩터가 있다. 또한, 자료구조 안에 저장되는 값의 특성에 따라 범주의 의미를 갖는 [B] 자료와 산술연산이 가능한 [C] 자료로 구분할 수 있다.

정답

(A) 1 (B) 범주형 (C) 수치형

1차원 자료와 2차원 자료, 범주형 자료와 수치형 자료에 대해 이해가 되었나요? 이제 1차원 자료를 저장하고 분석하는 데 사용되는 벡터에 대해 보다 상세히 알아봅시다.

LAB 최고의 직업 조사하기

다음은 한 기관에서 조사한 2017년 미국 최고의 직업에 대한 조사 결과입니다. 이를 바탕으로 다음 물음에 답해봅니다.

순위	직업명	채용수	평균 급여	직업 만족도 (5.0 만점)	평가 점수 (5.0 만점)
1	데이터 과학자	4.184	$110.000	4.4	4.8
2	데브옵스 엔지니어	2.725	$110.000	4.0	4.7
3	데이터 엔지니어	2.599	$106.000	4.3	4.7
4	세금 관리자	3.317	$110.000	4.0	4.7
5	분석 관리자	1.958	$112.000	4.1	4.6
6	인사 관리자	4.339	$85.000	3.8	4.6
7	데이터베이스 관리자	2.877	$93.000	3.8	4.5
8	전략 관리자	1.184	$130.000	4.3	4.5
9	UX 디자이너	1.691	$92.500	4.0	4.4
10	솔루션 아키텍처	2.232	$125.000	3.7	4.4

1. 조사 결과를 정리한 이 표는 몇 차원 자료인가요?

▶ 2차원 자료입니다.

2. 이 조사 결과는 몇 개의 주제에 대한 자료를 모아 놓은 것인가요? 그리고 그 주제는 각각 무엇인가요?

▶ 6개의 주제에 대한 자료가 정리되어 있습니다. 6개의 주제는 '순위', '직업명', '채용수', '평균 급여', '직업 만족도', '평가 점수'입니다.

3. '직업명' 열의 값이 갖고 있는 특성을 보면 어떤 유형의 자료라 할 수 있나요?

▶ '직업명'은 문자로 되어 있으므로 굳이 종류를 따지자면 범주형 자료라고 할 수 있겠지만 '직업명'에 대해 분석할 일은 거의 없고 분석할 방법도 마땅치 않습니다. 자료의 종류 구분은 '분석이 가능한' 자료에 대해서만 의미가 있기 때문입니다. 이 자료에 대해 실제로 분석을 한다면 '직업명'은 분석의 대상이 되기 보다 벡터의 값에 붙이는 이름처럼 다른 값들을 설명해주는 보조 정보로 활용될 가능성이 높습니다.

4. 이 조사 결과에서 '평가 점수'가 가장 높은 직업은 무엇인가요?

▶ 데이터 과학자입니다. '평가 점수'뿐만 아니라 '직업 만족도'도 5.0 만점에 4.4로 가장 높습니다.

Section

02 벡터 연산을 해볼까요?

3장에서는 벡터를 생성하는 다양한 방법과 벡터에 저장된 값들을 추출하는 방법에 대해서 학습했습니다. 벡터의 목적을 상기해보면, 분석을 원하는 자료가 1차원 형태일 때 이것을 벡터에 저장해 놓고 분석하는 것입니다. 벡터의 형태로 저장된 자료에 대해 다양한 산술연산과 벡터 간 연산이 가능한데, 이번 절에서는 이에 대해 알아보겠습니다.

1 벡터에 대한 산술연산

여러 개의 값이 저장된 어떤 벡터에 대해 3을 더하거나 곱하면 어떤 결과가 생길까요? 결론부터 말하면 벡터에 대한 산술연산은 **벡터 안에 포함된 값들 하나하나에 대한 연산으로 바뀌어 실행**됩니다. [코드 4-1]을 통해 5개의 값을 갖는 벡터 d를 생성하고 여러 가지 산술연산을 실행해봅니다.

코드 4-1 code04-01.r

```
d <- c(1,4,3,7,8)
2*d
d-5
3*d + 4
```

[코드 4-1]의 실행 결과를 나누어서 설명하면 다음과 같습니다.

```
> d <- c(1,4,3,7,8)
```

먼저 벡터 d에 5개의 값을 저장합니다.

```
> 2*d
[1]  2  8  6 14 16
```

벡터 d에 2를 곱한 결과, d에 포함된 값들 하나하나에 대해 2를 곱한 결과값이 출력되었습니다. 주의할 점은 이 연산을 실행한 후에도 벡터 d에 저장된 값들에는 변화가 없다는 점입니다. 이 연산은 단지 벡터 d에 2를 곱하면 어떤 결과인지 보여줄 뿐입니다. 만일 d에 저장된 모든 값을 실제로 2씩 곱한 값으로 바꾸어 저장하고 싶다면 d <- 2*d와 같이 작성해야 합니다. d <- 2*d를 실행하면 벡터 d에 있던 기존 값들은 2*d를 실행한 값으로 변경되므로 이후에 벡터 d의 값은 변경된 값이 저장됩니다. [그림 4-7]을 보면 보다 쉽게 이해할 수 있습니다.

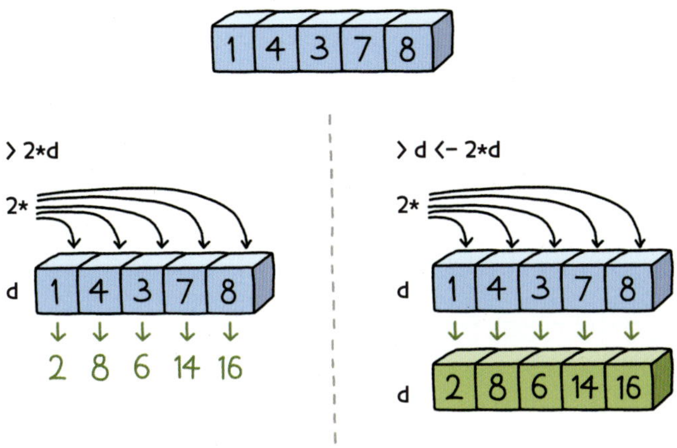

그림 4-7 2*d와 d <- 2*d의 실행 결과

```
> d-5
[1] -4 -1 -2  2  3
> 3*d + 4
[1]  7 16 13 25 28
```

두 개의 명령문에 대한 실행 결과에서도 벡터에 대한 산술연산은 벡터에 포함된 값들에 대한 산술연산으로 바뀌어 실행된다는 것을 확인할 수 있습니다.

확인문제

다음 명령문을 실행했을 때 출력되는 결과와 변수 v에 저장된 값을 구하시오.

```
v <- c(6, 1, 3, 7, 9)
2*v - 1
```

정답

출력 결과 : 11, 1, 5, 13, 17　변수 v에 저장된 값 : 6, 1, 3, 7, 9

2 벡터와 벡터의 연산

벡터와 숫자값 사이의 산술연산이 아닌 벡터와 벡터 간의 산술연산은 어떤 결과를 가져올까요? 이 경우는 **벡터 간 대응되는 위치에 있는 값들끼리의 연산으로 바뀌어 실행**됩니다. [코드 4-2]의 실행 결과를 살펴보도록 합니다.

코드 4-2 code04-02.r

```
x <- c(1,2,3,4)
y <- c(5,6,7,8)
x + y                    # 대응하는 원소끼리 더하여 출력
x * y                    # 대응하는 원소끼리 곱하여 출력
z <- x + y               # x, y를 더하여 z에 저장
z
```

[코드 4-2]의 실행 결과를 나누어서 설명하면 다음과 같습니다.

```
> x <- c(1,2,3,4)
> y <- c(5,6,7,8)
```

벡터 x와 벡터 y에 각각 4개의 값을 저장합니다.

```
> x + y                  # 대응하는 원소끼리 더하여 출력
[1]  6  8 10 12
> x * y                  # 대응하는 원소끼리 곱하여 출력
[1]  5 12 21 32
```

두 벡터 사이의 합과 곱의 결과를 보면 인덱스가 같은 위치에 있는 값들끼리 연산이 이루어진 것을 확인할 수 있습니다. 즉 x+y는 x[1]+y[1], x[2]+y[2], x[3]+y[3], x[4]+y[4]를 병렬적으로 실행한 것과 같은 결과를 나타냅니다.

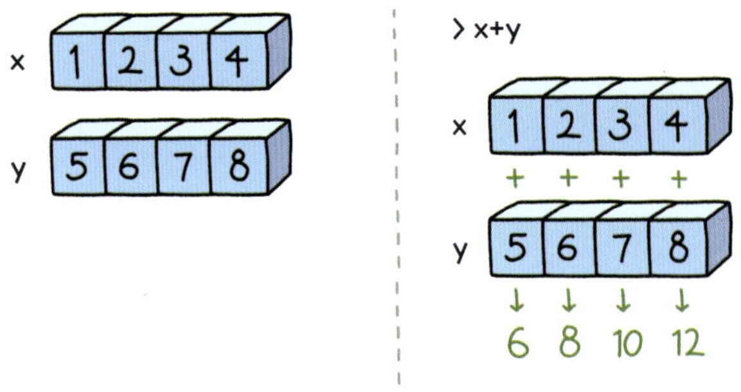

그림 4-8 벡터 x+y의 실행

```
> z <- x + y                   # x, y를 더하여 z에 저장
> z
[1]  6  8 10 12
```

이 명령문은 벡터 x와 벡터 y를 더하여 z에 저장한 뒤 z의 내용을 출력합니다. 벡터와 벡터를 더한 결과인 z도 벡터임을 알 수 있습니다.

하나 더 알기 **벡터와 벡터의 연산이 가능하기 위한 조건**

1. 두 벡터의 길이가 같아야 합니다.

두 벡터가 포함하고 있는 값의 개수가 같아야 합니다. 두 벡터의 길이가 달라도 에러 없이 연산이 되기는 하는데, 이런 경우는 대부분 우리가 원하는 결과를 얻을 수 없습니다.

2. 두 벡터에 포함된 값의 종류가 같아야 합니다.

값의 종류가 다르면 연산이 불가능합니다. 따라서 벡터 간 산술연산을 하기 전에 두 벡터의 길이가 같은지, 그리고 값의 종류가 같은지를 먼저 확인하도록 합니다.

코드 4-3 code04-03.r

```
# [코드 4-2]에 이어서 실행
m <- c(x, y)                  # x, y의 원소들을 결합하여 m에 저장
m
n <- c(y, x)                  # y, x의 원소들을 결합하여 n에 저장
n
p <- c(x, y, 90, 100)         # x, y의 원소들과 90, 100을 결합하여 p에 저장
p
```

[코드 4-3]의 실행 결과를 나누어서 설명하면 다음과 같습니다.

```
> m <- c(x, y)                # x, y의 원소들을 결합하여 m에 저장
> m
[1] 1 2 3 4 5 6 7 8
```

c() 함수는 두 개 또는 그 이상의 벡터들의 원소들을 연결시켜 합친 결과를 하나의 새로운 벡터로 저장하는 기능을 수행합니다. 이 명령문은 벡터 x의 원소들과 벡터 y의 원소들을 합쳐서 m에 저장하고 m의 내용을 출력합니다.

```
> n <- c(y, x)                    # y, x의 원소들을 결합하여 n에 저장
> n
[1] 5 6 7 8 1 2 3 4
```

벡터 y의 원소들과 벡터 x의 원소들을 합쳐서 n에 저장하고 n의 내용을 출력합니다. m과 n의 결과를 보면 x와 y를 어떤 순서로 결합하는지에 따라 결과가 달라지는 것을 확인할 수 있습니다.

```
> p <- c(x, y, 90, 100)           # x, y의 원소들 및 90, 100을 결합하여 p에 저장
> p
 [1]   1   2   3   4   5   6   7   8  90 100
```

c() 함수는 2개 또는 2개 이상의 벡터를 결합할 수 있을 뿐만 아니라 벡터와 단일 값들을 결합할 수도 있습니다. 이 예에서 c() 함수 안의 x, y는 벡터이고 90, 100은 단일 값입니다.

코드 4-4 code04-04.r

```
v1 <- c(1, 2, 3, 4)
v2 <- c('John', 'Jane', 'Tom')
v3 <- c(v1, v2)                   # v1, v2의 원소들을 결합하여 v3에 저장
v3
```

실행 결과

```
> v1 <- c(1, 2, 3, 4)
> v2 <- c('John', 'Jane', 'Tom')
> v3 <- c(v1, v2)                 # v1, v2의 원소들을 결합하여 v3에 저장
> v3
[1] "1"    "2"    "3"    "4"    "John" "Jane" "Tom"
```

[코드 4-4]는 값의 종류가 다른 벡터를 하나로 결합했을 때 어떤 결과가 나오는지를 보여줍니다. 이 예에서 숫자 벡터와 문자 벡터를 c()로 결합하면 숫자값이 문자로 변환되어 결합됩니다. 그 이유는 하나의 벡터에는 동일한 종류의 값들만 저장할 수 있기 때문입니다. 따라서 값의 종류가 다른 벡터들을 결합할 때는 주의해야 합니다.

문자형의 값을 표시할 때는 큰따옴표 또는 작은따옴표를 사용하며, 둘의 결과는 같습니다. 따라서 'Tom'과 "Tom"은 동일한 표현입니다. 만일 문자형 값에 따옴표를 붙이지 않으면 값이 아니라 변수 이름으로 인식됩니다. 숫자에 따옴표를 붙이면 더 이상 숫자가 아닌 문자로 간주됩니다.

확인문제

다음과 같이 벡터가 주어졌을 때 문제에 대한 답을 구하시오.

```
a <- c(3, 6, 9, 12, 15)
b <- c(18, 21, 24, 27, 30)
c <- c(-1, 2, -2, 5, -7)
d <- c('1', 1, 1, 1, 1)
```

(1) a와 b의 자료를 묶어 x에 저장하는 명령문을 작성하시오(단 a의 자료가 먼저 나오게 함).

(2) c와 d의 자료를 묶어 y에 저장하는 명령문을 작성하시오(단 d의 자료가 먼저 나오게 함).

(3) a + 3 * c의 결과를 구하시오.

(4) x + y의 결과를 구하시오. 이러한 결과가 나온 이유를 설명하시오.

정답

(1) x <- c(a, b)　　(2) y <- c(d, c)　　(3) 0 12 3 27 -6

(4) Error in x + y : 이항연산자에 수치가 아닌 인수입니다
이유 : 숫자 벡터 c와 문자 벡터 d가 결합하면 문자 벡터가 되기 때문에 연산이 불가능

3 벡터에 적용 가능한 함수들

앞에서 일반적인 값에 대해 적용시킬 수 있는 log(), sqrt()와 같은 산술연산 함수에 대해 학습했습니다. 이번에는 벡터를 입력값으로 하여 계산 결과를 도출하는 함수에 대해 알아봅니다. 벡터에 저장된 값들의 합계를 계산하는 sum() 함수를 비롯하여 다양한 함수들이 있습니다. 데이터 분석에 많이 사용되는 함수는 [표 4-2]와 같습니다.

표 4-2 벡터를 입력값으로 하는 함수들

함수명	설명
sum()	벡터에 저장된 값들의 합
mean()	벡터에 저장된 값들의 평균
median()	벡터에 저장된 값들의 중앙값
max(), min()	벡터에 저장된 값들의 최댓값, 최솟값
var()	벡터에 저장된 값들의 분산
sd()	벡터에 저장된 값들의 표준편차
sort()	벡터에 저장된 값들을 정렬(오름차순이 기본)
range()	벡터에 저장된 값들의 범위(최솟값, 최댓값)
length()	벡터에 저장된 값들의 개수(벡터의 길이)

중앙값의 경우 벡터에 저장된 값이 짝수 개일 때 정중앙에 해당하는 값이 없으므로 가운데에 있는 두 값의 평균으로 구합니다. 예를 들어 값의 개수가 10개인 경우 5번째와 6번째 값의 평균이 중앙값이 됩니다.

R은 데이터 분석을 위해 많은 함수들을 제공하는데, 자주 사용하는 함수들은 기억을 하는 것이 좋습니다. [코드 4-5]를 통해서 다양한 함수들의 실행 결과를 확인합니다.

코드 4-5 code04-05.r

```
d <- c(1,2,3,4,5,6,7,8,9,10)
sum(d)
sum(2*d)
length(d)
mean(d[1:5])
max(d)
min(d)
sort(d)                                  # 오름차순 정렬
sort(d, decreasing = FALSE)              # 오름차순 정렬
sort(d, decreasing = TRUE)               # 내림차순 정렬

v1 <- median(d)
v1
v2 <- sum(d)/length(d)
v2
```

[코드 4-5]의 실행 결과를 나누어서 설명하면 다음과 같습니다.

```
> d <- c(1,2,3,4,5,6,7,8,9,10)
> sum(d)
[1] 55
> sum(2*d)
[1] 110
> length(d)
[1] 10
> mean(d[1:5])
[1] 3
> max(d)
[1] 10
> min(d)
[1] 1
> sort(d)                                # 오름차순 정렬
 [1]  1  2  3  4  5  6  7  8  9 10
> sort(d, decreasing = FALSE)            # 오름차순 정렬
 [1]  1  2  3  4  5  6  7  8  9 10
> sort(d, decreasing = TRUE)             # 내림차순 정렬
 [1] 10  9  8  7  6  5  4  3  2  1
```

이 예에서 sort() 함수를 제외하고 나머지 함수들은 모두 입력 매개변수가 하나입니다. sort() 함수의 경우는 '정렬 대상 벡터'와 '오름차순/내림차순 여부' 이렇게 두 개의 매개변수가 필요합니다.

```
> v1 <- median(d)
> v1
[1] 5.5
> v2 <- sum(d)/length(d)
> v2
[1] 5.5
```

이 코드는 벡터 d의 중앙값을 구하여 변수 v1에 저장하는 명령문과, 벡터 d의 합계를 벡터 d의 길이(값의 개수)로 나누어 v2에 저장하는 명령문입니다. 참고로 합계를 값들의 개수로 나누면 평균값이 됩니다.

이와 같이 R에서는 벡터와 숫자값, 벡터와 벡터 간의 연산을 매우 쉽게 할 수 있을 뿐만 아니라 다양한 함수를 활용하여 효율적으로 데이터를 다루고 분석할 수 있습니다.

확인문제

벡터 a가 다음과 같을 때 함수를 사용해 각 문제를 해결하기 위한 명령문을 작성하시오.

```
a <- seq(from = 20, to = 80, by = 7)
```

(1) 벡터 a 안에 있는 자료의 개수를 구하시오.
(2) 벡터 a를 내림차순으로 정렬하여 나타내 보시오.
(3) 벡터 a의 최댓값, 최솟값, 값의 범위를 나타내 보시오.
(4) 벡터 a의 평균값과 중앙값을 구하시오.
(5) 벡터 a의 분산과 표준편차를 구하시오.

정답

(1) length(a)　(2) sort(a, decreasing = T)
(3) max(a); min(a); range(a)　(4) mean(a); median(a)　(5) var(a); sd(a)

4 벡터에 논리연산자 적용

논리연산자는 **연산의 결과값이 TRUE 또는 FALSE인 연산자**를 말합니다. 논리연산자를 정리하면 다음과 같습니다.

표 4-3 논리연산자

연산자	사용 예	설명
<	A < B	B가 A보다 크면 TRUE
<=	A <= B	B가 A보다 크거나 같으면 TRUE
>	A > B	A가 B보다 크면 TRUE
>=	A >= B	A가 B보다 크거나 같으면 TRUE
==	A == B	A와 B가 같으면 TRUE
!=	A != B	A와 B가 같지 않으면 TRUE
¦	A ¦ B	A 또는 B 어느 한 쪽이라도 TRUE이면 TRUE
&	A & B	A와 B 모두 TRUE일 때만 TRUE

이러한 논리연산자를 벡터에 적용하면 조건에 맞는 값들을 추출할 수 있습니다. [코드 4-6]을 통해 사용 방법을 알아봅니다.

코드 4-6 code04-06.r

```
d <- 1:9
d>=5                      # d 원소 각각이 >=5인지 검사
d[d>5]                    # 6 7 8 9
sum(d>5)                  # 5보다 큰 값의 개수를 출력
sum(d[d>5])               # 5보다 큰 값의 합계를 출력
d==5

condi <- d > 5 & d < 8    # 조건을 변수에 저장
d[condi]                  # 조건에 맞는 값들을 선택
```

[코드 4-6]의 실행 결과를 나누어서 설명하면 다음과 같습니다.

```
> d <- 1:9
```

벡터 d에 1부터 9까지의 숫자를 저장합니다.

```
> d>=5                    # d 원소 각각이 >=5인지 검사
[1] FALSE FALSE FALSE FALSE  TRUE  TRUE  TRUE  TRUE  TRUE
```

앞에서 벡터에 대한 산술연산은 벡터에 포함된 각각의 값에 대한 연산으로 바뀌어 실행된다고 배웠습니다. 논리연산의 경우에도 동일한 원리가 적용됩니다. 따라서 d>=5는 벡터 d에 포함된 값들이 '5보다 크거나 같은지'를 판단하는 논리연산이 되고, 그 결과 벡터 안의 값 1~4에 대해서는 FALSE가, 5~9에 대해서는 TRUE가 도출됩니다.

```
> d[d>5]
[1] 6 7 8 9
```

이 명령문을 보면 벡터의 인덱스를 지정하는 부분에 d>5라는 논리연산이 존재하고 있습니다. 이런 경우는 d>5를 먼저 실행한 후 그 결과값으로 인덱스 부분을 실행하게 됩니다. d>5를 실행한 결과는 다음과 같습니다.

```
[1] FALSE FALSE FALSE FALSE FALSE  TRUE  TRUE  TRUE  TRUE
```

이 결과를 인덱스에 적용하면 d에 저장되어 있는 값 중 TRUE에 대응되는 값들만 다음과 같이 추출됩니다.

```
d      :  [1]     1     2     3     4     5     6     7     8     9

d>5    :  [1] FALSE FALSE FALSE FALSE FALSE  TRUE  TRUE  TRUE  TRUE

d[d>5] :                                      6     7     8     9
```

따라서 d[d>5]의 의미는 **d에 저장된 값 중 5보다 큰 값들만 추출**하라는 것입니다.

```
> sum(d>5)              # 5보다 큰 값의 개수를 출력
[1] 4
```

이 명령문도 앞의 예와 같이 d>5를 먼저 실행한 후 그 결과를 sum() 함수에 입력값으로 주어 결과를 도출합니다. d>5의 결과는 다음과 같은 벡터입니다.

```
[1] FALSE FALSE FALSE FALSE FALSE  TRUE  TRUE  TRUE  TRUE
```

sum() 함수는 벡터에 저장된 값들의 합계를 구하는 함수인데 논리값에 대해서 어떻게 합산을 할까요? 논리값이 산술연산에 사용되면 FALSE는 0으로, TRUE는 1로 간주됩니다. TRUE + TRUE를 실행하면 결과가 2인 것을 확인할 수 있습니다. 이 원리를 sum(d>5)에 적용하면 TRUE가 4개이기 때문에 결과는 4가 나오는 것입니다. 결국 이 명령문의 의미는 '**d에 저장된 값 중 5보다 큰 값들의 개수**'를 구하는 것과 동일합니다.

```
> sum(d[d>5])           # 5보다 큰 값의 합계를 출력
[1] 30
```

명령문 안에 명령문이 중첩되어 있어서 다소 복잡해 보입니다. 이렇게 중첩된 명령문은 안쪽부터 실행됩니다. 다시 말해 d>5를 먼저 실행하고, 그 결과값으로 d[d>5]를 실행합니다. 여기서 나온 결과를 다시 sum() 함수에 입력값으로 넣는 것입니다. 각 단계별 결과는 다음과 같습니다.

```
d>5         : [1] FALSE FALSE FALSE FALSE FALSE  TRUE  TRUE  TRUE  TRUE
d[d>5]      : [1] 6 7 8 9
sum(d[d>5]) : [1] 30
```

이제 왜 sum(d[d>5])의 결과가 30인지 알 수 있을 것입니다(6+7+8+9=30). 따라서 이 연산의 의미는 '**d에 저장된 값 중 5보다 큰 값들의 합계**'를 구하는 것이 됩니다.

```
> condi <- d > 5 & d < 8           # 조건을 변수에 저장
```

이 명령문은 d > 5 & d < 8이라고 하는 조건문을 condi라는 이름의 변수에 저장하는 것입니다. 조건문의 의미는 '**d에 저장된 값 중 5보다 크고 8보다 작은 값**'입니다. 이와 같이 변수에는 조건문도 저장할 수 있습니다.

```
> d[condi]                         # 조건에 맞는 값들을 선택
[1] 6 7
```

벡터 d의 인덱스 지정 부분에 조건문이 저장된 변수 condi가 위치하고 있습니다. 이 명령문의 의미는 condi에 저장된 조건문에 부합하는 값들만 추출하는 것입니다. d[condi] 명령문은 d[d>5 & d<8]과 결과가 같습니다.

이상에서 살펴본 것처럼 논리연산을 잘 활용하면 벡터에서 조건에 맞는 값들을 쉽게 추출할 수 있으므로 충분히 연습하는 것이 필요합니다.

확인문제

벡터 a가 다음과 같이 주어질 때 각 문제를 해결하기 위한 명령문을 작성하시오.

```
a <- 30:120
```

(1) 벡터 a에 저장된 값이 3의 배수인지를 비교하는 조건문을 condi에 저장하시오.
(2) condi를 이용해 a 안에 3의 배수가 몇 개 존재하는지 구하시오.
(3) condi를 이용해 a에서 3의 배수만 추출하시오.
(4) condi를 이용해 a 안에 있는 3의 배수의 총 합을 구하시오.

정답

(1) condi <- a %% 3 == 0   (2) sum(condi)
(3) a[condi]   (4) sum(a[condi])

LAB R 카페의 매출액 분석하기 I

R 카페의 매니저로부터 매출액 분석을 의뢰받았습니다. 카페 매니저는 최근 일주일간의 **요일별 매출액, 총 매출액, 평균 매출액, 평균 매출 이상인 요일**에 대해 알기를 원합니다. 우선 매니저에게 카페 메뉴판과 일주일간 판매량에 대한 자료를 요청하여 데이터를 확보했습니다. 카페의 매출을 분석해봅니다.

메뉴	월	화	수	목	금	토	일
에스프레소	4	5	3	6	5	4	7
아메리카노	63	68	64	68	72	89	94
카페라떼	61	70	59	71	71	92	88

1. 메뉴별로 벡터를 생성해 판매량을 요일순으로 저장합니다.

```
espresso <- c(4, 5, 3, 6, 5, 4, 7)
americano <- c(63, 68, 64, 68, 72, 89, 94)
latte <- c(61, 70, 59, 71, 71, 92, 88)
```

2. 메뉴별 판매량에 각각의 가격을 곱하여 메뉴마다 요일별 매출액을 구합니다. 그 결과를 새로운 변수에 저장합니다.

```
sale.espresso <- 2 * espresso
sale.americano <- 2.5 * americano
sale.latte  <- 3.0 * latte
```

3. 각 메뉴의 매출액을 더하여 요일별 매출액을 구하고 이것을 새로운 변수에 저장합니다. 값의 이름은 요일로 설정합니다.

```
sale.day <- sale.espresso + sale.americano + sale.latte
names(sale.day) <- c('Mon', 'Tue', 'Wed', 'Thu', 'Fri', 'Sat', 'Sun')
```

∴ **첫 번째 명령문은 함수를 이용하여 `sale.day <- sum(sale.espresso, sale.americano, sale.latte)`로 고쳐쓸 수 있습니다.**

4. 요일별 매출액을 합산하여 일주일간 총 매출액을 구합니다.

```
sum(sale.day)
```

5. 요일별 매출액 벡터로 일평균 매출액을 구하고 새로운 변수에 저장합니다.

```
sale.mean <- mean(sale.day)
```

6. 각 요일의 매출액과 평균 매출액을 비교하여 평균 이상인 요일을 구합니다.

```
names(sale.day[sale.day >= sale.mean])
```

Section 03

팩터와 리스트는 무엇인가요?

팩터와 리스트는 벡터와 더불어 R에서 1차원 형태의 자료를 저장하는 자료구조입니다. 팩터는 주로 범주형 자료를 저장하여 분석할 때 사용되고, 리스트는 여러 유형의 값들을 하나로 모아 저장할 필요가 있을 때 사용합니다.

1 팩터

팩터(factor)는 문자형 데이터가 저장되는 벡터의 일종으로, 저장되는 문자값들이 **어떠한 종류를 나타내는 값**(성별, 혈액형, 선호 정당 등과 같은 범주형 자료들)일 때 사용합니다. 팩터는 문자형 벡터를 만든 다음 factor() 함수를 이용하여 변환하여 만듭니다. [코드 4-7]은 팩터를 생성하고 벡터와의 차이점을 비교하는 코드입니다.

코드 4-7 code04-07.r

```
bt <- c('A', 'B', 'B', 'O', 'AB', 'A')      # 문자형 벡터 bt 정의
bt.new <- factor(bt)                          # 팩터 bt.new 정의
bt                                            # 벡터 bt의 내용 출력
bt.new                                        # 팩터 bt.new의 내용 출력
bt[5]                                         # 벡터 bt의 5번째 값 출력
bt.new[5]                                     # 팩터 bt.new의 5번째 값 출력
levels(bt.new)                                # 팩터에 저장된 값의 종류를 출력
as.integer(bt.new)                            # 팩터의 문자값을 숫자로 바꾸어 출력
bt.new[7] <- 'B'                              # 팩터 bt.new의 7번째에 'B' 저장
bt.new[8] <- 'C'                              # 팩터 bt.new의 8번째에 'C' 저장
bt.new                                        # 팩터 bt.new의 내용 출력
```

[코드 4-7]의 실행 결과를 나누어서 설명하면 다음과 같습니다.

```
> bt <- c('A', 'B', 'B', 'O', 'AB', 'A')          # 문자형 벡터 bt 정의
> bt.new <- factor(bt)                            # 팩터 bt.new 정의
```

6명의 혈액형 데이터가 저장된 문자형 벡터 bt를 생성하고, factor() 함수를 이용하여 팩터 bt.new를 생성합니다.

```
> bt                                              # 벡터 bt의 내용 출력
[1] "A"  "B"  "B"  "O"  "AB" "A"
> bt.new                                          # 팩터 bt.new의 내용 출력
[1] A  B  B  O  AB A
Levels: A AB B O
```

벡터 bt의 내용을 출력하면 따옴표로 묶여 있는 문자값들이 출력됩니다. 그런데 팩터 bt.new를 출력하면 따옴표가 없는 문자값들이 출력됩니다. 이것이 벡터와 팩터의 첫 번째 차이입니다. 또한 bt.new의 결과에는 Levels: A AB B O가 붙어 있는데, 이것의 의미는 bt.new에 저장된 혈액형의 종류를 알려주는 것입니다. 팩터의 목적이 어떤 종류를 나타내는 문자값을 저장하는 것이기 때문에 종류 정보를 자동으로 보여줍니다.

```
> bt[5]                                           # 벡터 bt의 5번째 값 출력
[1] "AB"
> bt.new[5]                                       # 팩터 bt.new의 5번째 값 출력
[1] AB
Levels: A AB B O
```

팩터도 벡터의 일종이기 때문에 값을 추출하는 방법은 벡터와 같이 인덱스를 이용하거나, 값에 이름이 붙어 있다면 이름을 통해서도 값을 추출할 수 있습니다. 팩터는 하나의 값을 추출하여 출력하더라도 전체 팩터에 저장된 값들의 종류 정보를 함께 표시해줍니다.

```
> levels(bt.new)                                  # 팩터에 저장된 값의 종류를 출력
[1] "A"  "AB" "B"  "O"
```

levels() 함수는 팩터에 저장된 값들의 종류를 알아내는 함수입니다. 이 함수의 경우 벡터에는 적용되지 않습니다.

벡터에 저장된 값들의 종류를 알아내는 함수는 없나요?

있습니다. unique() 함수인데 bt에 적용하면 다음과 같은 결과를 얻을 수 있습니다.

```
> unique(bt)
[1] "A"  "B"  "O"  "AB"
```

```
> as.integer(bt.new)                # 팩터의 문자값을 숫자로 바꾸어 출력
[1] 1 3 3 4 2 1
```

팩터의 특징 중 하나는 저장된 문자값을 숫자로 바꾸어 분석 작업에 활용할 수 있다는 것입니다. as.integer() 함수를 이용하여 숫자로 바꿀 수 있는데, 이때 바꾸는 방법에는 정해진 규칙이 있습니다. levels() 함수를 통해 출력된 문자값들의 순서가 바로 변환될 숫자가 되는 것입니다. Levels: A AB B O이므로 순서대로 A는 1, AB는 2, B는 3, O는 4로 변환됩니다.

```
> bt.new[7] <- 'B'                  # 팩터 bt.new의 7번째에 'B' 저장
> bt.new[8] <- 'C'                  # 팩터 bt.new의 8번째에 'C' 저장
경고메시지(들):
In `[<-.factor`(`*tmp*`, 8, value = "C") :
  invalid factor level, NA generated
> bt.new                            # 팩터 bt.new의 내용 출력
[1] A    B    B    O    AB   A    B    <NA>
Levels: A AB B O
```

팩터의 역할 중 하나는 이미 지정된 값의 종류 외에 다른 값이 들어오는 것을 막는 것입니다. 이 코드에서 첫 번째 명령문은 정상 실행이 되는데 그 이유는 'B'가 Levels에 정해져 있는 값이기 때문입니다. 두 번째 명령문의 경우 실행하면 바로 경고 메시지가 뜨는데, 그 이유는 입력하려는 'C'가 Levels에 없는 값이기 때문입니다. 세 번째 명령문을 통해 bt.new의 내용을 출력하면 8번째 값은 C가 아닌 <NA>로 표시되어 있는 것을 알 수 있습니다. 이와 같이 팩터는 사전에 정의된 값 외에 다른 값들은 입력하지 못하도록 하는 효과가 있습니다.

벡터와 비교해서 팩터의 특징을 정리해보면 다음과 같습니다.

① 범주형 자료의 저장에 이용됩니다.
② factor() 함수로 생성합니다.
③ 저장되는 값들에 따옴표가 표시되지 않습니다.
④ 팩터의 내용을 출력하면 Levels 옆에 저장되어 있는 값들의 종류가 표시됩니다.
⑤ levels() 함수로 값들의 종류를 알아낼 수 있습니다.
⑥ Levels 옆에 표시되는 값들 외에 다른 값은 추가하여 저장할 수 없습니다.

확인문제

벡터 a가 다음과 같을 때 각 문제를 해결하기 위한 명령문을 작성하시오.

```
a <- c('red', 'white', 'brown', 'green', 'white', 'red', 'brown', 'white')
```

(1) 벡터 a를 이용해 팩터 b를 생성하시오.

(2) 팩터 b에 있는 값들의 종류를 보이시오.

(3) 팩터를 정수로 변환하여 출력하고, 출력된 숫자에 대응하는 색을 설명하시오.

정답

(1) `b <- factor(a)`　　(2) `levels(b)`

(3) `as.integer(b)`
숫자와 대응색 : 1-"brown", 2-"green", 3-"red", 4-"white"

2 리스트

벡터가 동일한 자료형의 값들을 1차원 형태로 저장하는 수단이라고 한다면 리스트(list)는 **자료형이 다른 값들을 한곳에 저장하고 다룰 수 있도록 해주는 수단**입니다. 어떤 사람의 정보가 다음과 같고, 한곳에 저장할 필요가 있다고 가정해봅시다.

- 이름 : 'Tom'
- 나이 : 25
- 학생 여부 : TRUE
- 취미 : 'balling', 'tennis', 'ski'

이 사람의 정보를 보면 저장할 값에 문자, 숫자, 논리형이 섞여 있을 뿐만 아니라 취미의 경우 하나의 값이 아니라 여러 개의 값을 저장해야 하는 상황입니다. 벡터에는 저장할 수 없는 유형이고, 여러 자료형이 섞여 있기 때문에 리스트에 저장해야 합니다. [코드 4-8]을 통해서 위의 정보를 리스트에 넣는 방법과 리스트 안에 있는 값들을 추출하는 방법에 대해 알아보도록 합니다.

코드 4-8 code04-08.r

```
h.list <- c('balling', 'tennis', 'ski')                 # 취미를 벡터에 저장
person <- list(name='Tom', age=25, student=TRUE, hobby=h.list)      # 리스트 생성
person                    # 리스트에 저장된 내용을 모두 출력
person[[1]]               # 리스트의 첫 번째 값을 출력
person$name               # 리스트에서 값의 이름이 name인 값을 출력
person[[4]]               # 리스트의 네 번째 값을 출력
```

[코드 4-8]의 실행 결과를 나누어서 설명하면 다음과 같습니다.

```
> h.list <- c('balling', 'tennis', 'ski')                # 취미를 벡터에 저장
```

3개의 취미가 저장된 벡터 `h.list`를 생성합니다.

```
> person <- list(name='Tom', age=25, student=TRUE, hobby=h.list)      # 리스트 생성
```

`person`이라는 이름의 리스트를 생성합니다. 리스트를 만드는 함수 이름은 `list()`입니다. `()` 안에 있는 `'Tom'`, `25`, `TRUE`, `h.list`가 리스트에 저장될 값이고, `name`, `age`, `student`, `hobby`가 저장될 값의 이름입니다. 저장될 값의 이름과 값의 내용을 =로 연결하여 쌍으로 저장합니다. 저장될 값들의 자료형을 보면 문자형, 숫자형, 논리형이 섞여 있고 심지어 벡터도 포함되어 있습니다(`h.list`가 벡터). 이와 같이 리스트는 1차원 자료 구조이면서 다양한 자료형들의 값을 저장할 수 있습니다.

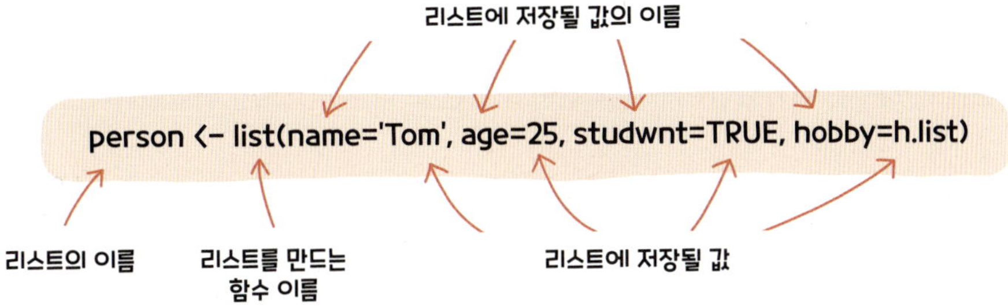

그림 4-9 리스트 person의 구성

하나 더 알기

리스트에 저장할 명령문이 많으면 한 줄에 작성하기가 어려워 여러 줄에 나누어 작성해야 합니다. 다음은 여러 줄에 나누어 명령문을 작성한 예입니다. R은 하나의 명령문의 경우 한 줄에 작성하는 것이 원칙이지만 [코드 4-8]의 둘째 줄과 같이 콤마(,)가 들어있는 명령문의 경우 콤마로 끝나도 R은 다음 줄에 명령문이 계속된다고 이해합니다.

```
person <- list(name='Tom',
               age=25,
               student=TRUE,
               hobby=h.list)  # 리스트 생성
```

```
> person                      # 리스트에 저장된 내용을 모두 출력
$name
[1] "Tom"
```

```
$age
[1] 25

$student
[1] TRUE

$hobby
[1] "balling" "tennis"  "ski"
```

리스트의 내용을 출력하면 벡터가 가로 방향으로 출력되는 것과는 달리 저장된 값들이 값의 이름과 함께 세로 방향으로 하나씩 출력됩니다.

```
> person[[1]]              # 리스트의 첫 번째 값을 출력
[1] "Tom"
```

리스트에 저장된 값을 추출하는 방법은 벡터와 비슷합니다. 먼저 인덱스를 이용하는 방법인데 벡터와 다른 점은 인덱스 지정 부분에 []가 아닌 [[]]를 사용한다는 것입니다. []를 사용해도 결과가 나오기는 하는데 이 경우는 결과값이 아닌 결과값이 포함된 또 다른 리스트가 출력됩니다.

```
> person$name              # 리스트에서 값의 이름이 name인 값을 출력
[1] "Tom"
```

리스트에 저장된 값을 추출하는 두 번째 방법은 값의 이름을 이용하는 것입니다. 리스트이름$값의 이름의 형태로 지정하면 됩니다.

```
> person[[4]]              # 리스트의 네 번째 값을 출력
[1] "balling" "tennis"  "ski"
```

person[[4]]의 결과를 보면 하나의 값이 아닌 3개의 값이 들어 있는 벡터임을 알 수 있습니다.

확인문제

다음과 같이 원데이 클래스(oneday_class) 수강 정보가 주어졌을 때 문제에 대한 답을 구하시오.

```
수업명(class) : 'sun_catcher'
요일(day) : 'Tue', 'Wed', 'Sat'
가격(price) : 60,000
주차 가능 여부(parking) : TRUE
```

(1) 수강 정보를 리스트에 저장하시오. 단, 변수명은 괄호 안의 영문명을 사용한다.

(2) 리스트에서 2번째 정보를 보이시오.

(3) 리스트에서 값의 이름을 이용해 가격 정보를 보이시오.

정답

(1)
```
oneday_class = list(class='sun_catcher',
                    day=c('Tue','Wed','Sat'),
                    price = 60000,
                    parking = TRUE)
```
(2) `oneday_class[[2]]` (3) `oneday_class$price`

LAB R 카페의 매출액 분석하기 II

R 카페의 매니저로부터 매출액 분석을 의뢰받았습니다. 카페 매니저는 최근 일주일간의 **요일별 매출액, 총 매출액, 평균 매출액, 평균 매출 이상인 요일**에 대해 알기 원합니다. 우선 매니저에게 카페 메뉴판과 일주일간 판매량에 대한 자료를 요청하여 데이터를 확보했습니다. 어떻게 카페의 매출을 분석할 수 있을까요? 이번에는 앞서 살펴본 LAB과는 달리 리스트와 팩터를 이용해 분석해보겠습니다.

메뉴	월	화	수	목	금	토	일
에스프레소	4	5	3	6	5	4	7
아메리카노	63	68	64	68	72	89	94
카페라떼	61	70	59	71	71	92	88

1. 리스트를 생성해 메뉴별 판매량, 메뉴별 가격, 메뉴 이름을 저장합니다.

```
cafe <- list(espresso = c(4, 5, 3, 6, 5, 4, 7),
             americano = c(63, 68, 64, 68, 72, 89, 94),
             latte = c(61, 70, 59, 71, 71, 92, 88),
             price = c(2.0, 2.5, 3.0),
             menu = c('espresso','americano','latte'))
```

2. 생성한 리스트에서 메뉴만 추출해 팩터로 변경합니다.

```
cafe$menu <- factor(cafe$menu)
```

3. 리스트 내 가격 벡터를 선택해 값의 이름을 메뉴명으로 설정합니다.

```
names(cafe$price) <- cafe$menu
```

4. 리스트에서 가격 벡터를 선택하고, 그 벡터에서 메뉴명에 해당하는 가격 정보를 선택합니다. 그리고 리스트에서 메뉴명에 해당하는 판매량을 선택하여 곱합니다. 각 메뉴마다 반복하여 메뉴의 요일별 매출액을 구해 각각 새로운 변수에 저장합니다.

```
sale.espresso <- cafe$price['espresso'] * cafe$espresso
sale.americano <- cafe$price['americano'] * cafe$americano
sale.latte <- cafe$price['latte'] * cafe$latteo
```

5. 그 이후의 과정은 동일합니다. 다음과 같이 요일별 매출액, 총 매출액, 평균 매출액, 평균 매출 이상인 요일을 구합니다.

```
sale.day <- sale.espresso + sale.americano + sale.latte     # 요일별 매출액
names(sale.day) <- c('Mon', 'Tue', 'Wed', 'Thu', 'Fri', 'Sat', 'Sun')
sum(sale.day)                                 # 총 매출액
sale.mean <- mean(sale.day)                   # 평균 매출액
names(sale.day[sale.day >= sale.mean] )       # 평균 매출액 이상인 요일 추출
```

실전 분석 월별 감전사고 통계 분석하기

문제

다음은 어느 해의 월별 감전사고 통계입니다. 이를 벡터에 저장하고 분석해보겠습니다.

M1	M2	M3	M4	M5	M6
31	26	42	47	50	54
M7	M8	M9	M10	M11	M12
70	66	43	32	32	22

해결

1. 통계 자료를 accident 벡터에 저장합니다.

```
accident <- c(31,26,42,47,50,54,70,66,43,32,32,22)
names(accident) <- c('M1','M2','M3','M4','M5','M6','M7','M8',
                     'M9','M10','M11','M12')
accident
```

```
 M1  M2  M3  M4  M5  M6  M7  M8  M9 M10 M11 M12
 31  26  42  47  50  54  70  66  43  32  32  22
```

2. 1년간 총 감전사고 건수를 알아봅니다.

```
sum(accident)
```

```
[1] 515
```

3. 가장 사고가 많은 달과 가장 적은 달의 건수를 알아봅니다.

```
max(accident)
min(accident)
```

```
[1] 70
[1] 22
```

가장 사고가 많은 달과 적은 달이 어느 달인지 알아내는 방법은 추후에 학습합니다.

4. 만일 사고율이 10% 감소한다면 사고 건수가 어떻게 변화하는지 구해봅니다.

```
accident*0.9
```

```
  M1   M2   M3   M4   M5   M6   M7   M8   M9  M10  M11  M12
27.9 23.4 37.8 42.3 45.0 48.6 63.0 59.4 38.7 28.8 28.8 19.8
```

5. 사고 건수가 50건을 넘는 달의 통계만 출력해봅니다.

```
accident[accident>=50]
```

```
M5 M6 M7 M8
50 54 70 66
```

6. 사고 건수가 50건을 넘는 달의 이름을 출력해봅니다.

```
month.50 <- accident[accident >= 50]       # 사고 건수 50이 넘는 달만 추출
names(month.50)
names(accident[accident >= 50])            # 이렇게 실행해도 됨
```

```
[1] "M5" "M6" "M7" "M8"
```

7. 사고 건수가 50 미만인 달은 1년 중 몇 개월인지 구해봅니다.

```
length(accident[accident<50])
```

```
[1] 8
```

8. 6월보다 사고가 많은 달과 사고 건수를 구해봅니다.

```
M6.acc <- accident[6]
accident[accident > M6.acc]
# 다음과 같이 한 줄 명령어로도 처리 가능
accident[accident > accident[6]]
```

```
M7 M8
70 66
```

냉방 수요가 많고 야외 활동이 잦은 여름철(7, 8월)에는 사고 건수가 많고, 겨울철(1, 12월)에는 사고 건수가 적은 것을 관찰할 수 있습니다.

요약

01 R은 1차원 자료와 2차원 자료를 저장할 수 있는 자료구조를 제공합니다.

- 1차원 자료구조: 벡터(vector), 리스트(list), 팩터(factor)
- 2차원 자료구조: 매트릭스(matrix), 데이터프레임(dataframe)

02 자료는 저장되는 값의 특성에 따라 범주형과 수치형으로 구분됩니다. 범주형 자료는 산술연산이 불가하며 자료의 유형에 따라 분석하는 도구가 달라집니다.

03 벡터의 산술연산은 벡터 안에 포함된 값들 하나하나에 대한 연산으로 바꾸어 실행됩니다.

04 벡터들 간의 연산은 각 벡터에서 대응되는 위치에 있는 값들 간의 연산으로 실행됩니다.

05 `c()` 함수로 여러 벡터를 결합할 수 있습니다. 숫자 벡터와 문자 벡터를 결합하면 벡터는 같은 종류의 값만 저장하기 때문에 모든 값이 문자로 변환되어 결합됩니다.

06 논리연산자를 벡터에 적용하여 특정 조건에 맞는 값들을 추출할 수 있습니다.

07 명령문 안에 명령문이 중첩되어 있으면 가장 안쪽 명령문부터 실행됩니다.

08 팩터(factor)는 문자형 데이터가 저장된 벡터의 일종입니다. 저장되는 문자값들이 종류를 나타내는 범주형 자료일 때 사용합니다. 팩터는 `factor()` 함수로 문자형 벡터를 변환하여 만듭니다.

09 `levels()` 함수는 팩터에 저장된 값들의 종류를 알아내는 함수입니다. 벡터에는 값들의 종류를 알아내는 함수로 `unique()`가 있습니다.

10 팩터는 저장된 문자값을 숫자로 바꾸어 분석 작업에 활용할 수 있고, 이미 지정된 값의 종류 외에 다른 값이 들어오는 것을 막을 수 있는 특징이 있습니다.

11 리스트(list)는 자료형이 다른 값들을 한곳에 저장하고 다룰 수 있게 합니다.

12 리스트에 저장된 값을 추출하는 방법은 다음과 같습니다.

- 벡터와 동일하게 인덱스 사용 : 단 `[]`가 아닌 `[[]]`를 사용(예 `v[[2]]`)
- `$` 사용 : 리스트이름$값의이름(예 `v$name`)

■ 벡터 관련 함수

함수명	설명
c()	여러 개의 벡터를 결합
factor()	벡터로부터 팩터 생성
levels()	팩터에 저장된 값의 종류를 보임
unique()	벡터에 저장된 값의 종류를 보임

■ 벡터를 입력값으로 하는 함수

함수명	설명
sum()	벡터에 저장된 값들의 합
mean()	벡터에 저장된 값들의 평균
median()	벡터에 저장된 값들의 중앙값
max(), min()	벡터에 저장된 값들의 최댓값, 최솟값
var()	벡터에 저장된 값들의 분산
sd()	벡터에 저장된 값들의 표준편차
sort()	벡터에 저장된 값들을 정렬(오름차순이 기본)
range()	벡터에 저장된 값들의 범위(최솟값, 최댓값)
length()	벡터에 저장된 값들의 개수(벡터의 길이)

■ 벡터에서의 논리연산자

연산자	사용 예	설명
<	A < B	B가 A보다 크면 TRUE
<=	A <= B	B가 A보다 크거나 같으면 TRUE
>	A > B	A가 B보다 크면 TRUE
>=	A >= B	A가 B보다 크거나 같으면 TRUE
==	A == B	A와 B가 같으면 TRUE
!=	A != B	A와 B가 같지 않으면 TRUE
|	A | B	A 또는 B 어느 한 쪽이라도 TRUE이면 TRUE
&	A & B	A와 B 모두 TRUE일 때만 TRUE

연습문제

01 다음 중 1차원 자료를 저장하기 위한 자료구조를 모두 고르시오.

리스트, 매트릭스, 벡터, 데이터프레임, 팩터

02 다음 중 저장된 값의 종류가 다른 것은 무엇인가?

```
a <- c(1, 2); b <- '3'; c <- c(a, b); d <- "4"
```

① a ② b ③ c ④ d ⑤ 모두 같다

03 다음 명령문에서 벡터의 연산 결과가 잘못된 것을 찾고, 올바른 값을 구하시오.

```
v1 <- c(6, 1, 3, 7, 9)
v2 <- c(9, 1, 0, 3, 7)
```

	연산	결과
①	v1 + v2	15 2 3 10 16
②	v1 * 2	12 2 6 14 18
③	v2 - 3	6 -2 -3 0 4
④	3 * v1 - v2	-9 0 9 12 6
⑤	v2 + c(1, 2, -1, 3, -5)	10 3 -1 6 2

04 벡터 a의 값 중 3의 배수이면서 100보다 작은 수의 개수를 구하는 명령문을 완성하시오.

```
a <- 25:150
condi <- [      A      ]
[   B   ](condi)
```

05 벡터 a를 팩터 f로 만들고 f에 저장된 값의 종류를 구하는 명령문을 완성하시오.

```
a <- c('good', 'great', 'bad', 'okay', 'good','bad', 'good')
f <- [      A      ]
[   B   ](f)
```

06 운동화와 바지, 티셔츠를 온라인 쇼핑몰에서 구매하려고 한다. 각각의 가격은 76,000원, 52,000원, 36,000원 순이다. 프로모션 행사로 운동화는 5%, 바지는 10%, 티셔츠는 5%를 할인한다고 한다. 최종 결제 금액을 구하는 명령문을 작성하고 결과를 출력하시오.

07 다음 명령문을 실행하니 [1] "black" "red" "white"와 같이 결과가 출력되었다. A에 들어갈 명령문을 작성하시오.

```
smartphone <- list(model = "iphone_se",
                   capacity = c(64, 128, 256),
                   dispaly = 'Retina',
                   color = c('black', 'red', 'white'))
[          A          ]
```

08 어떤 엘리베이터의 탑승 가능 총 무게는 600kg인데 마지막 사람이 타는 순간 운행 무게가 초과했다. 벡터 weight는 엘리베이터에 탑승한 사람들의 이름과 몸무게이다. 다음 조건을 만족하는 명령문을 작성하고 결과를 출력하시오.

[조건]

- 한 사람을 내리게 하여 운행이 가능하도록 한다.
- 내려야 하는 대상 중 가장 몸무게가 적은 사람을 선택한다.

```
weight <- c(56, 23, 89, 46, 76, 14, 97, 72, 68, 62, 35) # 단위 kg
names(weight) <- c('a', 'b', 'c', 'd', 'e', 'f', 'g', 'h', 'i', 'j', 'k')
```

09 다음은 지나가는 행인 10명으로부터 선호하는 계절을 조사한 결과이다. 이 결과를 팩터 타입의 favorite에 저장하고 저장된 값의 종류를 나타내시오.

여름	봄	여름	겨울	봄
겨울	여름	여름	봄	가을

10 인천 공항에서 외국인 관광객 20명에게 설문을 진행하였다. 설문 응답자의 출신 국가는 다음 표와 같다. 이 결과를 팩터 country에 저장한 뒤 levels() 함수로 저장된 값의 종류를 출력한 결과가 다음과 같을 때, as.integer(country)의 출력 결과를 구하시오.

호주	독일	영국	일본	미국	중국	호주	영국	중국	일본
터키	미국	중국	중국	호주	터키	독일	일본	중국	독일

```
> levels(country)
[1] "독일" "미국" "영국" "일본" "중국" "터키" "호주"
```

11 다음은 SNS 게시글에 대한 정보이다. 이 정보를 묶어서 하나의 자료구조에 저장하시오. 자료구조의 이름은 post로 하고 각 값의 이름은 괄호 안의 영문명을 사용하시오.

- 사용자 ID(user_id) : mr_steve
- 게시글 ID(post_id) : p11010
- 조회수(view) : 37
- 이미지 포함 여부(image) : FALSE
- 좋아요 누른 친구(like) : creeper, alex, skeleton, enderman

12 어떤 사람의 은행 계좌 정보를 다음과 같이 저장하고 있다. 최근 거래 내역을 추출하여 입금과 출금이 각각 몇 건인지 구하는 명령문을 작성하시오. 각 값에 대한 설명은 주석을 참고하시오.

```
account <- list(name = '하늘',                  # 계좌 소유주
                number = 123-468-120566,        # 계좌번호
                balance = 4128750,              # 현재 보유 금액
                history = c(-50000, +20000, -32500, -79000, +42000))
                # history는 최근 거래 내역 : +는 입금, -는 출금
```

CHAPTER 05

매트릭스와 데이터프레임 알아보기

학습목표

- 매트릭스 자료구조를 이해하고 기본적인 내용을 학습합니다.
- 데이터프레임 자료구조를 이해하고 기본적인 내용을 학습합니다.
- 매트릭스와 데이터프레임을 다루는 방법과 필요한 함수를 학습합니다.

Preview

우리가 현실에서 접하는 자료는 표와 같이 대부분 2차원 형태로 되어 있습니다. 2차원 형태의 자료를 저장하기 위한 대표적인 자료구조가 매트릭스와 데이터프레임입니다. 이번 장에서는 매트릭스와 데이터프레임을 어떻게 생성하고 다룰 수 있는지, 그 자료의 일부를 추출하는 방법은 무엇인지 학습합니다.

1절에서는 매트릭스의 개념과 매트릭스를 어떻게 만드는지 알아보고, 또한 매트릭스에서 특정 위치의 값을 추출하고 행과 열에 이름을 지정하는 방법을 학습합니다. 2절에서는 데이터프레임의 기본 개념과 생성 방법을 알아보고, R에 내장된 `iris`라는 기본 데이터셋을 활용하여 데이터프레임을 다루어봅니다. 3절에서는 데이터셋을 파악하기 위한 가장 기본이 되는 함수와 사용 방법을 살펴본 다음 데이터셋의 연산, 자료구조의 변환 등과 같은 내용을 소개합니다.

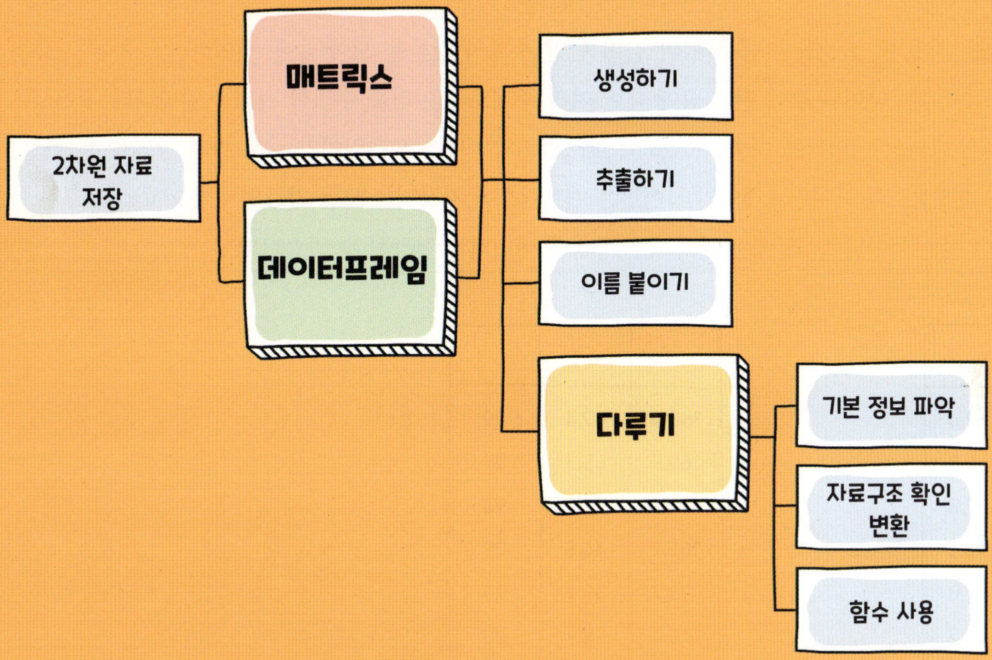

Section

01 이것이 매트릭스입니다

1 2차원 자료의 저장

벡터가 1차원 자료를 저장하기 위한 자료구조라면 매트릭스(matrix)와 데이터프레임(data frame)은 **2차원 자료를 저장하기 위한 대표적인 자료구조**입니다. 1차원 자료와 2차원 자료에 대해 복습해봅니다.

1차원 자료가 '학생들의 몸무게'와 같이 **단일 주제**의 값들을 모아 놓은 것이라면, 2차원 자료는 키 · 몸무게 · 나이와 같이 한 사람에 대한 **여러 주제**로 데이터를 수집한 형태를 말합니다. R에서는 2차원 형태의 데이터를 다룰 수 있도록 매트릭스와 데이터프레임이라는 두 가지 방법을 제공합니다. **매트릭스**와 **데이터프레임**의 차이점은 매트릭스에 저장되는 모든 자료의 종류(data type)가 동일한 반면 데이터프레임에는 서로 다른 종류의 데이터가 저장될 수 있습니다.

몸무게
62.4
65.3
59.8
46.5
49.8
58.7

(a) 1차원 자료 : 학생들의 몸무게

키	몸무게	나이
168.4	62.4	29
169.5	65.3	27
172.1	59.8	26
185.2	46.5	25
173.7	49.8	26
175.2	58.7	28

(b) 2차원 자료 : 학생들의 키 · 몸무게 · 나이

그림 5-1 **1차원 자료와 2차원 자료**

[그림 5-1]의 2차원 자료를 관찰하면 1차원 자료를 세로 방향으로 여러 개 합쳐 놓은 모양이라는 것을 알 수 있습니다. R의 자료구조로 바꾸어 말하면 **여러 개의 벡터를 모아 놓은 것이 매트릭스 또는 데이터프레임**입니다.

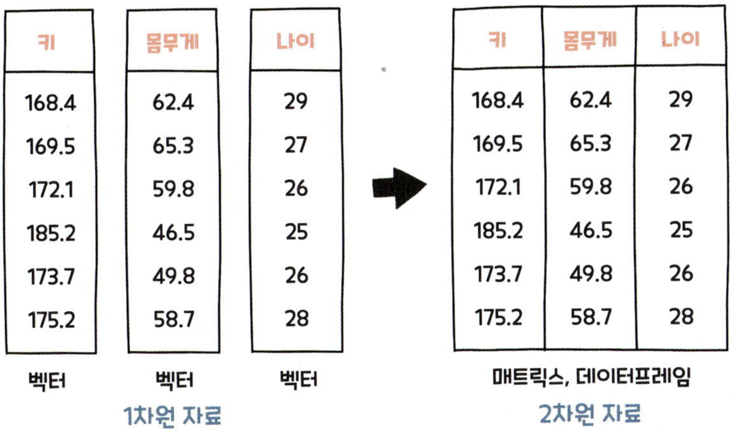

그림 5-2 2차원 자료의 형태는 1차원 자료들의 모음

2차원 형태의 데이터는 테이블 형태로 표현되는데, 먼저 앞으로 사용할 용어를 정의하도록 하겠습니다. 테이블에서 가로줄 방향은 **행(row)** 또는 **관측값(observation)**이라 하고, 세로줄 방향은 **열(column)**, **컬럼**, **변수(variable)**라고 부릅니다.

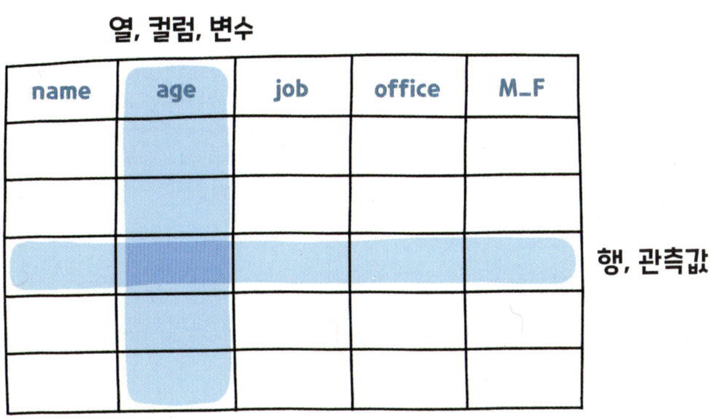

그림 5-3 2차원 자료에 대한 주요 용어들

확인문제

다음 빈 칸에 들어갈 단어를 채우시오.

R에서는 2차원 형태의 데이터를 다룰 수 있는 자료구조 [(A)]와 [(B)]을 제공한다. [(A)]는 저장되는 자료의 종류가 모두 동일한 반면, [(B)]은 서로 다른 종류의 데이터가 저장될 수 있다.

정답

(A) 매트릭스 (B) 데이터프레임

2 매트릭스 만들기

매트릭스는 2차원 테이블 형태의 자료구조(data structure)로, 매트릭스의 모든 셀(cell)에 저장되는 값은 동일한 종류(data type)이어야 합니다. 매트릭스는 보통 **숫자로만 구성된 2차원 자료**를 저장하고 처리하는 데 이용됩니다. [코드 5-1]은 1부터 20까지의 숫자값을 4행 5열의 매트릭스에 저장하는 명령문입니다.

코드 5-1 code05-01.r

```
z <- matrix(1:20, nrow=4, ncol=5)
z                                          # 매트릭스 z의 내용을 출력
```

실행 결과

```
> z <- matrix(1:20, nrow=4, ncol=5)
> z                                        # 매트릭스 z의 내용을 출력
     [,1] [,2] [,3] [,4] [,5]
[1,]    1    5    9   13   17
[2,]    2    6   10   14   18
[3,]    3    7   11   15   19
[4,]    4    8   12   16   20
```

매트릭스는 `matrix()` 함수를 통해 만드는데, 각 매개변수의 의미는 다음과 같습니다.

- `1:20` : 매트릭스에 저장될 값을 지정한다.
- `nrow=4` : 매트릭스 행(row)의 개수를 의미한다.
- `ncol=5` : 매트릭스 열(column)의 개수를 의미한다.

첫 번째 명령문은 1~20까지의 숫자값으로 4행 5열의 매트릭스를 만들어 `z`에 저장한다는 뜻입니다. `z`를 출력하면 만들어진 매트릭스의 내용을 확인할 수 있습니다. 매트릭스의 내용을 살펴보면 1~20까지의 값이 열 방향으로 채워진 것을 알 수 있습니다.

만약 행 방향으로 값을 채우려면 다음과 같이 매개변수에 `byrow=T`를 추가합니다. `T`는 `TRUE`를 줄여서 쓴 것입니다.

```
> z2 <- matrix(1:20, nrow=4, ncol=5, byrow=T)
> z2
     [,1] [,2] [,3] [,4] [,5]
```

```
[1,]    1    2    3    4    5
[2,]    6    7    8    9   10
[3,]   11   12   13   14   15
[4,]   16   17   18   19   20
```

앞에서 매트릭스는 벡터들을 여러 개 모아 놓은 형태라고 하였습니다. 실제로 벡터들을 여러 개 묶어서 매트릭스를 만들 수 있습니다. 또한 기존 매트릭스에 벡터를 추가하여 새로운 매트릭스를 만들 수도 있습니다. [코드 5-2]를 실행해봅시다.

코드 5-2 code05-02.r

```
x <- 1:4                          # 벡터 x 생성
y <- 5:8                          # 벡터 y 생성
z <- matrix(1:20, nrow=4, ncol=5)  # 매트릭스 z 생성

m1 <- cbind(x,y)                  # x와 y를 열 방향으로 결합하여 매트릭스 생성
m1                                # 매트릭스 m1의 내용을 출력
m2 <- rbind(x,y)                  # x와 y를 행 방향으로 결합하여 매트릭스 생성
m2                                # 매트릭스 m2의 내용을 출력
m3 <- rbind(m2,x)                 # 매트릭스 m2와 벡터 x를 행 방향으로 결합
m3                                # 매트릭스 m3의 내용을 출력
m4 <- cbind(z,x)                  # 매트릭스 z와 벡터 x를 열 방향으로 결합
m4                                # 매트릭스 m4의 내용을 출력
```

[코드 5-2]의 실행 결과를 나누어서 설명하면 다음과 같습니다.

```
> x <- 1:4                          # 벡터 x 생성
> y <- 5:8                          # 벡터 y 생성
> z <- matrix(1:20, nrow=4, ncol=5)  # 매트릭스 z 생성
```

벡터 x, 벡터 y, 매트릭스 z를 생성합니다.

```
> m1 <- cbind(x,y)                  # x와 y를 열 방향으로 결합하여 매트릭스 생성
> m1                                # 매트릭스 m1의 내용을 출력
     x y
[1,] 1 5
[2,] 2 6
[3,] 3 7
[4,] 4 8
```

cbind() 함수는 두 개의 벡터를 열(column) 방향으로 묶어주는 함수입니다. 실행 결과 m1에는 벡터 x와 벡터 y가 열 방향으로 묶인 2차원 매트릭스가 만들어집니다.

```
> m2 <- rbind(x,y)                      # x와 y를 행 방향으로 결합하여 매트릭스 생성
> m2                                    # 매트릭스 m2의 내용을 출력
  [,1] [,2] [,3] [,4]
x    1    2    3    4
y    5    6    7    8
```

rbind() 함수는 두 개의 벡터를 행(row) 방향으로 묶어주는 함수입니다. 실행 결과 m2에는 벡터 x와 벡터 y가 행 방향으로 묶인 2차원 매트릭스가 만들어집니다.

```
> m3 <- rbind(m2,x)                     # 매트릭스 m2와 벡터 x를 행 방향으로 결합
> m3                                    # 매트릭스 m3의 내용을 출력
  [,1] [,2] [,3] [,4]
x    1    2    3    4
y    5    6    7    8
x    1    2    3    4
> m4 <- cbind(z,x)                      # 매트릭스 z와 벡터 x를 열 방향으로 결합
> m4                                    # 매트릭스 m4의 내용을 출력
                   x
[1,] 1 5  9 13 17 1
[2,] 2 6 10 14 18 2
[3,] 3 7 11 15 19 3
[4,] 4 8 12 16 20 4
```

이 결과에서 볼 수 있는 것처럼 cbind() 함수와 rbind() 함수는 벡터와 벡터를 묶을 수 있을 뿐만 아니라 벡터와 매트릭스, 매트릭스와 매트릭스도 묶을 수 있습니다.

TIP

두 벡터를 행, 열 방향으로 묶는 것이 가능하려면 두 벡터의 길이가 같아야 합니다. 벡터와 매트릭스, 매트릭스와 매트릭스를 묶는 경우에도 같은 원리가 적용됩니다.

Q

다음 표와 같이 연속된 숫자가 아닌 2차원 자료를 저장하려면 어떻게 해야 하나요?

100	78	80
80	50	65

c() 함수를 이용하여 직접 값을 입력하면 됩니다.

```
score <- matrix(c(100,78,80,80,50,65),nrow=2, byrow=T)
```

A

확인문제

벡터 v가 다음과 같을 때 물음에 답하시오.

```
v <- seq(from = 5, to = 60, by = 5)
```

(1) 3행인 매트릭스 a, 4열인 매트릭스 b를 생성하시오(a는 byrow=T, b는 byrow=F 사용).

(2) 매트릭스 a와 b를 행 방향으로 결합하여 매트릭스 c를 만드시오.

(3) 매트릭스 a와 b를 열 방향으로 결합하여 매트릭스 d를 만드시오.

정답

(1) `a <- matrix(v, nrow = 3, byrow = T); b <- matrix(v, nrow = 4, byrow = F)`
(2) `c <- rbind(a,b)`
(3) `d <- cbind(a,b)`

3 매트릭스에서 값의 추출

매트릭스에서 특정 위치에 있는 값을 추출하는 방법은 벡터와 유사합니다. 값들의 위치를 나타내는 인덱스를 사용하는데, 2차원 상에서 위치를 지정하려면 인덱스 2개가 필요합니다. 즉, '몇 번째 행, 몇 번째 열'을 지정하는 2개의 인덱스값이 필요한 것입니다. [코드 5-3]을 통해서 확인하겠습니다.

코드 5-3 code05-03.r

```
z <- matrix(1:20, nrow=4, ncol=5)          # 매트릭스 z 생성
z                                          # 매트릭스 z의 내용 출력

z[2,3]                                     # 2행 3열에 있는 값
z[1,4]                                     # 1행 4열에 있는 값
z[2,]                                      # 2행에 있는 모든 값
z[,4]                                      # 4열에 있는 모든 값
```

[코드 5-3]의 실행 결과를 나누어서 설명하면 다음과 같습니다.

```
> z <- matrix(1:20, nrow=4, ncol=5)        # 매트릭스 z 생성
> z                                        # 매트릭스 z의 내용 출력
     [,1] [,2] [,3] [,4] [,5]
[1,]    1    5    9   13   17
[2,]    2    6   10   14   18
[3,]    3    7   11   15   19
[4,]    4    8   12   16   20
```

매트릭스 z를 생성하고 내용을 출력합니다.

```
> z[2,3]                                   # 2행 3열에 있는 값
[1] 10
```

매트릭스 안에 있는 특정한 위치의 값을 지정하려면 먼저 행의 위치를 지정하는 인덱스값과 열의 위치를 지정하는 인덱스값을 주면 됩니다. 여기서는 2가 행의 위치, 3이 열의 위치를 나타내는 인덱스값입니다. 인덱스값의 순서가 바뀌면 안 된다는 점을 반드시 기억합니다.

> 처음 공부할 때는 행이 먼저였는지 열이 먼저였는지 기억이 나지 않을 때가 있는데, 매트릭스를 우리말로 '**행렬(행열)**'이라고 부르니 명칭대로 **행**이 먼저, 그리고 **열**이 나중이라고 기억하면 됩니다.

```
> z[1,4]                                   # 1행 4열에 있는 값
[1] 13
```

z에서 1행 4열에 위치한 값을 지정하는 명령어입니다.

```
> z[2,]                                    # 2행에 있는 모든 값
[1]  2  6 10 14 18
```

이 명령문을 보면 열의 위치를 지정하는 인덱스값이 생략된 것을 볼 수 있습니다. 열의 위치를 지정하지 않으면 '**모든 열의 값**'을 의미하므로 이 명령문은 **2행에 있는 모든 열의 값**을 뜻하게 됩니다.

```
> z[,4]                                    # 4열에 있는 모든 값
[1] 13 14 15 16
```

이 명령문은 행의 위치를 지정하는 인덱스값이 생략되어 있습니다. 이 명령문은 **4열에 있는 모든 행의 값**을 의미합니다.

하나 더 알기

[코드 5-3]에 있는 매트릭스 z에서 인덱스를 지정한 예를 정리하였습니다.

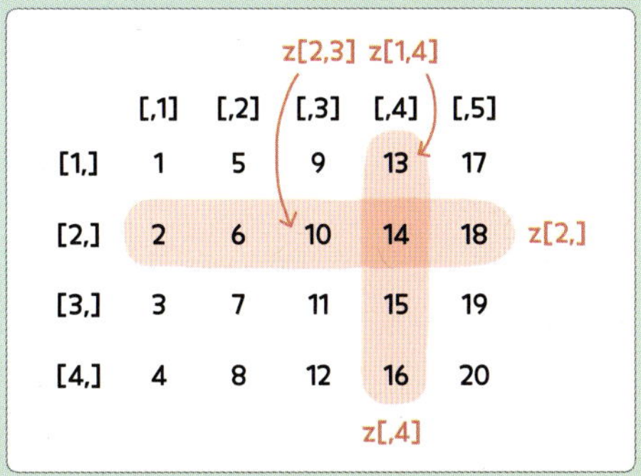

매트릭스에 있는 값들을 지정할 때 여러 개의 값을 동시에 지정할 수 있습니다. [코드 5-4]를 실행해보면 쉽게 이해할 수 있습니다.

코드 5-4 code05-04.r

```
z <- matrix(1:20, nrow=4, ncol=5)        # 매트릭스 z 생성
z                                        # 매트릭스 z의 내용 출력

z[2,1:3]                                 # 2행의 값 중 1~3열에 있는 값
z[1,c(1,2,4)]                            # 1행의 값 중 1, 2, 4열에 있는 값
z[1:2,]                                  # 1~2행에 있는 모든 값
z[,c(1,4)]                               # 1, 4열에 있는 모든 값
```

실행 결과

```
> z <- matrix(1:20, nrow=4, ncol=5)      # 매트릭스 z 생성
> z                                      # 매트릭스 z의 내용 출력
     [,1] [,2] [,3] [,4] [,5]
[1,]    1    5    9   13   17
[2,]    2    6   10   14   18
[3,]    3    7   11   15   19
[4,]    4    8   12   16   20
>
> z[2,1:3]                               # 2행의 값 중 1~3열에 있는 값
[1]  2  6 10
> z[1,c(1,2,4)]                          # 1행의 값 중 1, 2, 4열에 있는 값
[1]  1  5 13
```

```
> z[1:2,]                                    # 1~2행에 있는 모든 값
     [,1] [,2] [,3] [,4] [,5]
[1,]    1    5    9   13   17
[2,]    2    6   10   14   18
> z[,c(1,4)]                                 # 1, 4열에 있는 모든 값
     [,1] [,2]
[1,]    1   13
[2,]    2   14
[3,]    3   15
[4,]    4   16
```

확인문제

매트릭스 m이 다음과 같을 때 다음 물음에 답하시오.

```
     [,1] [,2] [,3] [,4]
[1,]    1    7   13   19
[2,]    3    9   15   21
[3,]    5   11   17   23
```

(1) 7을 추출하는 명령문을 작성하시오.

(2) 3, 9, 15, 21을 한번에 추출하는 명령문을 작성하시오.

(3) 19, 21, 23을 한번에 추출하는 명령문을 작성하시오.

(4) 13, 19, 17, 23을 추출하는 명령문을 작성하시오.

정답

(1) m[1,2]　　　　(2) m[2,]

(3) m[, 4]　　　　(4) m[c(1,3),3:4] 또는 m[c(1,3),c(3,4)]

4 행과 열에 이름 붙이기

벡터에 저장된 값들에 이름을 붙이면 나중에 데이터를 이해하는 데 도움이 된다고 배웠습니다. 마찬가지로 매트릭스 데이터에 대해서도 행과 열에 이름을 붙이면 데이터를 이해하는 데에도 도움이 되고, 이름을 이용해 값을 추출할 수도 있습니다. [코드 5-5]를 통해 행과 열에 이름을 붙이는 방법을 알아봅니다.

코드 5-5 code05-05.r

```
score <- matrix(c(90,85,69,78,85,96,49,95,90,80,70,60), nrow=4)
score
rownames(score) <- c('John','Tom','Mark','Jane')
colnames(score) <- c('English','Math','Science')
score
```

[코드 5-5]의 실행 결과를 나누어서 설명하면 다음과 같습니다.

```
> score <- matrix(c(90,85,69,78,85,96,49,95,90,80,70,60), nrow=4)
> score
     [,1] [,2] [,3]
[1,]   90   85   90
[2,]   85   96   80
[3,]   69   49   70
[4,]   78   95   60
```

먼저 score라는 매트릭스를 생성한 후에 score의 내용을 출력합니다. 4행 3열의 구조를 갖는다는 것을 확인할 수 있지만 그 이상의 정보는 알 수 없습니다.

score 매트릭스를 생성할 때 nrow만 지정하고 ncol은 지정하지 않았습니다. 그 이유는 전체 값의 개수가 12개로 주어졌으므로 nrow=4로 하면 자동적으로 ncol=3이 되어야 하기 때문에 생략 가능합니다. 결론적으로 매트릭스에 저장될 값의 개수를 알 수 있으면 nrow 또는 ncol 중 어느 하나만 지정하면 됩니다.

```
> rownames(score) <- c('John','Tom','Mark','Jane')
> colnames(score) <- c('English','Math','Science')
```

행과 열에 이름을 부여합니다. rownames() 함수는 행에 이름을 붙일 때, 또는 행의 이름을 출력할 때 사용하고, colnames() 함수는 열에 이름을 붙일 때, 또는 열의 이름을 출력할 때 사용합니다. 행에는 학생들의 이름, 열에는 과목의 이름을 붙인 것을 알 수 있습니다.

```
> score
     English Math Science
John      90   85      90
Tom       85   96      80
```

```
Mark      69   49     70
Jane      78   95     60
```

행과 열에 이름을 붙인 후 score를 출력하면 데이터의 내용을 분명히 이해할 수 있습니다. 즉, score는 3개 과목에 대한 학생들의 성적을 정리해 저장한 자료입니다.

이번에는 [코드 5-6]과 같이 행과 열에 이름을 붙인 후, 이름을 이용하여 매트릭스의 값들을 추출하는 방법을 알아봅니다. [코드 5-5]에 이어 실행하는 것을 가정합니다.

코드 5-6 code05-06.r

```
score['John','Math']                    # John의 수학 성적
score['Tom',c('Math','Science')]        # Tom의 수학, 과학 성적
score['Mark',]                          # Mark의 모든 과목 성적
score[,'English']                       # 모든 학생의 영어 성적
rownames(score)                         # score의 행의 이름
colnames(score)                         # score의 열의 이름
colnames(score)[2]                      # score의 열의 이름 중 두 번째 값
```

실행 결과

```
> score['John','Math']                  # John의 수학 성적
[1] 85
> score['Tom',c('Math','Science')]      # Tom의 수학, 과학 성적
   Math Science
     96      80
> score['Mark',]                        # Mark의 모든 과목 성적
English    Math Science
     69      49      70
> score[,'English']                     # 모든 학생의 영어 성적
John  Tom Mark Jane
  90   85   69   78
> rownames(score)                       # score의 행의 이름
[1] "John" "Tom"  "Mark" "Jane"
> colnames(score)                       # score의 열의 이름
[1] "English" "Math"    "Science"
> colnames(score)[2]                    # score의 열의 이름 중 두 번째 값
[1] "Math"
```

확인문제

매트릭스에 대해 다음 물음에 답하시오.

(1) c(50, 5, 10, 100)을 이용해 다음과 같은 매트릭스 m을 만드시오.

```
      prd_Y prd_N
act_Y    50    10
act_N     5   100
```

(2) 매트릭스 m에서 행과 열 이름을 이용해 100을 추출하는 명령문을 작성하시오.

정답

(1)

```
m <- matrix(c(50, 5, 10, 100), nrow = 2)
colnames(m) <- c('prd_Y', 'prd_N')
rownames(m) <- c('act_Y', 'act_N')
```

(2) m['act_N', 'prd_N']

LAB 햄버거 영양 성분 정보 제공하기

A사는 브랜드별 햄버거 영양 성분 정보를 제공하는 서비스 개발을 의뢰받았습니다. 각 브랜드에서 공개한 영양 성분이 다음 표와 같을 때 이 자료를 R에서 다룰 수 있도록 적절한 자료구조를 이용하여 저장해 보도록 하겠습니다.

브랜드	열량(kcal)	나트륨(na)	포화지방(fat)
M	514	917	11
L	533	853	13
B	566	888	10

1. 먼저 표 안에 있는 각 값들의 유형을 살펴봅니다. 모두 숫자형 자료로 동일한 유형임을 확인할 수 있습니다. 따라서 R의 2차원 자료구조 중 매트릭스를 이용합니다.

2. 자료는 3개의 관측값과 3개의 변수로 구성되어 있으므로 3행 3열의 매트릭스를 생성합니다. 매트릭스를 저장할 변수명은 burger로 합니다. 자료를 입력하는 순서에 따라 매개변수에 적절한 값을 선택하는 것에 주의합니다.

```
burger <- matrix(c(514, 917, 11,
                   533, 853, 13,
                   566, 888, 10),
                   nrow = 3,
                   byrow = T)
```

3. 생성한 매트릭스를 출력해 확인합니다. 아직 행과 열에 이름이 지정되어 있지 않아 인덱스값만으로 각 값의 의미를 명확히 파악하기는 어려운 상황입니다. 행과 열에 이름을 부여합니다.

```
burger                        # 매트릭스의 내용 확인
rownames(burger) <- c('M', 'L', 'B')
colnames(burger) <- c('kcal', 'na', 'fat')
burger                        # 매트릭스의 내용 확인
```

4. 행과 열의 이름을 사용해 M사의 나트륨 함량, M사의 모든 영양 정보, 모든 브랜드의 칼로리 정보를 추출해봅니다.

```
burger['M', 'na']         # M사의 나트륨 함량
burger['M', ]             # M사의 모든 영양 정보
burger[, 'kcal' ]         # 모든 브랜드의 칼로리 정보
```

Section 02

데이터프레임은 무엇인가요?

데이터프레임(data frame)은 매트릭스와 마찬가지로 2차원 형태의 데이터를 저장하고 분석하는 데 사용되는 자료구조입니다. 외관상으로는 매트릭스와 차이가 없습니다. 하지만 매트릭스에 저장되는 모든 값들이 동일한 종류인 것과는 달리 데이터프레임에는 서로 다른 종류의 값이 함께 저장될 수 있다는 점에서 차이가 있습니다. [그림 5-4](a)를 보면 저장된 모든 값들의 자료형이 숫자로 동일한데 [그림 5-4](b)를 보면 키와 몸무게 열의 자료형은 숫자이고, 성별 열에는 문자가 저장된 것을 알 수 있습니다. 즉 숫자형 자료와 문자형 자료가 결합되어 있는 형태가 데이터프레임인 것입니다.

정리하면, 동일한 자료형을 갖는 2차원 형태의 자료는 **매트릭스**에, 서로 다른 자료형을 갖는 2차원 형태의 자료는 **데이터프레임**에 저장하여 분석하면 됩니다. 여기서 한 가지 주의할 점은 **데이터프레임이라도 특정 열을 잘라서 보았을 때는 값들의 자료형이 동일해야 한다**는 점입니다. 예를 들면 [그림 5-4](b)에서 성별 열에 M, F라는 문자값과 1, 2와 같은 숫자값이 함께 저장될 수는 없다는 것입니다. 오직 성별 열에는 단일한 종류의 값이 저장되어야 합니다.

키	몸무게
168.4	62.4
169.5	65.3
172.1	59.8
185.2	46.5
173.7	49.8
175.2	58.7

(a) 매트릭스의 예

키	몸무게	성별
168.4	62.4	M
169.5	65.3	F
172.1	59.8	F
185.2	46.5	M
173.7	49.8	M
175.2	58.7	F

(b) 데이터프레임의 예

그림 5-4 **매트릭스와 데이터프레임의 예**

데이터프레임은 2개 이상의 자료형으로 구성된 2차원 자료를 저장하고 처리하는 데 사용됩니다.

Q

단일 자료형으로 구성된 2차원 자료는 데이터프레임에 저장할 수 없나요?

가능합니다. 매트릭스에 저장 가능한 자료는 데이터프레임에도 저장할 수 있습니다.

A

1 데이터프레임 만들기

데이터프레임은 data.frame() 함수를 통하여 만들 수 있으며, 보통 여러 개의 벡터를 결합하는 형태로 생성합니다. [코드 5-7]을 통해 확인합시다.

코드 5-7 code05-07.r

```
city <- c("Seoul","Tokyo","Washington")          # 문자로 이루어진 벡터
rank <- c(1,3,2)                                 # 숫자로 이루어진 벡터
city.info <- data.frame(city, rank)              # 데이터프레임 생성
city.info                                        # city.info의 내용 출력
```

실행 결과

```
> city <- c("Seoul","Tokyo","Washington")        # 문자로 이루어진 벡터
> rank <- c(1,3,2)                               # 숫자로 이루어진 벡터
> city.info <- data.frame(city, rank)            # 데이터프레임 생성
> city.info                                      # city.info의 내용 출력
        city rank
1      Seoul    1
2      Tokyo    3
3 Washington    2
```

이 코드를 보면 문자로 이루어진 city라는 벡터와 숫자로 이루어진 rank라는 벡터를 만든 후, 두 개의 벡터를 data.frame() 함수로 묶어 city.info라는 데이터프레임을 생성한 것을 확인할 수 있습니다. 눈여겨볼 점은 벡터들이 열 방향으로 결합된다는 사실입니다. 하나의 벡터는 데이터프레임 상에서 하나의 열이 됩니다.

데이터프레임을 만든 다음에는 매트릭스와 동일한 방법으로 다룰 수 있습니다. 행과 열의 이름을 붙이거나 데이터프레임 안의 값을 추출하는 방법도 매트릭스와 동일합니다.

지금까지의 예에서는 매트릭스나 데이터프레임을 만들 때 직접 값을 지정하여 만들었으나 실제 데이터 분석 환경에서는 파일에 있는 자료를 읽어서 매트릭스나 데이터프레임에 저장한 후 분석을 실시하게 됩니다. 파일에 있는 자료를 읽어들이는 방법은 다음 장에서 학습합니다.

확인문제

다음 벡터들을 하나로 묶어 데이터프레임 movie에 저장하고 결과를 출력하시오. 단 열이 rank, title, screen 순으로 보이도록 만드시오.

```
title <- c('명량', '신과함께', '국제시장', '아바타', '베테랑')
screen <- c(1587, 1912, 966, 912, 1064)
rank <- c(1, 2, 3, 4, 5)
```

정답

```
movie <- data.frame(rank, title, screen)
movie
```

2 iris 데이터셋

데이터프레임을 다루는 방법을 연습하기 위해서 R에서 제공하는 iris 데이터셋(dataset)을 이용하도록 합니다. iris는 150그루의 붓꽃에 대해 4개 분야의 측정 데이터와 품종 정보를 결합하여 만든 데이터셋으로, 데이터 분석 분야를 처음 공부할 때 자주 접하는 데이터셋입니다. iris는 R에 저장되어 있는 데이터셋이기 때문에 별도로 불러오는 과정 없이 바로 이용이 가능합니다. iris의 내용을 출력하는 방법은 다음과 같이 iris라고 입력하면 됩니다.

```
> iris
    Sepal.Length Sepal.Width Petal.Length Petal.Width   Species
1            5.1         3.5          1.4         0.2    setosa
2            4.9         3.0          1.4         0.2    setosa
3            4.7         3.2          1.3         0.2    setosa
...(생략)
150          5.9         3.0          5.1         1.8 virginica
```

iris 각 열의 의미는 [표 5-1]과 같습니다.

표 5-1 iris 데이터셋

열 이름	의미	자료형(data type)
Sepal.Length	꽃받침의 길이	숫자형
Sepal.Width	꽃받침의 폭	숫자형
Petal.Length	꽃잎의 길이	숫자형
Petal.Width	꽃잎의 폭	숫자형
Species	붓꽃의 품종	문자형(팩터)

[표 5-1]에서 보는 바와 같이 iris 데이터셋에는 4개의 숫자형 열과 1개의 문자형 열이 결합되어 있기 때문에 매트릭스가 아닌 데이터프레임이라는 것을 알 수 있습니다. iris 데이터셋에 대해 매트릭스에서 배운 데이터 추출 방법을 연습해봅니다. [코드 5-8]을 보면 매트릭스에서 배운 인덱스 지정 방법이 데이터프레임에도 동일하게 적용됨을 알 수 있습니다.

코드 5-8 code05-08.r

```
iris[,c(1:2)]                          # 1~2열의 모든 데이터
iris[,c(1,3,5)]                        # 1, 3, 5열의 모든 데이터
iris[,c("Sepal.Length","Species")]     # 1, 5열의 모든 데이터
iris[1:5,]                             # 1~5행의 모든 데이터
iris[1:5,c(1,3)]                       # 1~5행의 데이터 중 1, 3열의 데이터
```

실행 결과

```
> iris[,c(1:2)]                        # 1~2열의 모든 데이터
    Sepal.Length Sepal.Width
1            5.1         3.5
2            4.9         3.0
...(생략)
150          5.9         3.0
> iris[,c(1,3,5)]                      # 1, 3, 5열의 모든 데이터
    Sepal.Length Petal.Length    Species
1            5.1          1.4     setosa
2            4.9          1.4     setosa
...(생략)
150          5.9          5.1  virginica
> iris[,c("Sepal.Length","Species")]   # 1, 5열의 모든 데이터
    Sepal.Length    Species
1            5.1     setosa
```

```
2          4.9     setosa
...(생략)
150        5.9  virginica
> iris[1:5,]                                # 1~5행의 모든 데이터
  Sepal.Length Sepal.Width Petal.Length Petal.Width Species
1          5.1         3.5          1.4         0.2  setosa
2          4.9         3.0          1.4         0.2  setosa
3          4.7         3.2          1.3         0.2  setosa
4          4.6         3.1          1.5         0.2  setosa
5          5.0         3.6          1.4         0.2  setosa
> iris[1:5,c(1,3)]                          # 1~5행의 데이터 중 1, 3열의 데이터
  Sepal.Length Petal.Length
1          5.1          1.4
2          4.9          1.4
3          4.7          1.3
4          4.6          1.5
5          5.0          1.4
```

인덱스 또는 행과 열의 이름을 이용하면 매트릭스와 데이터프레임에 저장된 값들을 자유자재로 추출할 수 있습니다.

확인문제

iris 데이터셋에서 최초 10개의 행을 Species 열을 제외하고 출력하시오. 이때, 인덱스와 이름을 이용한 방법으로 각각 명령문을 작성하시오.

정답

• 인덱스를 이용한 방법

```
iris[1:10, -5] 또는 iris[1:10, 1:4]
```

• 이름을 이용한 방법

```
iris[1:10, c('Sepal.Length','Sepal.Width','Petal.Length','Petal.Width')]
```

LAB 햄버거 영양 성분 정보 추가하기

이전 LAB에서 브랜드별 햄버거 영양 성분 정보를 제공하는 서비스에 대한 자료를 매트릭스에 저장하였습니다. 이번에는 메뉴명 정보를 추가하여 기능을 확대하려고 합니다. 데이터를 어떻게 저장하는 것이 좋은지 프로그램을 작성하며 알아봅니다.

브랜드	열량(kcal)	나트륨(na)	포화지방(fat)	메뉴명
M	514	917	11	새우
L	533	853	13	불고기
B	566	888	10	치킨

1. 먼저 표 안에 있는 각 값들의 유형을 살펴봅니다. 숫자형과 문자형 자료가 같이 있습니다. 따라서 이 경우 매트릭스는 사용할 수 없기 때문에 데이터프레임을 이용합니다.

2. 데이터프레임을 만들기 위해 각 열의 내용을 저장할 벡터를 생성합니다. 벡터명은 열량은 kcal, 나트륨은 na, 포화지방은 fat, 메뉴명은 menu로 합니다.

```
kcal <- c(514, 533, 566)
na <- c(917, 853, 888)
fat <- c(11, 13, 10)
menu <- c('새우', '불고기', '치킨')
```

3. 각 벡터를 묶어 burger라는 데이터프레임을 만들고 내용을 확인합니다.

```
burger <- data.frame(kcal, na, fat, menu)
burger
```

4. 데이터프레임의 행 이름을 각 브랜드명으로 설정합니다.

```
rownames(burger) <- c('M', 'L', 'B')
```

5. 행과 열의 이름을 사용해 M사의 나트륨 함량, M사의 모든 영양 정보, 모든 브랜드의 칼로리 정보, M과 B사의 메뉴명을 추출합니다. 매트릭스에서 정보를 추출하는 방식과 동일합니다.

```
burger['M', 'na']               # M사의 나트륨 함량
burger['M', ]                   # M사의 모든 영양 정보
burger[, 'kcal' ]               # 모든 브랜드의 칼로리 정보
burger[c('M','B'),'menu']       # M과 B사의 menu 정보
```

Section 03

매트릭스와 데이터프레임을 다루어볼까요?

매트릭스와 데이터프레임은 모두 2차원 형태의 데이터를 저장하는 자료구조이기 때문에 다루는 방법이 대부분 동일합니다. 따라서 iris 데이터셋을 대상으로 연습하지만 3절에서 배우는 내용은 매트릭스에도 동일하게 적용됨을 기억하도록 합니다. 다만 어떤 명령문이나 함수의 경우 매트릭스에는 적용이 되지 않고, 데이터프레임에만 적용되는 것이 있는데, 이런 경우에 대해서는 뒷부분에 따로 정리하여 설명하겠습니다.

분석을 위하여 2차원 형태로 모아 놓은 자료를 **데이터셋(dataset)**이라는 용어로 많이 사용합니다.

1 데이터셋의 기본 정보 알아보기

분석 대상이 되는 데이터셋을 정리했다면 분석하기 전에 대상 데이터셋에 어떤 내용이 저장되어 있는지 알아보는 것이 순서입니다. [코드 5-9]를 통해 iris 데이터셋을 탐색해봅니다.

코드 5-9 code05-09.r

```
dim(iris)                  # 행과 열의 개수 보이기
nrow(iris)                 # 행의 개수 보이기
ncol(iris)                 # 열의 개수 보이기
colnames(iris)             # 열 이름 보이기, names() 함수와 결과 동일
head(iris)                 # 데이터셋의 앞부분 일부 보기
tail(iris)                 # 데이터셋의 뒷부분 일부 보기
```

[코드 5-9]의 실행 결과를 나누어서 설명하면 다음과 같습니다.

```
> dim(iris)                # 행과 열의 개수 보이기
[1] 150   5
```

dim() 함수는 데이터셋의 행과 열의 개수를 알아보는 기능을 제공합니다(dim은 dimension의 약

자). 결과에서 150이 행의 수, 5가 열의 수입니다. 즉 iris 데이터셋은 150행 5열의 크기를 갖는 데이터프레임입니다.

```
> nrow(iris)            # 행의 개수 보이기
[1] 150
> ncol(iris)            # 열의 개수 보이기
[1] 5
```

nrow() 함수는 행의 개수를, ncol() 함수는 열의 개수를 알려주는 함수로, dim() 함수 하나가 제공하는 정보를 각각 나누어 제공합니다.

```
> colnames(iris)        # 열 이름 보이기, names() 함수와 결과 동일
[1] "Sepal.Length" "Sepal.Width"  "Petal.Length" "Petal.Width"  "Species"
```

colnames() 함수는 데이터셋에 있는 열의 이름을 출력하는 함수입니다. 5개의 열 이름을 확인할 수 있습니다.

```
> head(iris)            # 데이터셋의 앞부분 일부 보기
  Sepal.Length Sepal.Width Petal.Length Petal.Width Species
1          5.1         3.5          1.4         0.2  setosa
2          4.9         3.0          1.4         0.2  setosa
3          4.7         3.2          1.3         0.2  setosa
4          4.6         3.1          1.5         0.2  setosa
5          5.0         3.6          1.4         0.2  setosa
6          5.4         3.9          1.7         0.4  setosa
```

head() 함수는 자주 이용하는 함수로, 데이터셋에서 시작 부분에 있는 일부 자료(보통 1~6행)의 내용을 보여줍니다. 이때 10개의 행을 보기 원한다면 head(iris, 10)과 같이 작성하면 됩니다.

```
> tail(iris)            # 데이터셋의 뒷부분 일부 보기
    Sepal.Length Sepal.Width Petal.Length Petal.Width   Species
145          6.7         3.3          5.7         2.5 virginica
146          6.7         3.0          5.2         2.3 virginica
147          6.3         2.5          5.0         1.9 virginica
148          6.5         3.0          5.2         2.0 virginica
149          6.2         3.4          5.4         2.3 virginica
150          5.9         3.0          5.1         1.8 virginica
```

tail() 함수는 데이터셋의 끝부분에 있는 자료 중 일부를 보여주는 함수입니다. 결과의 맨 왼쪽에는 행 번호가 붙어 있어서 145~150행까지의 데이터가 출력된 것을 알 수 있습니다.

지금까지 데이터셋에 저장된 내용을 파악하는 기본적인 함수들에 대해 살펴보았습니다. 데이터셋의 내용을 파악하는 데 필수적인 함수 몇 가지를 더 알아보겠습니다.

코드 5-10 code05-10.r

```
str(iris)                        # 데이터셋 요약 정보 보기
iris[,5]                         # 품종 데이터 보기
levels(iris[,5])                 # 품종의 종류 보기(중복 제거)
table(iris[,"Species"])          # 품종의 종류별 행의 개수 세기
```

[코드 5-10]의 실행 결과를 나누어서 설명하면 다음과 같습니다.

```
> str(iris)                      # 데이터셋 요약 정보 보기
'data.frame':150 obs. of  5 variables:
 $ Sepal.Length: num  5.1 4.9 4.7 4.6 5 5.4 4.6 5 4.4 4.9 ...
 $ Sepal.Width : num  3.5 3 3.2 3.1 3.6 3.9 3.4 3.4 2.9 3.1 ...
 $ Petal.Length: num  1.4 1.4 1.3 1.5 1.4 1.7 1.4 1.5 1.4 1.5 ...
 $ Petal.Width : num  0.2 0.2 0.2 0.2 0.2 0.4 0.3 0.2 0.2 0.1 ...
 $ Species     : Factor w/ 3 levels "setosa","versicolor",..: 1 1 1 1 1 1 1 1 1 1 ..
```

str() 함수는 데이터셋의 전반적인 정보를 알아낼 수 있기 때문에 매우 유용하고 자주 사용하는 함수 중의 하나입니다. 결과에 나타난 정보는 다음과 같습니다.

- **'data.frame':150 obs. of 5 variables**
  data.frame은 iris의 형태가 데이터프레임인 것을 나타냅니다. 150 obs는 150개의 행을 포함하고 있음을 나타냅니다. 여기서 obs는 'observations'의 약자로 '관측값' 또는 '관측치'로 번역되는 통계 용어입니다. 붓꽃 1그루에 대한 측정값이 하나의 관측값에 해당합니다. 5 variables는 열이 5개 있음을 의미합니다. variable은 '변수'로 번역되는 통계 용어로 데이터셋의 열을 변수라고 부르기도 합니다.

- **$ Sepal.Length: num 5.1 4.9 4.7 4.6 5 5.4 4.6 5 4.4 4.9 ...**
  5개의 열 중 1번째 열의 이름이 Sepal.Length이고, 저장된 자료형은 num인데 이는 'numeric'의 약자로 숫자형을 의미합니다. 5.1 4.9 4.7 등은 Sepal.Length에 저장된 값을 나타냅니다.

- **$ Species   : Factor w/ 3 levels "setosa","versicolor",..: 1 1 1 1 1 1 1 1 1 1 ..**
  5개의 열 중 5번째 열 이름이 Species이고 자료형은 Factor로 문자형을 의미합니다. w/ 3 levels는 'with 3 levels'의 약자로 3가지 종류의 품종이 있다는 것을 나타내며, 각 품종의 이름으로 "setosa", "versicolor" 등이 있다는 것을 알려줍니다. 1 1 1은 품종의 이름을 숫자로 표현한 것입니다.

```
> iris[,5]                          # 품종 데이터 보기
  [1] setosa     setosa     setosa     setosa     setosa     setosa
  [7] setosa     setosa     setosa     setosa     setosa     setosa
 ...(생략)
 [49] setosa     setosa     versicolor versicolor versicolor versicolor
 [55] versicolor versicolor versicolor versicolor versicolor versicolor
 ...(생략)
 [97] versicolor versicolor versicolor versicolor virginica  virginica
...(생략)
[145] virginica  virginica  virginica  virginica  virginica  virginica
Levels: setosa versicolor virginica
> levels(iris[,5])                  # 품종의 종류 보기(중복 제거)
[1] "setosa"     "versicolor" "virginica"
```

먼저 iris 데이터셋의 5번째 열의 정보인 붓꽃의 품종(Species) 정보를 출력해봅니다. 전체 150개의 값 중 3가지 종류의 품종이 존재합니다. levels() 함수는 어떤 그룹을 나타내는 팩터 자료에서 중복된 값은 제거하고 값의 종류를 바로 알 수 있는 함수입니다.

```
> table(iris[,"Species"])           # 품종의 종류별 행의 개수 세기

    setosa versicolor  virginica
        50         50         50
```

table() 함수는 그룹을 나타내는 값이 포함된 자료에서 각 그룹별로 몇 개의 관측값이 존재하는지 알려주는 기능을 합니다. 결과를 보면 각 품종별로 50개의 값들이 있다는 것을 알 수 있습니다. 이와 같이 그룹별로 몇 개의 값이 있는지 정리한 것을 '도수분포표'라고 하며, 이후에 다시 학습하게 됩니다.

확인문제

R에 내장된 sleep 데이터셋은 두 가지 수면제에 대한 수면 조절 효과를 알아보기 위한 데이터셋이다. 다음 물음에 답하시오.

(1) 데이터셋에서 최초 10개의 행을 출력하시오.
(2) 데이터셋에서 마지막 8개의 행을 출력하시오.
(3) 데이터셋에서 행과 열의 개수를 한번에 출력하시오.
(4) 데이터셋에서 행과 열의 개수를 각각 출력하시오.
(5) 데이터셋의 열 이름을 모두 출력하시오.

(6) 데이터셋의 전반적인 정보를 str() 함수를 이용해 출력하시오.

(7) group 열의 자료는 몇 가지 종류로 구성되어 있는지 구하시오.

(8) group 열의 자료는 종류별로 몇 개의 관측값이 존재하는지 구하시오.

정답

(1) head(sleep, n=10)　　(2) tail(sleep, n=8)

(3) dim(sleep)　　(4) nrow(sleep); ncol(sleep)

(5) colnames(sleep)　　(6) str(sleep)

(7) levels(sleep[,'group'])　　(8) table(sleep[,'group'])

2 매트릭스와 데이터프레임에 함수 적용

데이터 분석 업무에 R을 사용하는 이유 중 하나는 저장된 데이터를 자유자재로 다룰 수 있는 다양한 함수를 제공하기 때문입니다. 자주 사용되는 함수들에 대해 살펴보도록 합니다.

행별, 열별로 합계와 평균 계산하기

R에서는 매트릭스나 데이터프레임에서 행별, 열별로 합계와 평균을 계산할 수 있는 함수를 제공합니다. [코드 5-11]을 통해 확인하겠습니다.

코드 5-11　　code05-11.r

```
colSums(iris[,-5])          # 열별 합계
colMeans(iris[,-5])         # 열별 평균
rowSums(iris[,-5])          # 행별 합계
rowMeans(iris[,-5])         # 행별 평균
```

실행 결과

```
> colSums(iris[,-5])            # 열별 합계
Sepal.Length  Sepal.Width Petal.Length  Petal.Width
       876.5        458.6        563.7        179.9
> colMeans(iris[,-5])           # 열별 평균
Sepal.Length  Sepal.Width Petal.Length  Petal.Width
    5.843333     3.057333     3.758000     1.199333
> rowSums(iris[,-5])            # 행별 합계
  [1] 10.2  9.5  9.4  9.4 10.2 11.4  9.7 10.1  8.9  9.6 10.8 10.0
 [13]  9.3  8.5 11.2 12.0 11.0 10.3 11.5 10.7 10.7 10.7  9.4 10.6
```

```
...(생략)
[133] 17.0 15.7 15.7 19.1 17.7 16.8 15.6 17.5 17.8 17.4 15.5 18.2
[145] 18.2 17.2 15.7 16.7 17.3 15.8
> rowMeans(iris[,-5])             # 행별 평균
  [1] 2.550 2.375 2.350 2.350 2.550 2.850 2.425 2.525 2.225 2.400
 [11] 2.700 2.500 2.325 2.125 2.800 3.000 2.750 2.575 2.875 2.675
...(생략)
[131] 4.550 5.025 4.250 3.925 3.925 4.775 4.425 4.200 3.900 4.375
[141] 4.450 4.350 3.875 4.550 4.550 4.300 3.925 4.175 4.325 3.950
```

Q 합계와 평균을 계산할 때 iris[,-5]와 같이 5열을 제외하는 이유가 무엇인가요?

A 5열은 품종을 나타내는 범주형 자료입니다. 그래서 팩터 형태로 저장이 되어 있는데, 범주형 자료는 합계나 평균 등의 산술연산이 적용될 수 없기 때문입니다.

행과 열의 방향 변환하기

데이터 분석을 하다 보면 2차원 형태의 데이터에 대해 행과 열의 방향을 바꾸어야 하는 경우가 있습니다. 예를 들면 4행 5열의 매트릭스를 5행 4열의 매트릭스로 변환(transpose)하는 경우입니다. 이때 사용하는 함수가 t() 함수입니다.

코드 5-12 code05-12.r

```
z <- matrix(1:20, nrow=4, ncol=5)
z
t(z)                               # 행과 열 방향 변환
```

실행 결과

```
> z <- matrix(1:20, nrow=4, ncol=5)
> z
     [,1] [,2] [,3] [,4] [,5]
[1,]    1    5    9   13   17
[2,]    2    6   10   14   18
[3,]    3    7   11   15   19
```

```
[4,]    4    8   12   16   20
> t(z)                    # 행과 열 방향 변환
     [,1] [,2] [,3] [,4]
[1,]    1    2    3    4
[2,]    5    6    7    8
[3,]    9   10   11   12
[4,]   13   14   15   16
[5,]   17   18   19   20
```

조건에 맞는 행과 열의 값 추출하기

2차원 형태로 저장된 데이터에 대해 특정한 조건에 맞는 값들을 추출해야 하는 경우가 많습니다. R에서는 다양한 방법으로 이러한 작업을 지원하는데, 간편하게 쓸 수 있는 subset() 함수에 대해 알아봅니다.

코드 5-13 code05-13.r

```
IR.1 <- subset(iris, Species=='setosa')
IR.1
IR.2 <- subset(iris, Sepal.Length>5.0 &
                 Sepal.Width>4.0)
IR.2
IR.2[, c(2,4)]            # 2열과 4열의 값만 추출
```

[코드 5-13]의 실행 결과를 나누어서 설명하면 다음과 같습니다.

```
> IR.1 <- subset(iris, Species=='setosa')
> IR.1
   Sepal.Length Sepal.Width Petal.Length Petal.Width Species
1           5.1         3.5          1.4         0.2  setosa
2           4.9         3.0          1.4         0.2  setosa
3           4.7         3.2          1.3         0.2  setosa
 ...(생략)
49          5.3         3.7          1.5         0.2  setosa
50          5.0         3.3          1.4         0.2  setosa
```

subset() 함수는 전체 데이터에서 조건에 맞는 행들만 추출하는 기능을 제공합니다. subset() 함수에서 매개변수의 의미는 다음과 같습니다.

- **iris** : 데이터를 추출하는 대상이 iris 데이터셋입니다.
- **Species=='setosa'** : 데이터를 추출할 조건을 지정하는 부분으로, 품종 열의 값이 'setosa'인 행만 추출하라는 의미입니다.

명령문의 실행 결과 IR.1에는 iris의 전체 150개의 행 중 조건에 맞는 50개의 행만 저장된 것을 알 수 있습니다.

```
> IR.2 <- subset(iris, Sepal.Length>5.0 &
+                  Sepal.Width>4.0)
> IR.2
   Sepal.Length Sepal.Width Petal.Length Petal.Width Species
16          5.7         4.4          1.5         0.4  setosa
33          5.2         4.1          1.5         0.1  setosa
34          5.5         4.2          1.4         0.2  setosa
```

subset() 함수에서 조건을 지정하는 매개변수를 보면 2개의 조건을 &(and)로 연결했습니다. 조건의 의미는 'Sepal.Length의 값이 5.0보다 크고 Sepal.Width의 값이 4.0보다 큰 행들을 추출하시오'입니다. 실행 결과를 보면 전체 150개의 행 중에서 16, 33, 34번째의 행 3개만이 이 조건을 만족하여 출력되었습니다.

하나 더 알기 ✓ 명령문의 줄바꿈

일반적으로 하나의 명령문은 한 줄에 작성하지만, 명령문이 길어지면 여러 줄에 걸쳐서 작성할 수 있습니다. 그렇다면 어느 부분에서 줄바꿈을 하면 좋을지의 문제가 생기는데, 콤마(,) and(&), or(|) 등과 같이 다음에 어떤 내용이 따라온다고 암시하는 기호 뒤에서 줄바꿈을 하는 것이 좋습니다.

```
> IR.2[, c(2,4)]                     # 2열과 4열의 값만 추출
   Sepal.Width Petal.Width
16         4.4         0.4
33         4.1         0.1
34         4.2         0.2
```

IR.2에서 2열과 4열의 값들만 추출하는 작업을 수행합니다. 이와 같이 특정 조건에 맞는 행들을 추출한 후 다시 여기서 원하는 열들을 추출할 수 있습니다.

TIP

subset() 함수의 경우 매트릭스에서는 잘 작동되지 않고, 데이터프레임에서 잘 작동되니 주의하도록 합니다. 만일 매트릭스에 subset() 함수를 적용하고 싶으면 데이터프레임으로 변환한 후에 실행하면 됩니다. 변환 방법은 다음에 설명하기로 합니다.

매트릭스와 데이터프레임에 산술연산 적용하기

4장에서 벡터에 대한 연산은 벡터 안에 저장된 값들에 대한 연산으로 바뀌어 실행된다고 배웠습니다. 마찬가지 원리로 **숫자로 구성**된 매트릭스나 데이터프레임에 대해서도 같은 원리로 **산술연산을 적용**할 수 있습니다.

코드 5-14 code05-14.r

```
a <- matrix(1:20,4,5)
b <- matrix(21:40,4,5)
a
b

2*a                          # 매트릭스 a에 저장된 값들에 2를 곱하기

a+b

a <- a*3
b <- b-5
```

[코드 5-14]의 실행 결과를 나누어서 설명하면 다음과 같습니다.

```
> a <- matrix(1:20,4,5)
> b <- matrix(21:40,4,5)
> a
     [,1] [,2] [,3] [,4] [,5]
[1,]    1    5    9   13   17
[2,]    2    6   10   14   18
[3,]    3    7   11   15   19
[4,]    4    8   12   16   20
> b
     [,1] [,2] [,3] [,4] [,5]
[1,]   21   25   29   33   37
[2,]   22   26   30   34   38
[3,]   23   27   31   35   39
[4,]   24   28   32   36   40
```

매트릭스 a와 b를 생성한 뒤 a와 b의 내용을 출력하는 명령문입니다. a와 b는 모두 4행 5열의 크기를 갖습니다.

```
> 2*a                                 # 매트릭스 a에 저장된 값들에 2를 곱하기
     [,1] [,2] [,3] [,4] [,5]
[1,]    2   10   18   26   34
[2,]    4   12   20   28   36
[3,]    6   14   22   30   38
[4,]    8   16   24   32   40
```

매트릭스 a에 2를 곱하는 명령문으로 a에 저장된 모든 값들에 2가 곱해진 것을 확인할 수 있습니다. 이와 같이 매트릭스에 대한 산술연산은 **매트릭스 안에 저장된 값들에 대한 연산**으로 바뀌어 실행됩니다.

```
> a+b
     [,1] [,2] [,3] [,4] [,5]
[1,]   22   30   38   46   54
[2,]   24   32   40   48   56
[3,]   26   34   42   50   58
[4,]   28   36   44   52   60
```

매트릭스 a와 매트릭스 b를 더하는 연산은 두 개의 매트릭스 상에서 **동일 위치에 있는 값들 간에 더하는 연산**으로 바뀌어 실행됩니다. 따라서 매트릭스 간 산술연산을 하려면 두 개의 매트릭스 **크기(행과 열의 개수)가 같아야** 합니다.

```
> a <- a*3
> b <- b-5
```

매트릭스에 대한 연산 2*a를 실행하면 a에 저장된 값들에 대해 2를 곱한 결과를 보여줄 뿐 실제로 a에 저장된 값이 변하는 것은 아닙니다. a에 있는 값들을 변경하기 원하면 이와 같이 a에 산술연산을 적용한 결과를 다시 a에 저장해야 합니다. 이 명령을 실행한 후 a, b를 출력하면 a, b에 저장된 값이 변경된 것을 확인할 수 있습니다.

확인문제

R에 내장된 mtcars 데이터셋은 미국 모터 트렌드 잡지에서 추출한 데이터로, 자동차 모델별 연료소비량 및 자동차의 특성에 대한 정보를 담고 있다.

(1) 열별 합계와 평균을 각각 구하시오.

(2) 행별 합계와 평균을 각각 구하시오.

(3) hp열의 자료는 자동차의 마력을 의미한다. 마력이 100 이상, 200 미만인 데이터만 추출하시오.

(4) 데이터셋에서 1~3열까지만 0.9를 곱한 뒤 1을 더하여 출력하시오.

정답

(1) colSums(mtcars); colMeans(mtcars)
(2) rowSums(mtcars); rowMeans(mtcars)
(3) subset(mtcars, hp >= 100 & hp < 200)
(4) mtcars[,1:3] * 0.9 + 1

3 매트릭스와 데이터프레임의 자료구조 확인과 변환

매트릭스와 데이터프레임은 모두 2차원 형태의 자료구조로, 외관상으로는 어떤 것이 매트릭스이고 데이터프레임인지 알 수 없는 경우가 많습니다. 따라서 매트릭스인지 데이터프레임인지 확인할 수 있는 수단이 필요합니다. 또한 필요시 매트릭스를 데이터프레임으로, 데이터프레임을 매트릭스로 변환할 수 있어야 합니다.

매트릭스와 데이터프레임의 자료구조 확인하기

[코드 5-15]를 통해 2차원 형태의 자료구조가 매트릭스인지 데이터프레임인지 확인하는 방법을 알아보겠습니다.

코드 5-15 code05-15.r

```
class(iris)                        # iris 데이터셋의 자료구조 확인
class(state.x77)                   # state.x77 데이터셋의 자료구조 확인
is.matrix(iris)                    # 데이터셋이 매트릭스인지 확인하는 함수
is.data.frame(iris)                # 데이터셋이 데이터프레임인지 확인하는 함수
is.matrix(state.x77)
is.data.frame(state.x77)
```

[코드 5-15]의 실행 결과를 나누어서 설명하면 다음과 같습니다.

```
> class(iris)                      # iris 데이터셋의 자료구조 확인
[1] "data.frame"
```

```
> class(state.x77)                # state.x77 데이터셋의 자료구조 확인
[1] "matrix" "array"
```

class() 함수를 이용하여 R에서 실습용으로 제공하는 2차원 데이터셋 중 iris와 state.x77에 대한 자료구조의 종류를 알아보는 과정입니다. 결과를 보면 iris는 데이터프레임이고, state.x77은 기본적으로는 매트릭스이면서 상위 개념인 배열(array)에도 속합니다. 참고로 매트릭스는 2차원 자료만 표현할 수 있는데 배열은 2차원 포함 3차원 이상의 자료를 표현할 수 있는 자료구조입니다.

```
> is.matrix(iris)                 # 데이터셋이 매트릭스인지 확인하는 함수
[1] FALSE
> is.data.frame(iris)             # 데이터셋이 데이터프레임인지 확인하는 함수
[1] TRUE
> is.matrix(state.x77)
[1] TRUE
> is.data.frame(state.x77)
[1] FALSE
```

class() 함수를 이용하면 자료구조를 바로 알 수 있지만 is.matrix() 함수와 is.data.frame() 함수를 이용하면 매트릭스인지, 또는 데이터프레임인지의 여부를 각각 확인할 수도 있습니다.

매트릭스와 데이터프레임의 자료구조 변환하기

[코드 5-16]을 통해 매트릭스를 데이터프레임으로, 데이터프레임을 매트릭스로 변환하는 방법을 알아보겠습니다.

코드 5-16 code05-16.r

```
# 매트릭스를 데이터프레임으로 변환
is.matrix(state.x77)
st <- data.frame(state.x77)
head(st)
class(st)

# 데이터프레임을 매트릭스로 변환
is.data.frame(iris[,1:4])
iris.m <- as.matrix(iris[,1:4])
head(iris.m)
class(iris.m)
```

[코드 5-16]의 실행 결과를 나누어서 설명하면 다음과 같습니다.

```
> # 매트릭스를 데이터프레임으로 변환
> is.matrix(state.x77)
[1] TRUE
> st <- data.frame(state.x77)
> head(st)
           Population Income Illiteracy Life.Exp Murder HS.Grad Frost   Area
Alabama          3615   3624        2.1    69.05   15.1    41.3    20  50708
Alaska            365   6315        1.5    69.31   11.3    66.7   152 566432
Arizona          2212   4530        1.8    70.55    7.8    58.1    15 113417
Arkansas         2110   3378        1.9    70.66   10.1    39.9    65  51945
California      21198   5114        1.1    71.71   10.3    62.6    20 156361
Colorado         2541   4884        0.7    72.06    6.8    63.9   166 103766
> class(st)
[1] "data.frame"
```

매트릭스를 데이터프레임으로 변환하고 싶으면 이와 같이 data.frame() 함수에 매트릭스를 입력값으로 넣으면 됩니다. class() 함수로 자료구조를 확인하면 데이터프레임으로 변환된 것을 알 수 있습니다.

```
> # 데이터프레임을 매트릭스로 변환
> is.data.frame(iris[,1:4])
[1] TRUE
> iris.m <- as.matrix(iris[,1:4])
> head(iris.m)
     Sepal.Length Sepal.Width Petal.Length Petal.Width
[1,]          5.1         3.5          1.4         0.2
[2,]          4.9         3.0          1.4         0.2
[3,]          4.7         3.2          1.3         0.2
[4,]          4.6         3.1          1.5         0.2
[5,]          5.0         3.6          1.4         0.2
[6,]          5.4         3.9          1.7         0.4
> class(iris.m)
[1] "matrix" "array"
```

데이터프레임을 매트릭스로 변환할 때에는 주의할 점이 있습니다. 매트릭스에 저장되는 모든 값들의 자료형은 동일해야 합니다. 만일 변환 대상이 되는 데이터프레임에 서로 다른 종류의 값들이 섞여 있으면 변환이 제대로 이루어지지 않습니다. 이 예에서는 데이터프레임인 iris에서 문자로 된

열은 제외하고 숫자로 된 부분만 떼어서 매트릭스로 변환 작업을 합니다. 변환 결과는 매트릭스로 확인되었습니다.

확인문제

R에 내장된 mtcars 데이터셋에 대해 다음 명령문을 작성하시오.

(1) mtcars의 자료구조를 출력하시오.

(2) mtcars의 자료구조가 매트릭스인지 아닌지 출력하시오.

(3) mtcars의 자료구조가 데이터프레임인지 아닌지 출력하시오.

(4) mtcars의 자료구조를 매트릭스로 변환하여 mtacrs.m에 저장하시오.

정답

(1) class(mtcars)
(2) is.matrix(mtcars)
(3) is.data.frame(mtcars)
(4) mtcars.m <- as.matrix(mtcars)

4 데이터프레임에만 적용되는 열 추출 방법

매트릭스와 데이터프레임은 모두 2차원 형태의 데이터를 저장하기 때문에 다루는 방법이 거의 동일합니다. 그런데 열의 데이터를 추출하는 방법 중 데이터프레임에만 적용되는 방법도 있어서 설명하고자 합니다. 이것도 알아둘 필요가 있습니다.

코드 5-17 code05-17.r

```
iris[,"Species"]              # 결과가 벡터-매트릭스, 데이터프레임 모두 가능
iris[,5]                      # 결과가 벡터-매트릭스, 데이터프레임 모두 가능
iris["Species"]               # 결과가 데이터프레임-데이터프레임만 가능
iris[5]                       # 결과가 데이터프레임-데이터프레임만 가능
iris$Species                  # 결과가 벡터-데이터프레임만 가능
```

[코드 5-17]의 실행 결과를 나누어서 설명하면 다음과 같습니다.

```
> iris[,"Species"]            # 결과가 벡터-매트릭스, 데이터프레임 모두 가능
  [1] setosa     setosa     setosa     setosa     setosa     setosa     setosa
```

```
  [8] setosa     setosa     setosa     setosa     setosa     setosa     setosa
  ...(생략)
[141] virginica  virginica  virginica  virginica  virginica  virginica  virginica
[148] virginica  virginica  virginica
Levels: setosa versicolor virginica
> iris[,5]                      # 결과가 벡터-매트릭스, 데이터프레임 모두 가능
  [1] setosa     setosa     setosa     setosa     setosa     setosa     setosa
  [8] setosa     setosa     setosa     setosa     setosa     setosa     setosa
 ...(생략)
[141] virginica  virginica  virginica  virginica  virginica  virginica  virginica
[148] virginica  virginica  virginica
Levels: setosa versicolor virginica
```

일반적으로 특정 열의 데이터를 추출하는 방법은 이와 같이 열의 이름을 지정하거나 인덱스 번호를 지정하는 것입니다. 이 방법은 **매트릭스와 데이터프레임 모두 적용 가능**한 방법입니다.

```
> iris["Species"]               # 결과가 데이터프레임-데이터프레임만 가능
     Species
1     setosa
2     setosa
 ...(생략)
> iris[5]                       # 결과가 데이터프레임-데이터프레임만 가능
     Species
1     setosa
2     setosa
 ...(생략)
```

2차원 형태의 자료구조일 경우, 행의 위치와 열의 위치를 지정해야 특정 데이터를 추출할 수 있습니다. 그런데 이 명령문을 보면 인덱스 부분에 2개의 값이 아닌 1개의 값만 지정하였습니다. 이러한 형태는 **데이터프레임에만 적용**할 수 있으며, 1개의 값은 열을 의미합니다. 그리고 이런 방식으로 열을 추출하면 결과가 벡터가 아니라 열의 개수가 1개인 데이터프레임이 됩니다. 그래서 데이터들이 가로 방향이 아닌 세로 방향으로 나열됩니다. 정리하면 `iris[,5]`의 결과는 값의 개수가 150개인 벡터, `iris[5]`의 결과는 자료의 크기가 150×1(150행 1열)인 데이터프레임입니다.

```
> iris$Species                   # 결과가 벡터-데이터프레임만 가능
  [1] setosa     setosa     setosa     setosa     setosa     setosa     setosa
  [8] setosa     setosa     setosa     setosa     setosa     setosa     setosa
 ...(생략)
```

```
[148] virginica  virginica  virginica
Levels: setosa versicolor virginica
```

데이터셋 이름 다음에 $를 붙이고 이어서 열의 이름을 따옴표 없이 붙이는 방법은 **데이터프레임에만 적용**되며, 실행 결과는 벡터입니다. iris$Species는 iris[,"Species"]와 동일한 결과를 도출합니다. 자주 사용되는 방법이니 꼭 기억합니다.

확인문제

다음은 mtcars 데이터셋에서 열의 이름이 hp인 데이터를 추출하는 명령어이다. 정상적으로 작동하지 않는 명령문을 찾고 그 이유를 설명하시오.

```
mtcars                            # (1)
mtcars.m <- as.matrix(mtcars)     # (2)

mtcars[ , 'hp']                   # (3)
mtcars[ , 4]                      # (4)
mtcars$hp                         # (5)

mtcars.m[ , 'hp']                 # (6)
mtcars.m[ , 4]                    # (7)
mtcars.m$hp                       # (8)
```

정답

(8) mtcars.m$hp : 매트리스 자료구조에서는 $를 이용하여 추출할 수 없습니다. 매트리스의 값을 추출하기 위해서는 행과 열에 대응하는 인덱스 정보가 모두 필요합니다.

LAB 벚나무 판매하기

R 화원에서는 벚나무를 판매하고 있습니다. 어느 날 다음 '조건'을 모두 만족하는 벚나무가 있다면 벚나무를 구매하겠다는 고객이 나타났습니다. R 화원은 고객에게 모두 몇 그루의 벚나무를 판매할 수 있는지 알려주는 프로그램을 작성해보겠습니다.

조건

① 직경(Girth)은 화원에서 보유한 벚나무의 평균보다 커야 한다.
② 높이(Height)는 80보다 커야 한다.
③ 부피(Volume)는 50보다 커야 한다.

※ **R 화원에서 보유한 벚나무 데이터가 R에서 기본으로 내장하고 있는 trees 데이터셋이라고 가정합니다. trees 데이터셋은 벚나무의 직경(Girth), 높이(Height), 부피(Volume)에 대한 값을 저장하고 있습니다.**

1. 우선 R 화원에서 보유하고 있는 데이터셋을 확인해야 합니다. class() 함수로 자료구조가 무엇인지 확인합니다. 더 자세한 자료구조를 보기 원하면 str() 함수를 사용합니다.

```
class(trees)
str(trees)
```

2. 조건 ①을 만족시키기 위해 먼저 벚나무 직경의 평균값을 구하여 girth.mean에 저장합니다.

```
girth.mean <- mean(trees$Girth)
```

3. 3가지 조건에 해당하는 벚나무를 찾아 변수 candidate에 저장하고 자료의 개수를 구합니다. 판매할 수 있는 나무가 총 3그루임을 확인할 수 있습니다.

```
candidate <- subset(trees, Girth >= girth.mean & Height > 80 & Volume > 50)
candidate
nrow(candidate)
```

실전 분석

종업원의 팁 계산하기

문제

reshape2 패키지 안에 들어있는 tips 데이터셋은 한 종업원이 식당에서 일하면서 몇 달 동안 받은 각각의 팁에 대한 자료입니다. 이에 대해 분석해보겠습니다.

해결

1. tips 데이터셋을 불러옵니다. tips 데이터셋은 reshape2 패키지 안에 들어있기 때문에 패키지를 설치하고 로드하는 과정이 필요합니다.

```
install.packages('reshape2')
library(reshape2)
tips
```

2. tips의 자료구조가 매트릭스인지 확인합니다. 확인 결과 tips의 자료구조는 데이터프레임입니다.

```
> is.matrix(tips)
[1] FALSE
> class(tips)
[1] "data.frame"
```

3. 처음 6개의 관측값을 출력합니다.

```
> head(tips)
  total_bill  tip    sex smoker day   time size
1      16.99 1.01 Female     No Sun Dinner    2
2      10.34 1.66   Male     No Sun Dinner    3
3      21.01 3.50   Male     No Sun Dinner    3
4      23.68 3.31   Male     No Sun Dinner    2
5      24.59 3.61 Female     No Sun Dinner    4
6      25.29 4.71   Male     No Sun Dinner    4
```

4. str() 함수를 사용하여 데이터 구조를 알아봅니다.

```
> str(tips)
'data.frame':244 obs. of  7 variables:
 $ total_bill: num  17 10.3 21 23.7 24.6 ...
 $ tip       : num  1.01 1.66 3.5 3.31 3.61 4.71 2 3.12 1.96 3.23 ...
 $ sex       : Factor w/ 2 levels "Female","Male": 1 2 2 2 1 2 2 2 2 2 ...
 $ smoker    : Factor w/ 2 levels "No","Yes": 1 1 1 1 1 1 1 1 1 1 ...
 $ day       : Factor w/ 4 levels "Fri","Sat","Sun",..: 3 3 3 3 3 3 3 3 3 3 ...
 $ time      : Factor w/ 2 levels "Dinner","Lunch": 1 1 1 1 1 1 1 1 1 1 ...
 $ size      : int  2 3 3 2 4 4 2 4 2 2 ...
```

∴ **데이터셋은 244개의 관측값과 7개의 열로 구성되었습니다.**

∴ **sex, smoker, day, time 열은 팩터형입니다.**

5. tips 데이터셋에서 요일(day)별 팁을 받는 빈도를 구합니다.

```
> table(tips$day)

 Fri  Sat  Sun Thur
  19   87   76   62
```

∴ **주말인 토요일에 팁을 받는 빈도가 가장 높은 것을 알 수 있습니다.**

6. 요일별로 시간대(time)가 'Dinner'인 경우와 'Lunch'인 경우로 나누어 팁의 빈도에 차이가 있는지 알아봅니다.

```
> dinner <- subset(tips, time == 'Dinner')
> lunch <- subset(tips, time == 'Lunch')
>
> table(dinner$day)

 Fri  Sat  Sun Thur
  12   87   76    1
> table(lunch$day)

 Fri  Sat  Sun Thur
   7    0    0   61
```

∴ **전반적으로 저녁 시간의 팁 빈도가 점심 시간에 비해 높지만, 목요일만 특이하게 점심 시간의 팁 빈도가 저녁보다 월등히 높습니다. 주말에는 저녁 손님이 많고 주중에, 특히 목요일에는 점심 손님이 많은 것으로 해석됩니다.**

7. 앞서 만든 dinner와 lunch의 데이터셋을 이용하여 결제 금액(total_bill), 팁(tip), 일행 수(size)에 대한 평균을 구합니다.

```
> colMeans(dinner[c('total_bill', 'tip', 'size')])
total_bill        tip       size
 20.797159   3.102670   2.630682
> colMeans(lunch[c('total_bill', 'tip', 'size')])
total_bill        tip       size
 17.168676   2.728088   2.411765
```

∴ **점심 시간보다 저녁 시간이 결제 금액, 팁, 일행 수가 더 많았습니다.**

8. 손님들은 결제 금액 대비 평균적으로 몇 퍼센트(%)를 팁으로 주었는지 알아봅니다.

```
> tip.rate <- tips$tip/tips$total_bill      # 손님별 팁의 비율
> mean(tip.rate)                            # 평균 팁의 비율
[1] 0.1608026
```

∴ **손님들은 결제 금액의 16% 정도를 팁으로 주었습니다.**

요약

01 R에서 2차원 자료를 저장하는 대표적인 자료구조는 매트릭스와 데이터프레임입니다. 매트릭스와 데이터프레임은 여러 개의 벡터를 세로 방향으로 모아 놓은 것으로 볼 수 있습니다.

02 매트릭스(matrix)는 데이터프레임과 달리 모든 셀(cell)에 저장되는 값이 동일한 종류(data type)이어야 합니다. 다만 데이터프레임(data frame)의 경우라도 특정 열을 잘라 보았을 때는 값들의 자료형이 동일해야 합니다.

03 2차원 테이블 형태의 자료구조(data structure)에서 가로줄 방향은 행(row) 또는 관측값(observation)이라고 부르고, 세로줄 방향은 열(column), 컬럼, 변수(variable)라고 부릅니다.

04 매트릭스는 보통 숫자로만 구성된 2차원 자료를 저장하고 처리하는 데 이용되며, `matrix()` 함수로 만들 수 있습니다.

05 매트릭스와 데이터프레임은 벡터와 유사하게 인덱스를 이용해 특정 위치에 있는 값을 추출할 수 있습니다. 이때 매트릭스는 항상 행과 열에 대응하는 2개의 인덱스가 필요하지만 데이터프레임은 열에 해당하는 인덱스만 사용할 수도 있습니다.

매트릭스, 데이터프레임 모두 가능	데이터프레임만 가능

`iris[ ,"Species"]`
`iris[ ,5]`
	`iris[5]`
	`iris$Species`
	`iris["Species"]`

06 데이터프레임은 `data.frame()` 함수를 통하여 만들 수 있으며, 보통 여러 개의 벡터를 결합하는 형태로 생성합니다.

07 `subset()` 함수는 전체 데이터에서 조건에 맞는 행들만 추출하는 기능을 제공합니다. 이 함수는 매트릭스 상에서는 잘 작동되지 않고, 데이터프레임 상에서만 작동되니 주의하도록 합니다.

08 숫자로 구성된 매트릭스나 데이터프레임에 대해서는 산술연산을 적용할 수 있습니다.

■ 자료구조 생성/확인/변환에 대한 함수

함수명	설명
matrix()	매트릭스 자료구조 생성
data.frame()	데이터프레임 자료구조 생성
cbind()	열 방향으로 데이터셋을 결합
rbind()	행 방향으로 데이터셋을 결합
class()	데이터셋의 자료구조 확인
is.matrix()	자료구조가 매트릭스인지 확인
is.data.frame()	자료구조가 데이터프레임인지 확인
as.matrix()	데이터프레임을 매트릭스로 변환(단 모든 값들의 자료형은 동일해야 함)
t()	매트릭스의 행과 열의 방향 변환(transpose)

■ 데이터셋의 기본 정보를 알아보는 함수

함수명	설명
dim()	데이터셋의 행과 열의 개수
nrow()	데이터셋의 행의 개수
ncol()	데이터셋의 열의 개수
rownames()	데이터셋의 행 이름 출력
colnames()	데이터셋의 열 이름 출력
head()	데이터셋의 앞쪽 몇 행만 출력
tail()	데이터셋의 뒤쪽 몇 행만 출력
str()	데이터셋에 대한 요약 정보 출력
table()	값의 종류별 빈도 출력

■ 데이터셋 분석을 위해 자주 사용하는 함수

함수명	설명
colSums()	데이터셋의 열별 합계
rowSums()	데이터셋의 행별 합계
colMeans()	데이터셋의 열별 평균
rowMeans()	데이터셋의 행별 평균
subset()	데이터셋에서 조건에 맞는 관측값(행) 추출

연습문제

01 다음 중 2차원 형태의 자료구조 중 서로 다른 종류의 데이터를 함께 저장할 수 있는 것을 고르시오.

> 리스트, 매트릭스, 벡터, 데이터프레임, 팩터

02 다음을 읽고 (A)와 (B)에 맞는 단어를 적으시오.

> 2차원 자료구조는 테이블 형태로 표현할 수 있는데, 보통 가로줄 방향은 행 또는 [A]이라 부르고, 세로줄 방향은 열, 컬럼, [B]라 부른다.

03 매트릭스 m과 동일한 매트릭스를 만들기 위해 A~D에 알맞은 값을 넣으시오.

```
x <- c(2, 4, 6, 8)
y <- c(10, 12, 14, 16)
z <- c(18, 20, 22, 24)
m <- cbind(x, y, z)
```

```
matrix(c(2, 10, 18,
         4, 12, 20,
         6, 14, 22,
         8, 16, 24),
       nrow = [ A ], byrow = [ B ])

matrix(c(2, 4, 6, 8,
         10, 12, 14, 16,
         18, 20, 22, 24),
       ncol = [ C ], byrow = [ D ])
```

04 매트릭스 m을 출력해보니 '보기 1'과 같다. 매트릭스 m을 출력했을 때 '보기 2'와 같이 만들기 위해 필요한 명령문을 작성하시오.

보기 1	보기 2

`> m`
`     [,1] [,2] [,3] [,4]`
`[1,]    9    7    5    3`
`[2,]    8   11    2    9`
	`> m`
	`  a  b c d`
	`x 9  7 5 3`
	`y 8 11 2 9`

05 다음 문제를 해결하기 위한 코드를 작성하시오.

(1) 실수로 매트릭스 m의 행과 열을 바꿔서 입력하였다. 다시 매트릭스의 행과 열을 바꿔 m에 저장하시오.

(2) 매트릭스 m을 데이터프레임으로 변경하여 df에 저장하시오.

(3) df에 벡터 info를 마지막 열 뒤에 추가하여 새로운 데이터프레임 df.new에 저장하시오.

(4) df.new의 자료구조를 출력하시오.

06 다음과 같은 벡터가 있을 때 다음 문제를 해결하기 위한 코드를 작성하시오.

```
blood <- c('A', 'O', 'AB', 'B', 'B')
rh <- c('+', '+', '-', '+', '+')
age <- c(21, 30, 43, 17, 26)
```

(1) 세 벡터를 하나로 묶어 데이터프레임 df에 저장하시오.

(2) df의 열 이름을 출력하시오.

(3) blood 열 이름 값이 'B'가 아닌 행들을 추출해 df.nb에 저장하시오.

07 str(cars) 명령문을 실행한 결과가 다음과 같을 때 물음에 답하시오.

```
'data.frame':50 obs. of  2 variables:
 $ speed: num  4 4 7 7 8 9 10 10 10 11 ...
 $ dist : num  2 10 4 22 16 10 18 26 34 17 ...
```

(1) dim(cars)를 실행했을 때 결과를 쓰시오.

(2) 변수의 이름과 자료형은 무엇인가?

08 다음 명령문 중 연산이 가능하면 T, 불가하면 F를 기입하시오.

(1) matrix(1:12, nrow = 3) %% 3 (   )

(2) matrix(1:12, nrow = 3) + 3 (   )

(3) matrix(1:12, nrow = 3) + matrix(1:12, nrow = 4) (   )

(4) matrix(1:12, nrow = 3) + matrix(1:12, nrow = 3) (   )

(5) rbind(matrix(1:9, nrow = 3), c('1', '2', '3')) + 3 (   )

09 다음은 한 음원 사이트에 있는 가수 이적의 4집 앨범 수록곡 정보이다. 물음에 답하시오.

번호	제목	좋아요
1	그대랑	16,075
2	다툼	8,218
3	빨래	12,119
4	두통	738
5	보조개	3,200
6	매듭	16,144
7	이상해	5,110

(1) 이 정보를 R의 2차원 자료구조를 이용하여 저장하시오. 저장할 변수명은 `love`, 각 열 이름은 표의 헤더(번호, 제목, 좋아요)를 이용하시오.

(2) '좋아요'가 가장 많은 수록곡만 추출하여 변수 `best`에 저장하시오.

10 다음은 어느 반의 중간고사와 기말고사 시험 성적이다. 각 시험 성적은 데이터프레임 `mid`와 `final`에 저장되어 있다. 두 시험 성적의 평균(데이터프레임 형태 유지)을 구하는 명령문을 작성하시오.

[중간고사(mid)]

이름	국어	역사	수학	과학	영어
스티브	97	100	83	95	92
엔더맨	88	82	90	91	87
크리퍼	100	96	76	89	95

[기말고사(final)]

이름	국어	역사	수학	과학	영어
스티브	94	95	90	92	89
엔더맨	92	95	87	95	94
크리퍼	100	100	85	84	96

11 **R에서 제공하는 `cars` 데이터셋은 자동차의 속도와 제동거리에 대한 자료이다. 이 데이터셋에 대해 다음 문제를 해결하기 위한 코드를 작성하시오.**

(1) 이 데이터셋의 자료구조는 무엇인가?

(2) 이 데이터셋의 관측값과 컬럼의 개수를 구하시오.

(3) 이 데이터셋의 앞쪽 일부분의 내용을 보이시오.

(4) 이 데이터셋의 요약 정보를 보이시오.

(5) 이 데이터셋의 컬럼별 평균을 구하시오.

(6) 가장 긴 제동거리(`dist`)를 구하시오.

(7) 제동거리가 가장 길 때의 속력(`speed`)과 제동거리(`dist`)를 구하시오.

12 **R에서 제공하는 `InsectSprays` 데이터셋은 살충제의 효과를 실험한 자료이다. 이 데이터셋에 대해 다음 문제를 해결하기 위한 코드를 작성하시오.**

(1) 이 데이터셋의 자료구조가 매트릭스인지 확인하시오.

(2) 이 데이터셋의 요약 정보를 보이시오.

(3) 이 데이터셋의 뒤쪽 10개 내용을 보이시오.

(4) 실험에 사용한 살충제(`spray`)의 종류를 구하시오.

(5) 살충제 종류별 데이터의 빈도를 구하시오.

(6) 살충제 `E`의 자료만 추출하여 `InsectSprays.e`에 저장하시오.

(7) 살충제 `E`가 박멸한 해충수(`count`)의 평균을 구하시오.

CHAPTER 06

데이터 입력하고 출력하기

01 데이터의 입력과 출력은 어떻게 하는 것일까요?

02 파일을 이용해 데이터를 읽고 쓰는 방법을 알아봅니다

03 파일 입출력에서 알아야 할 내용을 확인합니다

실전분석

요약

연습문제

학습목표

- R에서의 데이터의 입력과 출력에 대해 알아봅니다.
- .csv 파일과 엑셀 파일을 이용하여 데이터를 읽고 쓰는 방법을 알아봅니다.
- 파일 입출력시 알아야 할 내용을 이해합니다.

Preview

데이터(자료)를 분석하기 위해서는 먼저 데이터를 R 프로그램 안으로 가져와야 합니다. 간단한 데이터는 프로그램 안에서 직접 입력하면 되지만 사이즈가 큰 데이터는 대부분 파일에 저장되어 있어서 파일을 읽어와야 합니다. 이번 장에서는 R에서 데이터를 읽어오는 방법과 처리된 결과를 저장하는 방법에 대해서 학습합니다.

1절에서는 화면을 통해 값을 입력받고 그 값을 처리해 `print()` 함수나 `cat()` 함수를 이용해서 출력하는 과정을 살펴봅니다. 2절에서는 `.csv` 파일이 무엇이고 어떻게 읽고 쓰는 것인지 학습합니다. 3절에서는 `.csv`나 엑셀 파일 이외의 파일을 읽고 쓰는 방법에 대해 배웁니다.

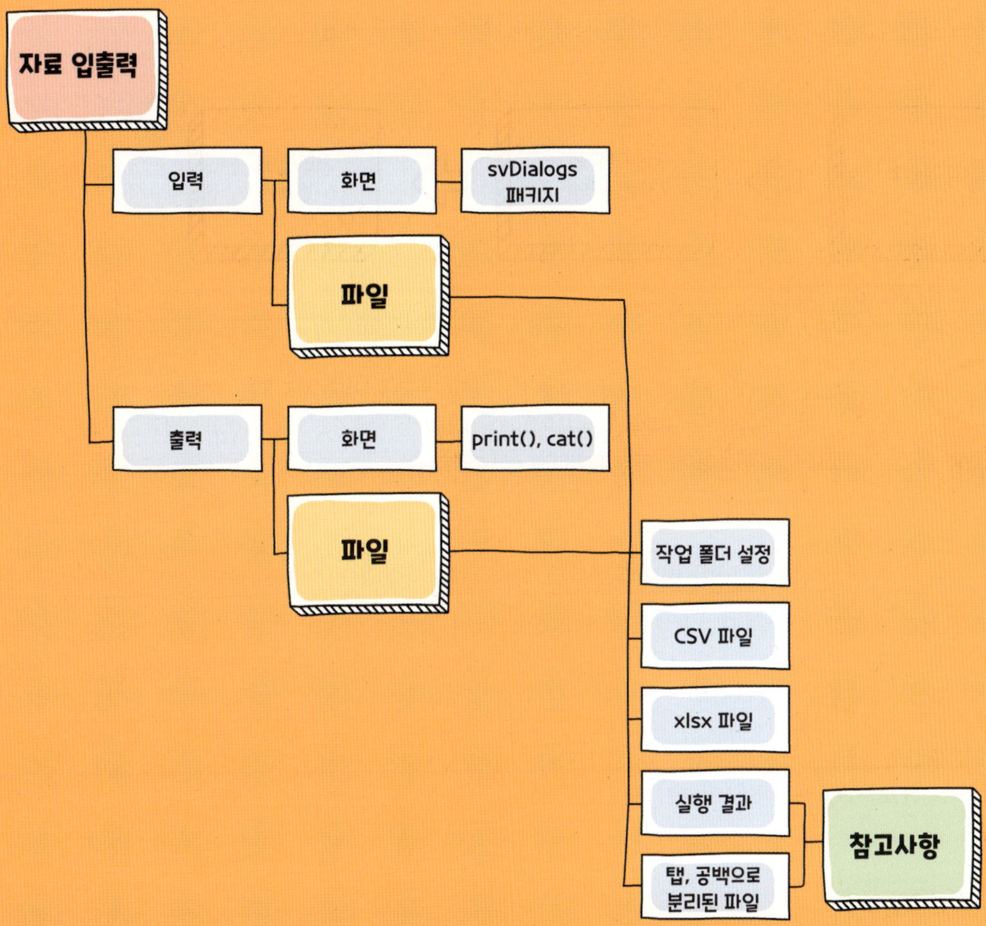

Section 01 데이터의 입력과 출력은 어떻게 하는 것일까요?

1 R에서의 입력과 출력

R 프로그래밍의 목적은 데이터를 분석하여 유용한 정보를 얻기 위함입니다. 따라서 R 프로그램은 대부분 [그림 6-1]과 같이 분석 대상이 되는 데이터를 입력한 후 입력된 데이터를 분석하여 필요한 정보를 얻습니다. 이렇게 얻은 결과는 사용자가 알기 쉽게 출력됩니다.

그림 6-1 R 프로그램의 구성 (1)

자료는 영어로 데이터(data)라고 부릅니다. 최근에는 국내에서도 '자료'라는 표현보다는 '데이터 분석'과 같이 '데이터'라는 표현을 주로 사용합니다. 6장부터는 '자료구조'와 같이 이미 정립된 단어들은 제외하고, '자료'라는 용어는 거의 '데이터'로 사용하겠습니다.

[코드 6-1]은 어떤 집단의 나이 데이터로부터 가장 젊은 사람과 가장 나이 든 사람의 정보를 얻어내는 프로그램으로, 간단하지만 R 프로그램의 일반적인 구성을 잘 나타냅니다.

코드 6-1 code06-01.r

```
# 데이터 입력
age <- c(28, 17, 35, 46, 23, 67, 30, 50)
age

# 정보 추출
young <- min(age)
```

```
old <- max(age)

# 처리 결과 출력
cat('가장 젊은 사람의 나이는 ', young, '이고,',
    '가장 나이든 사람의 나이는', old, '입니다. \n')
```

[코드 6-1]의 실행 결과를 나누어서 설명하면 다음과 같습니다.

```
> # 데이터 입력
> age <- c(28, 17, 35, 46, 23, 67, 30, 50)
> age
[1] 28 17 35 46 23 67 30 50
```

나이 데이터를 입력하고 입력된 데이터의 내용을 확인합니다.

```
> # 정보 추출
> young <- min(age)
> old <- max(age)
```

가장 젊은 사람과 가장 나이 든 사람의 나이 데이터를 추출합니다.

```
> # 처리 결과 출력
> cat('가장 젊은 사람의 나이는 ', young, '이고,',
+     '가장 나이든 사람의 나이는', old, '입니다. \n')
가장 젊은 사람의 나이는  17 이고, 가장 나이든 사람의 나이는 67 입니다.
```

가장 젊은 사람과 가장 나이든 사람의 나이 데이터를 출력합니다.

[코드 6-1]과 같이 R 프로그램에서 데이터의 입력과 결과의 출력은 기본적인 구성 요소입니다. 이번 장에서는 프로그램에서 기본적인 데이터 입력과 출력에 대해서 학습합니다. 프로그램에서 데이터의 입력은 다양한 경로를 통해 이루어집니다. [코드 6-1]과 같이 프로그램 내에서 직접 데이터를 입력하는 경우, 화면에서 사용자로부터 입력받는 경우, 컴퓨터에 저장된 파일이나 인터넷상에 존재하는 데이터를 가져오는 경우 등이 있습니다. 결과를 출력할 때에는 화면에 출력하거나 파일에 저장하는 경우가 대부분입니다.

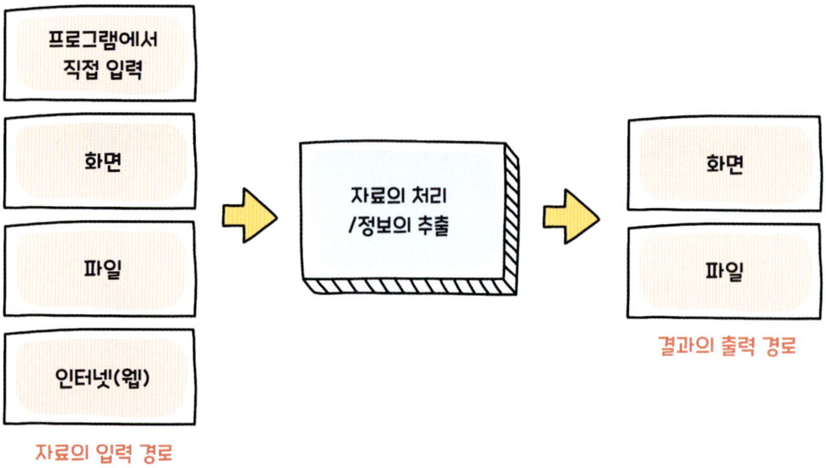

그림 6-2 R 프로그램의 구성 (2)

간단한 프로그램의 경우 프로그램에서 직접 입력하고 화면으로 출력하는 것이 대부분입니다. 프로그램 내에서 데이터를 직접 입력하는 것은 이미 연습을 많이 했으므로 화면에서 사용자로부터 입력받는 방법에 대해 학습해봅니다.

확인문제

자신의 이름을 입력받아 '제 이름은 OOO입니다.'를 출력하는 프로그램을 작성하시오. 단, 이름은 프로그램 안에서 직접 입력한다.

정답

```
name <- '가나다'
cat('제 이름은 ', name, '입니다.', sep = "")
```

2 화면에서 데이터 입력받기

사용자가 소득 금액을 입력하면 세금을 계산하는 간단한 프로그램을 만들어봅니다.

코드 6-2 code06-02.r

```
install.packages('svDialogs')            # 패키지 설치
library(svDialogs)
user.input <- dlgInput('Input income')$res
```

```
user.input
income <- as.numeric(user.input)          # 문자열을 숫자로
income
tax <- income * 0.05                      # 세금 계산
cat('세금: ', tax)
```

[코드 6-2]의 실행 결과를 나누어서 설명하면 다음과 같습니다.

```
> install.packages('svDialogs')           # 패키지 설치
> library(svDialogs)
```

화면에서 데이터를 입력받으려면 팝업창을 띄워야 하는데, 이 작업을 하려면 svDialogs 패키지가 필요합니다. 먼저 svDialogs 패키지를 설치한 후 library() 함수를 통해서 패키지를 불러옵니다.

```
> user.input <- dlgInput('Input income')$res
```

화면에서 소득을 입력받아 user.input 변수에 저장하는 과정입니다. dlgInput() 함수가 팝업창을 띄우고 값을 입력받는 역할을 합니다. dlgInput() 함수가 실행되면 [그림 6-3]과 같은 팝업창을 볼 수 있습니다. R prompt 팝업창에 소득액 '21000'을 입력한 후 [OK] 버튼을 클릭하면 소득액이 user.input 변수에 저장됩니다. dlgInput() 함수 뒤에 붙은 $res는 dlgInput() 함수의 실행 결과에서 사용자가 입력한 값을 추출해내는 역할을 합니다.

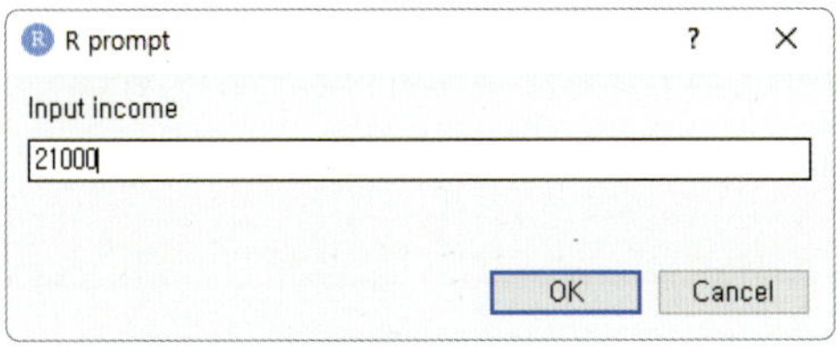

그림 6-3 R prompt 팝업창

```
> user.input
[1] "21000"
```

사용자가 입력한 값을 확인합니다. 소득액이 따옴표로 묶인 것으로 보아 모양은 숫자이나 문자형 값임을 알 수 있습니다. 이와 같이 화면에서 어떤 값을 입력받으면 데이터 타입(자료형)이 무조건 문자형이기 때문에 계산에 사용하려면 숫자로 변환해야 합니다.

```
> income <- as.numeric(user.input)         # 문자열을 숫자로
> income
[1] 21000
```

첫 번째 명령문에서 as.numeric() 함수는 문자형의 숫자를 실제 계산 가능한 숫자로 변환하는 역할을 합니다. 즉, 문자 "21000"을 숫자 21000으로 변환합니다. 변수 income의 내용을 확인하면 숫자로 변환된 것을 알 수 있습니다.

```
> tax <- income * 0.05                     # 세금 계산
```

소득액에 대해 세금을 계산합니다. 소득액의 5%가 세금임을 알 수 있습니다.

```
> cat('세금: ', tax)
세금:  1050
```

cat() 함수를 이용하여 화면에 세금 계산 결과를 출력합니다.

팝업창을 통해 화면에서 어떤 값을 입력받으려면 svDialogs 패키지의 dlgInput() 함수를 이용합니다.

확인문제

이름을 입력받아 '제 이름은 OOO입니다.'를 출력하는 프로그램을 작성하시오. 단, 이름은 팝업창을 띄워 입력받는데, 이때 'Input your name'이라는 안내 문구를 출력한다.

정답

```
library(svDialogs)
name <- dlgInput('Input your name')$res
cat('제 이름은 ', name, '입니다.', sep = "")
```

3 print() 함수와 cat() 함수

화면에서 프로그램의 처리 결과를 확인하는 가장 간단한 방법은 다음과 같이 결과가 담긴 변수의 내용을 출력하는 것입니다.

```
result <- sqrt(200)
result                                  # result의 내용 출력
```

그런데 프로그램의 처리 결과를 제 3자가 이해하기 쉽게 출력하려면 print()나 cat() 함수를 이용해야 합니다. [표 6-1]은 두 함수에 대한 사용상의 특징을 정리한 것입니다.

표 6-1 print() 함수와 cat() 함수의 비교

함수	사용상의 특징
print()	• 하나의 값을 출력할 때 • 데이터프레임과 같은 2차원 자료구조를 출력할 때 • 출력 후 자동 줄바꿈
cat()	• 여러 개의 값을 연결해서 출력할 때 (벡터는 출력되나 2차원 자료구조는 출력되지 않음) • 출력 후 줄바꿈을 하려면 '\n' 필요

[코드 6-3]은 print() 함수의 특징을 나타냅니다.

코드 6-3 code06-03.r

```
x <- 26
y <- '입니다'
z <- c(10,20,30,40)
print(x)                                # 하나의 값 출력
print(y)                                # 하나의 값 출력
print(z)                                # 벡터 출력
print(iris[1:5,])                       # 데이터프레임 출력
print(x,y)                              # 두 개의 값 출력(에러 발생)
```

실행 결과

```
> x <- 26
> y <- '입니다'
> z <- c(10,20,30,40)
> print(x)                              # 하나의 값 출력
[1] 26
> print(y)                              # 하나의 값 출력
[1] "입니다"
> print(z)                              # 벡터 출력
[1] 10 20 30 40
```

```
> print(iris[1:5,])                # 데이터프레임 출력
  Sepal.Length Sepal.Width Petal.Length Petal.Width Species
1          5.1         3.5          1.4         0.2  setosa
2          4.9         3.0          1.4         0.2  setosa
3          4.7         3.2          1.3         0.2  setosa
4          4.6         3.1          1.5         0.2  setosa
5          5.0         3.6          1.4         0.2  setosa
> print(x,y)                       # 두 개의 값 출력(에러 발생)
Error in print.default(x, y) : invalid printing digits -2147483648
추가정보: 경고메시지(들):
In print.default(x, y) : 강제형변환에 의해 생성된 NA 입니다
```

[코드 6-4]는 cat() 함수의 특징을 나타냅니다.

코드 6-4 code06-04.r

```
x <- 26
y <- '입니다'
z <- c(10,20,30,40)
cat(x,'\n')                    # 하나의 값 출력
cat(y,'\n')                    # 하나의 값 출력
cat(z,'\n')                    # 벡터 출력
cat(x,y,'\n')                  # 두 값을 연결하여 출력
cat(iris[1:5],'\n')            # 데이터프레임 출력(에러 발생)
```

실행 결과

```
> x <- 26
> y <- '입니다'
> z <- c(10,20,30,40)
> cat(x,'\n')                  # 하나의 값 출력
26
> cat(y,'\n')                  # 하나의 값 출력
입니다
> cat(z,'\n')                  # 벡터 출력
10 20 30 40
> cat(x,y,'\n')                # 두 값을 연결하여 출력
26 입니다
> cat(iris[1:5],'\n')          # 데이터프레임 출력(에러 발생)
Error in cat(iris[1:5], "\n") : 타입 'list'인 인자 1는 'cat'에 의하여 다루어 질 수 없습니다
```

Q

cat() 함수 안에서 뒤쪽에 '\n'을 넣는 이유는 무엇인가요?

A

'\n'은 줄바꿈을 의미하는 특수문자입니다. print() 함수는 내용을 출력한 후에 자동으로 줄바꿈을 하지만 cat() 함수는 그렇지 않으므로 수동으로 줄바꿈을 해야 합니다. 다음은 줄바꿈 기호가 없는 cat() 함수를 실행한 예입니다(두 명령문을 한번에 실행). 다음과 같은 결과가 나오지 않으려면 cat() 함수의 마지막에 꼭 '\n'을 넣어 줄바꿈을 하도록 합니다.

```
cat('안녕하세요')
cat('김철수입니다')
```

```
> cat('안녕하세요')
안녕하세요> cat('김철수입니다')
김철수입니다
```

확인문제

출력할 때 print() 함수와 cat() 함수 중 어떤 함수를 사용하는 것이 적당한지 적으시오.

(1) 여러 개의 값 출력 (　　)

(2) 2차원 구조 출력 (　　)

(3) 자동으로 줄을 바꿔 출력 (　　)

정답

(1) cat()　　(2) print()　　(3) print()

LAB 체질량 지수 계산하기 I

체질량지수(Body Mass Index, BMI)는 자신의 몸무게(kg)를 키의 제곱(m^2)으로 나눈 값으로, 체지방량과 상관관계가 높아 간단하게 비만 여부를 판단하는 데 널리 사용되고 있습니다.

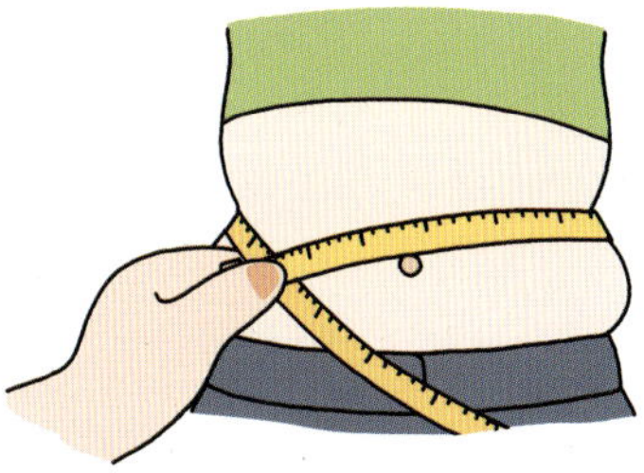

세계보건기구에서는 BMI가 25 이상이면 과체중, 30 이상이면 비만으로 분류합니다. 예를 들어 신장 173cm, 체중 68kg인 사람의 체질량지수는 22.7(=68/1.73^2)로 비만이 아닙니다. 이번 LAB에서는 키와 몸무게를 입력받아 체질량지수를 계산하는 프로그램을 만들어보겠습니다.

1. 화면에서 값을 입력받는 팝업창을 띄우기 위해 `svDialogs` 패키지를 불러옵니다.

```
library(svDialogs)
```

2. 키와 몸무게를 입력받는 팝업창을 만들고 그 값을 변수 `height`와 `weight`에 저장합니다.

```
height <- dlgInput('Input height(cm)')$res
weight <- dlgInput('Input weight(kg)')$res
```

3. 입력받은 값은 문자열로 저장되므로 계산을 위해 각 변수를 숫자형으로 변환합니다.

```
height <- as.numeric(height)
weight <- as.numeric(weight)
```

4. 키의 단위를 cm에서 m로 변경하고 BMI 계산식에 따라 값을 구해 변수 `bmi`에 저장합니다.

```
height <- height /100
bmi <- weight/(height^2)
```

5. `cat()` 함수를 사용해 최종 결과를 출력합니다.

```
cat('입력한 키는 ', height*100, 'cm, 몸무게는 ', weight,'kg 입니다. \n',sep = "")
cat('BMI는 ', bmi, '입니다.', sep = "")
```

Section 02

파일을 이용해 데이터를 읽고 쓰는 방법을 알아봅니다

우리가 분석하려고 하는 데이터는 R에서 직접 입력하여 만드는 것보다 외부에 파일 형태로 존재하는 데이터를 불러와 사용하는 경우가 대부분입니다. 따라서 파일에 있는 데이터를 불러오거나 작업한 결과를 파일로 저장하는 방법에 대해 알아야 합니다.

1 작업 폴더

작업 폴더란 자신이 읽거나 쓰고자 하는 파일이 위치하는 폴더를 말합니다. R에서 어떤 파일을 읽으려면 그 파일이 위치한 폴더의 경로와 함께 파일 이름을 지정해야 하는데, 작업 폴더를 미리 지정하면 파일 이름만으로도 데이터를 읽는 것이 가능합니다.

코드 6-5 code06-05.r

```
getwd()                         # 현재 작업 폴더 알아내기
setwd('C:/Rworks')              # 작업 폴더 변경하기
getwd()
```

[코드 6-5]의 실행 결과를 나누어 설명하면 다음과 같습니다.

```
> getwd()                       # 현재 작업 폴더 알아내기
[1] "C:/Users/Administrator/Documents"
```

getwd() 함수는 현재 작업 폴더가 어디인지 알아보는 명령어로, wd는 'working directory'의 약자입니다. 현재 작업 폴더의 경로명은 C:/Users/Administrator/Documents로, 특별한 설명이 없으면 R에서 읽고 쓰는 모든 파일은 여기에 위치한다고 간주합니다.

```
> setwd('C:/Rworks')            # 작업 폴더 변경하기
```

setwd() 함수는 현재 작업 폴더를 내가 원하는 폴더로 변경할 때 사용합니다.

Q 변경하려는 폴더가 존재하지 않으면 어떻게 되나요?

A 에러가 발생하고 작업 폴더는 변경되지 않습니다.

```
> getwd()
[1] "C:/Rworks"
```

현재 작업 폴더를 다시 확인하면 새로 지정한 폴더로 작업 폴더가 바뀐 것을 알 수 있습니다.

작업 폴더를 지정하기 위해 setwd() 함수를 이용하는 방법 외에 [그림 6-4]와 같이 R 스튜디오의 파일창에서 [Set As Working Directory] 메뉴를 이용하는 방법도 있습니다.

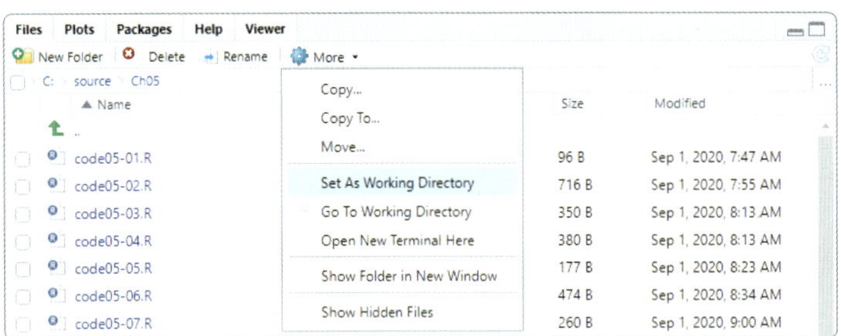

그림 6-4 **파일창을 이용한 작업 폴더 지정**

하나 더 알기

작업 폴더의 경로명이 길면 매우 번거롭고 실수하기 쉽습니다. 이럴 때는 윈도우 탐색기에서 작업 폴더를 찾아 경로명을 복사하여 붙여넣기합니다. 경로명을 붙여넣으면 역슬래쉬로 폴더명이 구분되는데, 역슬래쉬를 하나씩 더 넣어주면 됩니다.

```
C:\Program Files\RStudio\R
→ C:\\Program Files\\RStudio\\R
```

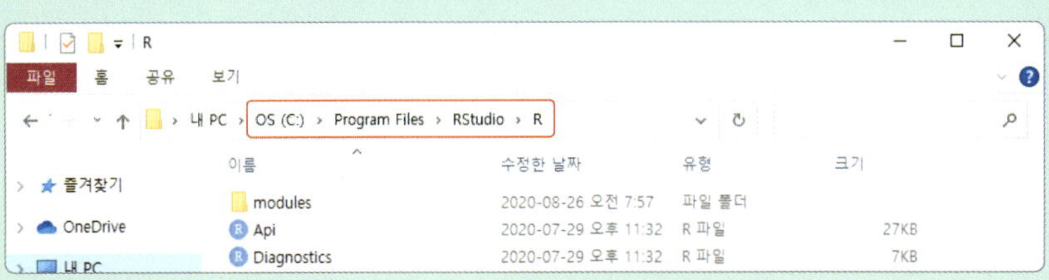

확인문제

현재 작업 폴더를 확인하고, 'C:/Rworks/test'를 작업 폴더로 설정하시오. 먼저 C:/Rworks/test 폴더를 생성한다.

정답

```
getwd()
setwd('C:/Rworks/test')
```

2 .csv 파일 읽기와 쓰기

R에서 데이터 분석을 위해 가장 많이 사용하는 파일 형태는 .csv 파일입니다. csv는 'comma-separated values'의 약자로, 콤마로 열과 열을 구분한 파일을 말합니다. .csv 파일은 보통 엑셀을 이용해 읽을 수 있지만, 메모장과 같은 텍스트 편집기를 통해서도 읽을 수 있습니다. [그림 6-5]는 airquality.csv 파일을 메모장과 엑셀에서 각각 불러온 예입니다. 참고로 airquality.csv는 일별 대기의 질(質) 측정 데이터 파일입니다.

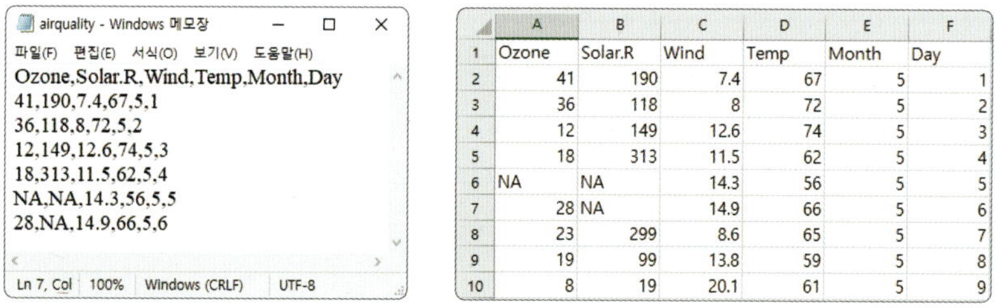

	A	B	C	D	E	F
1	Ozone	Solar.R	Wind	Temp	Month	Day
2	41	190	7.4	67	5	1
3	36	118	8	72	5	2
4	12	149	12.6	74	5	3
5	18	313	11.5	62	5	4
6	NA	NA	14.3	56	5	5
7	28	NA	14.9	66	5	6
8	23	299	8.6	65	5	7
9	19	99	13.8	59	5	8
10	8	19	20.1	61	5	9

(a) 메모장으로 읽기 (b) 엑셀로 읽기

그림 6-5 .csv 파일의 예

.csv 파일에서 데이터 읽기

분석할 데이터가 C:/Rworks 폴더에 있는 airquailty.csv라고 가정했을 때 데이터를 읽어오는 방법은 [코드 6-6]과 같습니다.

코드 6-6 code06-06.r

```
setwd('C:/Rworks')                              # 작업 폴더 지정
air <- read.csv('airquality.csv', header=T)     # .csv 파일 읽기
head(air)
class(air)                                      # air의 자료구조 확인
```

[코드 6-6]의 실행 결과를 나누어 설명하면 다음과 같습니다.

```
> setwd('C:/Rworks')                          # 작업 폴더 지정
```

setwd() 함수를 통해 작업할 폴더의 경로를 지정합니다. 이제 파일을 읽고 쓰는 작업은 모두 C:/Rworks 안에서 이루어집니다.

```
> air <- read.csv('airquality.csv', header=T)     # .csv 파일 읽기
```

read.csv() 함수를 통해 작업 폴더에서 airquality.csv 파일을 읽어 air에 저장하는 명령문입니다. 두 번째 매개변수인 header=T는 읽어올 파일의 첫 번째 줄은 값이 아닌 열의 이름이라는 뜻입니다. 즉, 실제 데이터는 두 번째 줄부터입니다. 만일 첫 번째 줄이 열의 이름이 아닌 값으로 시작한다면 header=F와 같이 지정하면 됩니다.

setwd('C:/Rworks')의 실행 없이 파일을 불러오려면 다음과 같이 하면 됩니다.

```
air <- read.csv('C:/Rworks/airquality.csv', header=T)
```

```
> head(air)
  Ozone Solar.R Wind Temp Month Day
1    41     190  7.4   67     5   1
2    36     118  8.0   72     5   2
3    12     149 12.6   74     5   3
4    18     313 11.5   62     5   4
5    NA      NA 14.3   56     5   5
6    28      NA 14.9   66     5   6
```

파일의 내용을 정상적으로 불러왔는지 확인합니다.

```
> class(air)                                  # air의 자료구조 확인
[1] "data.frame"
```

air의 자료구조를 확인합니다. read.csv() 함수로 데이터를 읽으면 데이터프레임으로 저장한다는 것을 알 수 있습니다.

.csv 파일에 데이터 쓰기

R에서 작업한 결과를 파일에 저장하는 방법은 [코드 6-7]과 같습니다.

코드 6-7 code06-07.r

```
setwd('C:/Rworks')                                  # 작업 폴더 지정
my.iris <- subset(iris, Species=='setosa')          # setosa 품종 데이터만 추출
write.csv(my.iris, 'my_iris.csv', row.names=F)      # .csv 파일에 저장하기
```

[코드 6-7]의 실행 결과를 나누어 설명하면 다음과 같습니다.

```
> setwd('C:/Rworks')                                # 작업 폴더 지정
```

작업 폴더를 지정합니다. R을 시작한 다음, 앞에서 이 명령어를 실행하여 작업 폴더를 지정했다면 다시 지정할 필요는 없습니다. setwd() 함수의 효력은 R 또는 R 스튜디오를 종료할 때까지 지속됩니다.

```
> my.iris <- subset(iris, Species=='setosa')        # setosa 품종 데이터만 추출
```

iris 데이터셋에서 setosa 품종의 행들만 추출하여 my.iris에 저장합니다.

```
> write.csv(my.iris, 'my_iris.csv', row.names=F)    # .csv 파일에 저장하기
```

write.csv() 함수를 이용해 my.iris의 내용을 작업 폴더에 저장하는 명령문으로, 각 매개변수의 의미는 다음과 같습니다.

- **my.iris** : 저장할 데이터가 들어 있는 자료구조 이름이 my.iris이다.
- **'my_iris.csv'** : 저장할 파일의 이름을 지정한다.
- **row.names=F** : my.iris를 저장할 때 행 번호 또는 행 이름은 제외하라는 의미이다.

윈도우 탐색기를 통해 파일이 정상적으로 저장되었는지 확인하도록 합니다. 이와 같이 csv 파일을 읽을 때는 read.csv() 함수, csv 파일에 데이터를 쓸 때는 write.csv() 함수를 이용합니다.

확인문제

R의 내장 데이터셋 mtcars에서 기어(gear)가 4인 행들만 추출해 test.csv로 저장한 후, 저장한 파일을 불러와 변수 new.mtcars에 저장하시오(작업 폴더는 'C:/Rworks/test'로 설정).

정답

```
setwd('C:/Rworks/test')
my.mtcars <- subset(mtcars, gear == 4)
write.csv(my.mtcars, 'test.csv', row.names = F)
new.mtcars <- read.csv('test.csv')
```

3 엑셀 파일 읽기와 쓰기

엑셀 파일(.xls, .xlsx)을 R에서 읽으려면 엑셀 파일 메뉴에서 '다른 이름으로 저장'을 선택하고, csv 파일로 저장한 다음 앞에서 배운 대로 csv 파일을 읽어들입니다. 엑셀 파일을 직접 읽으려면 xlsx 패키지의 설치가 필요합니다. [코드 6-8]에서는 C:/Rworks 폴더에 있는 airquality.xlsx 파일을 읽어봅니다.

코드 6-8 code06-08.r

```
install.packages('xlsx')                                # 패키지 설치하기
library(xlsx)                                           # 패키지 불러오기
air <- read.xlsx('C:/Rworks/airquality.xlsx', header=T,
                 sheetIndex=1)                          # .xlsx 파일 읽기
head(air)
```

[코드 6-8]의 실행 결과를 나누어 설명하면 다음과 같습니다.

```
> install.packages('xlsx')                              # 패키지 설치하기
> library(xlsx)                                         # 패키지 불러오기
> air <- read.xlsx('C:/Rworks/airquality.xlsx', header=T,
+                  sheetIndex=1)                        # .xlsx 파일 읽기
```

xlsx 패키지를 설치한 다음 패키지를 불러오는데 이는 엑셀 파일을 읽기 위해 필요합니다. 그리고 read.xlsx() 함수를 통해 airquality.xlsx 파일을 읽습니다. 각 매개변수의 의미는 다음과 같습니다.

- **'C:/Rworks/airquality.xlsx'** : 읽어올 파일의 이름이다.
- **header=T** : 파일의 첫 번째 행은 데이터의 값이 아닌 열 이름이라는 의미이다.
- **sheetIndex=1** : 엑셀 파일의 첫 번째 시트를 읽으라는 의미이다.

엑셀 파일에는 여러 워크시트가 포함될 수 있으니 어떤 시트를 읽을지 지정해야 합니다.

```
> head(air)
  Ozone Solar.R Wind Temp Month Day
1    41     190  7.4   67     5   1
2    36     118  8.0   72     5   2
3    12     149 12.6   74     5   3
4    18     313 11.5   62     5   4
5    NA      NA 14.3   56     5   5
6    28      NA 14.9   66     5   6
```

head() 함수로 air의 내용을 확인해보면 데이터를 정상적으로 읽어들인 것을 알 수 있습니다.

하나 더 알기

xlsx 패키지를 설치한 후 로딩할 때 에러가 발생하는 경우가 있는데, 이는 설치된 R의 버전(32비트 또는 64비트)과 Java 버전(32비트 또는 64비트)이 서로 달라 발생하는 문제입니다. 설치한 R 버전과 동일한 비트의 Java를 설치한 후 R을 다시 시작하면 문제가 해결됩니다.

엑셀 파일에 데이터를 기록하는 과정도 유사합니다. [코드 6-9]를 보겠습니다.

코드 6-9 code06-09.r

```
library(xlsx)                                         # 패키지 불러오기
my.iris <- subset(iris, Species=='setosa')            # setosa 품종 데이터만 추출
write.xlsx(my.iris, 'my_iris.xlsx', row.names=F)      # 파일에 저장하기
```

[코드 6-9]의 실행 결과를 나누어 설명하면 다음과 같습니다.

```
> library(xlsx)                                       # 패키지 불러오기
```

xlsx 패키지를 불러옵니다. 엑셀 파일을 쓰기 위해서 필요합니다. 앞에서 xlsx 패키지를 불러왔다면 다시 불러올 필요는 없는데, 이는 한 번 불러온 패키지는 R 또는 R 스튜디오를 종료할 때까지 유효하기 때문입니다.

```
> my.iris <- subset(iris, Species=='setosa')          # setosa 품종 데이터만 추출
```

iris 데이터셋에서 setosa 품종의 행들만 추출하여 my.iris에 저장합니다.

```
> write.xlsx(my.iris, 'my_iris.xlsx', row.names=F)     # 파일에 저장하기
```

데이터프레임 my.iris를 my_iris.xlsx 파일로 저장하는데, 이때 행번호는 붙이지 않습니다. 윈도우 탐색기에서 my_iris.xlsx 파일을 열면 [그림 6-6]과 같이 정상적으로 저장된 것을 확인할 수 있습니다.

	A	B	C	D	E
1	Sepal.Lenç	Sepal.Wid	Petal.Leng	Peatal.Wic	Species
2	5.1	3.5	1.4	0.2	setosa
3	4.9	3	1.4	0.2	setosa
4	4.7	3.2	1.3	0.2	setosa
5	4.6	3.1	1.5	0.2	setosa
6	5	3.6	1.4	0.2	setosa

그림 6-6 my_iris.xlsx 파일로 데이터 저장

하나 더 알기 **엑셀 파일을 읽고 쓸 때 주의할 점**

① 편집 중인 엑셀 파일은 R에서 읽지 못하므로 편집을 종료한 후에 읽어들이도록 합니다.

② 데이터에 한글이 포함되어 있는 파일을 읽어들일 때 한글이 깨져 보이는 경우가 자주 발생합니다. 엑셀 파일에 한글이 포함되어 있을 경우 다음과 같이 encoding 매개변수값을 UTF-8로 지정하면 오류를 방지할 수 있습니다.

```
air <- read.xlsx('airquality.xlsx', header=T, sheetIndex=1,
                 encoding='UTF-8')
```

확인문제

R의 내장 데이터셋 mtcars에서 실린더(cyl)가 6 이하인 데이터만 추출해 test.xlsx로 저장한 후, 저장한 파일을 불러와 변수 new.mtcars에 저장하시오. 이때 작업 폴더는 'C:/Rworks/test'로 설정한다.

정답

```
library(xlsx)
setwd('C:/Rworks/test')
my.mtcars <- subset(mtcars, cyl <= 6)
write.xlsx(my.mtcars, 'test.xlsx', row.names = F)
new.mtcars <- read.xlsx('test.xlsx', header = T, sheetIndex = 1)
```

LAB 다이아몬드 정보 제공하기

ggplot2 패키지에 포함된 diamonds 데이터셋은 약 5,400개의 다이아몬드에 대한 무게(carat), 커팅 품질(cut), 색(color), 투명도(clarity) 등 10개의 속성에 따른 가격(price) 정보를 저장하고 있습니다.

어느 날 Shiny라는 다이아몬드 유통업체에서 데이터 관리자인 기철에게 다이아몬드에 대한 정보를 다음과 같이 요청하였습니다. 이 요청 사항에 맞는 프로그램을 작성해봅니다.

요청 사항

커팅 품질이 Premium이며 무게가 2캐럿 이상인 다이아몬드 데이터를 csv 파일 형식으로 제공해주세요.

1. 파일을 저장하기 위해 작업 폴더를 'C:/Rworks/Shiny'로 합니다.

```
setwd('C:/Rworks/Shiny')
```

2. diamonds 데이터셋을 불러오기 위해 ggplot2 패키지를 로딩합니다. 그 다음 데이터셋의 구조를 살펴본 뒤, 커팅 품질(cut)과 무게(carat)에 해당하는 열 이름을 확인합니다.

```
library(ggplot2)
str(diamonds)
```

3. 커팅 품질이 Premium이며 무게가 2캐럿 이상인 다이아몬드 데이터를 추출하여 변수 diamonds.new에 저장합니다.

```
diamonds.new <- subset(diamonds, cut == 'Premium' & carat >= 2)
```

4. 추출한 데이터를 shiny_diamonds.csv 파일로 저장합니다.

```
write.csv(diamonds.new, 'shiny_diamonds.csv', row.names = F)
```

※ Shiny 업체에 파일을 전달했는데 다음날 추가 요청 사항이 들어왔습니다(5~7번).

추가 요청 사항

전달받은 데이터에서 색이 D인 데이터를 제외하여 xlsx 파일 형식으로 제공해주세요.

5. 전날 전달했던 csv 파일을 불러와 변수 diamonds.load에 저장합니다.

```
diamonds.load <- read.csv('shiny_diamonds.csv', header = T)
```

6. 색에 해당하는 열을 확인한 다음 열 값이 D인 경우를 제외하여 변수 diamonds.new에 저장합니다.

```
diamonds.new <- subset(diamonds.load, color != 'D')
```

7. xlsx 패키지를 불러온 뒤 추출한 데이터를 shiny_diamonds.xlsx로 저장합니다.

```
library(xlsx)
write.xlsx(diamonds.new, 'shiny_diamonds.xlsx', row.names = F)
```

Section 03

파일 입출력에서 알아야 할 내용을 확인합니다

1 실행 결과를 파일로 출력하기

지금까지는 주로 테이블 형태의 데이터를 읽거나 쓰는 방법에 대해서 알아보았습니다. 데이터 분석 작업을 하다 보면 중간에 발생하는 계산 결과나 작업 처리 결과를 화면이 아닌 파일로 출력해야 할 경우가 있습니다.

예를 들어, 처리 과정이 길고 시간이 오래 걸리는 작업을 저녁에 실행시키고 다음날 아침에 결과를 확인하고 싶은 경우를 생각해봅시다. 만일 중간에 발생하는 계산 결과를 화면으로 출력시키면 화면이 계속 스크롤되어 위로 올라가기 때문에 원하는 결과를 확인하지 못할 수도 있습니다. 이럴 때는 계산 결과를 화면으로 출력하는 대신 특정 파일로 출력하도록 하면 파일에 출력 결과가 저장되어 있기 때문에 시간이 지난 뒤에도 중간 결과들을 확인하는 것이 가능합니다. [코드 6-10]을 통해 파일로 출력하는 방법을 알아봅니다.

코드 6-10 code06-10.r

```
setwd('C:/Rworks')                    # 작업 폴더 지정
print('Begin work')                   # 화면으로 출력
a <- 10; b <- 20
sink('result.txt', append=T)          # 파일로 출력 시작
cat('a+b=', a+b, '\n')
sink()                                # 파일로 출력 정지
cat('hello world \n')                 # 화면으로 출력
sink('result.txt', append=T)          # 파일로 출력 시작
cat('a*b=', a*b, '\n')
sink()                                # 파일로 출력 정지
print('End work')                     # 화면으로 출력
```

[코드 6-10]의 실행 결과를 나누어 설명하면 다음과 같습니다.

```
> setwd('C:/Rworks')                        # 작업 폴더 지정
> print('Begin work')                       # 화면으로 출력
[1] "Begin work"
> a <- 10; b <- 20
```

먼저, 출력 대상 파일이 위치할 폴더를 setwd() 함수를 통해 작업 폴더로 지정합니다. print('Begin work')의 결과는 화면으로 출력됩니다. 변수 a와 b에 각각 10과 20을 저장하였습니다.

```
> sink('result.txt', append=T)              # 파일로 출력 시작
> cat('a+b=', a+b, '\n')
> sink()                                    # 파일로 출력 정지
```

이 부분이 처리 결과를 파일로 출력하는 코드입니다. 파일로 출력을 시작하는 곳과 끝내는 곳에 sink() 함수가 사용되었습니다. 이와 같이 프로그램 중간에 파일로 출력하고 싶은 부분에서 sink() 함수를 위아래에 넣어주면 됩니다. 이 코드의 실행 결과에서 주의해서 볼 것은 cat('a+b=', a+b, '\n')의 실행 결과가 화면에 출력되지 않았다는 것입니다. 파일로 출력되었기 때문에 화면에는 표시되지 않는 것입니다. 시작하는 곳의 sink() 함수에 사용된 매개변수의 의미는 다음과 같습니다.

- **'result.txt'** : 계산 결과를 출력할 파일 이름이다.
- **append=T** : 'result.txt'의 내용 맨 마지막에 덧붙여서 출력하라는 의미로, append=F이면 기존에 있던 내용을 지우고 새로 출력하는 것을 의미한다.

```
> cat('hello world \n')                     # 화면으로 출력
hello world
```

파일로 출력하는 것을 중지했기 때문에 cat('hello world \n')의 실행 결과가 다시 화면에 출력되었습니다.

```
> sink('result.txt', append=T)              # 파일로 출력 시작
> cat('a*b=', a*b, '\n')
> sink()                                    # 파일로 출력 정지
```

출력을 다시 파일로 하도록 지정하였는데, 그 결과 cat('a*b=', a*b, '\n')의 실행 결과는 화면에 보이지 않습니다. cat() 함수 실행 이후에 파일로 출력하는 것을 중지하였습니다.

```
> print('End work')                            # 화면으로 출력
[1] "End work"
```

파일로의 출력을 중지하였기 때문에 실행 결과가 다시 화면에 출력되었습니다. `result.txt` 파일을 열면 [그림 6-7]과 같이 출력 결과가 파일로 저장되었음을 확인할 수 있습니다.

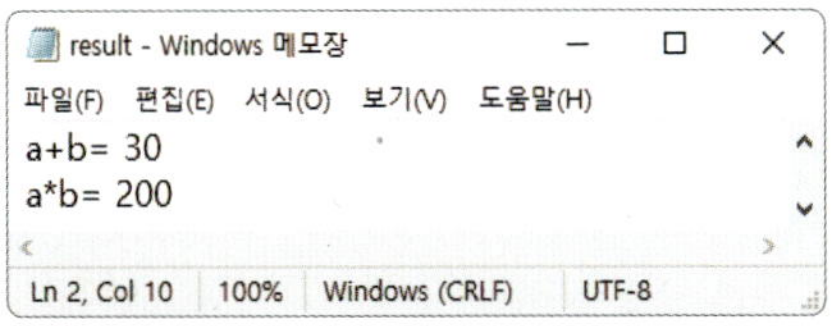

그림 6-7 **`result.txt` 파일의 출력 결과**

확인문제

주어진 명령문에 `sink()` 함수를 추가하여 출력 결과를 `result.txt`에 저장하시오.

```
a <- 1:10
b <- 1:100
cat('1부터 10까지 자연수의 합은', sum(a), '입니다\n')
cat('1부터 100까지 자연수의 합은', sum(b), '입니다\n')
```

정답

```
a <- 1:10
b <- 1:100
sink('result.txt', append = T)
cat('1부터 10까지 자연수의 합은', sum(a), '입니다\n')
cat('1부터 100까지 자연수의 합은', sum(b), '입니다\n')
sink()
```

2 탭이나 공백으로 분리된 파일 읽기

R에서 분석할 데이터는 대부분 `.csv`나 엑셀 파일이지만 열이 공백이나 탭(tab)으로 분리된 파일도 종종 접하게 됩니다. 이러한 경우 `read.table()` 함수를 통해 데이터를 읽을 수 있습니다. 앞에서 확인했던 [그림 6-5](a)와 같이 공백(space)으로 열이 분리된 `airquailty.txt` 파일을 읽는 방법에 대해 알아보겠습니다.

코드 6-11 code06-11.r

```
setwd('C:/Rworks')                                        # 작업 폴더 지정
air <- read.table('airquality.txt', header=T, sep=' ')    # 파일 읽기
head(air)                                                 # 내용 확인
```

[코드 6-11]의 실행 결과를 나누어 설명하면 다음과 같습니다.

```
> setwd('C:/Rworks')                                      # 작업 폴더 지정
```

읽어올 파일이 있는 폴더를 지정합니다.

```
> air <- read.table('airquality.txt', header=T, sep=' ')  # 파일 읽기
```

파일을 읽어 데이터프레임 air에 저장합니다. 매개변수의 의미는 다음과 같습니다.

- **'airquality.txt'** : 읽어올 파일의 이름이다.
- **header=T** : 파일의 첫 줄(첫 번째 행)은 데이터값이 아닌 열 이름이다.
- **sep=' '** : 데이터에서 열과 열이 공백(' ')으로 분리되어 있다(탭으로 분리된 경우는 sep='\t').

```
> head(air)                                               # 내용 확인
  Ozone Solar.R Wind Temp Month Day
1    41     190  7.4   67     5   1
2    36     118  8.0   72     5   2
3    12     149 12.6   74     5   3
4    18     313 11.5   62     5   4
5    NA      NA 14.3   56     5   5
6    28      NA 14.9   66     5   6
```

읽어온 파일의 내용을 확인합니다. 정상적으로 데이터가 데이터프레임 형태로 저장된 것을 확인할 수 있습니다.

확인문제

R의 내장 데이터셋 mtcars에서 마력(mpg)이 20 이상인 데이터만 추출해 test.txt로 저장하시오. 이때 탭으로 분리된 형식으로 저장하며, 저장 후 다시 그 파일을 불러와 변수 new.mtcars에 저장하시오. 이때 작업 폴더는 'C:/Rworks/test'로 설정한다.

정답

```
setwd('C:/Rworks/test')
my.mtcars <- subset(mtcars, mpg >= 20)
write.table(my.mtcars, 'test.txt', sep = '\t')
new.mtcars <- read.table('test.txt', header = T, sep = '\t')
```

LAB 체질량 지수 계산하기 II

이번 LAB에서는 1절 LAB에서 만든 체질량지수(BMI) 계산 프로그램을 조금 개선해봅니다. 즉, 키와 몸무게를 입력받을 때마다 결과를 저장하는 기능을 추가할 것입니다. 입력받은 키, 몸무게, 계산한 체질량지수의 각 값을 공백으로 구분하여 저장합니다. 참고로 체질량지수는 자신의 몸무게(kg)를 키의 제곱(m^2)으로 나눈 값입니다.

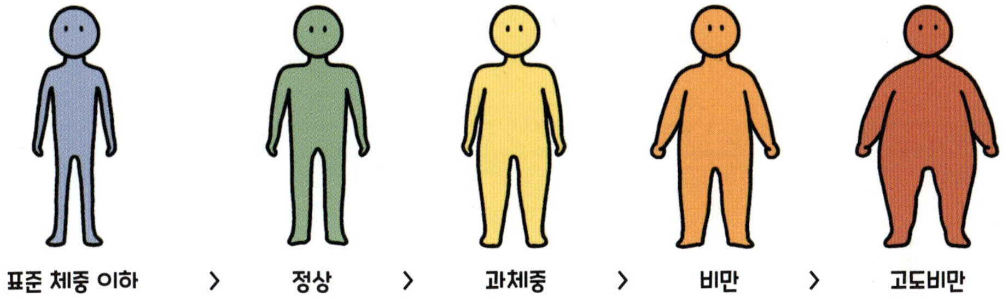

1. 이전에 만든 체질량지수 계산 프로그램에서 출력 부분 명령어를 제외하고 모두 동일합니다. 출력 부분만 수정하여 결과를 저장할 수 있게 합니다.

```
library(svDialogs)                  # 팝업을 위한 svDialogs 패키지 로드
height <- dlgInput('Input height (cm) ')$res         # 키 입력 팝업 및 값 저장
weight <- dlgInput('Input weight (kg) ')$res         # 몸무게 입력 팝업/값 저장
height <- as.numeric(height)        # 정수형으로 변환
weight <- as.numeric(weight)        # 정수형으로 변환
height <- height /100               # 키 단위 변환
bmi <- weight/(height^2)            # BMI 계산
```

2. 출력 함수 위아래에 sink() 함수를 추가하면 결과를 파일로 저장할 수 있습니다. 결과는 bmi.txt 파일로 저장하며 새로 생성되는 결과는 다음 줄에 붙여 저장합니다. 저장할 값은 키, 몸무게, BMI 값이며 각 값을 공백으로 구분합니다.

```
sink('bmi.txt', append = T)     # append = T : 새로운 결과를 이어붙이기 위한 설정
cat(height*100, weight, bmi)
cat('\n')                       # 줄바꿈을 위한 입력
sink()
```

3. 다음과 같이 1번과 2번 코드를 반복 실행하여 키와 몸무게를 입력함으로써 데이터를 생성합니다.

```
height <- dlgInput('Input height (cm) ')$res
weight <- dlgInput('Input weight (kg) ')$res        # 몸무게 입력 팝업/값 저장
# ...(1번과 2번 생략)
cat('\n')
sink()
```

4. bmi.txt 파일을 불러와 변수 result에 저장하고 그 값을 확인합니다.

```
result <- read.table('bmi.txt', sep = " ")
result
```

5. result에 열 이름을 'height', 'weigth', 'bmi' 순으로 설정한 뒤 새로운 파일 bmi_new.txt로 저장합니다. 행번호는 저장하지 않기 위해 매개변수 row.names = F를 설정합니다.

```
names(result) <- c('height', 'weigth', 'bmi')
 write.table(result, 'bmi_new.txt', row.names = F)
```

실전분석 자동차 정보를 찾아 파일로 출력하기

문제

본 교재에서 제공하는 carprice.csv 파일은 미국의 자동차 종류와 모델, 연비에 따른 가격을 저장하고 있습니다. 특정 조건에 맞는 자동차 정보를 찾아 결과를 파일로 출력해봅니다.

해결

1. carprice.csv 파일을 불러와서 carprice.new에 저장합니다. 그리고 carprice.new의 구조를 살펴봅니다.

```
library(svDialogs)
library(xlsx)

carprice.new <- read.csv('carprice.csv', header = T)
str(carprice.new)
```

```
'data.frame':48 obs. of  9 variables:
 $ Type       : chr  "Midsize" "Large" "Large" "Midsize" ...
 $ Min.Price  : num  14.2 19.9 22.6 26.3 33 37.5 8.5 11.4 13.4 13.4 ...
 $ Price      : num  15.7 20.8 23.7 26.3 34.7 40.1 13.4 11.4 15.1 15.9 ...
 $ Max.Price  : num  17.3 21.7 24.9 26.3 36.3 42.7 18.3 11.4 16.8 18.4 ...
 $ Range.Price: num  3.1 1.8 2.3 0 3.3 5.2 9.8 0 3.4 5 ...
 $ RoughRange : num  3.09 1.79 2.31 -0.01 3.3 5.18 9.8 -0.01 3.38 5.01 ...
 $ gpm100     : num  3.8 4.2 4.9 4.3 4.9 4.9 3.3 3.4 4.2 4 ...
 $ MPG.city   : int  22 19 16 19 16 16 25 25 19 21 ...
 $ MPG.highway: int  31 28 25 27 25 25 36 34 28 29 ...
```

※ carprice 열의 정보

열 이름	설명
Type	자동차 타입(Small, Sporty, Compact, Midsize, Large, Van)
Min.Price	기본 모델의 가격(단위 $1,000)
Price	중간 모델의 가격(단위 $1,000)
Max.Price	프리미엄 모델의 가격(단위 $1,000)
Range.Price	Max.Price와 Min.Price의 차이(단위 $1,000)

RoughRange	Range에 약간의 노이즈를 더한 값
gpm100	100마일 운행에 대한 연료 소비량(단위 gallon)
MPG.city	시내 주행시 평균 연비(miles per gallon)
MPG.highway	고속도로 주행시 평균 연비(miles per gallon)

2. 자동차의 타입(Type), 시내 주행 평균 연비(MPG.city)를 팝업창을 통해 입력받아 (1) 자동차 타입이 일치하고 (2) 입력한 시내 주행 평균 연비 이상에 해당하는 결과를 carprice.new에서 검색하여 결과를 파일로 출력합니다.

(1) 각 조건 값을 화면에서 입력받아 변수에 저장합니다. 입력 값은 순서대로 Sporty, 5로 합니다.

```
input.type <- dlgInput('Input type')$res          # 자동차 타입
input.city <- dlgInput('Input MPG.city')$res      # 시내주형 연비
```

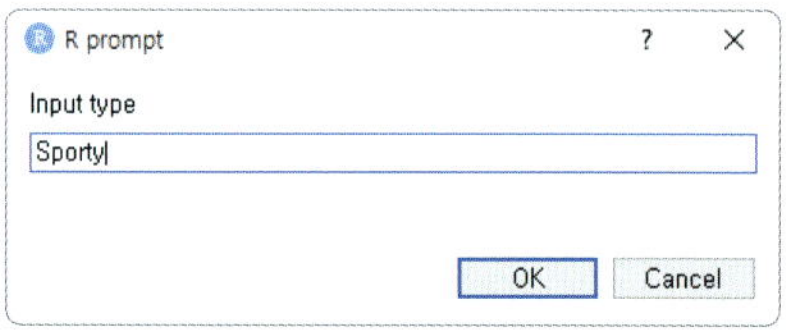

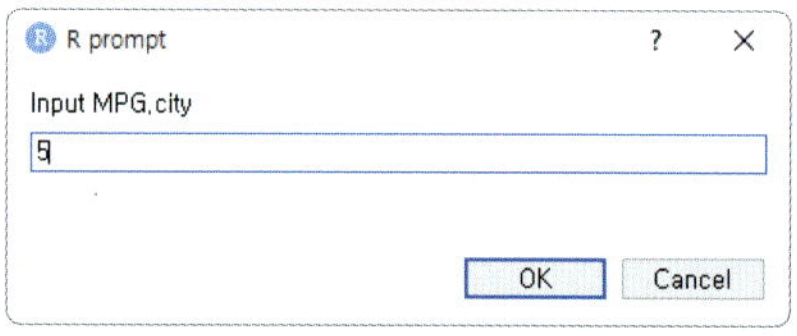

(2) input.city는 대소 비교를 위해 숫자형으로 변경합니다.

```
input.city <- as.numeric(input.city)
```

(3) 2가지 조건을 만족하는 데이터를 추출해 변수 result에 저장합니다.

```
result <- subset(carprice.new, Type == input.type &
                              MPG.city >= input.city )
```

(4) 결과를 화면과 search.txt 파일로 동시에 출력합니다.

```
print(result)
sink('search.txt', append=T)
print(result)
sink()
```

```
     Type  Min.Price  Price  Max.Price  Range.Price  RoughRange  gpm100  MPG.city  MPG.highway
9  Sporty       13.4   15.1       16.8          3.4        3.38     4.2        19           28
14 Sporty       34.6   38.0       41.5          6.9        6.88     4.8        17           25
23 Sporty       18.5   25.8       33.1         14.6       14.60     4.8        18           24
...(생략)
```

(5) search.txt 파일이 생성되었는지 확인하고 파일을 열어 내용을 확인합니다.

```
search - Windows 메모장
파일(F) 편집(E) 서식(O) 보기(V) 도움말(H)
     Type Min.Price Price Max.Price Range.Price RoughRange gpm100 MPG.city MPG.highway
9  Sporty      13.4  15.1      16.8         3.4       3.38    4.2       19          28
14 Sporty      34.6  38.0      41.5         6.9       6.88    4.8       17          25
23 Sporty      18.5  25.8      33.1        14.6      14.60    4.8       18          24
29 Sporty      10.8  15.9      21.0        10.2      10.21    3.9       22          29
30 Sporty      12.8  14.0      15.2         2.4       2.40    3.7       24          30
36 Sporty      13.3  14.1      15.0         1.7       1.71    4.1       23          26
42 Sporty      11.4  14.4      17.4         6.0       6.01    3.8       23          30
45 Sporty      14.0  17.7      21.4         7.4       7.40    4.2       19          28
Ln 10, Col 1   100%   Windows (CRLF)   UTF-8
```

(6) result에 저장된 데이터를 엑셀 파일(.xlsx)로 저장합니다.

```
write.xlsx(result, 'search.xlsx', row.names = F)
```

	A	B	C	D	E	F	G	H	I	J
1	Type	Min.Price	Price	Max.Price	Range.Pric	RoughRar	gpm100	MPG.city	MPG.highway	
2	Sporty	13.4	15.1	16.8	3.4	3.38	4.2	19	28	
3	Sporty	34.6	38	41.5	6.9	6.88	4.8	17	25	
4	Sporty	18.5	25.8	33.1	14.6	14.6	4.8	18	24	
5	Sporty	10.8	15.9	21	10.2	10.21	3.9	22	29	
6	Sporty	12.8	14	15.2	2.4	2.4	3.7	24	30	
7	Sporty	13.3	14.1	15	1.7	1.71	4.1	23	26	
8	Sporty	11.4	14.4	17.4	6	6.01	3.8	23	30	
9	Sporty	14	17.7	21.4	7.4	7.4	4.2	19	28	

[search.xlsx]

3. search.txt 파일에 다음 조건을 만족하는 데이터를 검색하여 추가합니다.

실행	input.type	input.city
1	Compact	20
2	Small	30

(실행 과정 생략)

```
search - Windows 메모장
파일(F) 편집(E) 서식(O) 보기(V) 도움말(H)
     Type Min.Price Price Max.Price Range.Price RoughRange gpm100 MPG.city MPG.highway
9  Sporty      13.4  15.1      16.8         3.4       3.38    4.2       19          28
14 Sporty      34.6  38.0      41.5         6.9       6.88    4.8       17          25
23 Sporty      18.5  25.8      33.1        14.6      14.60    4.8       18          24
29 Sporty      10.8  15.9      21.0        10.2      10.21    3.9       22          29
30 Sporty      12.8  14.0      15.2         2.4       2.40    3.7       24          30
36 Sporty      13.3  14.1      15.0         1.7       1.71    4.1       23          26
42 Sporty      11.4  14.4      17.4         6.0       6.01    3.8       23          30
45 Sporty      14.0  17.7      21.4         7.4       7.40    4.2       19          28
      Type Min.Price Price Max.Price Range.Price RoughRange gpm100 MPG.city MPG.highway
7  Compact       8.5  13.4      18.3         9.8       9.80    3.3       25          36
8  Compact      11.4  11.4      11.4         0.0      -0.01    3.4       25          34
16 Compact      14.5  15.8      17.1         2.6       2.59    3.9       23          28
20 Compact      11.9  13.3      14.7         2.8       2.81    4.1       22          27
28 Compact      10.4  11.3      12.2         1.8       1.82    4.1       22          27
38 Compact      13.0  13.5      14.0         1.0       0.99    3.6       24          31
44 Compact       9.4  11.1      12.8         3.4       3.39    3.7       23          31
    Type Min.Price Price Max.Price Range.Price RoughRange gpm100 MPG.city MPG.highway
26 Small       6.9   7.4       7.9         1.0       1.00    3.1       31          33
43 Small       8.2   9.0       9.9         1.7       1.69    2.8       31          41
Ln 1, Col 1   100%   Windows (CRLF)   UTF-8
```

[search.txt]

요약

01 R 프로그램의 구성은 다음과 같습니다.
데이터 입력 → 데이터 처리/정보 추출 → 처리 결과 출력

02 R 프로그램에서 데이터의 입력과 결과의 출력은 기본적인 구성 요소 중 하나입니다.

03 데이터는 프로그램 내에서 화면, 파일, 웹 등 다양한 방법으로 입력받을 수 있고, 출력은 대부분 화면이나 파일로 합니다.

04 `svDialogs` 패키지의 `dlgInput()` 함수를 이용해 데이터를 화면으로 입력받을 수 있습니다. 입력받은 값은 문자형이기 때문에 계산을 위해서는 숫자형으로 변환해야 합니다.

05 데이터를 출력할 때 `print()` 또는 `cat()` 함수를 이용합니다. `print()` 함수는 2차원 자료구조나 하나의 값을 출력할 때 사용할 수 있습니다. `cat()` 함수는 여러 개의 값을 연결해서 출력할 수 있지만 2차원 자료구조는 출력할 수 없습니다.

06 `cat()` 함수는 `print()` 함수와 달리 자동 줄바꿈을 하지 않기 때문에 줄바꿈을 위해서 `'\n'`을 사용해야 합니다.

07 작업 폴더란 현재 내가 읽거나 쓰고자 하는 파일이 위치하는 폴더를 말합니다. `getwd()` 함수와 `setwd()` 함수를 이용해 작업 폴더를 확인하고 변경할 수 있습니다.

08 `csv` 파일은 R에서 데이터 분석할 때 가장 많이 사용하는 형태입니다. `csv`는 콤마를 사용해 각 값을 구분합니다.

09 엑셀 파일은 `xlsx` 패키지의 `read.xlsx()` 함수로 읽을 수 있습니다.

10 데이터 분석 작업의 계산 및 처리 결과를 파일로 출력하려면 `sink()` 함수를 이용해 출력하고 싶은 부분의 위와 아래를 감싸줍니다.

11 열이 공백이나 탭으로 분리된 파일은 `read.table()` 함수로 읽을 수 있습니다.

■ 작업 폴더 관련 함수

함수명	설명
getwd()	현재 작업 폴더 알아내기
setwd()	작업 폴더 변경하기

■ 입출력 관련 함수

함수명	설명
print()	화면에 단일 데이터 출력하기
cat()	화면에 여러 값을 연결하여 출력하기
read.csv()	csv 파일 읽어들이기
write.csv()	csv 파일로 저장하기
read.xlsx()	엑셀 파일 읽어들이기
write.xlsx()	엑셀 파일로 저장하기
read.table()	공백이나 탭 등으로 구분된 파일 읽어들이기
write.table()	공백이나 탭 등으로 구분된 파일로 저장하기
sink()	특정 부분의 출력 내용을 파일로 저장하기

연습문제

01 다음 그림과 같이 팝업창을 띄워 값을 입력받기 위한 명령문을 완성하시오.

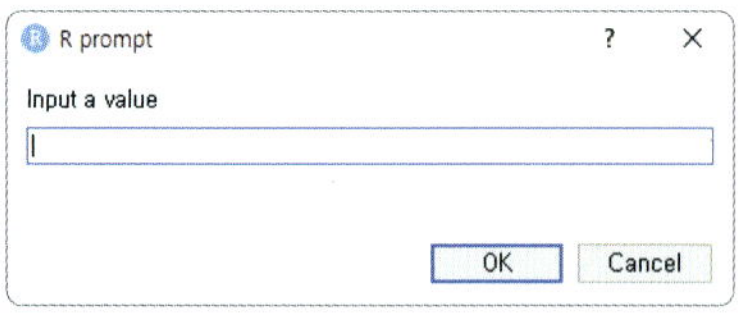


```
library(   A   )
input.value <-    B   ('Input a value')$res
```

02 print() 함수의 경우 자동으로 줄바꿈을 하지만 cat() 함수는 줄바꿈을 하지 않는다. cat() 함수에서 줄바꿈을 위해 어떤 문자열을 추가해야 하는지 적으시오.

03 [A]란 현재 내가 읽거나 쓰고자 하는 파일이 위치하는 폴더를 말한다. 현재 [A]를 알아내기 위한 함수는 [B], 작업 폴더를 변경하기 위한 함수는 [C]이다.

A : ________ B : ________ C : ________

04 다음과 같이 콤마로 각각의 값을 구분하는 파일의 형식은 무엇인지 적으시오.

```
"Large", 22.6, 23.7, 24.9, 2.3, 2.31, 4.9, 16, 25
"Compact", 8.5, 13.4, 18.3, 9.8, 9.8, 3.3, 25, 36
"Sporty", 13.4, 15.1, 16.8, 3.4, 3.38, 4.2, 19, 28
"Midsize", 13.4, 15.9, 18.4, 5, 5.01, 4, 21, 29
```

05 엑셀 파일을 불러오고 저장하기 위한 명령문을 완성하시오.

```
library(   A   )
ds <-    B   ('data.xlsx', header = T, sheetIndex = 1)      # 파일 읽기
   C   (ds, 'data_new.xlsx', row.names = F)                  # 파일 쓰기
```

A : ________ B : ________ C : ________

06 cat() 함수의 실행 결과를 'result.txt' 파일에 출력하기 위한 명령문을 완성하시오.

```
   A   (   B   , append = T)
cat(height, weight, bmi)
   C   ()
```

A : ________ B : ________ C : ________

07 삼각형의 밑변과 높이를 팝업창에서 입력받아 넓이를 출력하는 프로그램을 작성하시오.

08 다음은 **ds_tab.txt** 파일에 저장된 데이터의 일부이다. 각 열은 탭으로 구분되어 있고 헤더는 포함되어 있지 않다고 했을 때 이 파일을 불러오기 위한 명령문을 작성하시오.

```
"1""Midsize"14.215.717.33.13.093.822
"2""Large"19.920.821.71.81.794.21928
"3""Large"22.623.724.92.32.314.91625
"4""Midsize"26.326.326.30-0.014.319
```

09 다음과 같이 **ds.txt**를 **ds.csv**로 변경하여 저장하기 위한 명령문을 작성하시오.

```
187 789 225.6284
176 67 21.62965
180 69 21.2963
```

[ds.txt]

```
187, 789, 225.6284
176, 67, 21.62965
180, 69, 21.2963
```

[ds.csv]

10 엑셀을 이용해 R에 내장되어 있는 **iris** 데이터셋을 분석하려고 한다. **iris** 데이터셋을 **iris.xlsx** 파일로 변환한 뒤 **iris.xlsx** 파일을 불러와 파일이 잘 생성되었는지 확인하시오(엑셀이 설치되어 있다면 파일을 열어 저장된 결과를 비교).

11 다음은 작업 결과를 **log.txt**에 저장하는 프로그램이다. 원하는 결과는 오른쪽 **log.txt**였지만 주어진 코드를 실행하니 다른 결과가 나왔다. 한 줄의 명령문만 수정하여 원하는 결과를 얻게 하시오.

```
library(svDialogs)
sink('log.txt')
cat('----- x * y ----- \n')
sink()
x <- as.numeric(dlgInput('Input x')$res)
y <- as.numeric(dlgInput('Input y')$res)
sink('log.txt')
cat('x =', x, 'y =', y, 'result =', x*y)
sink()
```

```
[log.txt]

----- x * y -----
x = 4 y = 2 result = 8
```

CHAPTER 07

제어문과 사용자 정의 함수 사용하기

01 이것이 조건문입니다

02 이것이 반복문입니다

03 사용자 정의 함수는 무엇인가요?

04 조건에 맞는 데이터의 위치를 찾아봅니다

실전분석

요약

연습문제

학습목표

- 조건문 if-else문 ifelse문에 대해 알아봅니다.
- 반복문 for문, while문, apply( ) 계열 함수에 대해 학습합니다.
- 사용자 정의 함수에 대해 알아봅니다.
- 조건에 맞는 데이터의 위치 찾는 방법을 이해합니다.

Preview

R을 이용한 데이터 분석은 대부분 R에서 제공하는 함수들을 사용하여 작업을 할 수 있지만, 경우에 따라서는 전통적인 프로그래밍 기법을 적용해야 분석이 가능한 경우도 있습니다. 이번 장에서는 프로그램의 흐름을 제어하는 조건문·반복문·사용자 정의 함수를 만드는 방법과 벡터나 데이터프레임 상에서 원하는 값의 위치를 찾는 방법에 대해 학습합니다.

1절에서는 `if-else`문를 통해 조건문의 기본 구조와 논리연산자를 조건문과 함께 사용하는 방법을 이해하고, 간단한 형태의 조건문인 `ifelse`문을 알아봅니다. 2절에서는 반복문의 동작 원리를 살펴보고 `for`문과 `while`문의 차이를 이해한 후, 2차원 자료구조에서 `for`문이나 `while`문 대신 사용할 수 있는 `apply()` 함수의 사용법을 살펴봅니다. 3절에서는 자신만의 함수를 만들어 사용할 수 있는 사용자 정의 함수에 대해 학습합니다. 4절에서는 `which()` 계열의 함수들을 통해 특정 조건에 해당하는 데이터를 어떻게 찾을 수 있는지 알아봅니다.

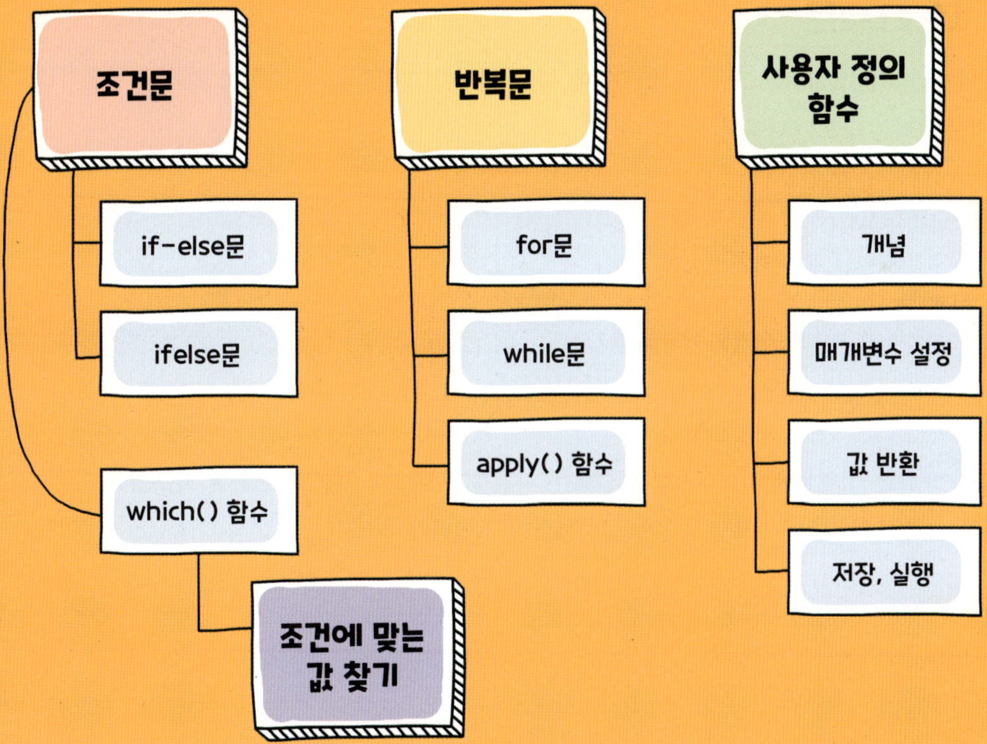

Section 01

이것이 조건문입니다

R은 데이터 분석을 위한 다양한 함수들을 제공합니다. 대부분의 분석 작업은 이러한 함수들을 이용하여 해결이 가능합니다. 그런데 데이터 분석을 하다 보면 함수만으로는 해결이 안 되는 경우를 만나게 됩니다. 그런 경우에는 전통적인 프로그래밍 기법을 적용해야 합니다. 이번 장에서는 프로그래밍에서 작업의 순서를 제어하는 조건문, 반복문, 그리고 사용자 정의 함수에 대해 학습합니다.

1 if-else문

조건문(conditional statement)은 조건에 따라 실행할 명령문을 다르게 할 경우에 사용합니다. 조건문의 기본 구조는 다음과 같습니다.

```
if (비교 조건) {
    조건이 참일 때 실행할 명령문(들)
} else {
    조건이 거짓일 때 실행할 명령문(들)
}
```

[코드 7-1]은 직원들에게 보너스를 지급하는 사례를 프로그래밍한 것으로, A 직군의 사원은 100만 원, B 직군의 사원은 200만 원을 지급하는 조건문입니다.

코드 7-1 code07-01.r

```
job.type <- 'A'
if (job.type == 'B') {
    bonus <- 200          # 직군이 B일 때 실행
} else {
    bonus <- 100          # 직군이 B가 아닌 나머지 경우 실행
}
print(bonus)
```

이 예제는 직군(job.type)이 'B'이면 보너스(bonus)를 200으로 하고 나머지 경우는 100으로 하는 조건문 if() 함수를 보여줍니다. 첫 줄에서 직군(job.type)을 'A'로 했기 때문에 if() 함수의 비교 조건은 거짓이 되고, else에 있는 명령문이 실행됩니다. 결국 보너스(bonus)에는 100이 저장이 됩니다. [그림 7-1]은 [코드 7-1]의 작업 과정을 순서도로 표현한 것입니다.

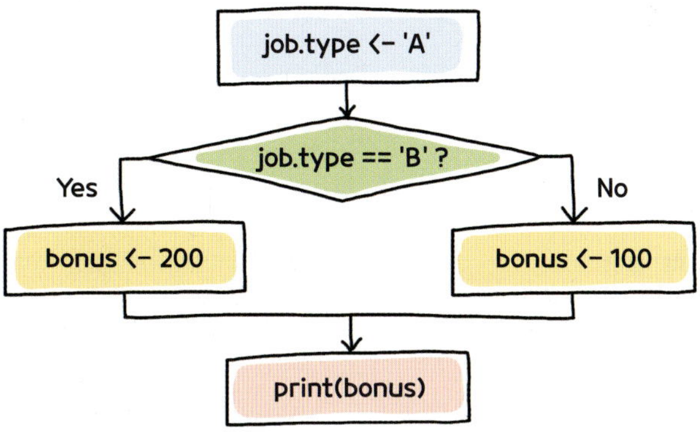

그림 7-1 **조건문의 순서도**

[코드 7-2]를 보면서 다양한 형태의 조건문 if() 함수에 대해 알아보겠습니다.

코드 7-2 code07-02.r

```
# else가 생략된 if문
job.type <- 'A'
bonus <- 100
if (job.type == 'B') {
    bonus <- 200          # 직군이 B일 때 실행
}
print(bonus)
# ------------------
a <- 10
if (a<5) {
    print(a)
} else {
    print(a*10)
    print(a/10)
}
# ------------------
a <- 10
b <- 20
if (a>5 & b>5) {          # and
    print(a+b)
```

```
}
if (a>5 | b>30) {          # or
    print(a*b)
}
```

[코드 7-2]의 실행 결과를 나누어서 설명하면 다음과 같습니다.

```
> job.type <- 'A'
> bonus <- 100
> if (job.type == 'B') {
+   bonus <- 200          # 직군이 B일 때 실행
+ }
> print(bonus)
[1] 100
```

조건문에서 if와 else가 항상 같이 사용되지는 않습니다. 이와 같이 if() 함수만으로도 조건문이 성립하는데, 직군(job.type)이 'B'인 경우 보너스(bonus)는 200이고, 아닌 경우는 아무 명령도 실행하지 않습니다. 이 부분에 대한 순서도는 [그림 7-2]와 같습니다.

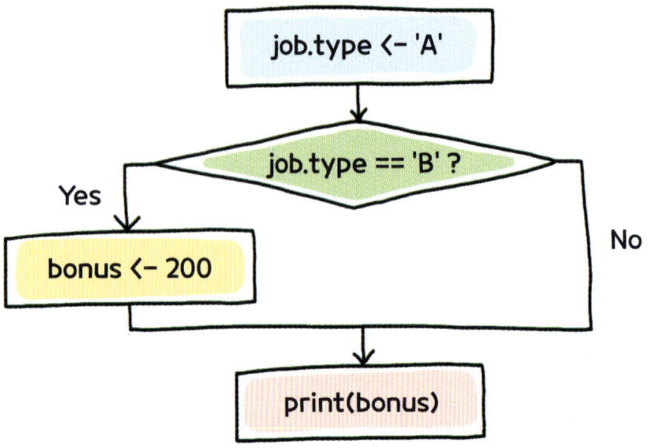

그림 7-2 **if() 함수만을 사용한 조건문의 순서도**

```
> a <- 10
> if (a<5) {
+   print(a)
+ } else {
+   print(a*10)
+   print(a/10)
+ }
[1] 100
```

```
[1] 1
```

이 조건문은 a<5라는 조건을 만족하면 print(a)가 실행되고, 만족하지 않으면 print(a*10)과 print(a/10)이 실행되도록 합니다. 주의할 점은 if와 else 다음에 있는 {}입니다. {}는 프로그래밍에서 코드블록(code block)이라고 부르며, 여러 명령문을 하나로 묶어주는 역할을 합니다. 여기에서는 if문 다음의 {}에는 명령문이 하나가 포함되어 있고, else문 다음의 {}에는 명령문이 두 개 포함되어 있습니다. 코드블록에 의해 묶인 명령문은 조건에 의해 모두 실행이 되든지, 모두 실행이 안 되든지 둘 중 하나입니다. 예를 들면 print(a*10)은 실행되었는데, print(a/10)은 실행이 안 되는 경우는 없다는 것입니다. 코드블록으로 묶여진 명령문들은 '생사를 함께 한다'는 것을 기억해야 합니다. [그림 7-3]의 순서도를 보면서 코드블록을 확인하겠습니다.

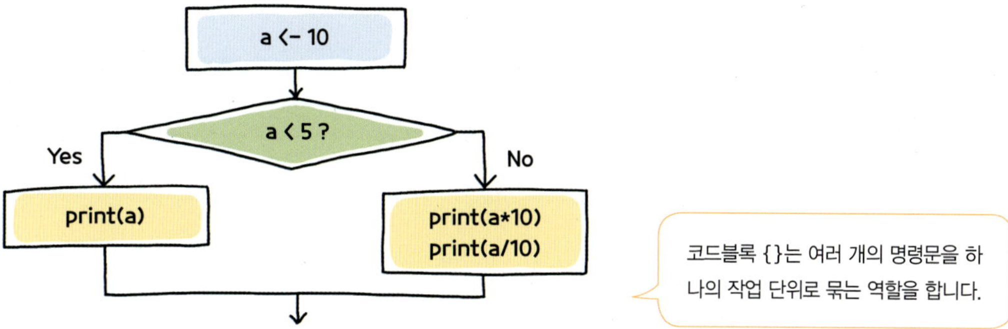

그림 7-3 **코드블록으로 묶인 명령문이 있는 조건문의 순서도**

```
> a <- 10
> b <- 20
> if (a>5 & b>5) {                    # and
+   print(a+b)
+ }
[1] 30
> if (a>5 | b>30) {                   # or
+   print(a*b)
+ }
[1] 200
```

if() 함수에 여러 개의 조건문을 서술해야 할 경우가 있는데, 조건문과 조건문을 연결할 때 앞에서 배운 논리연산자를 사용할 수 있습니다. 대표적인 논리연산자는 &(and)와 |(or)인데 &로 연결되면 두 조건이 모두 만족을 해야 '참(True)'이 되고, |로 연결되면 두 조건 중 어느 하나만 만족하면 '참(True)'이 됩니다.

하나 더 알기 √

if-else문을 서술할 때 다음과 같이 쓰면 오류가 발생합니다.

```
job.type <- 'A'
if (job.type == 'B') {
    bonus <- 200
}
else {                    # 에러 발생, 윗줄로 옮겨야 한다
    bonus <- 100
}
```

else는 반드시 if문의 코드블록이 끝나는 표시 }와 같은 줄에 서술해야 합니다. 또한 비교문 작성 시 자주 실수하는 것 중 하나가 다음과 같이 서술하는 것입니다.

```
if (job.type = 'B') {
    bonus <- 200
}
```

두 값이 같은지를 비교하는 연산자는 =가 아닌 ==임을 꼭 기억하도록 합시다.

확인문제

50,000원 이상 구매하면 10%, 그렇지 않으면 5%를 할인한다. 구매 금액(purchase)이 49,000원과 62,000원일 때, 최종 결제 금액(price)이 각각 얼마로 출력되는지 R 코드로 작성하시오(변수명은 괄호 안에 있는 영문명 사용).

정답

구매 금액이 49,000원인 경우 → 46,550원, 구매 금액이 62,000원인 경우 → 55,800원

```
purchase <- 49000         # 이 값을 변경하여 결과 비교

if (purchase >= 50000){
    price <- purchase * 0.9
} else {
    price <- purchase * 0.95
}
print(price)
```

2 ifelse문

if-else문을 서술할 때 조건에 따라 선택할 값이 각각 하나씩이면 ifelse문을 이용하는 것이 편리합니다. ifelse문의 문법은 다음과 같습니다.

```
ifelse(비교 조건, 조건이 참일 때 선택할 값, 조건이 거짓일 때 선택할 값)
```

[코드 7-3]은 동일한 결과를 도출하는 명령문을 앞에서 배운 if-else와 ifelse로 작성한 코드입니다. ifelse의 코드가 훨씬 단순해지는 것을 확인할 수 있습니다.

코드 7-3 code07-03.r

```
# if-else를 이용한 처리 ###############
a <- 10
b <- 20

if (a>b) {
    c <- a
} else {
    c <- b
}
print(c)

# ifelse를 이용한 처리  ###############
a <- 10
b <- 20

c <- ifelse(a>b, a, b)
print(c)
```

이 프로그램에서 c <- ifelse(a>b, a, b)의 의미는 a>b 조건을 만족하면 a를 c에 저장하고, 만족하지 않으면 b를 c에 저장하라는 뜻입니다.

확인문제

ifelse문을 사용하여 날씨에 따라 '비'가 오면 '우산'을 출력하고, '비'가 오지 않으면 '모자'를 출력하는 코드를 작성하고, 날씨(weather)가 '맑음'과 '비'일 때 선택(choice) 값은 각각 어떻게 출력되는지 적으시오(변수명은 괄호 안에 있는 영문명 사용).

정답

날씨가 '맑음'인 경우 → 모자, 날씨가 '비'인 경우 → 우산

```
weather <- '맑음'                    # 이 값을 변경하여 결과 비교
choice <- ifelse(weather == '비', '우산', '모자')
print(choice)
```

3 if-else의 반복

if-else는 반복적으로 이어서 사용할 수 있습니다. [코드 7-4]는 시험 점수에 따라 학점을 결정하는 예를 나타내고 있습니다. 이를 통해 자세히 알아보겠습니다.

코드 7-4

code07-04.r

```
score <- 85

if (score > 90) {
    grade <- 'A'
} else if (score > 80) {
    grade <- 'B'
} else if (score > 70) {
    grade <- 'C'
} else if (score > 60) {
    grade <- 'D'
} else {
    grade <- 'F'
}

print(grade)
```

실행 결과

```
> print(grade)
[1] "B"
```

확인문제

나이(age)에 따라 그룹(group)을 나누는 코드를 작성하려고 한다. 6세 미만은 '영유아', 6세 이상 13세 미만은 '어린이', 13세 이상 19세 미만은 '청소년', 19세 이상은 '성인'으로 분류한다. 나이가 4세, 13세, 25세일 때 각 결과를 '○○세는 ○○○입니다.'라는 형식으로 출력하시오(변수명은 괄호 안에 있는 영문명 사용).

정답

4세는 영유아입니다. / 13세는 청소년입니다. / 25세는 성인입니다.

```
age <- 4          # 이 값을 변경하여 결과 비교

if (age < 6 ){
    group <- '영유아'
} else if(age < 13) {
    group <- '어린이'
} else if(age < 19) {
    group <- '청소년'
} else {
    group <- '성인'
}

cat(age, '세는 ', group, '입니다.', sep = "")
```

LAB 회원 등급 분류하고 혜택 부여하기

	P 플래티넘	G 골드	S 실버	F 프렌즈
최근 3개월 순수구매액	30만원 이상	20~30만원 이상	10~20만원 이상	10만원 미만
적립 혜택	구매액의 7%	구매액의 5%	구매액의 3%	구매액의 1%

한 서점은 앞에서와 같이 최근 3개월간 구매 금액에 따라 회원 등급을 분류하고 등급별 혜택을 다르게 하고 있습니다. 고객의 3개월간 구매 금액을 입력받으면 회원 등급을 분류하고 적립 혜택을 부여하는 프로그램을 만들어봅시다.

1. svDialogs 패키지를 사용해 구매 금액을 입력받는 팝업창을 만들고 그 값을 변수 purchase에 저장한 다음 숫자형으로 변환합니다.

```
library(svDialogs)
purchase <- dlgInput('Enter the purchase amount')$res
purchase <- as.numeric(purchase )
```

2. 회원 등급(type)과 적립 혜택 비율(ratio)을 저장할 변수를 선언합니다.

```
type <- NULL
ratio <- NULL
```

3. 구매 금액에 따른 조건문을 작성하고 조건에 맞는 회원 등급과 적립 혜택을 저장합니다.

```
if (purchase >= 300000) {
    type <- '플래티넘'
    ratio <- 0.07
} else if (purchase >=200000) {
    type <- '골드'
    ratio <- 0.05
} else if (purchase >= 100000) {
    type <- '실버'
    ratio <- 0.03
} else {
    type <- '프렌즈'
    ratio <- 0.01
}
```

4. 고객의 회원 등급과 적립 혜택 정보를 출력합니다.

```
cat('고객님은', type, '회원으로 구매액의', ratio*100, '%가 적립됩니다.')
```

Section 02

이것이 반복문입니다

프로그램을 작성하다 보면 동일하거나 유사한 작업을 여러 번 반복해야 하는 경우가 있습니다. 예를 들면 1,000명의 사원에게 보너스를 지급하려고 하는데 직급에 따라 다르게 계산한다고 가정해 봅시다. 이 작업을 위해서는 사원의 정보가 담긴 데이터에서 사원의 정보를 하나씩 읽어 직급 정보에 따라 보너스 금액을 정해야 하는데, 이 작업을 수행하려면 1,000번의 반복 과정을 거쳐야 합니다. 이와 같은 반복 작업에 사용되는 명령문이 for문과 while문입니다.

1 for문

다음은 for문의 구조입니다. 여기서 반복 범위는 반복 변수에 할당할 값을 모아둔 벡터로 이 벡터의 길이만큼 for문은 반복됩니다. for문이 한 번씩 수행될 때마다 반복 범위의 값을 하나씩 가져와 반복 변수에 저장한 뒤 코드블록 안에 있는 명령문을 실행합니다.

```
for(반복 변수 in 반복 범위) {
    반복할 명령문(들)
}
```

[코드 7-5]와 같은 for문을 실행시켜 보겠습니다.

코드 7-5 code07-05.r

```
for(i in 1:5) {
    print('*')
}
```

실행 결과

```
> for(i in 1:5) {
+     print('*')
```

```
+ }
[1] "*"
[1] "*"
[1] "*"
[1] "*"
[1] "*"
```

'*'를 5회 출력하는 for문의 예입니다. 먼저 반복 범위가 1:5로 되어 있는데, 이는 1, 2, 3, 4, 5를 의미하므로, 결국 5회 반복하는 것을 나타냅니다. 반복 변수 i는 반복이 어디까지 이루어졌는지에 대한 정보를 저장하고 있는 변수로, 반복 범위에 있는 값을 취합니다. 다시 말해 i에는 반복이 진행될 때마다 반복 범위의 값이 하나씩 차례대로 저장됩니다.

- 첫 번째 반복 시 i에 저장된 값은 1
- 두 번째 반복 시 i에 저장된 값은 2
- 세 번째 반복 시 i에 저장된 값은 3
- 네 번째 반복 시 i에 저장된 값은 4
- 다섯 번째 반복 시 i에 저장된 값은 5

또한 for() 함수 다음에 있는 코드블록 {}에는 반복할 명령문들이 포함됩니다. 하나의 명령문이 반복될 수도 있고, 여러 개의 명령문이 반복될 수도 있습니다.

[코드 7-6]은 반복 범위에 따라서 반복 변수의 값이 어떻게 변하는지를 나타냅니다. 우리가 예상할 수 있는 것처럼 반복 범위에 있는 값들이 하나하나 출력되는 것을 확인할 수 있습니다.

코드 7-6 code07-06.r

```
for(i in 6:10) {
    print(i)
}
```

실행 결과

```
> for(i in 6:10) {
+     print(i)
+ }
[1] 6
[1] 7
```

```
[1] 8
[1] 9
[1] 10
```

[코드 7-7]과 같이 반복 변수를 이용하면 다양한 작업을 할 수 있습니다. 구구단에서 2단을 출력하는 작업을 for() 함수를 이용하여 구현해보겠습니다.

코드 7-7 code07-07.r

```
for(i in 1:9) {
    cat('2 *', i,'=', 2*i,'\n')
}
```

실행 결과

```
> for(i in 1:9) {
+   cat('2 *', i,'=', 2*i,'\n')
+ }
2 * 1 = 2
2 * 2 = 4
2 * 3 = 6
2 * 4 = 8
2 * 5 = 10
2 * 6 = 12
2 * 7 = 14
2 * 8 = 16
2 * 9 = 18
```

[코드 7-7]에서 구구단을 출력하기 위해 print() 함수 대신에 cat() 함수를 사용했습니다. 이전에 설명한 바와 같이 print() 함수는 하나의 값을 출력할 때 사용하고, cat() 함수는 한 줄에 여러 개의 값을 결합하여 출력할 때 사용합니다. cat() 함수에서 '2 *', '='은 단순 문자열이기 때문에 반복이 진행되어도 동일한 값이 출력됩니다. 그런데 i와 2*i는 반복이 진행되면서 i값이 반복 범위에 있는 값들로 차례차례 바뀌기 때문에 반복할 때마다 다른 값이 출력됩니다. '\n'은 줄바꿈을 하기 위한 특수 문자입니다.

[코드 7-8]은 1부터 20 사이의 숫자 중 짝수만 골라서 출력하는 예입니다.

코드 7-8 code07-08.r

```
for(i in 1:20) {
    if(i%%2==0) {              # 짝수인지 확인
        cat(i, ' ')
    }
}
```

실행 결과

```
> for(i in 1:20) {
+   if(i%%2==0) {              # 짝수인지 확인
+     cat(i, ' ')
+   }
+ }
2  4  6  8  10  12  14  16  18  20
```

[코드 7-8]은 for문과 if문을 함께 사용한 예입니다. if문에서 i%%2==0은 i를 2로 나눈 나머지가 0인지 확인하는 비교 조건입니다. 이 비교 조건을 만족하면 짝수라는 의미여서 출력 결과를 보면 if문을 만족하는 짝수들만 출력된 것을 알 수 있습니다.

[코드 7-9]는 for문을 이용하여 1부터 100 사이에 있는 숫자의 합계를 출력하는 예입니다.

코드 7-9 code07-09.r

```
sum <- 0
for(i in 1:100) {
    sum <- sum + i             # sum에 i 값을 누적
}
print(sum)
```

실행 결과

```
> sum <- 0
> for(i in 1:100) {
+   sum <- sum + i             # sum에 i 값을 누적
+ }
> print(sum)
[1] 5050
```

[코드 7-9]는 1~100까지의 값을 누적하기 위해 sum이라는 변수를 선언하고 초깃값으로 0을 저장했습니다. for문에서 i값을 sum과 더하여 다시 sum에 저장하는 과정을 반복하여 1~100까지의 합

계를 계산합니다. 여기서 주의할 점은 for문을 실행하기 전에 반드시 sum을 선언하고 초깃값을 저장해야 한다는 것입니다. 그렇지 않으면 sum <- sum + i에서 에러가 발생하는데, 그 이유는 sum + i를 계산하려고 할 때 sum값이 무엇인지를 알 수 없기 때문입니다. **어떤 변수를 계산에 사용하려면 그 변수를 먼저 어떤 값으로든 초기화한 후에 사용해야 합니다.**

[코드 7-10]에서는 for문을 이용하여 iris 데이터셋에서 꽃잎 길이(Petal.Length)를 기준으로 1.6 이하면 'L', 5.1 이상이면 'H', 나머지는 'M'으로 분류하여 레이블을 부여하는 작업을 실행합니다.

코드 7-10 code07-10.r

```
norow <- nrow(iris)                                    # iris의 행의 수
mylabel <- c()                                         # 비어있는 벡터 선언
for(i in 1:norow) {
    if (iris$Petal.Length[i] <= 1.6) {                 # 꽃잎의 길이에 따라 레이블 결정
        mylabel[i] <- 'L'
    } else if (iris$Petal.Length[i] >= 5.1) {
        mylabel[i] <- 'H'
    } else {
        mylabel[i] <- 'M'
    }
}
print(mylabel)                                         # 레이블 출력
newds <- data.frame(iris$Petal.Length, mylabel)        # 꽃잎 길이와 레이블 결합
head(newds)                                            # 새로운 데이터셋 내용 출력
```

실행 결과

```
...(생략)
> print(mylabel)                                      # 레이블 출력
  [1] "L" "L" "L" "L" "L" "M" "L" "L" "L" "L" "L" "L" "L" "L" "L" "L" "L"
 [18] "L" "M" "L" "M" "L" "L" "M" "M" "L" "L" "L" "L" "L" "L" "L" "L" "L"
 [35] "L" "L" "L" "L" "L" "L" "L" "L" "L" "L" "M" "L" "L" "L" "L" "L" "M"
 [52] "M" "M" "M" "M" "M" "M" "M" "M" "M" "M" "M" "M" "M" "M" "M" "M" "M"
 [69] "M" "M" "M" "M" "M" "M" "M" "M" "M" "M" "M" "M" "M" "M" "M" "H" "M"
 [86] "M" "M" "M" "M" "M" "M" "M" "M" "M" "M" "M" "M" "M" "M" "M" "H" "H"
[103] "H" "H" "H" "H" "M" "H" "H" "H" "H" "H" "H" "M" "H" "H" "H" "H" "H"
[120] "M" "H" "M" "H" "M" "H" "H" "M" "M" "H" "H" "H" "H" "H" "H" "H" "H"
[137] "H" "H" "M" "H" "H" "H" "H" "H" "H" "H" "M" "H" "H" "H"
[137] "H" "H" "M" "H" "H" "H" "H" "H" "H" "H" "M" "H" "H" "H"
> newds <- data.frame(iris$Petal.Length, mylabel)     # 꽃잎 길이와 레이블 결합
```

```
> head(newds)                                   # 새로운 데이터셋 내용 출력
  iris.Petal.Length mylabel
1               1.4       L
2               1.4       L
3               1.3       L
4               1.5       L
5               1.4       L
6               1.7       M
```

[코드 7-10]의 for문을 보면 iris$Petal.Length의 i번째 값에 따라 mylabel의 i번째 값이 'L', 'H', 'M' 중 하나로 결정되는 것을 알 수 있습니다. mylabel은 처음에는 비어있는 벡터였는데 for문의 반복이 한 번 실행될 때마다 값들이 하나씩 추가되어 for문이 종료되면 150개의 레이블 값을 가지게 됩니다.

확인문제

1에서 200까지 정수를 변수 num에 저장한 후, 홀수면 'odd' 짝수면 'even'이란 레이블을 추가하여 변수 num.new에 저장하는 코드를 작성하시오. 이때, for문과 ifelse문을 사용하며 레이블 값은 label에 저장한다.

정답

```
num <- 1:200
label <- c()

for(i in num){
      label[i] <- ifelse(i %% 2 != 0, 'odd', 'even')
}

num.new <- data.frame(num, label)
```

2 while문

for문과 유사한 기능을 하는 반복문에는 while문이 있습니다. while문은 for문에 비해 사용 빈도가 적기 때문에 문법을 이해하는 수준에서 간단히 학습하기로 합니다. 다음은 while문의 문법입니

다. 여기서 비교 조건은 반복을 수행할지 중지할지를 결정하는 조건문이고, 코드블록 안에 반복할 명령문(들)이 위치합니다.

```
while (비교 조건) {
    반복할 명령문(들)
}
```

while문은 비교 조건을 만족하는 동안 {} 안의 명령문들을 반복 실행합니다. 따라서 while문은 for문과 달리 몇 번이나 반복이 실행될지 쉽게 알 수 없습니다. [코드 7-11]은 1~100까지 숫자의 합계를 계산하는 작업을 while문으로 구현한 것입니다.

코드 7-11 code07-11.r

```
sum <- 0
i <- 1
while(i <=100) {
    sum <- sum + i                # sum에 i 값을 누적
    i <- i + 1                    # i 값을 1 증가시킴
}
print(sum)
```

실행 결과

```
> sum <- 0
> i <- 1
> while(i <=100) {
+   sum <- sum + i                # sum에 i 값을 누적
+   i <- i + 1                    # i 값을 1 증가시킴
+ }
> print(sum)
[1] 5050
```

[코드 7-11]에서 주목할 부분은 while문을 실행하기 전에 sum과 i를 초기화하는 것과 {} 안에서 반복 변수에 해당하는 i값을 1씩 증가시키는 부분입니다. 만약 i <- i + 1이 없으면 i값에 변화가 일어나지 않고, while문의 조건인 i <=100이 계속 만족되어 while문이 영원히 실행되는 결과가 나옵니다. 이와 같이 영원히 실행되는 반복문을 무한루프(loop)라고 하는데, 프로그램이 무한루프에 빠지면 컴퓨터의 작동이 멈출 수도 있으니 주의합니다.

하나 더 알기

R 스튜디오에서 현재 실행 중인 작업을 중단시키려면 콘솔창 상단 오른쪽에 있는 빨간색 아이콘을 클릭하거나 키보드에서 ESC를 누르면 됩니다. 무한루프에 빠진 경우에도 이 기능을 사용하여 중단시킬 수 있습니다.

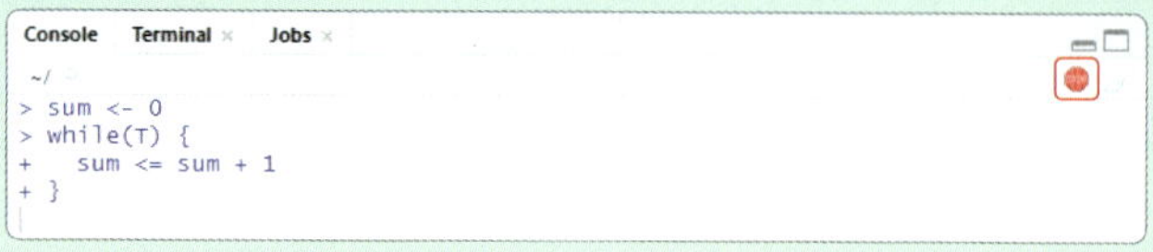

반복 작업에서 for문과 while문 중 어느 것을 사용할 것인가에 대해서는 정해진 규칙이 없습니다. 하지만 어떤 작업의 반복 횟수가 정해져 있다면 for문을 사용하고, 반복 횟수가 가변적이라면 while문을 사용하는 것이 편리합니다.

확인문제

while문을 이용해 2를 10번 곱하여 결과를 출력하는 코드를 작성하시오.

정답

```
i <- 1
result <- 1

while(i <= 10){
    result <- result * 2
    i <- i + 1
}

print(result)
```

3 apply() 계열 함수

반복 작업이 필요한 경우 반복문을 적용하면 되는데, 반복 작업의 대상이 매트릭스나 데이터프레임의 행이나 열인 경우는 for문이나 while문 대신에 apply() 함수를 이용할 수 있습니다. R에서 대규모 데이터를 분석하는 경우 처리 속도의 문제 때문에 되도록 for문이나 while문을 사용하지 않는 것을 권장하고 있습니다. 이때 apply() 함수를 이용하면 처리 속도를 향상시킬 수 있습니다.

apply() 함수는 **매트릭스나 데이터프레임에 있는 행들이나 열들을 하나하나 차례로 꺼내어 평균이나 합계 등을 구하는 작업을 수행하고자 할 때 유용**합니다. apply() 함수의 문법은 다음과 같습니다.

```
apply(데이터셋, 행/열 방향 지정, 적용 함수)
```

apply() 함수에서 사용되는 매개변수의 의미는 다음과 같습니다.

- **데이터셋** : 반복 작업을 적용할 대상인 매트릭스나 데이터프레임 이름을 입력한다.
- **행/열 방향 지정** : 행 방향 작업의 경우 1, 열 방향 작업의 경우 2를 지정한다.
- **적용 함수** : 반복 작업의 내용을 알려주는 것으로, R 함수이거나 다음 절에서 배울 사용자 정의 함수를 지정한다.

[코드 7-12]를 통해 apply() 함수의 사용법을 알아보겠습니다.

코드 7-12 code07-12.r

```
apply(iris[,1:4], 1, mean)        # 행 방향으로 함수 적용
apply(iris[,1:4], 2, mean)        # 열 방향으로 함수 적용
```

[코드 7-12]의 실행 결과를 나누어서 설명하면 다음과 같습니다.

```
> apply(iris[,1:4], 1, mean)        # 행 방향으로 함수 적용
  [1] 2.550 2.375 2.350 2.350 2.550 2.850 2.425 2.525 2.225
 [10] 2.400 2.700 2.500 2.325 2.125 2.800 3.000 2.750 2.575
...(중간 생략)
[136] 4.775 4.425 4.200 3.900 4.375 4.450 4.350 3.875 4.550
[145] 4.550 4.300 3.925 4.175 4.325 3.950
```

이 명령문은 iris 데이터셋에서 4개의 열에 대해 행 방향으로 진행하면서 각 행의 평균(mean)을 계산하여 출력합니다. iris 데이터셋에는 150개의 행이 있으므로 이 명령문의 실행 결과는 150개 행에 대한 행별 평균값입니다.

Sepal.Length	Sepal.width	Petal.Length	Petal.width	
5.1	3.5	1.4	0.2	mean()
4.9	3.0	1.4	0.2	mean()
4.7	3.2	1.3	0.2	
4.6	3.1	1.5	0.2	
5.0	3.6	1.4	0.2	
5.4	3.9	1.7	0.4	
4.6	3.4	1.4	0.3	
5.0	3.4	1.5	0.2	
4.4	2.9	1.4	0.2	
4.9	3.1	1.5	0.1	
5.4	3.7	1.5	0.2	
4.8	3.4	1.6	0.2	
4.8	3.0	1.4	0.1	
4.3	3.0	1.1	0.1	
5.8	4.0	1.2	0.2	mean()

그림 7-4 apply(iris[,1:4], 1, mean)

```
> apply(iris[,1:4], 2, mean)      # 열 방향으로 함수 적용
Sepal.Length  Sepal.Width Petal.Length  Petal.Width
    5.843333     3.057333     3.758000     1.199333
```

이 명령문은 iris 데이터셋에서 4개의 열에 대해 열 방향으로 진행하면서 각 열의 평균(mean)을 계산하여 출력합니다. 그 결과 4개 열에 대한 평균이 출력된 것을 확인할 수 있습니다.

Sepal.Length	Sepal.width	Petal.Length	Petal.width
5.1	3.5	1.4	0.2
4.9	3.0	1.4	0.2
4.7	3.2	1.3	0.2
4.6	3.1	1.5	0.2
5.0	3.6	1.4	0.2
5.4	3.9	1.7	0.4
4.6	3.4	1.4	0.3
5.0	3.4	1.5	0.2
4.4	2.9	1.4	0.2
4.9	3.1	1.5	0.1
5.4	3.7	1.5	0.2
4.8	3.4	1.6	0.2
4.8	3.0	1.4	0.1
4.3	3.0	1.1	0.1
5.8	4.0	1.2	0.2
mean()	mean()	mean()	mean()

그림 7-5 apply(iris[,1:4], 2, mean)

apply() 함수와 유사한 함수에는 lapply(), sapply(), tapply(), mapply() 등이 있는데, apply() 함수를 이해하면 나머지 함수들도 쉽게 사용할 수 있습니다.

확인문제

USJudgeRatings은 R에 기본으로 내장된 데이터셋으로, 미국 변호사들이 고등법원 판사를 평가한 데이터를 저장하고 있다. apply() 함수를 이용해 행별 평균과 열별 평균을 구하는 명령문을 작성하시오. 그리고 행별 평균과 열별 평균이 의미하는 바를 설명하시오.

정답

행별 평균은 각 판사가 평가 항목마다 받은 점수들의 평균입니다. 열별 평균은 각 평가 항목에 대한 평균값으로, 그 항목에서 판사들이 받은 평균 점수입니다.

```
apply(USJudgeRatings, 1, mean)      # 행별 평균
apply(USJudgeRatings, 2, mean)      # 열별 평균
```

LAB 자격증 합격 여부 판단하기 I

한국데이터산업진흥원에서는 데이터 분석가를 양성하기 위해 ADsP 시험을 시행하고 있습니다. 이 시험은 총 3과목, 즉 '데이터의 이해(20점)', '데이터 분석 기획(20점)', '데이터 분석(60점)'으로 구성되었으며, 총점은 100점입니다. 각 과목별 40% 이상 취득하고 총점이 60점 이상이면 합격입니다. 응시자 10명의 점수가 주어졌을 때 각 응시자의 합격 여부를 판단하는 프로그램을 만들어봅시다.

1. 응시자의 과목별 성적을 데이터프레임으로 만듭니다.

```
sub1 <- c(14, 16, 12, 20, 8, 6, 12, 18, 16, 10)
sub2 <- c(18, 14, 14, 16, 10, 12, 10, 20, 14, 14)
sub3 <- c(44, 38, 30, 48, 42, 50, 36, 52, 54, 32)
score <- data.frame(sub1, sub2, sub3)
```

2. 응시자의 과목별 점수를 합하여 총점을 구하고 데이터프레임 scoreset에 추가합니다.

```
total <- apply(score, 1, sum)
scoreset <- cbind(score, total)
```

3. 응시자의 합격 여부를 저장할 변수 result를 선언하고 초기화합니다.

```
result <- c()
```

4. scoreset에 있는 데이터의 수만큼 코드블록 {} 안의 명령문들을 반복하며 i번째 응시생들의 합격 여부를 result에 저장합니다. for문의 코드블록 안에는 if-else문이 들어가며 첫 번째 if문에는 과락에 따른 합격 여부를, 두 번째 if문에는 총점에 따른 합격 여부를 판단합니다. for문의 마지막에는 i번째 응시생의 합격 여부를 출력합니다.

```
for(i in 1:nrow(scoreset)){
    if(scoreset[i,1] < 20*0.4 | scoreset[i,2] < 20*0.4 | scoreset[i,3] < 60*0.4){
        result[i] <- '불합격'
    }else if(scoreset[i,4] >= 60){
        result[i] <- '합격'
    }else{
        result[i] <- '불합격'
    }
    cat(i, '번째 응시생은', result[i],'입니다.\n')
}
```

Section 03

사용자 정의 함수는 무엇인가요?

1 사용자 정의 함수의 개념

R은 데이터 분석에 필요한 수많은 함수를 제공할 뿐만 아니라 사용자 스스로 함수를 만들 수 있도록 지원합니다. 그것이 바로 사용자 정의 함수입니다. 우리가 자주 사용하는 R 코드를 함수 형태로 저장해놓고 그 함수를 호출하는 것만으로 복잡한 작업을 손쉽게 처리할 수 있습니다. 사용자가 함수를 정의하기 위한 문법은 다음과 같습니다.

```
함수명 <- function(매개변수 목록) {
      실행할 명령문(들)
      return(함수의 실행 결과)
}
```

사용자 정의 함수의 문법에 나오는 매개변수의 의미는 다음과 같습니다.

- **함수명 :** 사용자 정의 함수의 이름으로 사용자가 만들 수 있다.
- **매개변수 목록 :** 함수에 입력할 매개변수 이름을 지정한다.
- **실행할 명령문(들) :** 함수에서 처리하고 싶은 내용을 작성한다.
- **함수의 실행 결과 :** 함수의 실행 결과를 반환한다. 반환 결과가 없으면 `return()` 함수를 생략한다.

사용자 정의 함수 이름을 작명할 때 기존에 존재하는 R 함수 이름과 겹치지 않도록 주의합니다. 이름이 겹쳐도 에러가 발생하지는 않지만, 기존 함수를 이용할 수 없게 되기 때문입니다. 겹치는지 여부를 잘 모르면 함수 이름 앞에 'my'를 붙이는 것도 좋습니다.

[코드 7-13]을 통해 두 개의 값을 입력받아 둘 중에서 큰 수를 결과값으로 돌려주는 함수를 작성해 봅시다.

코드 7-13 code07-13.r

```
mymax <- function(x,y) {
    num.max <- x
    if (y>x) {
        num.max <- y
    }
    return(num.max)
}
```

만들고자 하는 함수의 이름은 mymax이고, 이 함수가 입력받는 매개변수는 x와 y입니다. 코드블록 {} 안에 있는 if문은 x와 y 중 큰 값을 num.max에 저장하는 역할을 합니다. return(num.max)를 통해 실행 결과값 num.max를 호출한 곳으로 되돌려주는데, 결과적으로 x와 y 중 큰 값이 반환(return)되는 것입니다. **이렇게 작성된 함수는 작성 코드 자체를 한 번 실행해 주어야 합니다.** 그 결과 R은 mymax 함수를 기억하게 되고 언제든 필요할 때 호출해서 사용할 수 있습니다. R을 종료했다가 다시 시작하면 함수 작성 코드를 다시 실행해서 재기억시켜야 한다는 것을 꼭 기억하기 바랍니다.

[코드 7-14]는 mymax() 함수를 사용하는 예입니다. 이미 알고 있는 sum() 함수, mean() 함수의 사용법과 다르지 않습니다.

코드 7-14 code07-14.r

```
mymax(10,15)
a <- mymax(20,15)
b <- mymax(31,45)
print(a+b)
```

실행 결과

```
> mymax(10,15)
[1] 15
> a <- mymax(20,15)
> b <- mymax(31,45)
> print(a+b)
[1] 65
```

[그림 7-6]은 a <- mymax(20,15) 명령문의 실행 과정을 보여줍니다.

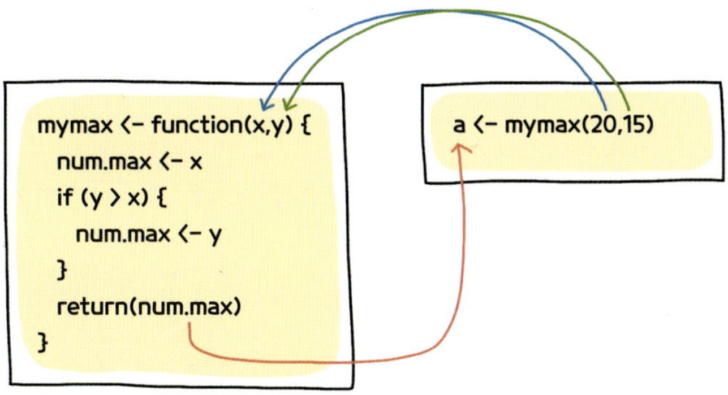

그림 7-6 mymax() 함수의 실행 과정

확인문제

양의 정수 n을 입력했을 때, 1부터 n까지 합한 결과를 돌려주는 함수 mysum()을 작성하시오. 그리고 이 함수를 이용해 n이 100일 때 결과를 출력하시오.

정답

```
mysum <- function(n){
    return(sum(1:n))
}
mysum(100)
```

2 매개변수에 기본값 설정

사용자 정의 함수에서도 매개변수에 기본값(default value)을 설정할 수 있습니다. [코드 7-15]는 두 개의 매개변수 x와 y를 입력받아 x/y값을 반환하는데, 사용자가 y값을 입력하지 않으면 y=2를 자동 적용하는 mydiv() 함수의 사용 예입니다.

코드 7-15 code07-15.r

```
mydiv <- function(x,y=2) {
    result <- x/y
    return(result)
}

mydiv(x=10,y=3)                  # 매개변수 이름과 매개변수값을 쌍으로 입력
mydiv(10,3)                      # 매개변수값만 입력
mydiv(10)                        # x에 대한 값만 입력(y값이 생략됨)
```

실행 결과

```
> mydiv <- function(x,y=2) {
+   result <- x/y
+   return(result)
+ }
>
> mydiv(x=10,y=3)         # 매개변수 이름과 매개변수값을 쌍으로 입력
[1] 3.333333
> mydiv(10,3)             # 매개변수값만 입력
[1] 3.333333
> mydiv(10)               # x에 대한 값만 입력(y값이 생략됨)
[1] 5
```

확인문제

이름을 입력하면 '내 이름은 [○○○]입니다.'로 출력하는 함수 myprint()를 작성하시오. 단 아무런 값도 입력하지 않으면 '내 이름은 [아무개]입니다.'로 출력한다. 그리고 입력값을 넣지 않았을 때와 자신의 이름을 넣었을 때 출력값을 확인하시오.

정답

```
myprint <- function(name = '아무개'){
    cat('내 이름은 [', name, ']입니다. \n')
}
myprint()
myprint('홍길동')          # 자신의 이름 입력
```

3 여러 개의 값을 반환하는 경우

함수는 일반적으로 결과값을 하나만 반환(return)합니다. 그런데 여러 개의 값을 반환해야 하는 경우는 어떻게 하면 될까요? 이런 경우 list() 함수를 이용하여 여러 개의 결과값을 하나로 묶고, 이것을 반환하면 됩니다. [코드 7-16]은 x, y를 입력받아 두 변수의 합과 곱을 list() 함수로 묶어 반환하는 myfunc() 함수의 사용 예를 보여줍니다.

코드 7-16 code07-16.r

```
myfunc <- function(x,y) {
    val.sum <- x+y
    val.mul <- x*y
    return(list(sum=val.sum, mul=val.mul))
```

```
}

result <- myfunc(5,8)
s <- result$sum                    # 5와 8의 합
m <- result$mul                    # 5와 8의 곱
cat('5+8 =', s, '\n')
cat('5*8 =', m, '\n')
```

실행 결과

```
> myfunc <- function(x,y) {
+   val.sum <- x+y
+   val.mul <- x*y
+   return(list(sum=val.sum, mul=val.mul))
+ }
>
> result <- myfunc(5,8)
> s <- result$sum                  # 5와 8의 합
> m <- result$mul                  # 5와 8의 곱
> cat('5+8=', s, '\n')
5+8 = 13
> cat('5*8=', m, '\n')
5*8 = 40
```

확인문제

a라는 값을 b로 나눌 때 몫과 나머지를 반환해주는 mydiv() 함수를 작성하려고 한다. 몫은 quontient, 나머지는 remainder에 저장한다. 그리고 이 함수에 24와 7을 입력한 뒤 몫과 나머지를 각각 출력하시오.

정답

```
mydiv <- function(a, b){
    n <- a %/% b                  # 몫
    r <- a %% b                   # 나머지
    list(quontient = n, remainder = r)
}
result <- mydiv(24, 7)
result$quontient                  # 몫 출력
result$remainder                  # 나머지 출력
```

4 사용자 정의 함수의 저장과 재실행

사용자 정의 함수의 사용 절차를 정리하면 [그림 7-7]과 같습니다.

그림 7-7 사용자 정의 함수 사용 절차

자주 사용하게 될 사용자 정의 함수는 파일에 따로 모아두었다가 필요시 호출하여 사용하게 됩니다. 먼저 다음과 같은 함수를 작성하여 myfunc.R이라는 파일에 저장하도록 하겠습니다. 저장 폴더는 c:\Rworks라고 가정합니다.

```
mydiv <- function(x,y=2) {
    result <- x/y
    return(result)
}
```

[코드 7-17]은 myfunc.R에 저장된 mydiv() 함수를 이용하는 과정입니다.

코드 7-17 code07-17.r

```
setwd('c:/Rworks')                # myfunc.R이 저장된 폴더
source('myfunc.R')                # myfunc.R 안에 있는 함수 실행

# 함수 사용
a <- mydiv(20,4)                  # 함수 호출
b <- mydiv(30,4)                  # 함수 호출
a+b
mydiv(mydiv(20,2),5)              # 함수 호출
```

실행 결과

```
> setwd('c:/Rworks')              # myfunc.R이 저장된 폴더
> source('myfunc.R')              # myfunc.R 안에 있는 함수 실행
>
> # 함수 사용
> a <- mydiv(20,4)                # 함수 호출
> b <- mydiv(30,4)                # 함수 호출
```

```
> a+b
[1] 12.5
> mydiv(mydiv(20,2),5)          # 함수 호출
[1] 2
```

mydiv() 함수를 호출하기 위해서는 먼저 mydiv() 함수를 실행해야 하는데 그 명령어가 source('myfunc.R')입니다. 이 명령문의 의미는 myfunc.R 파일에 저장되어 있는 함수나 명령문들을 실행하라는 것입니다. setwd('c:/Rworks')는 myfunc.R 파일이 위치하는 폴더를 지정합니다. source('myfunc.R')을 실행하면 mydiv() 함수를 사용할 준비가 되는 것이므로 이후에는 필요한 곳에서 호출하여 사용하면 됩니다.

source() 함수는 R 프로그램이 저장된 파일을 불러와서 그 안에 있는 내용을 실행시킬 때 사용합니다.

확인문제

myfunc.R 파일에 다음과 같이 mysum() 함수를 작성하여 저장하시오. 그리고 myfunc.R 파일을 불러와서 mysum(20)을 실행하시오(파일 위치: c:/Rworks/myfunc.R).

[myfunc.R 파일]

```
mysum <- function(n=10){
    return(sum(1:n))
}
```

정답

```
setwd('c:/Rworks')
source('myfunc.R')
mysum(20)
```

LAB 자격증 합격 여부 판단하기 II

이전 LAB에서 작성한 '데이터분석준전문가(ADsP)' 시험의 합격 여부 판단 프로그램을 개선해보도록 하겠습니다. 이때 합격 여부를 판단하는 코드에 대해 별도의 함수로 정의하여 코드 관리를 용

이하도록 만들겠습니다. 먼저 각 과목의 점수를 입력받아 합격 여부를 전달하는 함수를 만들어봅니다.

시험은 '데이터의 이해(20점)', '데이터 분석 기획(20점)', '데이터 분석(60점)' 총 3과목으로 구성되었으며 총점은 100점입니다. 각 과목별 40% 이상 취득하고 총점이 60점 이상이면 합격입니다.

1. 우선 새로운 스크립트 파일을 만들어 사용자가 만들 함수의 이름(determine)과 사용할 매개변수(score)를 정의합니다. 작업 폴더는 'c:/Rworks'라 가정합니다.

```
determine <- function(score){}
```

2. 정의한 함수의 코드블럭 안에 이전 LAB에서 작성한 코드를 붙여 넣습니다. 그리고 함수 코드블럭 마지막에 합격 여부의 결과가 저장된 값 result를 반환하는 명령문을 추가합니다. 작성을 마치면 스크립트 파일을 'myfunc.R'로 저장합니다.

```
determine <- function(score){
    total <- apply(score, 1, sum)
    scoreset <- cbind(score, total)
    result <- c()

    for(i in 1:nrow(scoreset)){
        if(scoreset[i,1] < 20*0.4 | scoreset[i,2] < 20*0.4 | scoreset[i,3] <
          60*0.4){
          result[i] <- '불합격'
        }else if(scoreset[i, 4] >= 60){
          result[i] <- '합격'
        }else{
          result[i] <- '불합격'
        }
        cat(i, '번째 응시생은', result[i],'입니다.\n')
    }
    return(result)        #저장된 결과 반환
}
```

3. 새로운 스크립트를 열어 방금 작성한 함수를 사용하기 위해 'myfunc.R'을 불러옵니다.

```
source('myfunc.R')
```

4. determine() 함수에 시험 점수를 입력해 실행해보고 반환되는 결과를 result에 저장합니다. 결과가 잘 저장되었는지 result를 출력해 확인합니다.

```
sub1 <- c(14, 16, 12, 20, 8, 6, 12, 18, 16, 10)
sub2 <- c(18, 14, 14, 16, 10, 12, 10, 20, 14, 14)
sub3 <- c(44, 38, 30, 48, 42, 50, 36, 52, 54, 32)
score <- data.frame(sub1, sub2, sub3)

result <- determine(score)
result
```

5. 앞에서 3번째까지의 시험 성적을 입력해 실행해보고 결과를 확인합니다.

```
result <- determine(head(score, 3))
result
```

6. 함수를 실행할 때 '1 번째 응시생은 합격 입니다.'와 같은 문구가 나오지 않게 수정하겠습니다. 'myfunc.R' 파일을 열고 다음 명령문을 주석으로 처리한 뒤 파일을 저장합니다.

```
# cat(i, '번째 응시생은', result[i],'입니다.\n')
```

7. 다시 'myfunc.R' 파일을 불러와 determine() 함수를 실행하고 결과를 확인합니다. source('myfunc.R')을 실행하지 않으면 이전에 불러온 함수를 계속 사용하기 때문에 수정 사항이 반영되지 않는다는 것에 주의합니다.

```
source('myfunc.R')
result <- determine(score)
result
```

Section
04 조건에 맞는 데이터의 위치를 찾아봅니다

앞에서 살펴본 것처럼 조건문, 반복문, 함수 등 프로그래밍 문법을 이용하면 복잡하거나 섬세한 데이터 분석이 가능해집니다. 이렇게 데이터 분석을 하다 보면 자신이 원하는 데이터가 벡터나 매트릭스, 데이터프레임 안에서 어디에 위치하는지 알아야 할 때가 있습니다. 예를 들면 50명의 학생 성적이 저장된 벡터가 있는데, 가장 성적이 좋은 학생은 몇 번째에 있는지 알아야 할 때입니다. 이런 경우 편리하게 사용할 수 있는 함수가 which(), which.max(), which.min() 함수입니다.

먼저 [코드 7-18]을 통해 **which() 함수**의 사용법을 알아보겠습니다.

코드 7-18 code07-18.r

```
score <- c(76, 84, 69, 50, 95, 60, 82, 71, 88, 84)
which(score==69)                # 성적이 69인 학생은 몇 번째에 있나?
which(score>=85)                # 성적이 85 이상인 학생은 몇 번째에 있나?
max(score)                      # 최고 점수는 몇 점인가?
which.max(score)                # 최고 점수는 몇 번째에 있나?
min(score)                      # 최저 점수는 몇 점인가?
which.min(score)                # 최저 점수는 몇 번째에 있나?
```

실행 결과

```
> score <- c(76, 84, 69, 50, 95, 60, 82, 71, 88, 84)
> which(score==69)              # 성적이 69인 학생은 몇 번째에 있나?
[1] 3
> which(score>=85)              # 성적이 85 이상인 학생은 몇 번째에 있나?
[1] 5 9
> max(score)                    # 최고 점수는 몇 점인가?
[1] 95
> which.max(score)              # 최고 점수는 몇 번째에 있나?
[1] 5
```

```
> min(score)                # 최저 점수는 몇 점인가?
[1] 50
> which.min(score)          # 최저 점수는 몇 번째에 있나?
[1] 4
```

[코드 7-18]에서 보는 것처럼 which() 함수는 조건에 맞는 값이 벡터 안에서 몇 번째에 위치하고 있는지 알아내는 함수입니다. 벡터 안에서 어떤 값의 위치를 인덱스(index)라고 하는데, which() 함수는 찾고자 하는 값의 인덱스를 알아내는 함수입니다.

조건에 맞는 값이 여러 개인 경우는 인덱스값도 여러 개 반환됩니다. **which.max() 함수**는 벡터 안에서 최댓값의 인덱스, **which.min() 함수**는 최솟값의 인덱스를 알아내는 함수입니다. 원하는 값들의 인덱스를 알아내면 [코드 7-19]와 같이 여러 작업을 할 수 있습니다.

코드 7-19 code07-19.r

```
score <- c(76, 84, 69, 50, 95, 60, 82, 71, 88, 84)
idx <- which(score<=60)         # 성적이 60 이하인 값들의 인덱스
score[idx] <- 61                # 성적이 60 이하인 값들은 61점으로 성적 상향조정
score                           # 상향조정된 성적 확인

idx <- which(score>=80)         # 성적이 80 이상인 값들의 인덱스
score.high <- score[idx]        # 성적이 80 이상인 값들만 추출하여 저장
score.high                      # score.high의 내용 확인
```

실행 결과

```
> score <- c(76, 84, 69, 50, 95, 60, 82, 71, 88, 84)
> idx <- which(score<=60)         # 성적이 60 이하인 값들의 인덱스
> score[idx] <- 61                # 성적이 60 이하인 값들은 61점으로 성적 상향조정
> score                           # 상향조정된 성적 확인
 [1] 76 84 69 61 95 61 82 71 88 84
>
> idx <- which(score>=80)         # 성적이 80 이상인 값들의 인덱스
> score.high <- score[idx]        # 성적이 80 이상인 값들만 추출하여 저장
> score.high                      # score.high의 내용 확인
[1] 84 95 82 88 84
```

하나 더 알기

[코드 7-19]에서 조건에 맞는 값을 추출하는 작업의 경우 subset() 함수를 이용할 수도 있습니다.

```
score <- c(76, 84, 69, 50, 95, 60, 82, 71, 88, 84)
idx <- which(score>=80)
score.high <- score[idx]
```

subset() 함수를 사용하여 고쳐보면 다음과 같습니다.

```
score <- c(76, 84, 69, 50, 95, 60, 82, 71, 88, 84)
score.high <- subset(score, score>=80)
```

which() 함수는 벡터뿐만 아니라 [코드 7-20]과 같이 매트릭스, 데이터프레임에 적용하여 조건에 맞는 행의 인덱스를 알아내는 데도 사용됩니다.

코드 7-20 code07-20.r

```
idx <- which(iris$Petal.Length>5.0)          # 꽃잎 길이가 5.0 이상인 값들의 인덱스
idx
iris.big <- iris[idx,]                        # 인덱스에 해당하는 값만 추출하여 저장
iris.big
```

실행 결과

```
> idx <- which(iris$Petal.Length>5.0)        # 꽃잎 길이가 5.0 이상인 값들의 인덱스
> idx
 [1]  84 101 102 103 104 105 106 108 109 110 111 112 113 115 116 117 118
[18] 119 121 123 125 126 129 130 131 132 133 134 135 136 137 138 140 141
[35] 142 143 144 145 146 148 149 150
> iris.big <- iris[idx,]                      # 인덱스에 해당하는 값만 추출하여 저장
> iris.big
    Sepal.Length Sepal.Width Petal.Length Petal.Width    Species
84           6.0         2.7          5.1         1.6 versicolor
101          6.3         3.3          6.0         2.5  virginica
102          5.8         2.7          5.1         1.9  virginica
103          7.1         3.0          5.9         2.1  virginica
...(생략)
```

which() 함수를 이용하면 원하는 값의 이름을 알아낼 수도 있습니다. [코드 7-21]은 가장 성적이 좋은 학생의 이름을 출력하는 예입니다.

코드 7-21 code07-21.r

```
score <- c(60,40,95,80)
names(score) <- c('John','Jane','Tom','David')
score                       # 성적 데이터 출력
idx <- which.max(score)
names(score)[idx]           # 성적이 제일 좋은 학생의 이름
```

실행 결과

```
> score <- c(60,40,95,80)
> names(score) <- c('John','Jane','Tom','David')
> score                       # 성적 데이터 출력
 John  Jane   Tom David
   60    40    95    80
> idx <- which.max(score)
> names(score)[idx]           # 성적이 제일 좋은 학생의 이름
[1] "Tom"
```

확인문제

R에 내장된 mtcars에서 mpg가 평균 이상인 행의 위치를 찾아 idx에 저장하시오. idx를 이용해 mtcars에서 조건에 맞는 데이터와 행 이름을 각각 출력하시오.

정답

```
idx <- which(mtcars$mpg >= mean(mtcars$mpg))
mtcars[idx, ]
rownames(mtcars)[idx]
```

LAB 언어 발달 상황 진단 프로그램 개발하기

아이의 언어 발달 시기는 개인차가 있지만 의미를 제대로 담아 '엄마', '아빠', '밥'처럼 말할 수 있는 시기는 생후 12개월이라고 합니다. 한 검진 기관에서 A 개발자에게 언어 발달 진단 프로그램 개발을 의뢰했습니다. 진단 절차가 다음과 같다고 가정했을 때 다음 문제를 해결해봅시다.

말문이 트인 시기와 언어 이해력 점수 입력 → 각각을 등급으로 변환(보기 1 참고) → 두 등급을 합산하여 진단(보기 2 참고)

보기 1

말문 트인 시기	~ 9개월 미만	9개월 ~ 14개월 미만	14개월 ~ 20개월 미만	20개월 ~ 26개월 미만	26개월 ~
등급	5	4	3	2	1

언어 이해력 점수	~70점 미만	70~90점 미만	90~110점 미만	110~130점 미만	130점 ~
등급	1	2	3	4	5

보기 2

총점	3점 미만	3~4점	5~6점	7~8점	9~10점
언어 발달 진단	매우 늦음	늦음	보통	빠름	매우 빠름

※ **검진 데이터는 Stat2Data 패키지의 ChildSpeaks 데이터셋이라고 가정합니다. ChildSpeaks 데이터셋은 아이의 ID(Child), 말문이 트인 개월수(Age), 언어 이해력 점수(Gesell)에 대한 값을 저장하고 있습니다.**

1. Stat2Data 패키지 안에 있는 ChildSpeaks 데이터셋을 불러온 뒤 구조를 살펴보겠습니다. Stat2Data 패키지를 설치하지 않았다면 먼저 install.packages('Stat2Data')로 설치합니다.

```
install.packages('Stat2Data')
library(Stat2Data)
data(ChildSpeaks)
str(ChildSpeaks)
```

2. 말문이 트인 시기를 등급으로 환산하여 ChildSpeaks 데이터셋에 m1 열을 추가하여 저장합니다. 여기서는 which()를 사용합니다.

```
idx <- which(ChildSpeaks$Age < 9)
ChildSpeaks[idx, 'm1'] <- 5
idx <- which(ChildSpeaks$Age >= 9 & ChildSpeaks$Age < 15 )
ChildSpeaks[idx, 'm1'] <- 4
idx <- which(ChildSpeaks$Age >= 15 & ChildSpeaks$Age < 21 )
ChildSpeaks[idx, 'm1'] <- 3
idx <- which(ChildSpeaks$Age >= 21 & ChildSpeaks$Age < 27 )
ChildSpeaks[idx, 'm1'] <- 2
idx <- which(ChildSpeaks$Age >= 27 )
ChildSpeaks[idx, 'm1'] <- 1
```

3. 점수를 등급으로 환산하여 ChildSpeaks 데이터셋에 m2 열을 추가하여 저장합니다.

```
ChildSpeaks$m2 <- NA   # m2 열에 초기값을 설정하여 열 생성
idx <- which(ChildSpeaks$Gesell < 70)
ChildSpeaks$m2[idx] <- 1
idx <- which(ChildSpeaks$Gesell >= 70 & ChildSpeaks$Gesell < 90 )
ChildSpeaks$m2[idx] <- 2
idx <- which(ChildSpeaks$Gesell >= 90 & ChildSpeaks$Gesell < 110 )
ChildSpeaks$m2[idx] <- 3
idx <- which(ChildSpeaks$Gesell >= 110 & ChildSpeaks$Gesell < 130 )
ChildSpeaks$m2[idx] <- 4
idx <- which(ChildSpeaks$Gesell >= 130 )
ChildSpeaks$m2[idx] <- 5
```

4. ChildSpeaks 데이터셋에 total 열을 추가하고, m1과 m2를 합산하여 저장합니다.

```
ChildSpeaks$total <- ChildSpeaks$m1 + ChildSpeaks$m2
```

5. ChildSpeaks 데이터셋에 result 열을 추가하고, 총점을 기준으로 언어 발달 상황 진단 결과를 저장합니다.

```
ChildSpeaks$result <- NA
idx <- which(ChildSpeaks$total < 3)
ChildSpeaks$result[idx] <- '매우느림'
idx <- which(ChildSpeaks$total >= 3 & ChildSpeaks$total < 5 )
ChildSpeaks$result[idx] <- '느림'
idx <- which(ChildSpeaks$total >= 5 & ChildSpeaks$total < 7 )
ChildSpeaks$result[idx] <- '보통'
idx <- which(ChildSpeaks$total >= 7 & ChildSpeaks$total < 9 )
ChildSpeaks$result[idx] <- '빠름'
idx <- which(ChildSpeaks$total >= 9 )
ChildSpeaks$result[idx] <- '매우빠름'
```

6. ChildSpeaks 데이터셋을 출력해 결과를 확인합니다. 그리고 언어 발달 상황이 가장 느린 아이의 데이터를 찾아 출력합니다.

```
ChildSpeaks
ChildSpeaks[which.min(ChildSpeaks$total),]
```

∴ **이제 완성된 프로그램을 검진 기관에 전달하고 일을 마무리합니다.**

실전 분석

종업원의 팁 분석하기

문제

reshape2 패키지 안에 들어있는 tips 데이터셋은 한 종업원이 식당에서 일하면서 몇 달 동안 받은 여러 가지 팁에 대한 데이터를 저장하고 있습니다. 이 데이터를 살펴보며 각 질문에 맞게 분석하겠습니다.

해결

1. reshape2 패키지 안에 들어있는 tips 데이터셋을 불러와 살펴보겠습니다. 패키지를 설치한 적이 없다면 패키지 로드 전에 install.packages('reshape2')를 실행합니다.

```
> install.packages('reshape2')
> library(reshape2)
> str(tips)
'data.frame' :244 obs. of  7 variables:
 $ total_bill: num  17 10.3 21 23.7 24.6 ...
 $ tip       : num  1.01 1.66 3.5 3.31 3.61 4.71 2 3.12 1.96 3.23 ...
 $ sex       : Factor w/ 2 levels "Female","Male": 1 2 2 2 1 2 2 2 2 2 ...
 $ smoker    : Factor w/ 2 levels "No","Yes": 1 1 1 1 1 1 1 1 1 1 ...
 $ day       : Factor w/ 4 levels "Fri","Sat","Sun",..: 3 3 3 3 3 3 3 3 3 3 ...
 $ time      : Factor w/ 2 levels "Dinner","Lunch": 1 1 1 1 1 1 1 1 1 1 ...
 $ size      : int  2 3 3 2 4 4 2 4 2 2 ...
```

2. 먼저 성별에 따라 팁을 주는 정도를 비교합니다.

```
> unique(tips$sex)
[1] Female Male
Levels: Female Male
>
> idx <- which(tips[, 'sex'] == 'Female')
> avg.female <- mean(tips[idx, 'tip'])
>
> idx <- which(tips[, 'sex'] == 'Male')
> avg.male <- mean(tips[idx, 'tip'])
>
> avg.female
[1] 2.833448
> avg.male
[1] 3.089618
```

3. 그 다음 흡연 유무에 따라 팁을 주는 정도를 비교합니다.

```
> unique(tips$smoker)
[1] No  Yes
Levels: No Yes
>
> idx <- which(tips$smoker == 'Yes')
> avg.smoker <- mean(tips[idx, 'tip'])
>
> idx <- which(tips$smoker == 'No')
> avg.nonsmoker <- mean(tips[idx, 'tip'])
>
> avg.smoker
[1] 3.00871
> avg.nonsmoker
[1] 2.991854
```

4. 2번과 3번의 코드를 자세히 살펴보면 열 이름과 열의 값의 종류만 바뀔 뿐 코드에서 공통된 구조가 반복되는 것을 알 수 있습니다. 따라서 동일한 방법으로 모든 열에 대해서 반복하는 대신 데이터셋(tips)과 열 이름(colname)만 입력하고 열의 값에 대해 종류별로 평균을 구해 결과를 돌려주는 함수를 작성하면 코드의 중복을 줄일 수 있습니다. 따라서 새로운 스크립트 파일을 만들어 meanbycol.tip이란 함수를 정의합니다. 작업 폴더는 'c:/Rworks'라 가정합니다.

```
meanbycol.tip <- function(tips, colname){}
```

5. 코드블록 안에 다음 절차를 수행하도록 코드를 작성합니다.

① 값의 종류를 구한다.

② 값의 종류별로 평균을 구한다.
  ②-1 하나의 값에 해당하는 인덱스를 구한다.
  ②-2 인덱스로 해당 값의 평균을 구해 저장한다.

③ 결과값에 값의 종류로 이름을 붙인다.

④ 결과값을 반환한다.

⑤ 작성을 마치면 스크립트 파일을 'myfunc.R'로 저장한다.

```
meanbycol.tip <- function(colname) {
    value <- unique(tips[, colname])                # ① 값의 종류를 구함
    result <- list()
    for(i in 1:length(value)) {                     # ② 값의 종류별로 평균을 구함
```

```
        idx <- which(tips[,colname] == value[i])          # ②-1
        result[i] <- mean(tips[idx,'tip'])                # ②-2
    }
    names(result) <- value                                # ③ 결과값에 이름을 붙임
    return(result)                                        # ④ list 결과값 반환
}
```

6. 함수 작성 이전 스크립트로 돌아와 함수가 작성되어 있는 myfunc.R 파일을 로드합니다. 함수 meanbycol.tip 입력값에 데이터셋의 열 이름을 넣어 실행해보겠습니다. 함수로 실행한 결과와 앞에서 구한 결과가 동일한지 비교합니다.

```
> source('myfunc.R')
> meanbycol.tip('sex')
$Female
[1] 2.833448

$Male
[1] 3.089618

> meanbycol.tip('smoker')
$No
[1] 2.991854

$Yes
[1] 3.00871
```

7. 나머지 열 이름도 입력하여 함수가 잘 작동하는지 확인합니다.

```
meanbycol.tip('size')
meanbycol.tip('day')
```

8. 지금까지의 결과를 간단히 살펴보면 평균적으로 남자가 여자보다 팁을 더 많이 주며, 일행 중 흡연자의 포함 여부는 큰 차이가 없다는 것을 알 수 있습니다. 또한 일행이 많아질수록 받는 팁도 늘어났으며 일요일에 가장 많은 팁을 받았다는 것을 알 수 있습니다.

9. 그렇다면 결제 금액 대비 받은 팁의 비율(받은 팁/결제 금액 * 100)은 어떻게 달라질까요? 먼저 팁의 비율에 따라 4그룹으로 레이블을 붙이는 `categorize.tip`이란 함수를 `myfunc.R` 스크립트로 정의합니다. 데이터셋을 입력받으면 ① 결제 금액 대비 팁의 비율 `ratio`와 ② 레이블 `type`을 추가한 데이터셋을 반환합니다. 레이블은 10% 미만이면 1, 10% 이상~15% 미만이면 2, 15% 이상~20% 미만이면 3, 20% 이상이면 4로 합니다.

```
categorize.tip <- function(tips){
    tip_ratio <- tips$tip/tips$total_bill * 100

    class <- c()

    for(i in 1:nrow(tips)){
        if(tip_ratio[i] < 10){
            class[i] <- 1
        }else if(tip_ratio[i] < 15){
            class[i] <- 2
        }else if(tip_ratio[i] < 20){
            class[i] <- 3
        }else{
            class[i] <- 4
        }
    }
    tips.new <- cbind(tips, type = class, ratio = tip_ratio)
    return(tips.new)
}
```

10. 'myfunc.R'을 다시 로드한 후 `categorize.tip` 함수를 실행합니다. 결과값을 `tips.new`에 저장한 뒤 데이터셋 일부를 출력해 결과를 살펴보겠습니다. 기존 데이터셋에 `type`과 `ratio` 열이 추가된 것을 볼 수 있습니다.

```
> source('myfunc.R')
> tips.new <- categorize.tip(tips)
> head(tips.new)
  total_bill  tip    sex smoker day   time size type     ratio
1      16.99 1.01 Female     No Sun Dinner    2    1  5.944673
2      10.34 1.66   Male     No Sun Dinner    3    3 16.054159
3      21.01 3.50   Male     No Sun Dinner    3    3 16.658734
4      23.68 3.31   Male     No Sun Dinner    2    2 13.978041
5      24.59 3.61 Female     No Sun Dinner    4    2 14.680765
6      25.29 4.71   Male     No Sun Dinner    4    3 18.623962
```

11. 마지막으로 열 type의 값에 따라 결제 금액(total_bill), 팁(tip), 결제 금액 대비 팁의 비율(ratio)에 대한 평균값을 계산합니다. 결과는 변수 res에 저장 및 출력합니다. 결제하는 금액이 높아질수록 오히려 받는 팁의 비율은 줄어드는 경향이 나타납니다.

```
> res <- c()
> for(i in 1:4){
+   idx <- which(tips.new[,'type'] == i)
+   tips.tmp <- tips.new[idx, ]
+   res.tmp <- apply(tips.tmp[c('type', 'total_bill', 'tip', 'ratio')], 2, mean)
+   res <- rbind(res, res.tmp)
+ }
> rownames(res) <- 1:4
> res
  type total_bill      tip     ratio
1    1   26.95889 2.074444  7.849503
2    2   21.22691 2.725432 12.999096
3    3   18.15742 3.178866 17.436573
4    4   15.87769 3.755385 24.804411
```

요약

01 조건문은 조건에 따라 실행할 명령문을 다르게 해야 할 때 사용합니다. `if-else`문이 대표적입니다.

02 `if-else`문을 작성할 때 조건에 따라 실행할 명령문이 각각 하나씩이면 `ifelse`문을 사용해 코드를 단순화시킬 수 있습니다.

03 `{}`는 프로그래밍에서 코드블록(code block)이라고 부르는데, 여러 명령문을 하나로 묶어주는 역할을 합니다.

04 반복문은 정해진 동작을 반복적으로 실행할 때 사용합니다. `for`문과 `while`문이 대표적입니다.

05 보통 반복 횟수가 정해져 있는 경우 `for`문을, 정해져 있지 않은 경우 `while`문을 사용합니다.

06 2차원 데이터에서 반복문을 적용하는 경우 `for`문이나 `while`문보다는 처리 속도가 빠른 `apply()` 함수 사용을 권장합니다.

07 R은 사용자들이 자신만의 함수를 만들어 사용할 수 있는 기능을 제공하는데, 이를 사용자 정의 함수라 부릅니다.

08 사용자 정의 함수를 사용하려면 작성한 코드를 한 번 실행하여 메모리에 등록해야 합니다. 사용자 정의 함수를 별도의 파일에 저장했다면 `source()` 함수로 불러와 사용합니다.

09 사용자 정의 함수는 매개변수에 기본값을 지정할 수 있고, `list()` 함수로 여러 개의 결과값을 담아 반환할 수 있습니다.

10 데이터에서 조건에 맞는 값을 찾고 싶을 때 `which()` 함수를 사용할 수 있습니다.

■ 조건문

조건문	기본 구조

if ~ else	if (비교 조건) {
	    조건이 참일 때 실행할 명령문(들)
	} else {
	    조건이 거짓일 때 실행할 명령문(들)
	}

ifelse	ifelse (비교 조건, 조건이 참일 때 선택할 값, 조건이 거짓일 때 선택할 값)

■ 반복문

반복문	기본 구조

for	for (반복 변수 in 반복 범위) {
	    반복할 명령문(들)
	}

while	while (비교 조건) {
	    반복할 명령문(들)
	}

■ apply() 함수

```
apply(데이터셋, 행/열 방향 지정, 적용 함수)
```

■ 사용자 정의 함수

사용자 정의 함수	기본 구조

function	함수명 <- function(매개변수 목록) {
	    실행할 명령문(들)
	    return(함수의 실행 결과)
	}

■ 조건에 맞는 데이터 위치를 찾는 함수

함수명	설명
which()	조건에 맞는 값의 인덱스 반환
which.max()	벡터 안에서 가장 큰 값의 인덱스 반환
which.min()	벡터 안에서 가장 작은 값의 인덱스 반환

연습문제

01 다음 순서도를 R 코드로 작성하시오.

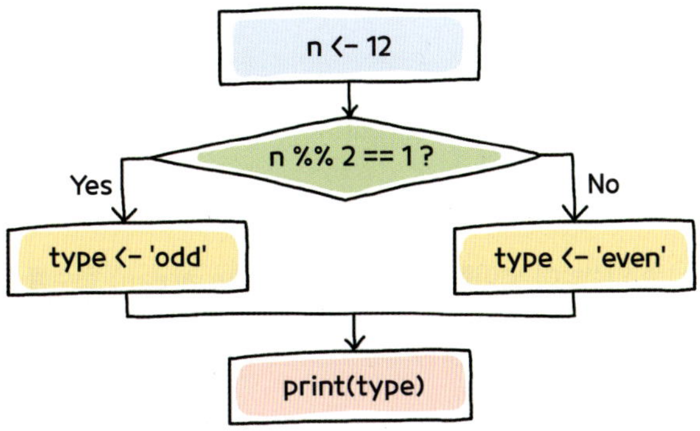

02 다음 조건문을 `ifelse`문으로 작성하시오.

```
if(n < 0){
    res <- -n
}else{
    res <- n
}
```

03 스위치가 켜졌을 때는 입력값을 모두 곱하고, 꺼졌을 때는 입력값을 합하여 결과를 출력하려고 한다. 다음 코드가 정상적으로 실행되도록 2곳을 수정하시오.

```
input <- 1:10
n <- length(input)
switch <- TRUE

if(switch == T){
    for(i in 1:n){
        result <- result * i
    }
}
else{
    result <- sum(input)
}

print(result)
```

04 1부터 20 사이의 모든 홀수의 곱을 구하는 코드를 작성하고 결과를 구하시오(단 `for`문 사용).

05 1부터 20 사이의 모든 홀수의 곱을 구하는 코드를 작성하고 결과를 구하시오(단 `while`문 사용).

06 `mtcars` 데이터셋에서 mpg, hp, wt 세 개의 열에 대한 각각의 평균을 구하려 한다. `apply()` 함수를 사용하여 코드를 작성하시오.

07 삼각형의 밑변(base)과 높이(height)를 입력받아 넓이를 반환하는 `triangle.area()` 함수를 정의하시오. 그리고 이 함수를 사용해 밑변이 5.2, 높이가 4.6인 삼각형의 넓이를 구하시오.

08 숫자 벡터를 입력받아 최솟값, 최댓값, 평균값을 구하는 함수를 작성하려고 한다. [보기 2]의 스크립트를 실행하였을 때 'min: 1, max: 9, avg: 5'가 출력되도록 [보기 1]의 빈 칸을 채워 함수를 완성하시오.

[보기 1]

```
multiple.answer <- function(data){
    res.min <- min(data)
    res.max <- max(data)
    res.avg <- mean(data)
    result <- [            ]
    return(result)
}
```

[보기 2]

```
data <- c(1, 3, 5, 7, 9)
result <- multiple.answer(data)
cat('min:', result$min, ', max:', result$max, ', avg:', result$avg, '\n')
```

09 `mtcars` 데이터셋에서 마력(mpg)이 가장 높은 자동차와 가장 낮은 모델명을 구하는 코드를 작성하고 결과를 구하시오.

10 다음은 한 가전 회사의 A/S 홈페이지에 게시된 내용으로 드럼세탁기가 냉온수 급수가 안 될 때 조치 사항을 안내하고 있다. 이 조치 사항을 순서도로 작성하시오.

1단계 냉/온수 급수호스 좌/우 위치가 바뀌었는지 확인하셨나요?

예 2단계로 넘어가세요 아니요 냉/온수 급수호스 설치 상태를 확인해 주십시오.

2단계 급수가 전혀 안 되나요?

예 3단계로 넘어가세요 아니요 급수호스 꺾임. 눌림 확인과 급수거름망을 빼서 세척해 주십시오.

3단계 단수 확인 및 수도는 열어 놓으셨나요?

예 4단계로 넘어가세요 아니요 단수 확인 및 수도를 왼쪽으로 열어 주십시오.

4단계 급수호스와 거름망에 이물질은 확인해보셨습니??

예 출장 서비스 예약 아니요 급수호스 꺾임, 눌림 확인, 급수거름망 세척해 주십시오.

11 피보나치 수열은 [보기]와 같이 첫 번째 항은 0, 두 번째 항은 1, 세 번째 항부터는 바로 직전 두 항의 합으로 만들어진다. 예를 들면 세 번째 항은 1(= 1 + 0), 네 번째 항은 2(= 1 + 1)이다. 피보나치 수열을 20번째 항까지 구하는 코드를 for문을 사용하여 작성하고 결과를 출력하시오.

[보기]

```
0, 1, 1, 2, 3, 5, 8, 13, 21, ...
```

12 R에 기본 내장된 USArrests 데이터셋은 1973년 미국 50개 주에서 발생한 강력 범죄에 대한 기록이다. 구체적으로 각 주를 관측값으로 하여 각 열에 인구 10만명 당 살인(Murder), 폭행(Assault), 강간(Rape)에 대한 체포건수를 저장하고 있다.

(1) 살인, 폭행, 강간 범죄에 대한 체포건수의 합을 각각 구하시오.

(2) 살인, 폭행, 강간 범죄에 대한 체포건수의 평균을 각각 구하시오.

(3) 살인 범죄 체포가 가장 많이 발생한 주는 어디인지 구하시오.

(4) 폭행 범죄 체포가 가장 적게 발생한 주의 살인 범죄 체포건수를 구하시오.

CHAPTER 08

기본 그래프 작성하기 I

학습목표

- 막대그래프를 작성하는 방법에 대해 알아봅니다.
- 히스토그램을 작성하는 방법에 대해 알아봅니다.
- 다중 그래프를 작성하는 방법과 그래프를 파일에 저장하는 방법을 이해합니다.

Preview

이미지는 숫자나 도표에 비해 정보 전달력이 뛰어나기 때문에 데이터 분석에서도 많이 활용됩니다. 이번 장에서는 막대그래프와 히스토그램을 통해서 R로 그래프를 작성하는 기본적인 방법에 대해 학습합니다. 또한 그래프에서 자주 사용되는 색(color)을 지정하는 방법도 배웁니다.

1절에서는 막대그래프의 색을 변경하는 것에서부터 제목, 범례 표기에 이르기까지 그래프 작성에 필요한 세부 요소들을 알아봅니다. 2절에서는 연속형 자료를 범주화하여 시각화하는 히스토그램에 대해 학습합니다. 3절에서는 여러 개의 그래프를 한번에 출력할 수 있는 방법과 작성한 그래프를 저장하는 방법에 대해 소개합니다.

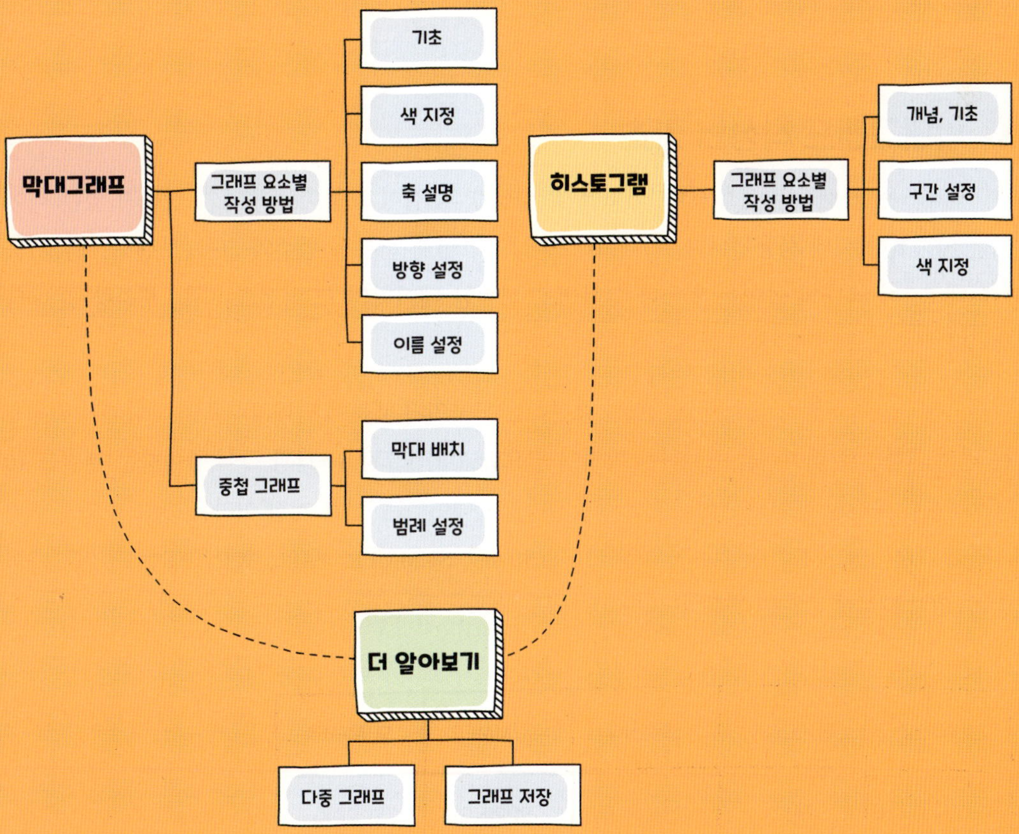

Section 01

막대그래프를 작성해봅니다

데이터가 포함하고 있는 정보를 이해하기 쉽게 표현하는 과정을 데이터 시각화(data visualization)라고 합니다. 인간은 숫자보다 이미지로부터 보다 쉽게 정보를 습득하기 때문에 데이터 시각화 기법을 익히는 것은 매우 중요합니다. 이번 장에서는 데이터 시각화 작업에 기본적으로 사용되는 다양한 그래프 작성 방법에 대해 학습합니다.

1 막대그래프 작성의 기초

막대그래프는 '브랜드별 선호도'나 '연도별 쌀 생산량'과 같이 그룹이나 범주가 정해져 있는 데이터를 시각화하는 데 사용됩니다. 막대그래프에서 각 막대는 특정 범주와 그룹(브랜드, 연도)을 나타내고, 각 막대의 높이는 범주나 그룹별로 집계한 데이터의 크기(선호 비율, 생산량)를 나타냅니다.

막대그래프는 그룹별로 집계된 데이터를 표현하는 도구이기 때문에 막대그래프를 작성하기 위해서는 먼저 그룹별로 데이터를 집계하는 작업이 필요합니다. [그림 8-1]과 같이 좋아하는 계절을 10명으로부터 수집한 데이터가 있다고 가정합시다. 이 데이터는 '선호 계절'이라는 단일 특성에 대해 데이터를 수집했으므로 단일변수 자료이고, SPRING, SUMMER, FALL, WINTER는 크기를 측정할 수 없기 때문에 범주형 자료입니다.

WINTER	SUMMER	SPRING	SUMMER	SUMMER
FALL	FALL	SUMMER	SPRING	SPRING

그림 8-1 선호하는 계절에 대한 데이터 수집

도수분포표 계산하기

[코드 8-1]은 계절별로 선호도를 입력하고 선호하는 인원이 얼마나 되는지 집계하는 코드입니다.

코드 8-1 code08-01.r

```
favorite <- c('WINTER', 'SUMMER', 'SPRING', 'SUMMER', 'SUMMER',
              'FALL', 'FALL', 'SUMMER', 'SPRING', 'SPRING')   # 데이터 입력
favorite                          # favorite의 내용 출력
table(favorite)                   # 도수분포 계산
```

[코드 8-1]의 실행 결과를 나누어서 설명하면 다음과 같습니다.

```
> favorite <- c('WINTER', 'SUMMER', 'SPRING', 'SUMMER', 'SUMMER',
+               'FALL', 'FALL', 'SUMMER', 'SPRING', 'SPRING')   # 데이터 입력
> favorite                          # favorite의 내용 출력
 [1] "WINTER" "SUMMER" "SPRING" "SUMMER" "SUMMER" "FALL"   "FALL"
 [8] "SUMMER" "SPRING" "SPRING
```

데이터를 분석하기 위해 **favorite**라는 이름의 벡터에 데이터를 저장합니다. 이와 같이 단일변수 자료는 벡터에 저장하여 분석하는 것이 일반적입니다. 10개의 데이터값이 **favorite**에 저장되어 있음을 알 수 있습니다.

```
> table(favorite)                   # 도수분포 계산
favorite
  FALL SPRING SUMMER WINTER
     2      3      4      1
```

table() 함수는 벡터에 저장된 범주형 데이터에 대해 데이터값이 종류별로 몇 개인지 계산하는 함수입니다. 실행 결과를 보면, **favorite**는 데이터가 저장된 벡터 이름이고 그 다음에 사계절에 대한 선호 빈도가 나타납니다. 선호 빈도를 보면 **SUMMER**가 4명으로 가장 많고 **WINTER**가 1명으로 가장 적습니다. 이와 같이 도수분포로 각 데이터의 종류별 빈도를 파악할 수 있으며, 이 내용을 도표로 나타낸 것이 **도수분포표**입니다.

막대그래프 작성하기

도수분포표를 작성하는 것만으로도 범주형 자료가 포함하고 있는 정보를 파악할 수 있지만, 이 결과를 토대로 막대그래프를 작성하여 정보를 시각화하면 정보 파악이 더 쉬워집니다. [코드 8-2]는 [코드 8-1]에서 작성한 도수분포표를 막대그래프로 표현하는 코드입니다.

코드 8-2 code08-02.r

```
# [코드 8-1]에 이어서 실행
ds <- table(favorite)                        # 도수분포표 저장
ds                                           # 도수분포표 내용 확인
barplot(ds, main='favorite season')          # 막대그래프 작성
```

[코드 8-2]의 실행 결과를 나누어서 설명하면 다음과 같습니다.

```
> ds <- table(favorite)                      # 도수분포표 저장
> ds                                         # 도수분포표 내용 확인
favorite
  FALL SPRING SUMMER WINTER
     2      3      4      1
```

table() 함수를 통해 계산한 도수분포표를 ds라는 이름의 변수에 저장합니다. ds의 내용을 확인하면 도수분포 데이터가 저장되어 있는 것을 알 수 있습니다.

```
> barplot(ds, main='favorite season')        # 막대그래프 작성
```

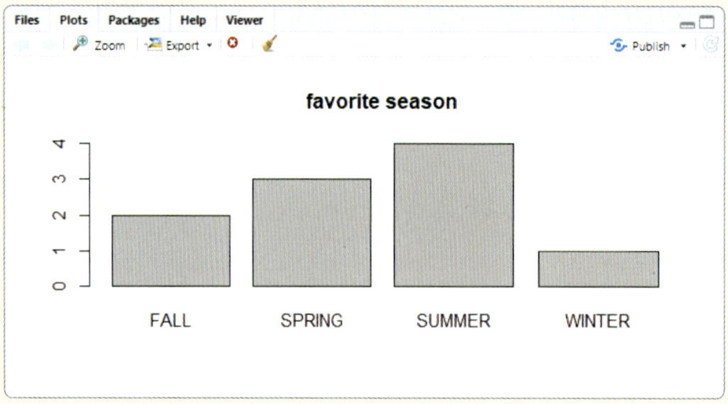

barplot() 함수는 막대그래프를 작성하는 함수로 각 매개변수의 내용은 다음과 같습니다.

- ds : 그래프로 표현할 도수분포표를 지정한다.
- main='favorite season' : 막대그래프 상단의 그래프 제목(타이틀)을 지정한다.

그래프에서 x축은 관측값의 종류를 나타내는 사계절 이름을 보여주며, y축은 선호 빈도를 나타냅니다. barplot() 함수는 2개의 매개변수 외에도 다양한 매개변수를 가질 수 있으며, 매개변수값에 따라 막대의 색상을 다르게 하거나 x축, y축의 레이블을 지정할 수 있습니다.

막대그래프의 색 지정하기

막대그래프에서 막대의 색은 회색이 기본이지만 사용자가 원하는 색으로 변경할 수 있습니다. [코드 8-3]을 실행해봅니다.

코드 8-3 code08-03.r

```
# [코드 8-2]에 이어서 실행
barplot(ds, main='favorite season',
        col='blue')                    # 막대의 색 지정
```

실행 결과

```
> barplot(ds, main='favorite season',
+         col='blue')                  # 막대의 색 지정
```

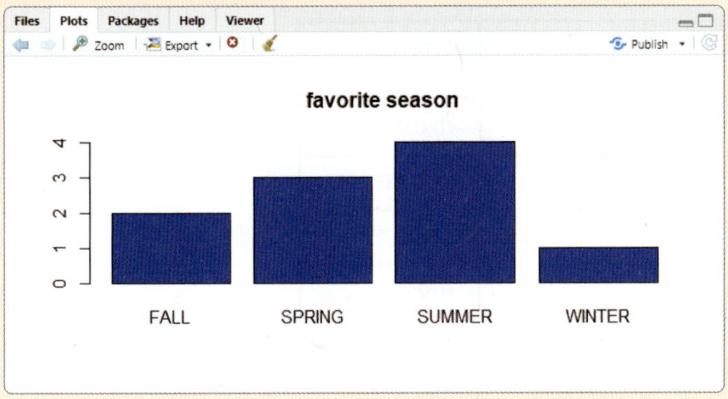

막대의 색을 지정하는 매개변수의 이름은 color의 줄임말인 'col'입니다. 색을 지정하는 방법은 다음과 같습니다.

❶ 'blue', 'red', 'yellow'와 같이 색의 이름을 지정한다.

❷ '#0000FF'와 같이 색상별로 지정된 코드를 이용한다.

❸ rgb(0,0,0,255, maxColorValue=255)와 같이 빨강, 초록, 파랑, 투명도의 조합으로 색을 만들어서 사용한다.

col='#0000FF'와 col=rgb(0,0,0,255, maxColorValue=255)는 col='blue'와 동일한 의미입니다. colors() 함수를 실행하면 R 그래프에 사용할 수 있는 색의 이름을 알 수 있습니다.

```
> colors()
  [1] "white"             "aliceblue"          "antiquewhite"
  [4] "antiquewhite1"     "antiquewhite2"      "antiquewhite3"
  [7] "antiquewhite4"     "aquamarine"         "aquamarine1"
 [10] "aquamarine2"       "aquamarine3"        "aquamarine4"
 [13] "azure"             "azure1"             "azure2"
 [16] "azure3"            "azure4"             "beige"
...(이하 생략)
```

하나 더 알기

색의 이름이나 색의 코드, rgb를 모두 기억하는 것은 어려운 일입니다. 구글에서 'R color code'를 검색하면 정리된 데이터를 찾을 수 있으니 필요시 검색해보면 됩니다.

Color	색의 이름	색의 코드	(r,g,b)
	Black	#000000	(0,0,0)
	White	#FFFFFF	(255,255,255)
	Red	#FF0000	(255,0,0)
	Lime	#00FF00	(0,255,0)
	Blue	#0000FF	(0,0,255)
	Yellow	#FFFF00	(255,255,0)
	Cyan / Aqua	#00FFFF	(0,255,255)
	Magenta / Fuchsia	#FF00FF	(255,0,255)

막대별로 색을 다르게 지정하기

막대그래프에서 막대의 색을 col='blue'와 같이 지정하면 모든 막대의 색이 파란색으로 지정됩니다. 막대별로 색을 다르게 지정하려면 [코드 8-4]와 같이 막대의 개수만큼 색을 지정하면 됩니다. 색의 순서는 막대의 순서와 일치합니다.

코드 8-4 code08-04.r

```
# [코드 8-3]에 이어서 실행
barplot(ds, main='favorite season',
        col=c('blue','red','green','yellow'))     # 막대의 색을 각각 지정
```

실행 결과

```
> barplot(ds, main='favorite season',
+        col=c('blue','red','green','yellow'))     # 막대의 색을 각각 지정
```

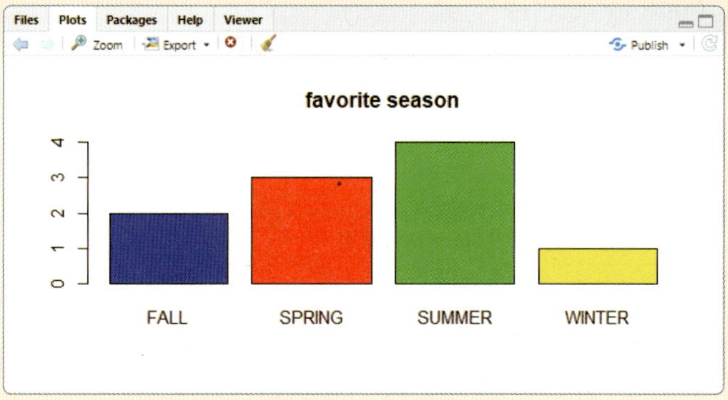

팔레트에서 색을 선택하여 사용하기

막대의 색을 서로 다르게 하기 위해 막대의 수만큼 색을 지정하는 것은 매우 번거로운 일입니다. R에서는 이러한 작업을 용이하게 할 수 있도록 '팔레트' 기능을 제공합니다. 팔레트 기능은 다양한 색을 미리 준비해놓고 그곳에서 필요한 개수만큼의 색을 가져와 사용하는 것입니다. 제공되는 색상에 따라 다양한 팔레트를 이용할 수 있는데 팔레트 사용을 위한 함수로는 `rainbow()`, `heat.colors()`, `terrain.colors()`, `topo.colors()`, `cm.colors()` 함수가 대표적입니다. 사용 방법은 팔레트 함수에 필요한 색을 개수로 지정하는 것입니다. 다음은 [코드 8-4]를 `rainbow()` 팔레트 함수를 이용하여 작성한 예입니다.

```
> barplot(ds, main='favorite season',
+        col=rainbow(4))           # 레인보우 팔레트에서 4개의 색을 선택
```

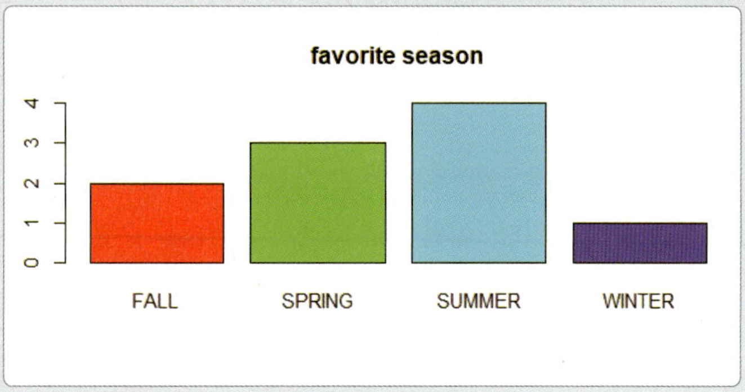

x축, y축에 설명 붙이기

막대그래프에서 x축과 y축의 값들이 무엇을 의미하는지 설명을 추가하면 그래프를 이해하는 데 도움이 됩니다. [코드 8-5]를 통해 방법을 배워봅니다.

코드 8-5 code08-05.r

```
# [코드 8-4]에 이어서 실행
barplot(ds, main='favorite season',
        col='green',                          # 막대의 색을 지정
        xlab='계절',                           # x축 설명
        ylab='빈도수' )                         # y축 설명
```

실행 결과

```
> barplot(ds, main='favorite season',
+         col='green',                        # 막대의 색을 지정
+         xlab='계절',                         # x축 설명
+         ylab='빈도수' )                       # y축 설명
```

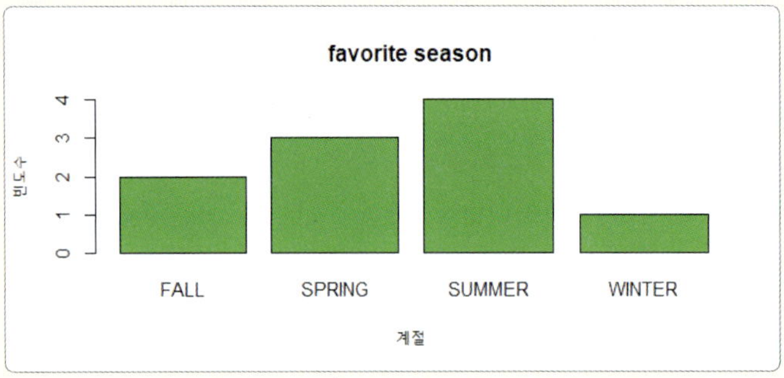

이와 같이 x축 설명, y축 설명을 지정하는 매개변수는 xlab과 ylab입니다.

그래프 막대를 수평 방향으로 출력하기

데이터에 포함된 그룹의 개수가 많아지면 막대그래프에서 막대의 수가 늘어나기 때문에 수직 방향으로 출력했을 때 내용의 확인이 어려울 수 있습니다. 이런 경우 그래프의 막대를 수평 방향으로 출력하는 것이 보기가 좋습니다. [코드 8-6]을 통해서 이 방법을 알아봅니다.

코드 8-6 code08-06.r

```
# [코드 8-5]에 이어서 실행
barplot(ds, main='favorite season',
```

```
        col='yellow',                    # 막대의 색을 지정
        horiz=TRUE)                      # 수평 방향 출력
```

실행 결과

```
> barplot(ds, main='favorite season',
+         col='yellow',                  # 막대의 색을 지정
+         horiz=TRUE)                    # 수평 방향 출력
```

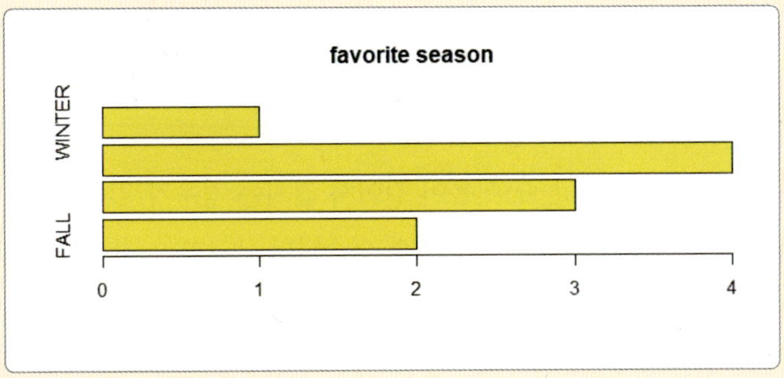

그래프를 수평 방향으로 출력하도록 지정하는 매개변수는 horiz입니다. horiz=TRUE는 수평 방향(horizontal)을 의미합니다. horiz의 기본값은 FALSE(수직 방향)입니다.

x축의 그룹 이름 바꾸기

선호 계절에 대한 막대그래프를 보면 x축의 그룹 이름에 계절명 'FALL', 'SPRING', 'SUMMER', 'WINTER'가 출력됩니다. 이 이름이 길어서 'FA', 'SP', 'SU', 'WI'로 값을 바꾸어 출력하고 싶으면 [코드 8-7]과 같이 합니다. 여기서 매개변수 names는 그룹의 이름을 다른 것으로 바꾸어 출력하고 싶을 때 사용합니다.

코드 8-7 code08-07.r

```
# [코드 8-6]에 이어서 실행
barplot(ds, main='favorite season',
        col='yellow',                    # 막대의 색을 지정
        names=c('FA','SP','SU','WI'))    # 그룹 이름을 바꾸어 출력
```

실행 결과

```
> barplot(ds, main='favorite season',
+         col='yellow',                  # 막대의 색을 지정
+         names=c('FA','SP','SU','WI'))  # 그룹 이름을 바꾸어 출력
```

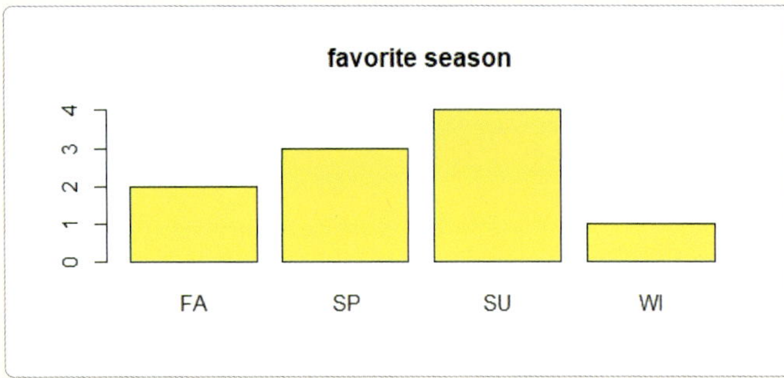

x축의 그룹 이름을 수직 방향으로 출력하기

막대그래프에서 그룹 이름이 수평 방향으로 나타날 때 이름이 길어서 겹치는 경우가 있습니다. 이때 그룹 이름을 수직 방향으로 출력하면 겹치지 않게 나타낼 수 있습니다. [코드 8-8]은 그룹의 이름을 수직 방향으로 출력하는 예입니다.

코드 8-8 code08-08.r

```
# [코드 8-7]에 이어서 실행
barplot(ds, main='favorite season',
        col='green',                   # 막대의 색을 지정
        las=2)                         # 그룹 이름을 수직 방향으로
```

실행 결과

```
> barplot(ds, main='favorite season',
+         col='green',                 # 막대의 색을 지정
+         las=2)                       # 그룹 이름을 수직 방향으로
```

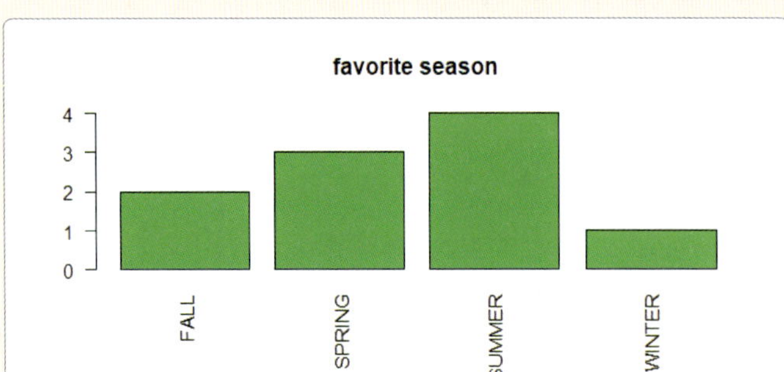

매개변수 las는 그룹 이름의 출력 방향을 결정하는 역할을 합니다. las=2인 경우 x축을 기준으로 수직 방향으로 출력됩니다. las값에 따른 출력 방향은 다음과 같습니다.

- **0** : 축 방향(기본값)
- **1** : 수평 방향(축 방향과 상관없음)
- **2** : 축을 기준으로 수직 방향
- **3** : 수직 방향(축 방향과 상관없음)

확인문제

10명의 혈액형 정보가 저장된 blood 변수를 사용하여 다음과 같은 막대그래프를 그리는 코드를 작성하시오(막대그래프 색은 purple).

```
blood <- c('A형', 'B형', 'B형', 'AB형', 'O형', 'A형', 'O형', 'A형', 'B형', 'A형')
```

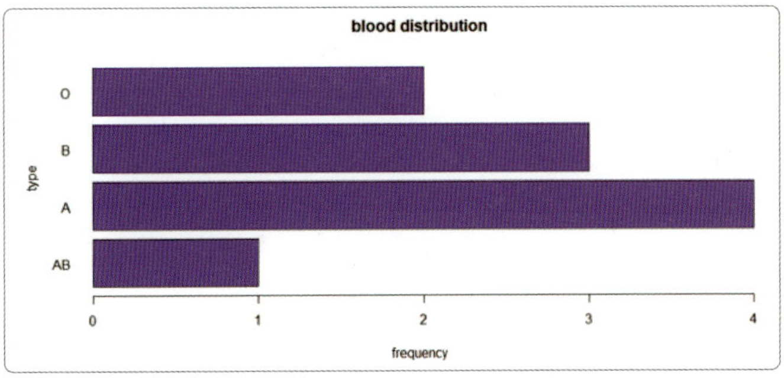

정답

```
ds <- table(blood)
barplot(ds, main = 'blood distribution',
        xlab = 'frequency',
        ylab = 'type',
        col = 'purple',
        names = c('AB', 'A', 'B', 'O'),
        horiz = TRUE,
        las = 1 )
```

2 중첩 그룹의 막대그래프

여러 가지 데이터 중에는 그룹 안에 또 다른 그룹이 존재하는 경우가 있습니다. [표 8-1]은 1970년부터 20년 간격으로 우리나라의 인구를 추정한 데이터입니다. **연도**를 기준으로 그룹이 나누어져 있고, 연도 안에서는 **연령대**별로 3개의 그룹이 존재합니다. [표 8-1]과 같은 형태의 데이터로 막대그래프를 작성하는 방법에 대해 알아보도록 합니다.

표 8-1 장래 인구 추정 통계 (단위 : 1,000명, 출처 : 국가통계포털(KOSIS))

	연도	1970	1990	2010	2030	2050
인구수	0~14세(A)	13,709	10,974	7,979	5,000	4,250
	15~64세(B)	17,540	29,701	36,209	33,947	24,487
	65세 이상(C)	991	2,195	5,366	12,980	19,007

코드 8-9 code08-09.r

```
# 데이터 입력
age.A <- c(13709, 10974, 7979, 5000, 4250)
age.B <- c(17540, 29701, 36209, 33947, 24487)
age.C <- c(991, 2195, 5366, 12980, 19007)

ds <- rbind(age.A, age.B, age.C)
colnames(ds) <- c('1970','1990','2010','2030','2050')
ds

# 그래프 작성
barplot(ds, main='인구 추정')
```

[코드 8-9]의 실행 결과를 나누어서 설명하면 다음과 같습니다.

```
> # 데이터 입력
> age.A <- c(13709, 10974, 7979, 5000, 4250)
> age.B <- c(17540, 29701, 36209, 33947, 24487)
> age.C <- c(991, 2195, 5366, 12980, 19007)
>
> ds <- rbind(age.A, age.B, age.C)
> colnames(ds) <- c('1970','1990','2010','2030','2050')
> ds
       1970  1990  2010  2030  2050
age.A 13709 10974  7979  5000  4250
age.B 17540 29701 36209 33947 24487
age.C   991  2195  5366 12980 19007
```

[표 8-1]에 있는 형태로 데이터를 입력하는 과정입니다. 표의 형태로 되어있는 데이터에서 행에 해당하는 내용을 벡터 age.A, age.B, age.C에 저장한 뒤 rbind() 함수로 묶어서 표를 완성하고, colnames() 함수를 통해 연도를 열 이름으로 붙여주면 데이터가 완성됩니다.

```
> # 그래프 작성
> barplot(ds, main='인구 추정')
```

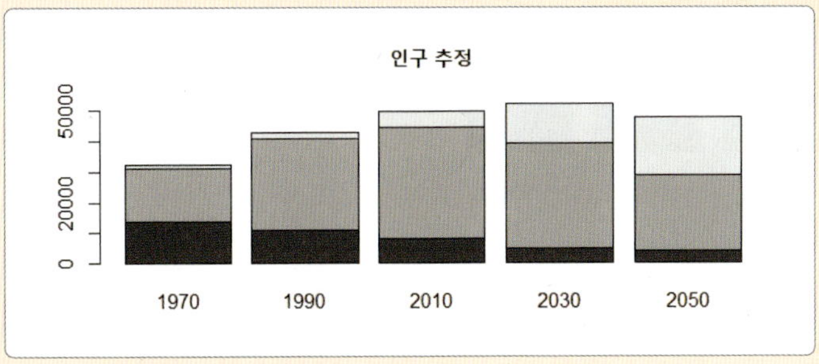

앞에서 배운 barplot() 함수를 이용하여 막대그래프를 작성했습니다. 그래프를 보면 연도별로 막대가 하나씩 표시되어 있는데 연도별 막대는 다시 연령대에 따라 3개로 구분되어 있습니다. 막대에서 제일 위가 age.C, 중간이 age.B, 가장 아래가 age.A입니다.

하나 더 알기

어떤 데이터에 대해 그래프를 작성했다면 이렇게 만들어진 그래프를 해석할 줄도 알아야 합니다. 앞의 그래프에서 알 수 있는 사실들은 다음과 같습니다.

① 전체 인구는 증가하다가 2030년을 정점으로 감소 추세로 돌아선다.

② 전체 인구에서 65세 이상(age.C)이 차지하는 비율은 지속적으로 증가하고, 14세 이하(age.A)가 차지하는 비율은 지속적으로 감소한다. 즉 저출산의 영향이 인구 감소로 이어지고 있다.

연령대별로 색을 다르게 지정하기

[코드 8-10]과 같이 연령대별로 색을 다르게 지정하면 연령대별 인구 증감이 좀 더 잘 파악됩니다. col 매개변수에 그룹별 색을 지정하면 되는데 색의 순서는 그래프의 막대를 기준으로 아래에서 위쪽 방향입니다.

코드 8-10 code08-10.r

```
# 코드 8-9에 이어서 실행
barplot(ds, main='인구 추정',
        col=c('green','blue','yellow'))
```

실행 결과

```
> barplot(ds, main='인구 추정',
+         col=c('green','blue','yellow'))
```

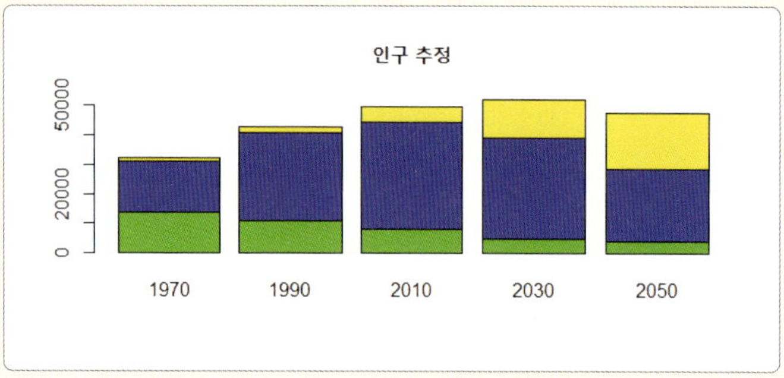

연령대를 각각의 막대로 표현하기

[코드 8-11]은 연령대를 막대그래프에서 각각의 막대로 표현하는 코드입니다. 매개변수 beside는 연령대별 인구수를 하나의 막대에 모아서 표시할지, 각각 표시할지를 지정하기 위한 매개변수로 기본값은 FALSE입니다. TRUE로 지정하면 다음과 같이 막대를 옆쪽으로 붙여서 표시합니다.

코드 8-11 code08-11.r

```
# 코드 8-10에 이어서 실행
barplot(ds, main='인구 추정',
        col=c('green','blue','yellow'),
        beside=TRUE)
```

실행 결과

...(생략)

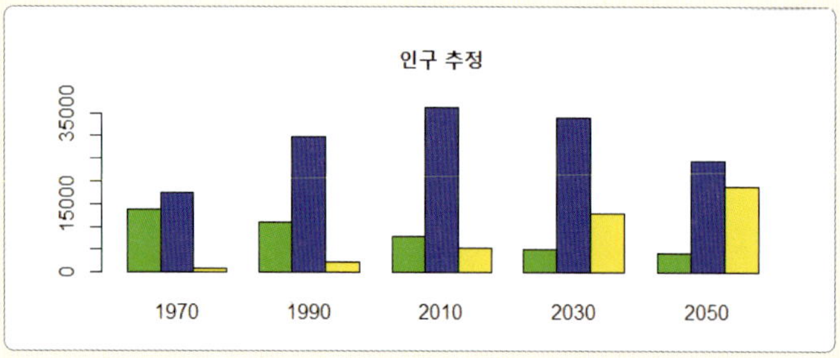

확인문제

다음은 A 기업의 부서별 영업 이익을 분기별로 기록한 정보이다. 다음과 같은 막대그래프를 그리는 코드를 작성하시오(막대그래프 색 red, orange, yellow).

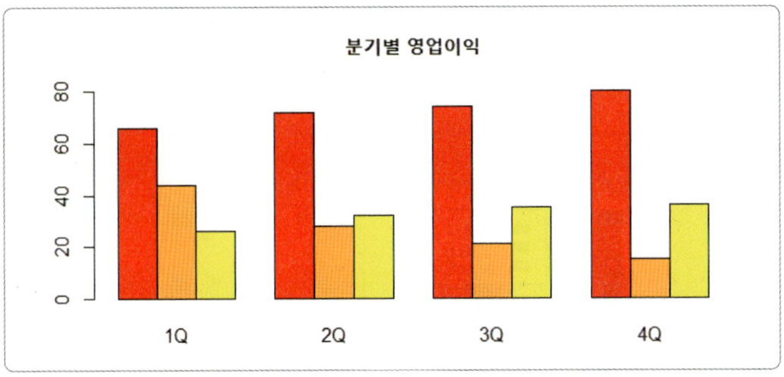


```
dep.A <- c(66, 72, 74, 80)
dep.B <- c(44, 28, 21, 15)
dep.C <- c(26, 32, 35, 36)

ds <- rbind(dep.A, dep.B, dep.C)
colnames(ds) <- c('1Q', '2Q', '3Q', '4Q')
```

정답

```
barplot(ds, main = '분기별 영업이익',
        col = c('red', 'orange', 'yellow'),
        beside = TRUE)
```

3 막대그래프에 범례 추가

[코드 8-11]에서 작성한 그래프에서 불편한 점은 각 연도별로 3개의 연령대에 대한 막대가 존재하는데, 어느 막대가 어떤 연령대를 의미하는지 그래프만 보아서는 알기 어렵다는 것입니다. 그래서 이런 종류의 그래프에는 범례(legend)를 붙여 이해하기 쉽도록 하는 것이 보통입니다. R의 기본 그래프에 범례를 붙이는 것은 다소 복잡합니다. 좀 더 쉽게 범례를 추가하는 방법은 뒤에서 다시 배우기로 하고, 잘 이해가 가지 않더라도 일단은 따라해봅니다.

코드 8-12 code08-12.r

```
# 코드 8-11에 이어서 실행
barplot(ds, main='인구 추정',
        col=c('green','blue','yellow'),
        beside=TRUE,
        legend.text=T)
```

실행 결과

```
...(생략)
```

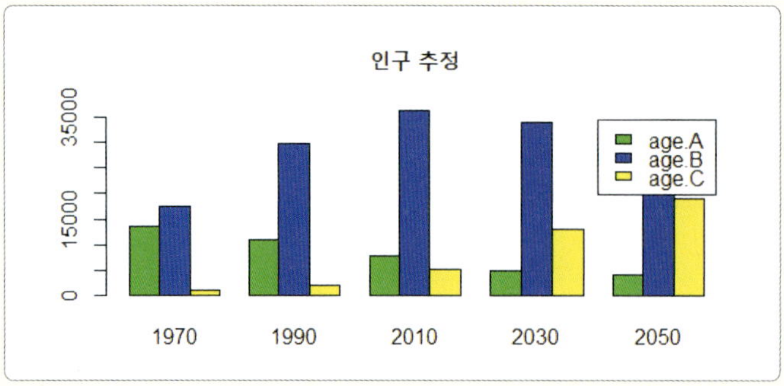

barplot() 함수에서 매개변수 legend.text는 범례에 표시될 내용을 지정합니다. legend.text=T의 의미는 그래프 위에 범례를 표시하라는 것입니다. 이때 범례에 표시되는 내용은 데이터를 저장한 매트릭스에서 행의 이름입니다. 실행 결과와 같이 범례가 표시되기는 했지만, 그래프 위에 겹쳐져서 그래프가 보이지 않는 불편함이 있습니다.

범례를 그래프 밖에 표시하기

[코드 8-13]을 통해 범례를 그래프의 오른쪽 밖에 표시하도록 합니다. 이를 위해서는 그래프가 표시될 창에 범례를 표시할 충분한 공간을 미리 설정해야 합니다.

코드 8-13 code08-13.r

```
# 코드 8-12에 이어서 실행
par(mfrow=c(1, 1), mar=c(5, 5, 5, 7))
barplot(ds, main='인구추정',
        col=c('green','blue','yellow'),
        beside=TRUE,
        legend.text=T,
        args.legend = list(x='topright', bty='n', inset=c(-0.25,0)))
```

[코드 8-13]의 실행 결과를 나누어서 설명하면 다음과 같습니다.

```
> par(mfrow=c(1, 1), mar=c(5, 5, 5, 7))
```

par() 함수는 그래프를 표시할 창에 대해 설정하는 역할을 합니다. 지금까지는 기본적으로 설정된 값을 이용하였기 때문에 별도로 par() 함수를 이용하지 않았으나 범례를 표시하려면 par() 함수의 기본 설정값을 바꿔야 합니다. par() 함수에 대한 매개변수의 의미는 다음과 같습니다.

- `mfrow=c(1, 1)` : 그래프를 출력할 창을 어떻게 분할할지를 지정하는데, 여기서 c(1,1)은 창을 분할하지 않음을 의미한다.
- `mar=c(5, 5, 5, 7)` : 그래프를 출력할 창과 그래프 출력 영역(아래 그림에서 붉은 점선 안쪽) 밖의 여유 공간을 지정한다. `c(bottom, left, top, right)`의 순서로 숫자를 지정한다. 숫자가 커질수록 여유 공간이 넓어지며, 기본값은 `c(5.1, 4.1, 4.1, 2.1)`이다.

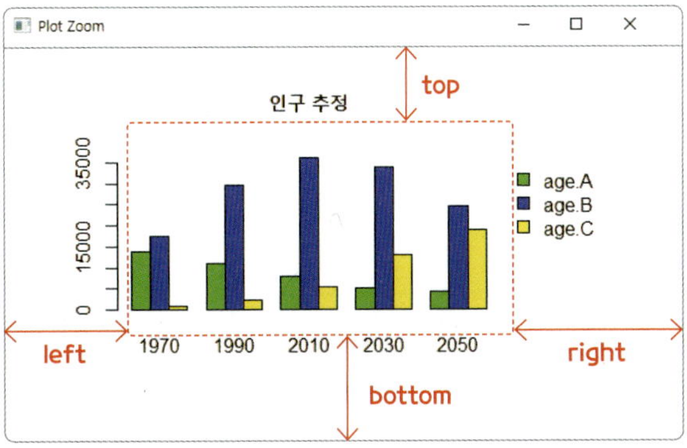

par() 함수는 하나의 창에 여러 개의 그래프를 출력할 때 많이 사용하는데, 이에 대해서는 다음 절에서 자세히 알아보도록 합니다. 범례를 그래프 출력 영역 오른쪽 여유 공간에 출력하려면 그에 필요한 충분한 간격이 필요합니다. 얼마나 필요한지는 미리 알기 어려우므로 숫자를 바꾸어가면서 적절한 값을 찾아야 합니다.

```
> par(mfrow=c(1, 1), mar=c(5, 5, 5, 7))
> barplot(ds, main='인구 추정',
+         col=c('green','blue','yellow'),
+         beside=TRUE,
+         legend.text=T,
+         args.legend = list(x='topright', bty='n', inset=c(-0.25,0)))
```

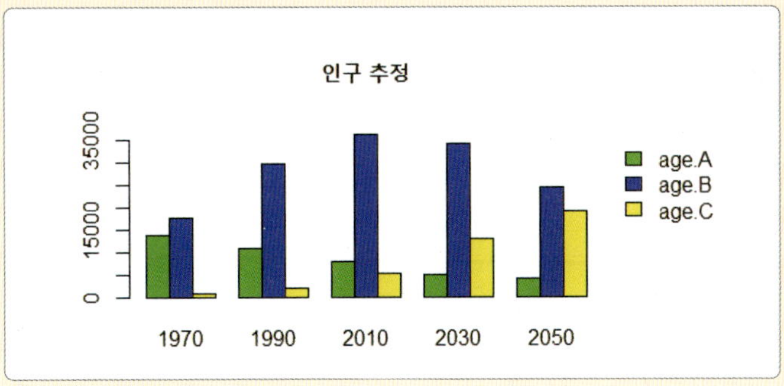

barplot() 함수에서 범례에 관한 사항을 지정하는 데 사용하는 매개변수는 args.legend입니다. args.legend는 여러 개의 사항을 list() 함수로 묶어서 지정할 수 있는데 각각의 지정 사항의 의미는 다음과 같습니다.

- `x='topright'` : 범례를 출력할 기본 위치를 지정하는데, `'topright'`은 그래프 출력 영역의 위쪽에서 오른쪽을 의미한다.
- `bty='o'` : 범례가 표시되는 영역에 테두리선을 표시할지의 여부를 지정한다. `'o'`은 테두리선을 표시하고, `'n'`은 테두리선을 표시하지 않는다.
- `inset=c(-0.25,0)` : 범례를 x축과 y축 방향으로 얼마나 이동시킬지를 지정한다. -1~1 사이의 값을 지정한다(%를 의미).

매개변수 `inset`에서 x축, y축의 기준은 매개변수 x의 값에 따라 달라집니다. `x='topright'`인 경우 x축, y축은 [그림 8-2]에서 파란색 점선입니다. `inset`에서 첫 번째 값 `-0.25`는 'x축 반대 방향으로 25%만큼 이동'을 의미합니다. 두 번째 값 `0`은 'y축 방향으로 0% 이동'을 의미합니다.

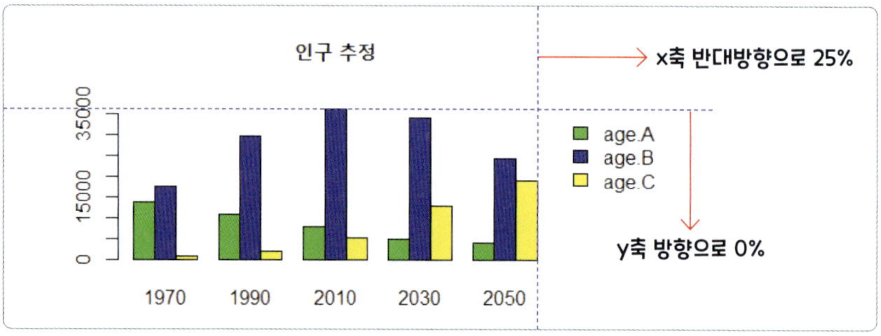

그림 8-2 `x='topright'`일 때 x, y축과 `inset=c(-0.25,0)`

범례의 내용 바꾸기

`barplot()` 함수에서 범례의 내용을 정하는 매개변수는 `legend.text`입니다. 이 값을 `TRUE` 또는 `T`로 설정하면 그래프를 그릴 대상 데이터의 행 이름이 자동적으로 표시됩니다. 만일 원하는 내용을 범례에 표시하고 싶다면 [코드 8-14]와 같이 직접 범례에 표시할 내용을 `legend.text`에 입력하면 됩니다.

코드 8-14 code08-14.r

```
# 코드 8-13 에 이어서 실행
par(mfrow=c(1, 1), mar=c(5, 5, 5, 7))        # 그래프 윈도우 설정
barplot(ds, main='인구 추정',
        col=c('green','blue','yellow'),
        beside=TRUE,
        legend.text=c('0~14세','15~64세','65세 이상'),
        args.legend = list(x='topright', bty='n', inset=c(-0.25,0)))
par(mfrow=c(1, 1), mar=c(5,4,4,2)+0.1)       # 그래프창 설정 해제
```

실행 결과

```
> par(mfrow=c(1, 1), mar=c(5, 5, 5, 7))     # 그래프 윈도우 설정
> barplot(ds, main='인구 추정',
+         col=c('green','blue','yellow'),
+         beside=TRUE,
+         legend.text=c('0~14세','15~64세','65세 이상'),
+         args.legend = list(x='topright', bty='n', inset=c(-0.25,0)))
```

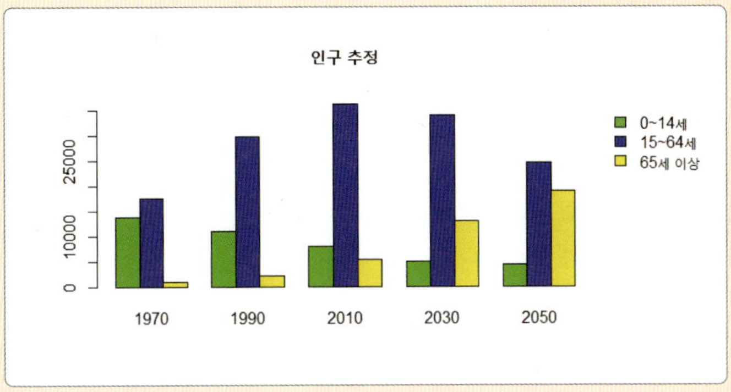


```
> par(mfrow=c(1, 1), mar=c(5,4,4,2)+0.1)     # 그래프창 설정 해제
```

par() 함수를 이용하여 그래프창의 기본 설정값을 변경하게 되면 R이 실행되는 동안 변경된 설정이 계속 유지됩니다. 이때 다른 그래프를 작성할 때는 변경된 설정이 적절하지 않을 수 있습니다. 따라서 par() 함수로 기본 설정을 변경했다면 그래프 작업을 마무리할 때 원래의 설정값으로 되돌리는 것이 좋습니다. 이 명령문에서는 마지막 줄에서 그래프의 여유 공간에 대한 지정값을 원래의 값으로 되돌리고 있습니다.

Q 엑셀에서도 쉽게 그래프를 작성할 수 있는데 R로 그래프를 작성할 필요가 있을까요?

A 엑셀은 몇 번의 마우스 클릭만으로도 쉽게 그래프를 작성할 수 있지만 그래프의 내용이나 모양을 내 입맛에 맞게 수정하려면 어려움이 따릅니다. 반면 R은 다양한 매개변수를 통해 그래프의 모양이나 표시 내용을 원하는 대로 수정할 수 있는 장점이 있습니다.

확인문제

다음 그래프는 한 과일 가게의 최근 5일간 판매량을 기록한 정보이다. 다음과 같은 막대그래프를 그리는 코드를 작성하시오(막대그래프 색 green, purple, yellow).

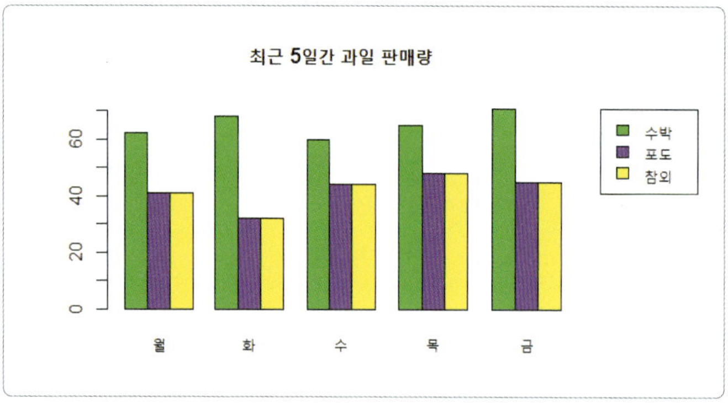


```
m1 <- c(62, 68, 60, 65, 71)        # 수박 판매량
m2 <- c(41, 32, 44, 48, 45)        # 포도 판매량
m3 <- c(28, 30, 36, 24, 21)        # 참외 판매량

ds <- rbind(m1, m2, m2)
colnames(ds) <- c('월', '화', '수', '목', '금')
```

정답

```
par(mfrow = c(1,1), mar = c(5, 5, 5, 7))

barplot(ds, main = '최근 5일간 과일 판매량',
        col = c('green', 'purple', 'yellow'),
        beside = TRUE,
        legend.text = c('수박', '포도', '참외'),
        args.legend = list(x='topright', bty = 'o', inset = c(-0.25, 0)))

par(mfrow = c(1,1), mar = c(5, 4, 4, 2)+0.1)
```

LAB 사업부문별 매출액 그래프 그리기

A 사원은 상사로부터 실적 발표를 위한 사업부문별 매출액을 그래프로 그리라는 지시를 받았습니다. 이 그래프를 R을 활용해 작성해봅시다.

(단위 : 억 원)

사업부	19년 1Q	19년 2Q	19년 3Q	19년 4Q	20년 1Q
H&A	54,659	61,028	53,307	46,161	54,180
HE	31,215	29,863	32,098	39,684	29,707
MC	15,107	16,133	15,222	13,208	9,986
VS	13,470	14,231	13,401	13,552	13,193
BS	16,513	14,947	15,112	14,392	17,091

- H&A : Home Appliance&Air Solution
- HE : Home Entertainment
- MC : Mobile Communications
- VS : Vehicle component Solutions
- BS : Business Solutions

1. 우선 사업부문별 매출액 데이터셋을 구성합니다.

```
ha <- c(54659, 61028, 53307, 46161, 54180)
he <- c(31215, 29863, 32098, 39684, 29707)
mc <- c(15104, 16133, 15222, 13208, 9986)
vs <- c(13470, 14231, 13401, 13552, 13193)
bs <- c(16513, 14947, 15112, 14392, 17091)

ds <- rbind(ha, he, mc, vs, bs)
colnames(ds) <- c('19.1Q', '19.2Q', '19.3Q', '19.4Q', '20.1Q')
```

2. 데이터셋을 사용해 '사업부문별 매출액'이란 제목으로 막대그래프를 그립니다.

```
barplot(ds, main = '사업부문별 매출액')
```

3. 각 사업부문마다 각각의 색을 적용합니다(컬러 코드 #003f5c, #58508d, #bc5090, #ff6361, #ffa600를 사용).

```
barplot(ds, main = '사업부문별 매출액',
        col = c('#003f5c', '#58508d', '#bc5090', '#ff6361', '#ffa600'))
```

4. 막대그래프를 수평 방향으로 출력되도록 변경하고, y축의 값도 수평으로 출력합니다.

```
barplot(ds, main = '사업부문별 매출액',
        col = c('#003f5c', '#58508d', '#bc5090', '#ff6361', '#ffa600'),
        horiz = T, las = 1)
```

5. x축에 '억 원'이라는 설명을 추가하고, 각 사업부문별 매출액을 각각의 막대로 분리합니다.

```
barplot(ds, main = '사업부문별 매출액',
        col = c('#003f5c', '#58508d', '#bc5090', '#ff6361', '#ffa600'),
        horiz = T, las = 1,
        xlab = '억 원', beside = T)
```

6. 범례를 추가하기 위한 여백을 만들고, 범례의 이름과 위치를 설정합니다. 그래프 출력 후에는 여백을 초기화합니다.

```
par(mfrow = c(1,1), mar = c(5, 5, 5, 10))

barplot(ds, main = '사업부문별 매출액',
        col = c('#003f5c', '#58508d', '#bc5090', '#ff6361', '#ffa600'),
        horiz = T, las = 1,
        xlab = '억 원', beside = T,
        legend.text  = c('H&A','HE','MC','VS','BS'),
        args.legend = list(x='topright', bty='n', inset=c(-0.25,0)))

par(mfrow = c(1,1), mar = c(5,4,4,2)+.1)
```

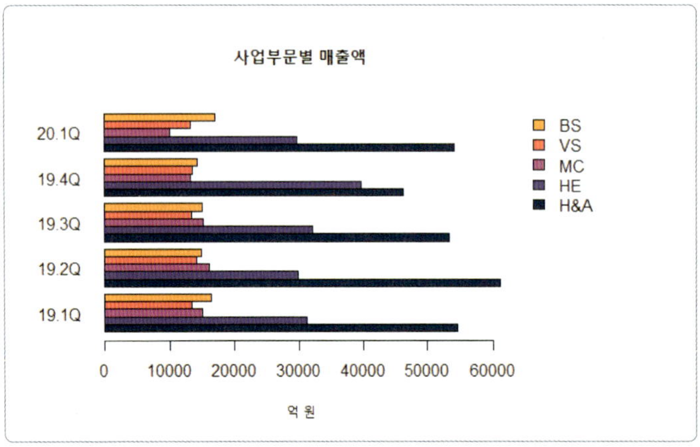

Section

02 히스토그램을 작성해봅니다

히스토그램(histogram)은 외관상 막대그래프와 비슷한 그래프로, 그룹이 명시적으로 존재하지 않는 수치형 자료의 분포를 시각화할 때 사용됩니다. 막대그래프를 그리려면 값의 종류별로 개수를 셀 수 있어야 하는데, 키나 몸무게 등의 수치형 자료는 데이터 내에 값의 종류라는 개념이 없어서 종류별로 개수를 셀 수 없습니다. 대신에 수치형 자료에서는 값들의 구간을 나누고 구간에 속하는 값들의 개수를 세는 방법을 사용합니다. 예를 들면 키의 경우 구간을 160 미만, 161~170, 171~180, 180 이상 등과 같이 나누고 각각의 구간에 해당하는 값들이 몇 개씩 있는지 세어서 이를 바탕으로 그래프를 그리는 방식입니다. 즉, 구간이 그룹의 역할을 하는 것입니다.

R에서는 hist() 함수를 이용하여 히스토그램을 작성합니다. hist() 함수는 데이터의 구간을 알아서 적절히 나누어주기 때문에 매우 편리합니다. [그림 8-15]를 통해 R에서 제공하는 cars 데이터셋에 대한 히스토그램을 작성하도록 합니다.

코드 8-15 code08-15.r

```
head(cars)
dist <- cars[,2]                      # 자동차 제동거리
dist
hist(dist,                            # data
     main='Histogram for 제동거리',   # 제목
     xlab ='제동거리',                # x축 레이블
     ylab='빈도수',                   # y축 레이블
     border='blue',                   # 막대 테두리색
     col='green',                     # 막대 색
     las=2,                           # x축 글씨 방향(0~3)
     breaks=5)                        # 막대 개수 조절
```

[코드 8-15]의 실행 결과를 나누어서 설명하면 다음과 같습니다.

```
> head(cars)
  speed dist
1     4    2
2     4   10
3     7    4
4     7   22
5     8   16
6     9   10
```

cars 데이터셋은 자동차의 주행속도(speed)에 따른 제동거리(dist) 데이터를 저장하고 있는 데이터프레임입니다.

```
> dist <- cars[,2]                      # 자동차 제동거리
> dist
 [1]   2  10   4  22  16  10  18  26  34  17  28  14  20  24  28  26  34  34
[19]  46  26  36  60  80  20  26  54  32  40  32  40  50  42  56  76  84  36
[37]  46  68  32  48  52  56  64  66  54  70  92  93 120  85
```

제동거리에 대해 히스토그램을 작성하기 위해서 제동거리 데이터만 따로 dist 벡터에 저장하였습니다. 제동거리의 단위는 피트(feet)입니다. dist 벡터의 내용을 보면 그룹이 존재하지 않습니다.

```
> hist(dist,                            # data
+      main='Histogram for 제동거리',    # 제목
+      xlab ='제동거리',                 # x축 레이블
+      ylab='빈도수',                    # y축 레이블
+      border='blue',                   # 막대 테두리색
+      col='green',                     # 막대 색
+      las=2,                           # x축 글씨 방향(0~3)
+      breaks=5)                        # 막대 개수 조절
```

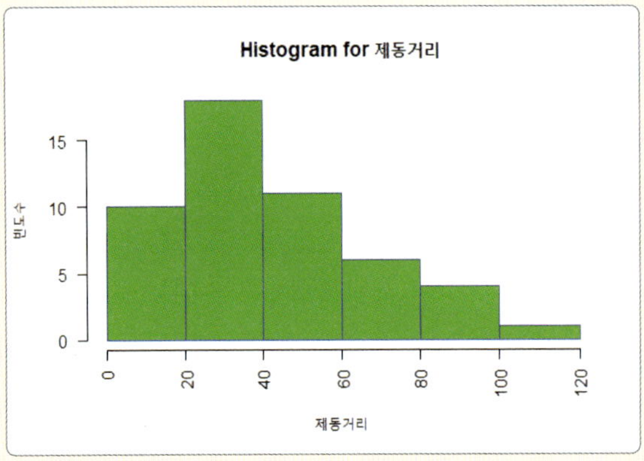

hist() 함수의 매개변수를 보면 barplot() 함수에서 배운 것들이 많습니다. 새로 추가된 매개변수의 의미는 다음과 같습니다.

- **border='blue'** : 막대의 테두리 색을 지정한다.
- **breaks=5** : 데이터 내 구간을 몇 개로 나눌지를 지정하며, 값이 커질수록 막대의 개수도 늘어난다.

hist() 함수로 그린 그래프를 보면 제동거리를 20피트(feet) 간격으로 구간을 나누어 빈도수를 계산하였습니다. 그리고 제동거리가 20~40 사이에 있는 것이 대략 18개 정도로 가장 빈도수가 높습니다. 이와 같이 히스토그램은 관측값들이 어느 구간에 어느 빈도로 분포하는지를 쉽게 파악할 수 있도록 해줍니다.

하나 더 알기

히스토그램은 외관상 막대그래프와 유사합니다. 일반적으로 막대 사이에 간격이 있으면 막대그래프, 간격이 없이 막대들이 붙어 있으면 히스토그램이라고 구분할 수 있습니다. 또한 막대그래프에서는 막대의 면적이 의미가 없지만 히스토그램에서는 막대의 면적이 의미가 있습니다.

히스토그램에서 구간별 빈도수를 도수분포표 형태로 알아볼 수 있는 방법이 있습니다. [코드 8-16]을 통해 알아보도록 합니다.

코드 8-16 code08-16.r

```
# 코드 8-15에 이어서 실행
result <- hist(dist,                              # data
               main='Histogram for 제동거리',      # 제목
               breaks=5)                           # 막대 개수 조절
result
freq <- result$counts                             # 구간별 빈도수 저장
names(freq) <- result$breaks[-1]                  # 구간값을 이름으로 지정
freq                                              # 구간별 빈도수 출력
```

[코드 8-16]의 실행 결과를 나누어서 설명하면 다음과 같습니다.

```
> result <- hist(dist,                            # data
+                main='Histogram for 제동거리',    # 제목
+                breaks=5)                         # 막대 개수 조절
```

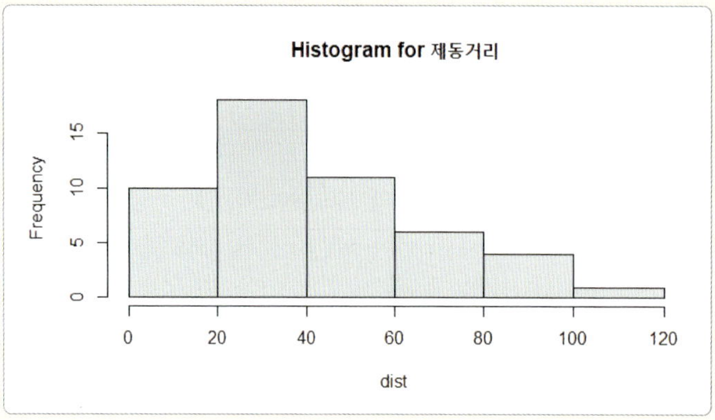

hist() 함수를 통해 히스토그램을 작성하고 그 결과를 result에 저장합니다. result에는 그래프 이미지가 아닌 그래프를 그리기 위한 정보들이 저장됩니다.

```
> result
$breaks
[1]   0  20  40  60  80 100 120

$counts
[1] 10 18 11  6  4  1

$density
[1] 0.010 0.018 0.011 0.006 0.004 0.001

$mids
[1]  10  30  50  70  90 110

$xname
[1] "dist"

$equidist
[1] TRUE

attr(,"class")
[1] "histogram"
```

result는 리스트 형태의 자료구조로 되어 있고 여러 값들을 포함하고 있습니다. 이 중에서 첫 번째 원소인 $breaks에는 히스토그램을 작성하기 위한 구간의 경계값들이 저장되어 있습니다. 두 번째 원소인 $counts에는 구간별 빈도수가 저장되어 있습니다. 첫 번째 값인 10은 제동거리 0~20 구간의 빈도수를 의미합니다. 이때 구간 경계값의 개수는 7이고 구간 빈도수의 개수는 6임에 주의합니다.

```
> freq <- result$counts                    # 구간별 빈도수 저장
```

리스트 result에서 구간별 빈도수만 추출하여 freq에 저장합니다.

```
> names(freq) <- result$breaks[-1]         # 구간값을 이름으로 지정
```

freq의 이름으로 구간의 경계값을 저장합니다. breaks[-1]과 같이 한 이유는 구간 경계값의 개수가 구간 빈도수보다 하나 더 많아 이름의 개수를 맞추기 위해서입니다.

```
> freq                                     # 구간별 빈도수 출력
 20  40  60  80 100 120
 10  18  11   6   4   1
```

완성된 구간별 빈도수를 출력하였습니다. 0~20 구간의 빈도수가 10, 20~40 구간의 빈도수가 18이라는 식으로 해석하면 됩니다.

확인문제

trees 데이터셋의 Girth 열을 이용하여 오른쪽 그림과 같은 그래프를 출력하는 코드를 작성하시오. 참고로 trees 데이터셋은 R에 기본으로 내장되어 있다.

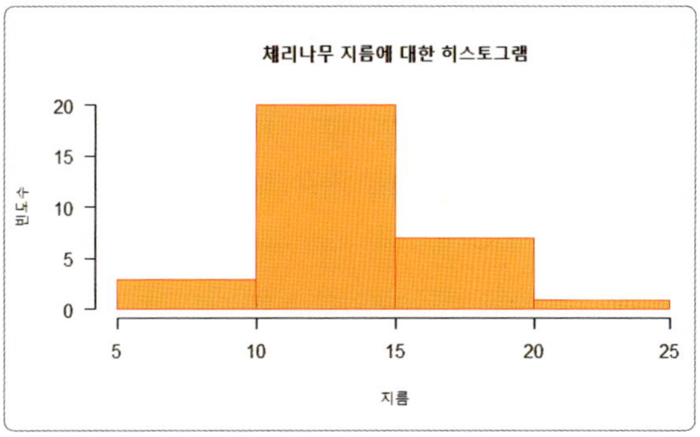

정답

```
hist(trees$Girth,
     main = '체리나무 지름에 대한 히스토그램' ,
     xlab = '지름',
     ylab = '빈도수',
     border = 'red',
     col = 'orange',
     las = 1,
     breaks = 4)
```

LAB 다이아몬드 시세 파악하기

영호는 친구의 부탁으로 1캐럿 다이아몬드를 대신 팔아주기로 하였습니다. 하지만 친구가 감정서를 분실하여 다이아몬드를 팔았을 때 어느 정도의 가격을 받을 수 있을지 확신할 수 없는 상황입니다. 아쉬운 대로 다이아몬드 1캐럿당 가격 분포를 조사해 대략적인 시세를 파악하기로 하였습니다. Stat2Data 패키지 안에 Diamonds 데이터셋을 이용하여 다이아몬드 시세를 파악해봅니다.

1. Stat2Data 패키지 안에 있는 Diamonds 데이터셋을 불러와 PricePerCt(캐럿당 가격) 열에 있는 정보를 사용합니다. Stat2Data 패키지를 설치하지 않았다면 먼저 install.packages('Stat2Data')를 실행하여 설치합니다.

```
library(Stat2Data)
data(Diamonds)
ds <- Diamonds$PricePerCt  # 캐럿당 가격
```

2. ds 데이터를 활용해 히스토그램을 그립니다. 제목은 '캐럿당 가격 분포'로 하고 구간은 9개로 나눕니다.

```
hist(ds, main = '캐럿당 가격 분포',
     breaks = 9)
```

3. x축 설명에는 '**캐럿당 가격($)**', y축 설명에는 '**빈도수**'를 추가하고 y축의 값은 수평으로 보이도록 설정합니다.

```
hist(ds, main = '캐럿당 가격 분포',
     breaks = 9,
     xlab = '캐럿당 가격($)', ylab = '빈도수', las = 1)
```

4. 가장 빈도가 높은 3번째 구간을 다른 색으로 강조합니다. 우선 각 영역에 들어갈 컬러셋을 만듭니다. 강조할 색은 #a8dadc로 나머지 색은 #1d3557로 설정합니다. 경계선의 색은 모두 #457b9d로 합니다. 그 다음 col 매개변수에 앞서 만든 컬러셋을 적용합니다.

```
color <- rep('#a8dadc', 9)
color[3] <- '#1d3557'

hist(ds, main = '1캐럿당 가격 분포',
     breaks = 9,
     xlab = '캐럿당 가격($)', ylab = '빈도수', las = 1,
     col = color,
     border = '#457b9d')
```

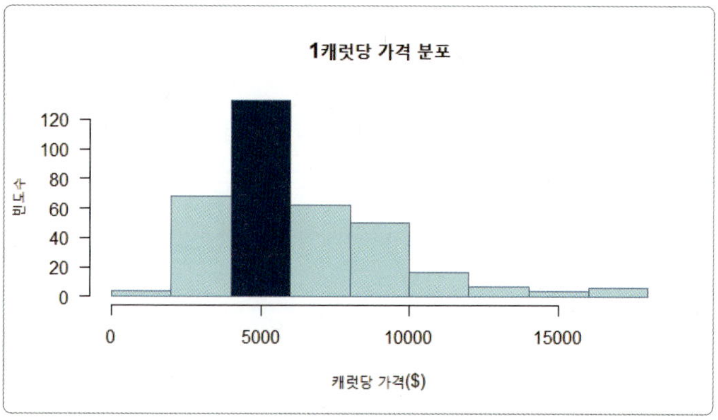

∴ **1캐럿당 가격이 $5000 부근에 가장 많다는 것을 확인합니다.**

Section 03

그래프에 대해 더 알아봅니다

1 다중 그래프

지금까지는 창 화면에 하나의 그래프를 작성하는 방법에 대해 학습하였습니다. 그래프창에 어떤 그래프가 출력되어 있는 상태에서 또 다른 그래프를 출력하면 이전 그래프는 사라지고 새로운 그래프가 출력됩니다. 하나의 창에 여러 개의 그래프를 동시에 출력해서 비교해보는 것이 편리할 때가 있는데 이에 대해 알아보기로 합니다.

기본적인 아이디어는 그래프 출력창을 가상으로 몇 개의 화면으로 분할한 뒤 각각의 분할된 화면에 그래프들을 출력하는 것입니다. [코드 8-17]을 통해서 방법을 알아봅니다.

코드 8-17 code08-17.r

```
par(mfrow=c(2,2), mar=c(3,3,4,2))        # 화면 분할(2x2)

hist(iris$Sepal.Length,                  # 그래프 1
     main='Sepal.Length',
     col='orange')

barplot(table(mtcars$cyl),               # 그래프 2
        main='mtcars',
        col=c('red','green','blue'))

barplot(table(mtcars$gear),              # 그래프 3
        main='mtcars',
        col=rainbow(3),                  # 레인보우 팔레트 사용
        horiz=TRUE)

pie(table(mtcars$cyl),                   # 그래프 4
    main='mtcars',
    col=topo.colors(3),                  # topo 팔레트 사용
    radius=2)

par(mfrow=c(1,1), mar=c(5,4,4,2)+.1)     # 화면 분할 취소
```

[코드 8-17]의 실행 결과를 나누어서 설명하면 다음과 같습니다.

```
> par(mfrow=c(2,2), mar=c(3,3,4,2))      # 화면 분할(2x2)
```

화면을 분할하는 값을 지정합니다. mfrow=c(2,2)는 화면을 2행 2열로 분할하라는 의미이며 그 결과 화면은 [그림 8-3]과 같이 4개로 나누어집니다. 이와 같이 가상으로 분할된 화면에 그래프를 출력하면 화면에 표시된 순서대로 그래프들이 분할된 화면을 채우게 됩니다.

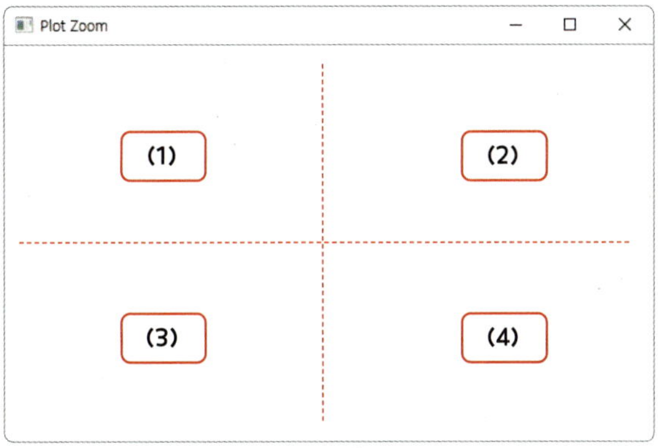

그림 8-3 mfrow=c(2,2)에 의한 화면 분할

매개변수 mar는 이미 배운 바와 같이 그래프가 출력되는 영역 밖의 여유 공간을 지정하는데, 분할된 화면 각각에 적용이 됩니다.

```
> hist(iris$Sepal.Length,               # 그래프 1
+      main='Sepal.Length',
+      col='orange')
>
> barplot(table(mtcars$cyl),            # 그래프 2
+         main='mtcars',
+         col=c('red','green','blue'))
>
> barplot(table(mtcars$gear),           # 그래프 3
+         main='mtcars',
+         col=rainbow(3),               # 레인보우 팔레트 사용
+         horiz=TRUE)
>
> pie(table(mtcars$cyl),                # 그래프 4
+     main='mtcars',
```

```
+     col=topo.colors(3),               # topo 팔레트 사용
+     radius=2)
```

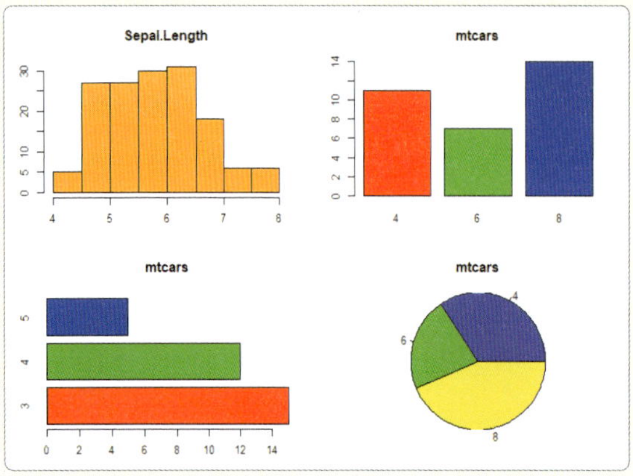

분할된 화면에 4개의 그래프를 출력하면 한 화면에 4개의 그래프가 표시됩니다.

```
> par(mfrow=c(1,1), mar=c(5,4,4,2)+.1)    # 화면 분할 취소
```

par() 함수는 한 번 실행되면 R이 종료될 때까지 설정된 값이 유지되므로 더 이상 화면 분할이 필요 없으면 이와 같이 그래프창 설정을 원상태로 돌려놓는 것이 좋습니다. 화면 분할을 지정하는 mfrow=c(1,1)은 1행 1열을 의미하며 결국 전체 윈도우를 하나의 화면으로 만들게 됩니다.

확인문제

다음과 같이 4가지 그래프를 출력하는 코드를 작성하시오. 막대그래프는 chickwts 데이터셋의 feed 열을, 히스토그램은 Orange 데이터셋의 age 열을 사용한다. 참고로 두 데이터셋 모두 R에 기본적으로 내장되어 있다.

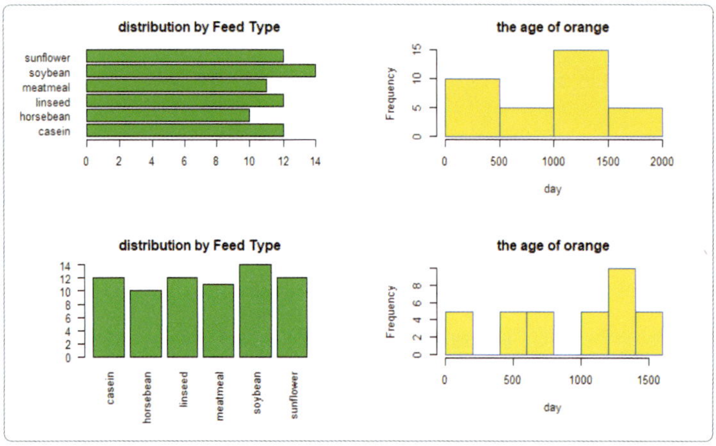

정답

```
par(mfrow = c(2,2), mar = c(6,6,3,3))

barplot(table(chickwts$feed), main = 'distribution by Feed Type',
        horiz = T, las = 1, col = 'green')

hist(Orange$age, main = 'the age of orange',
     breaks = 4, xlab = 'day', col = 'yellow', border = 'blue')

barplot(table(chickwts$feed), main = 'distribution by Feed Type',
        las = 2, col = 'green')

hist(Orange$age, main = 'the age of orange',
     breaks = 6, xlab = 'day', col = 'yellow', border = 'blue')

par(mfrow = c(1,1), mar = c(5,4,4,2)+.1)
```

2 그래프를 파일에 저장

R을 이용하여 작성한 그래프는 워드나 파워포인트 안으로 붙여넣기하여 보고서를 작성하는 데 활용되거나 파일로 저장하여 데이터로 남기기도 합니다. R 그래프를 외부로 내보내는 방법에 대해서 알아보도록 합니다.

R 스튜디오에서 그래프를 작성하면 R 스튜디오 내에 있는 플롯창(Plots Pane)에 표시됩니다. 플롯창 하단의 [Zoom]을 클릭하면 [그림 8-4]와 같은 Plot Zoom 팝업창이 표시되는데, 이 창의 사이즈를 조절함에 따라 안에 있는 그래프의 크기도 그에 맞추어 변화됩니다. 이 상태에서 작성된 그래프를 외부로 내보내는 방법을 알아봅니다.

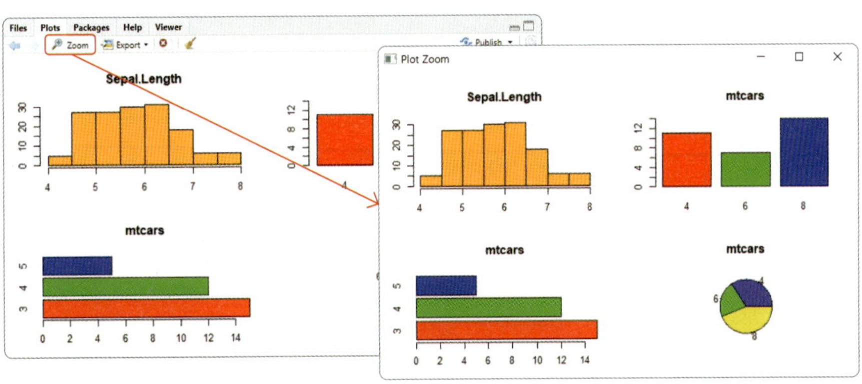

그림 8-4 Plot Zoom 팝업창

복사 후 붙여넣기

R 그래프를 워드나 파워포인트와 같은 문서 편집 소프트웨어로 가져오는 가장 쉬운 방법은 복사한 후 붙여넣기를 하는 것입니다. Plot Zoom 팝업창 위에서 마우스 오른쪽 버튼을 클릭하면 [그림 8-5]와 같이 메뉴가 표시되는데 여기서 [Copy Image]를 클릭하면 R 그래프가 복사됩니다. 그 다음에는 원하는 소프트웨어를 실행하여 붙여넣기를 하면 됩니다. 여기서 주의할 점은 Plot Zoom 팝업창에 표시된 크기와 모양 그대로 그래프가 복사되기 때문에 미리 Plot Zoom 팝업창을 조절하여 원하는 그래프의 크기를 만들어야 합니다.

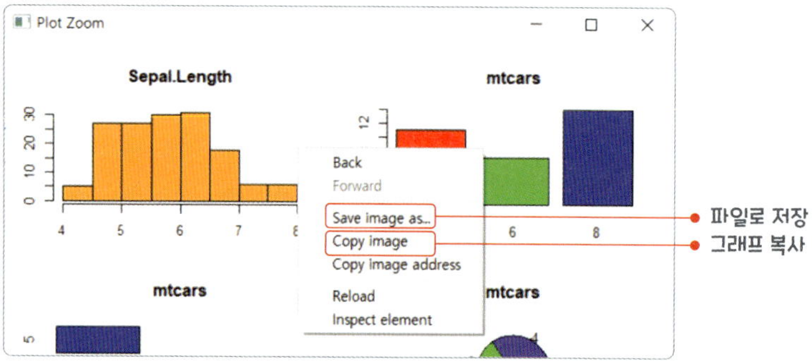

그림 8-5 Plot Zoom 팝업창에서 그래프의 복사와 저장

파일에 저장하기

R 그래프를 파일에 저장하려면 복사 때와 마찬가지로 Plot Zoom 팝업창 위에서 마우스 오른쪽 버튼을 클릭하면 [그림 8-5]와 같이 메뉴가 표시되는데 여기서 [Save Image as..]를 클릭합니다. 그러면 [그림 8-6]과 같이 파일을 저장하는 대화상자가 표시되는데, 저장할 폴더를 선택하고 파일 이름을 지정한 후 [저장] 버튼을 클릭하면 그래프가 파일로 저장됩니다. 파일 이름의 확장자는 '.png' 또는 '.jpg'로 합니다.

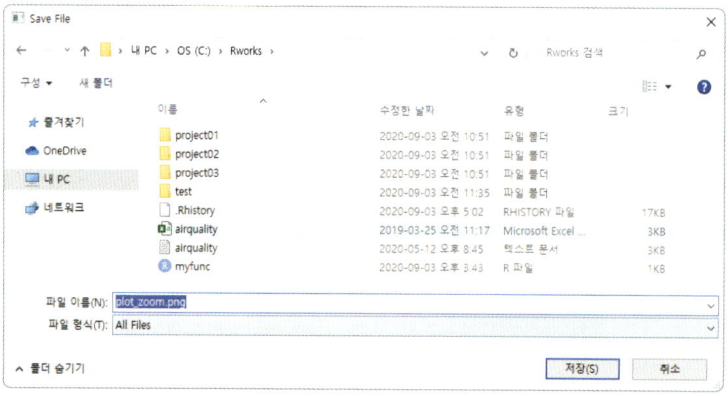

그림 8-6 파일 저장 대화상자

하나 더 알기

R 그래프를 복사하거나 파일로 저장하는 작업은 Plot Zoom 팝업창에서 뿐만 아니라 플롯창에서도 가능합니다. 플롯창에서 [Export] 메뉴를 클릭하면 원하는 작업을 할 수 있습니다.

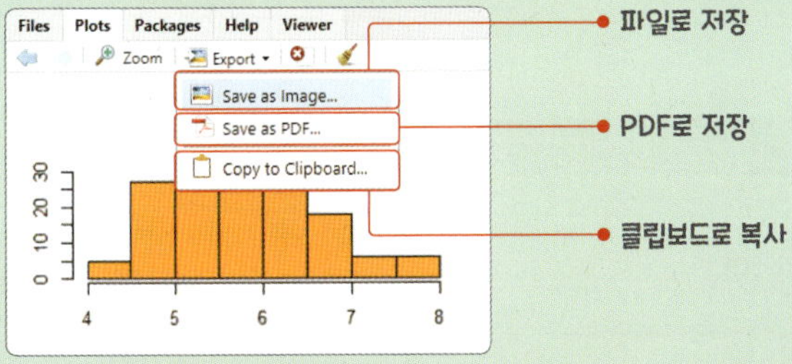

확인문제

이전 [확인 학습]에서 출력한 그래프를 `plot.jpeg` 파일로 저장하시오.

정답

- **방법 1** : 플롯창 → [Zoom] → 팝업창 위에서 마우스 오른쪽 버튼 클릭 → [Save image as...] 클릭 → 파일 이름 및 저장 형식 입력 → [저장]
- **방법 2** : 플롯창 → [Export] → [Save as Image...] 클릭 → 파일 이름 및 저장 형식 입력 → [저장]

LAB 정책 지지도 그래프 그리기

한 기자가 최근 여론조사 기관에서 실시한 정책 지지도에 대한 기사를 작성하려 합니다. 그런데 기사에 사용할 그래픽 작성을 당신에게 의뢰하였습니다. 구체적으로 응답자의 지역, 성, 교육 수준, 연령대, 수입, 정책의 지지도에 따른 분포 그래프를 2행 3열의 레이아웃으로 요청하였습니다. 의뢰받은 그래프를 작성해봅시다(단, 여론조사 데이터는 `carData` 패키지 안에 있는 `Chile` 데이터셋이라 가정).

1. carData 패키지 안에 있는 Chile 데이터셋을 불러와 변수 ds에 저장합니다. carData 패키지를 설치하지 않았다면 먼저 install.packages('carData')로 설치합니다.

```
install.packages('carData')
library(carData)
ds <- Chile
colors <- rainbow(20)      # 레인보우 팔레트에서 20색 선택
```

2. 화면을 2행 3열의 레이아웃으로 분할합니다.

```
par(mfrow = c(2,3))
```

3. 첫 번째 행에 지역별, 성별, 교육수준별 분포에 대한 3개의 막대그래프를 작성합니다. 각 그래프별 적절한 제목을 지정합니다.

```
barplot(table(ds$region), main = '지역별 분포', col=colors[1:5])
barplot(table(ds$sex), main = '성별 분포', , col=colors[6:7])
barplot(table(ds$education), main = '교육수준별 분포', col=colors[8:10])
```

4. 두 번째 행에 연령, 수입, 정책 지지도에 대한 3개의 히스토그램을 작성합니다. 각 그래프별 적절한 제목과 x축에 설명을 달아줍니다.

```
hist(ds$age, breaks = 6, main = '연령', xlab = 'age', col=colors[1:6])
hist(ds$income, breaks = 4, main = '수입', xlab = 'income',
     col=colors[11:14])
hist(ds$statusquo, breaks = 9, main = '정책 지지도', xlab = 'support',
     col=colors[15:20])
```

5. 추후 있을 작업을 위해 설정했던 화면의 레이아웃을 초기 상태로 되돌립니다.

```
par(mfrow = c(1,1))
```

6. 작성한 그래프를 이미지로 저장해 기자에게 전달합니다.

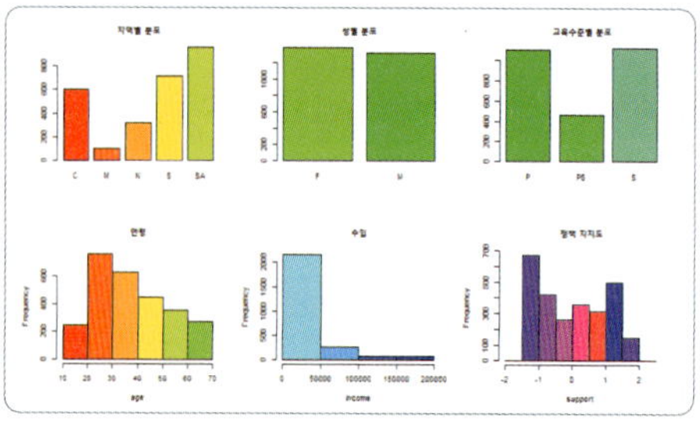

실전분석 종업원의 팁 정보 그래프 작성하기

문제

reshape2 패키지 안에 들어있는 tips 데이터셋은 어떤 종업원이 기록한 팁 정보입니다. 그래프를 통해 데이터를 분석해봅시다.

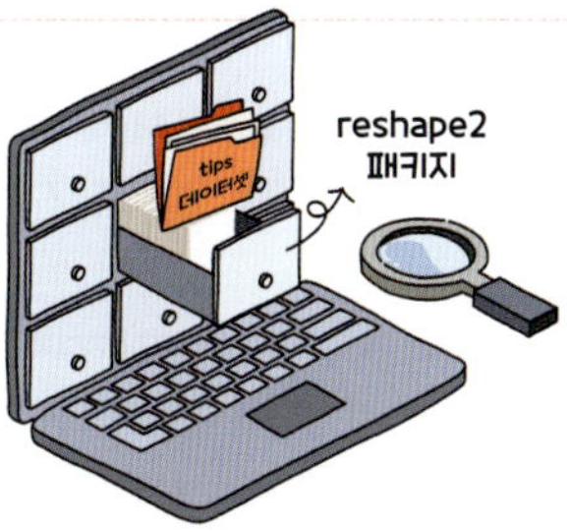

해결

1. reshape2 패키지 안에 들어있는 tips 데이터셋을 불러와 구조를 살펴봅니다.

```
install.packages('reshape2')
library(reshape2)
str(tips)
```

2. 성별(sex), 요일(day), 식사 시간대(time), 일행의 규모(size)에 따라 받은 팁의 빈도를 그래프로 작성합니다. 그래프 영역을 2행 2열로 분할하여 4개의 그래프를 모아 출력하여 한눈에 살펴볼 수 있도록 합니다. 그래프를 출력한 후에는 다음 작업을 위해 분할했던 영역을 초기화합니다.

```
par(mfrow = c(2,2))
barplot(table(tips$sex), main = 'gender')
barplot(table(tips$day), main = 'Day of the week')
barplot(table(tips$time), main = 'time')
barplot(table(tips$size), main = 'size')
par(mfrow = c(1,1))
```

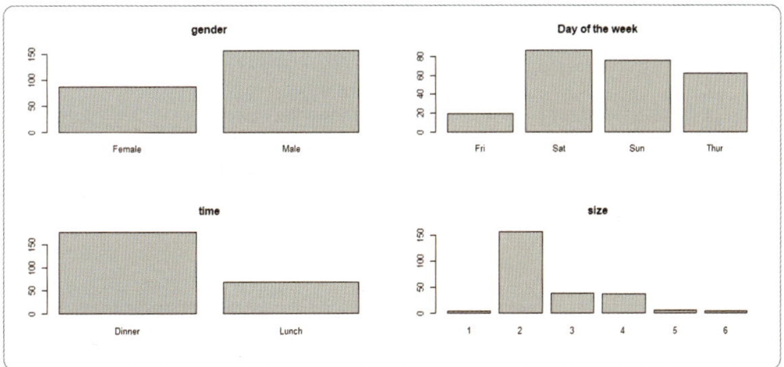

∴ **그래프를 살펴보면 팁은 여성보다는 남성이, 평일보다는 주말에, 점심보다는 저녁에, 일행이 2명인 고객에게 더 많이 받았음을 알 수 있습니다.**

3. 각 그래프마다 빈도가 많은 막대에 색을 넣어 강조하여 표현합니다. 각 막대의 개수를 미리 파악하고 사용할 색의 색상 이름이나 색상 코드를 선택하여 사용합니다. 여기서는 사용할 컬러값을 변수 color.6과 color.4에 저장하여 사용합니다. 앞서 작성한 그래프를 컬러만 적용하여 다시 작성합니다.

```
color.6 <- rep('#a8dadc', 6)
color.6[2] <- '#1d3557'

color.4 <- rep('#a8dadc', 4)
color.4[2] <- '#1d3557'
color.4[3] <- '#457b9d'

par(mfrow = c(2,2))
barplot(table(tips$sex), main = 'gender', col = c('#a8dadc', '#1d3557'))
barplot(table(tips$day), main = 'Day of the week', col = color.4)
barplot(table(tips$time), main = 'time', col = c('#1d3557', '#a8dadc'))
barplot(table(tips$size), main = 'size', col = color.6)
par(mfrow = c(1,1))
```

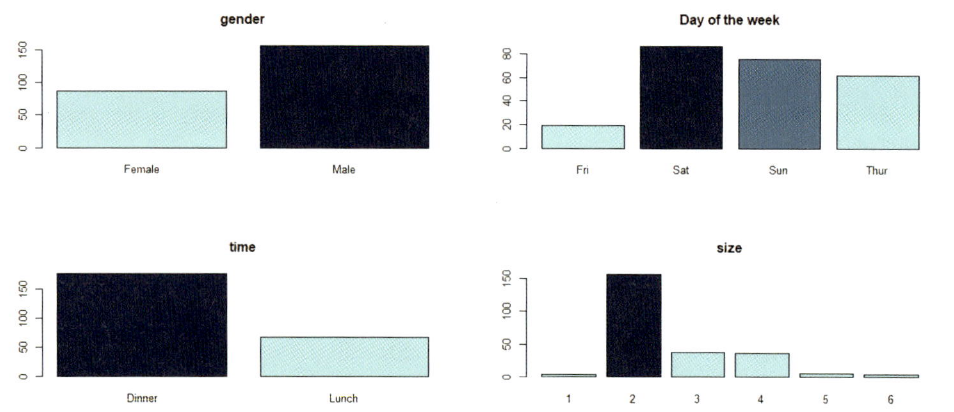

4. 1인당 주문 금액과 팁을 주는 것과 관련이 있는지 살펴보기 위해 perHead라는 새로운 열을 만들어 주문 금액을 일행의 수로 나눈 결과를 저장합니다.

```
tips.new <- tips
tips.new$perHead <- tips.new$total_bill / tips.new$size
```

5. 1인당 주문 금액을 다시 전체, 런치, 디너 타임별로 비교할 수 있도록 데이터를 추출하여 그래프를 작성하고, 한 화면에 출력해 차이가 나는지 비교해봅니다.

```
par(mfrow = c(1,3))
hist(tips.new$perHead, main = '1인당 주문 금액', breaks = 5, xlab = '단위:달러')
hist(tips.new[tips.new$time == 'Lunch', 'perHead'],
     main = '1인당 주문 금액(런치)', breaks = 4, xlab = '단위:달러')
hist(tips.new[tips.new$time == 'Dinner', 'perHead'],
     main = '1인당 주문 금액(디너)', breaks = 4, xlab = '단위:달러')
par(mfrow = c(1,1))
```

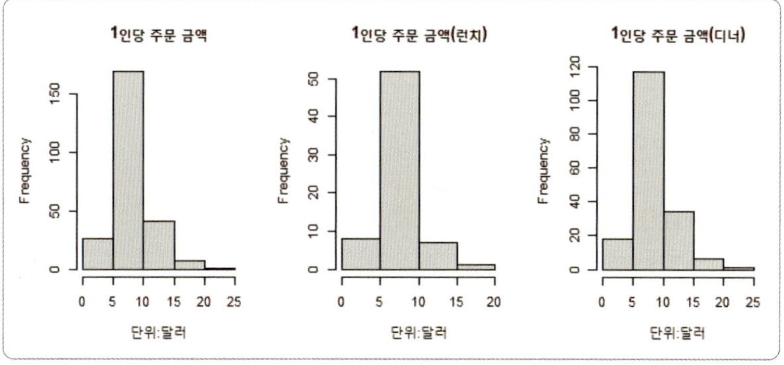

∴ **1인당 주문 금액은 런치나 디너 시간대에 따라 크게 달라 보이지는 않습니다. 전체적으로 1인당 5~10달러 사이를 가장 많이 주문하는 경향을 알 수 있습니다.**

6. 앞에서 작업한 것과 같이 빈도가 많은 막대에 강조하는 색을 넣어 다시 출력합니다.

```
color.5 <- rep('#a8dadc', 6)
color.5[2] <- '#1d3557'

par(mfrow = c(1,3))
hist(tips.new$perHead,
     main = '1인당 주문 금액', xlab = '단위:달러',
     breaks = 5, col = color.5)
hist(tips.new[tips.new$time == 'Lunch', 'perHead'],
     main = '1인당 주문 금액(런치)', xlab = '단위:달러',
     breaks = 4, col = color.5)
hist(tips.new[tips.new$time == 'Dinner', 'perHead'],
     main = '1인당 주문 금액(디너)',  xlab = '단위:달러',
     breaks = 4, col = color.5)
par(mfrow = c(1,1))
```

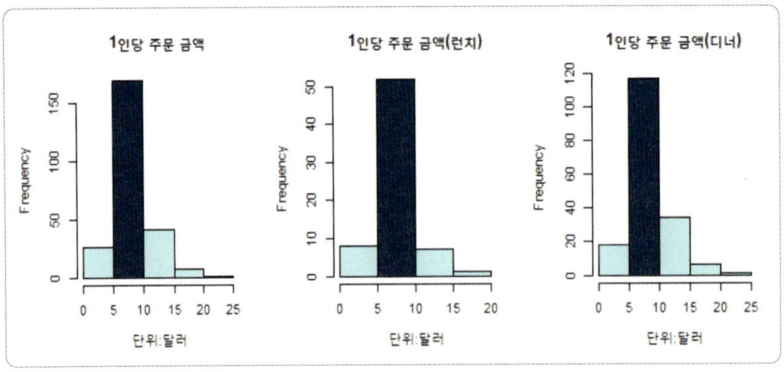

7. 이번에는 주문 금액 대비 받은 팁의 비율이 차이가 나는지 살펴봅니다. percent라는 열을 만들어 받은 팁을 주문 금액으로 나누고 그 결과를 저장합니다. 특히 식사 시간대에 따라서도 차이가 나는지 히스토그램을 그려 비교합니다. 다음 작업을 위해 hist 객체를 각각 res.lunch와 res.dinner에 저장합니다.

```
tips.new$percent <- tips.new$tip / tips.new$total_bill * 100
par(mfrow = c(1,2))
res.lunch <- hist(tips.new[tips.new$time == 'Lunch', 'percent'],
                  main = '주문 금액 대비 팁의 비율(런치)',
                  xlab = 'percent(%)',
                  breaks = 5)
res.dinner <- hist(tips.new[tips.new$time == 'Dinner', 'percent'],
                   main = '주문 금액 대비 팁의 비율(디너)',
                   xlab = 'percent(%)',
                   breaks = 10)
par(mfrow = c(1,1))
```

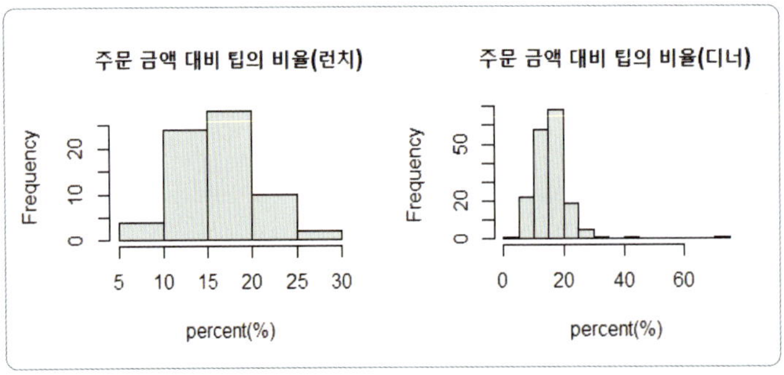

∴ **보기에는 좌측 그래프의 막대 너비가 더 넓어 보이지만 그래프에서 한 구간의 간격은 5로 동일합니다. 웨이터가 받는 팁의 비율은 식사 시간대에 큰 영향을 받지 않는 것으로 보이며 전반적으로 주문 금액의 15~20% 또는 10~15%를 받는다는 것을 알 수 있습니다.**

8. 지금부터는 앞서 저장한 두 개의 hist 객체에서 5~30 구간의 빈도값만 추출하고 병합할 것입니다. hist 객체는 범주와 빈도 등 여러 정보가 저장되어 있습니다. res.lunch와 res.dinner의 breaks 열은 간격이 5로 동일하지만 범위가 다릅니다. 따라서 각 객체의 공통되는 구간 5~30에 해당하는 값만 추출한 뒤 병합하고 구간 정보를 이름으로 설정합니다.

```
res.lunch
res.dinner
res <- rbind(lunch = c(0, res.lunch$counts), dinner = res.dinner$counts[1:6])
colnames(res) <- res.dinner$breaks[2:7]
```

9. res 데이터셋을 이용하면 제한된 범위 내에서 각각의 빈도를 한 그래프에서 확인할 수 있습니다.

```
barplot(res, main = '식사 시간에 따른 팁 비율 분포',
        col = c('#1d3557', '#a8dadc'),
        legend.text = c('Lunch', 'Dinner'))
```

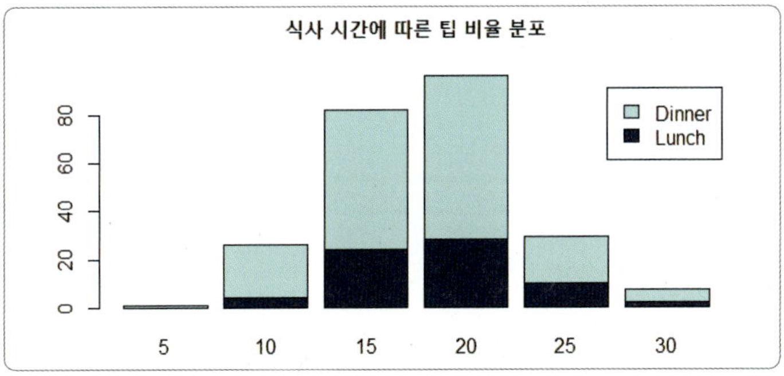

∴ **7번에서 출력한 그래프도 두 식사 시간대의 빈도를 비교할 수 있지만, 이 그래프처럼 공통의 y축에 표현하면 빈도를 비교하기가 용이합니다.**

요약

01 막대그래프는 범주형 자료를 시각화하는 데 사용합니다. 각 막대는 특정 범주를, 막대의 높이는 집계한 데이터의 크기를 나타냅니다.

02 종류별 빈도를 나타내는 도표를 도수분포표라고 합니다. 도수분포표는 table() 함수로 구할 수 있습니다.

03 히스토그램(histogram)은 외관상 막대그래프와 비슷한 그래프로, 그룹이 명시적으로 존재하지 않는 숫자형 데이터의 분포를 시각화할 때 사용합니다.

04 하나의 윈도우에 여러 개의 그래프를 동시에 출력할 때 par() 함수를 사용합니다. 매개변수 mfrow의 값에 따라 화면을 분할할 수 있습니다. par() 함수는 한 번 실행되면 R이 종료될 때까지 설정된 값이 유지됩니다.

05 R에서 그린 그래프는 복사해서 다른 문서 편집 소프트웨어로 붙여넣을 수 있습니다. 또한 플롯창에서 파일로 저장 가능합니다.

■ 그래프 관련 함수

함수명	매개변수 설명	
barplot()	main = 제목(타이틀)을 지정한다. xlab = x축 설명을 지정한다. horiz = 세로 방향으로 출력한다. las = 축의 값 표현 방향을 지정한다(0~3). beside = 막대를 각각 표시한다.	col = 막대의 색을 지정한다 ylab = y축 설명을 지정한다. names = x축 값 이름을 지정한다. legend.text = 범례를 출력하고, 이름을 지정한다. args.legend = 범례의 위치나 박스를 설정한다.
hist()	main = 제목(타이틀)을 지정한다. xlab = x축 설명을 지정한다. border = 막대 테두리 색을 지정한다. las = 축의 값 표현 방향을 지정한다(0~3).	col = 막대의 색을 지정한다. ylab = y축 설명을 지정한다. breaks = 데이터내 구간을 나누는 설정값을 지정한다.
par()	mfrow = 분할 레이아웃을 지정한다.	mar = 그래프 출력 영역의 여백을 지정한다.

연습문제

01 다음을 읽고, (A)와 (B)에 맞는 용어를 적으시오.

> 히스토그램과 막대그래프는 막대의 높이를 통해 빈도를 표현한다. 범주가 정해져 있는 데이터의 경우에는 [A]를, 숫자형 자료일 경우에는 [B]을 사용한다.

02 어떤 사안에 대한 찬반 의견을 수집하였다. 결과를 막대그래프 또는 히스토그램으로 만드는 코드를 작성하려고 한다. 단, x축의 값을 T는 Yes로, F는 No로 변경하고 각각 다른 색으로 나타내시오. 또한 색은 colors() 함수의 실행 결과에서 사용가능한 색 이름을 선택해 사용하시오.

```
survey <- c(T, F, T, T, F, T, F, F, F, F)
colors()
```

03 R의 기본 데이터셋인 mtcars에서 실린더의 종류별 빈도를 그래프로 출력하는 코드를 작성하려고 한다(실린더 정보는 cyl 열에 있음). 다음과 같은 그래프를 작성하기 위한 R 코드를 작성하시오(단, 막대의 색은 자유롭게 선택 가능함).

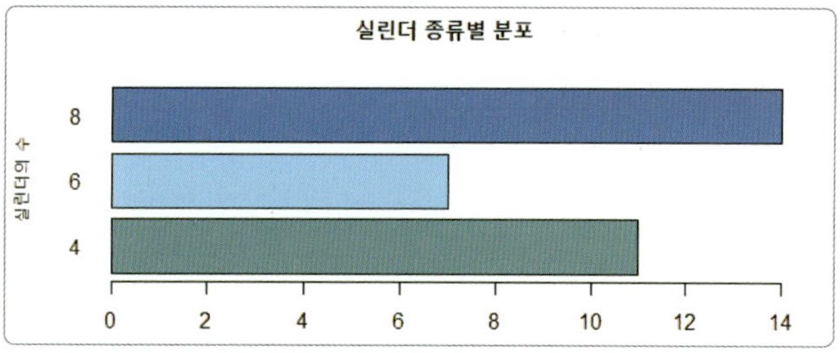

04 주어진 데이터셋을 사용하여 히스토그램을 출력하는 코드를 작성하시오(제목은 'Histogram of sleep', x축의 설명은 'Increase in hours of sleep', 막대의 개수는 4개).

```
ds <- sleep$extra
```

05 주어진 데이터셋과 색을 사용하여 다음 그래프를 출력하는 코드를 작성하시오.

```
ds <- table(mtcars$cyl, mtcars$gear)      # 행 = cyl, 열 = gear
color <- c('tomato', 'salmon', 'peachpuff')
```

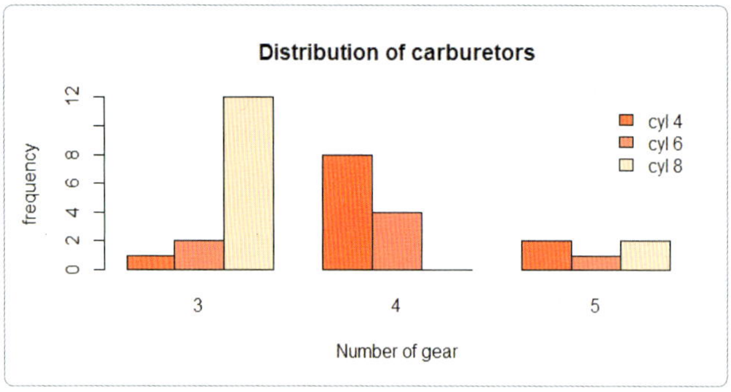

06 주어진 데이터셋과 색을 사용하여 다음 그래프를 출력하는 코드를 작성하시오.

```
ds <- trees$Height
color.6 <- rep('#f1faee', 6)
color.6[3:5] <- '#e63946'
```

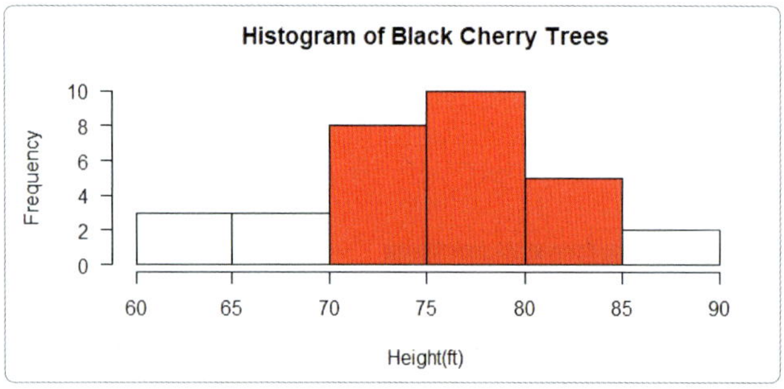

07 여러 개의 그래프를 출력하기 위해 다음과 같이 화면을 6개로 분할하려고 한다. 화면의 여백은 아래 5, 왼쪽 4, 위 4, 오른쪽 3으로 한다. 화면을 분할하는 명령문과 원래대로 초기화하는 명령문을 작성하시오.

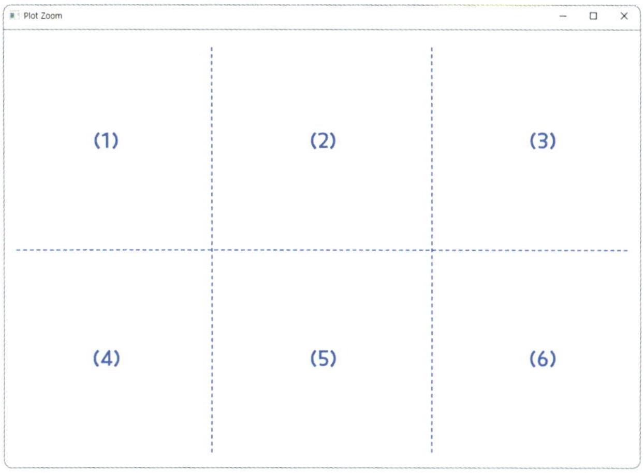

08 다음은 한 중국 기관 보고서에 포함된 성별에 따른 브랜드 선호도에 대한 그래프이다. 주어진 데이터를 사용해 동일하게 출력하시오(막대그래프 색상 코드 : '#ffe66d', '#00afb9').

```
male <- c(6.9, 30.4, 80.4)
female <- c(4.9, 38.2, 82.7)
ds <- rbind(male, female)
colnames(ds) <- c('samsung', 'apple', 'huawei')
```

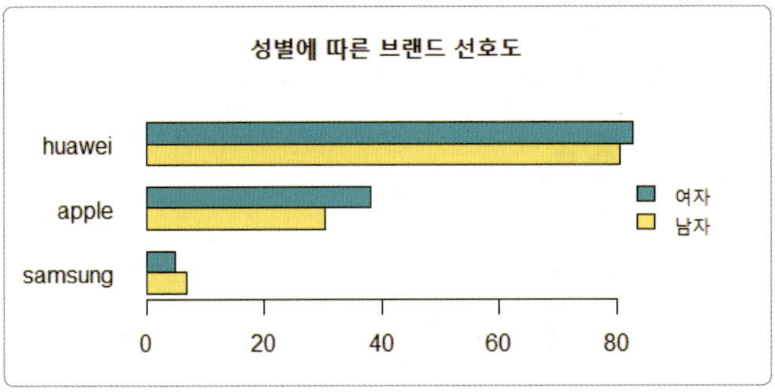

09 다음 그래프는 한 연구 기관 보고서에 포함된 주요 국가별 공휴일 현황이다. 주어진 데이터를 사용해 다음 그래프를 출력하는 R 코드를 작성하시오(막대그래프 색상명 : 'grey', 'skyblue').

```
holyday <- c(14, 15, 15, 16, 14, 11, 12)
holyday.actual <- c(15, 35, 38, 36, 34, 32, 32)
ds <- rbind(holyday, holyday.actual)
colnames(ds) <- c('한국', '일본', '독일', '러시아', '미국', '프랑스', '호주')
```

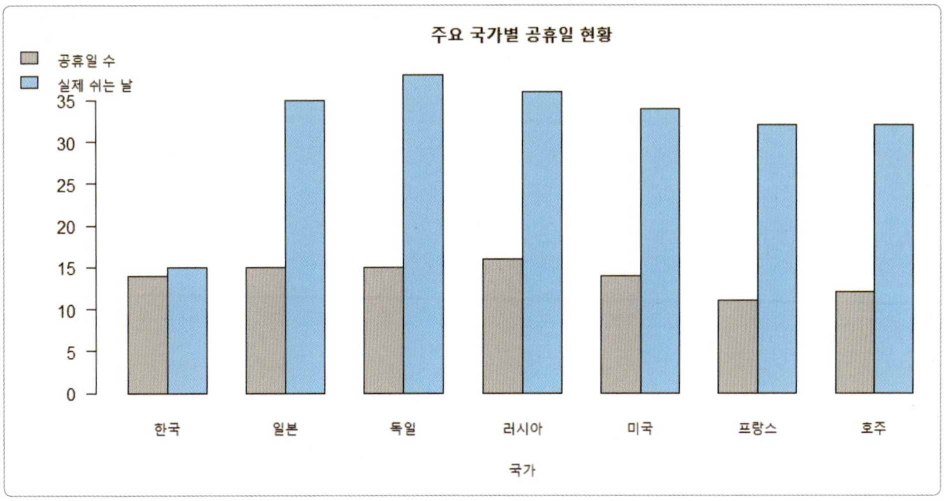

CHAPTER 09

기본 그래프 작성하기 II

01 원그래프와 선그래프를 작성해봅니다

02 상자그림에 대해 알아봅니다

03 산점도란 무엇인가요?

실전분석

요약

연습문제

학습목표

- 원그래프와 선그래프를 작성하는 방법을 알아봅니다.
- 상자그림에 대해 이해하고 작성법을 알아봅니다.
- 산점도에 대해 이해하고 작성법을 알아봅니다.

Preview

이번 장에서는 8장에 이어 R에서 제공하는 기본 그래프인 원그래프, 선그래프, 상자그림, 산점도를 작성하는 방법에 대해 학습합니다. 그래프는 각 함수의 매개변수에 값을 넣어 완성하므로 매개변수를 지정하는 방법에 유의하며 학습합니다.

1절에서는 2차원 원그래프와 3차원 원그래프에 대해서도 살펴본 후, 기초적인 선그래프를 그리는 방법을 실습하고 그 위에 그래프를 추가하는 방법도 알아봅니다. 2절에서는 단일변수 데이터의 전반적인 분포를 파악하는 데 유용한 상자그림에 대해 알아봅니다. 3절에서는 다중변수 사이의 관계를 파악할 수 있는 산점도에 대해 학습합니다. 먼저 두 변수 간의 산점도를 그리는 방법을 설명한 다음, 여러 변수 간의 산점도를 그리는 방법으로 확장합니다.

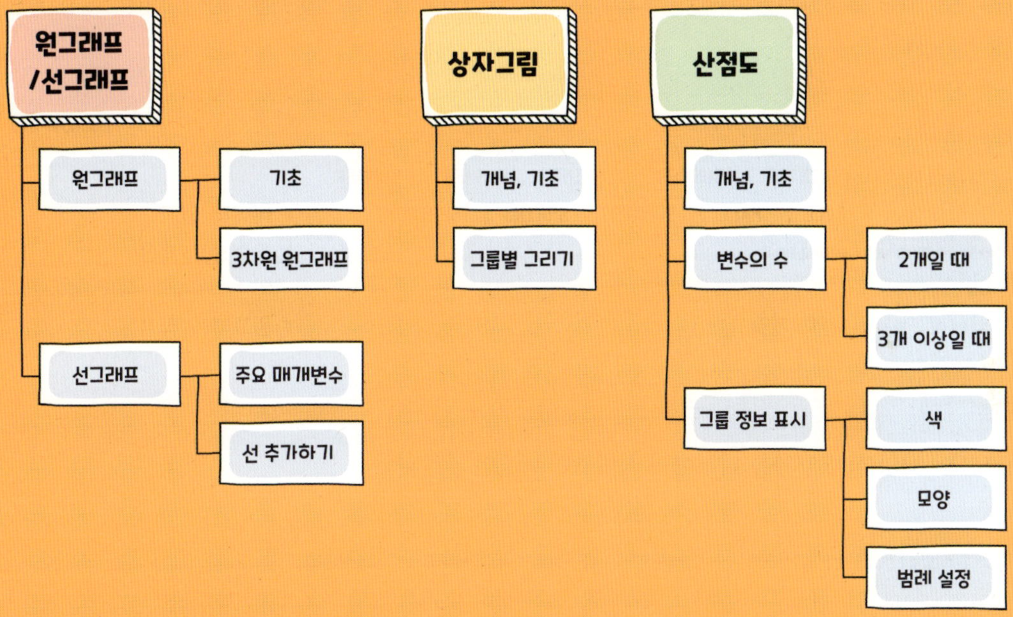

Section

01

원그래프와 선그래프를 작성해봅니다

1 원그래프의 작성

원그래프는 **하나의 원 안에 데이터값이 차지하는 비율을 넓이로 나타낸 그래프**입니다. 도수분포표로부터 쉽게 원그래프를 작성할 수 있습니다.

[코드 9-1]을 실행하여 선호하는 계절을 조사한 데이터를 토대로 원그래프를 작성하는 방법에 대해 알아봅니다.

코드 9-1 code09-01.r

```
favorite <- c('WINTER', 'SUMMER', 'SPRING', 'SUMMER', 'SUMMER',
              'FALL', 'FALL', 'SUMMER', 'SPRING', 'SPRING')      # 데이터 입력
ds <- table(favorite)                                             # 도수분포 계산
ds
pie(ds, main='선호 계절',                                          # 원그래프 작성
    radius=1)
```

[코드 9-1]의 실행 결과를 나누어서 설명하면 다음과 같습니다.

```
> favorite <- c('WINTER', 'SUMMER', 'SPRING', 'SUMMER', 'SUMMER',
+               'FALL', 'FALL', 'SUMMER', 'SPRING', 'SPRING')    # 데이터 입력
> ds <- table(favorite)                                          # 도수분포 계산
> ds
favorite
  FALL SPRING SUMMER WINTER
     2      3      4      1
```

선호하는 계절 데이터를 favorite에 입력한 후 table() 함수를 통해서 도수분포를 계산하고 이를 ds에 저장합니다.

```
> pie(ds, main='선호 계절',                          # 원그래프 작성
+     radius=1)
```

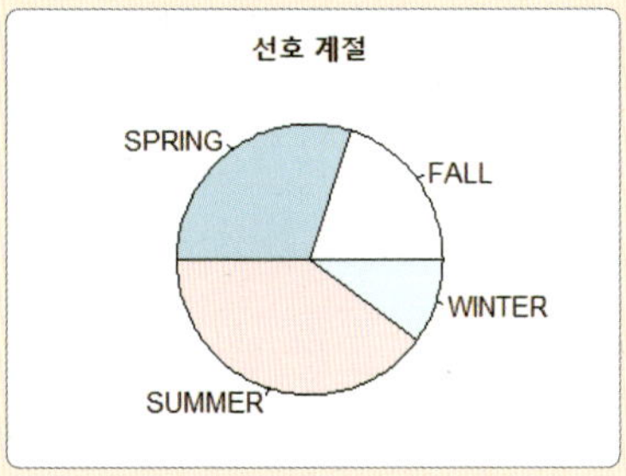

원그래프를 작성하는 함수는 pie()입니다. ds에 저장된 값들을 원 안에서 시계 반대 방향으로 따라가면서 파이 조각으로 표시합니다. 다시 한번 살펴보면 여름에 대한 선호도가 제일 높고 겨울에 대한 선호도가 제일 낮습니다. pie() 함수의 매개변수 radius는 −1~1 사이의 값으로 원의 크기와 데이터를 표시하는 방향을 조절하는데, 보통 1로 지정합니다.

파이 조각의 색 지정하기

원그래프에서 파이 조각의 색을 내가 원하는 색으로 바꿀 수 있으며, 그 방법은 막대그래프와 동일합니다.

코드 9-2 code09-02.r

```
# 코드 9-1에 이어서 실행
pie(ds, main='선호 계절',
    col=c('brown','green','red','black'),        # 파이의 색 지정
    radius=1 )                                   # 파이의 크기 지정
```

실행 결과

```
> pie(ds, main='선호 계절',
+     col=c('brown','green','red','black'),        # 파이의 색 지정
+     radius=1 )                                   # 파이의 크기 지정
```

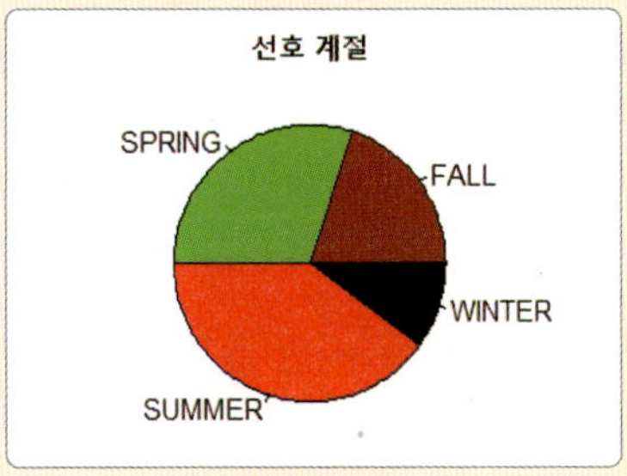

3차원 원그래프 작성하기

3차원 원그래프는 pie3D() 함수를 이용하여 작성하는데, 이 함수를 이용하기 위해서는 plotrix 패키지를 설치해야 합니다.

코드 9-3 code09-03.r

```
# 코드 9-1에 이어서 실행
install.packages('plotrix')

library(plotrix)
pie3D(ds, main='선호 계절',
      labels=names(ds),                          # 파이별 레이블 지정
      labelcex=1.0,                              # 레이블의 폰트 크기
      explode=0.1,                               # 파이 간 간격
      radius=1.5,                                # 파이의 크기
      col=c('brown','green','red','yellow'))     # 파이의 색 지정
```

실행 결과

```
> install.packages('plotrix')
>
> library(plotrix)
> pie3D(ds, main='선호 계절',
+       labels=names(ds),                          # 파이별 레이블 지정
+       labelcex=1.0,                              # 레이블의 폰트 크기
+       explode=0.1,                               # 파이 간 간격
+       radius=1.5,                                # 파이의 크기
+       col=c('brown','green','red','yellow'))     # 파이의 색 지정
```

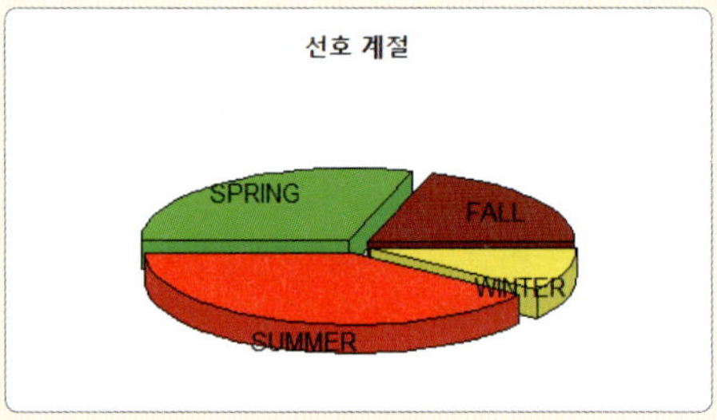

확인문제

다음은 4개의 라면 브랜드 A, B, C, D에 대한 선호도를 15명에 대해서 조사한 결과이다. 브랜드별 선호도를 원그래프로 나타내시오(파이의 색은 임의 지정).

```
A, C, A, D, B, D, C, A, D, A, C, C, A, B, A
```

정답

```
ds <-  c('A', 'C', 'A', 'D', 'B',  'D', 'C', 'A', 'D', 'A', 'C', 'C', 'A', 'B', 'A')
tbl <- table(ds)
pie(tbl, main='선호 브랜드',
    col=c('brown','green','red','black'))        # 파이의 색 지정
```

2 선그래프의 작성

선그래프는 연도별 인구 증가 추이와 같이 시간의 변화에 따라 수집된 데이터를 시각화하는 데 주로 사용됩니다. x축을 시간축으로 하여 선그래프를 그리면 시간 변화에 따른 데이터의 증감 추이를 쉽게 확인할 수 있습니다. 시간 변화에 따라 데이터를 수집한 경우 이를 특별히 시계열 데이터(times series data)라고 합니다. 다양한 분석 방법이 존재하는데 여기서는 단순히 선그래프를 통해 증감 추이를 확인하는 방법만 학습합니다.

하나의 선그래프 작성하기

[그림 9-1]은 A 대학교의 프로그래밍 강의 월별 지각생 통계입니다. [코드 9-4]에서 통계 데이터를 바탕으로 데이터를 입력하고 선그래프를 작성해봅니다.

month	1	2	3	4	5	6	7	8	9	10	11	12
late	5	8	7	9	4	6	12	13	8	6	6	4

그림 9-1 A 대학교의 프로그래밍 강의 월별 지각생 통계

코드 9-4 code09-04.r

```
month = 1:12                                   # 데이터 입력
late  = c(5,8,7,9,4,6,12,13,8,6,6,4)          # 데이터 입력
plot(month,                                    # x data
     late,                                     # y data
     main='지각생 통계',                        # 제목
     type='l',                                 # 그래프의 종류 선택(알파벳)
     lty=1,                                    # 선의 종류(line type) 선택
     lwd=1,                                    # 선의 굵기 선택
```

```
    xlab='Month',                             # x축 레이블
    ylab='Late cnt'                           # y축 레이블
)
```

[코드 9-4]의 실행 결과를 나누어서 설명하면 다음과 같습니다.

```
> month = 1:12                                # 데이터 입력
> late  = c(5,8,7,9,4,6,12,13,8,6,6,4) # 데이터 입력
```

월과 월별 지각생 데이터를 입력합니다.

```
> plot(month,                                 # x data
+      late,                                  # y data
+      main='지각생 통계',                      # 제목
+      type='l',                              # 그래프의 종류 선택(알파벳)
+      lty=1,                                 # 선의 종류(line type) 선택
+      lwd=1,                                 # 선의 굵기 선택
+      xlab='Month',                          # x축 레이블
+      ylab='Late cnt'                        # y축 레이블
+ )
```

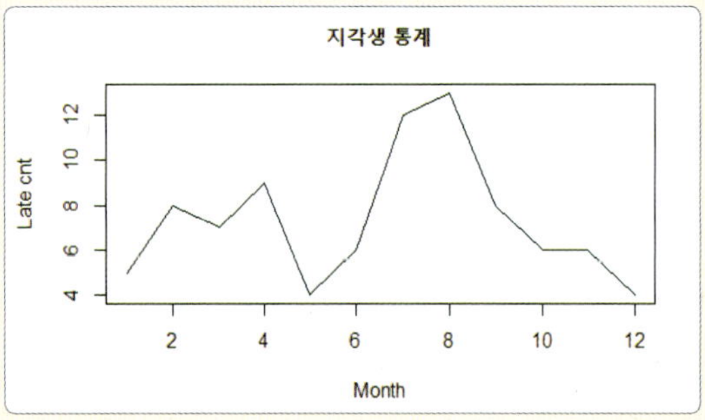

선그래프를 작성하는 함수는 plot()입니다. 이 함수의 주요 매개변수는 다음과 같습니다.

- **month** : x축에 해당하는 데이터로, 월, 연도와 같이 시간을 나타내는 값이다.
- **late** : y축에 해당하는 데이터로, 시간에 따른 빈도수나 양을 의미한다.
- **main='지각생통계'** : 그래프의 제목을 지정한다.
- **type='l'** : 작성하려는 선그래프의 종류를 지정한다.
- **lty=1** : 선의 종류(line type)를 지정한다.
- **lwd=1** : 선의 굵기(line width)를 지정한다.
- **xlab='Month'** : x축의 레이블을 지정한다.
- **ylab='Late cnt'** : y축의 레이블을 지정한다.

매개변수 type의 값이 숫자 1이 아닌 알파벳 l임에 주의하도록 합니다. type의 값에 따른 선그래프의 종류는 [그림 9-2]와 같습니다.

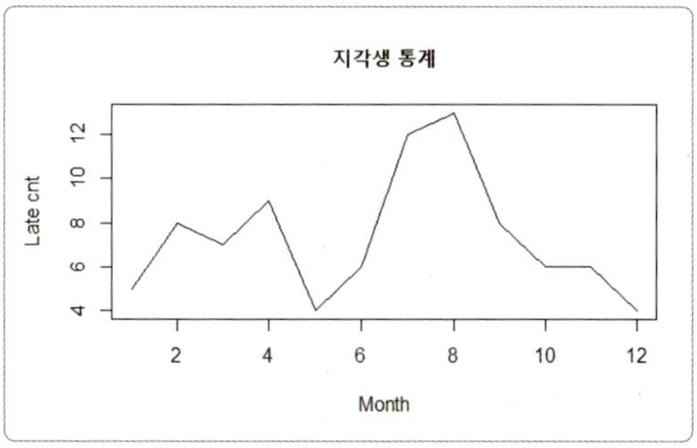

(a) type = "l"

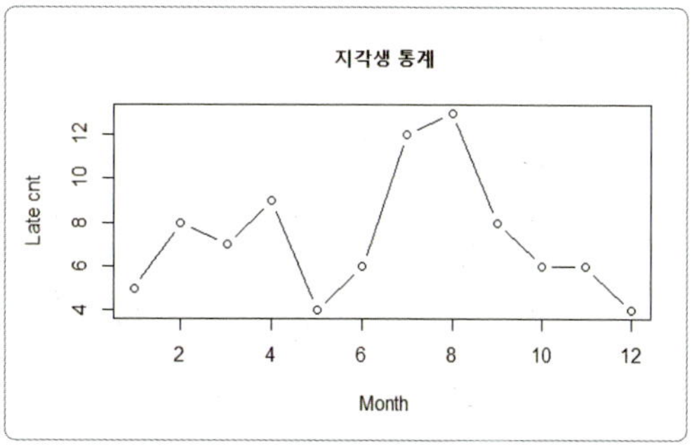

(b) type = "b"

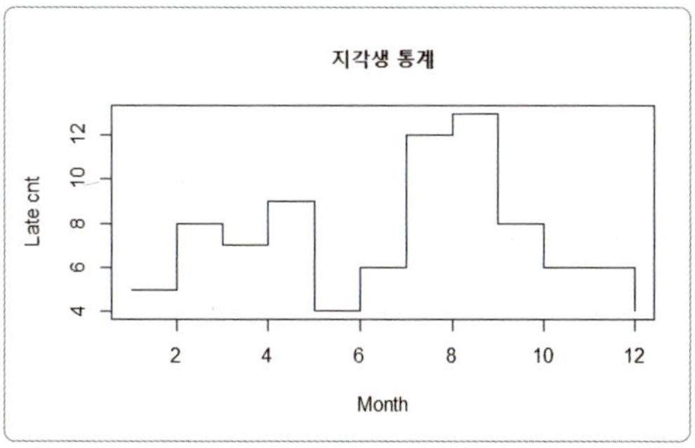

(c) type = "s"

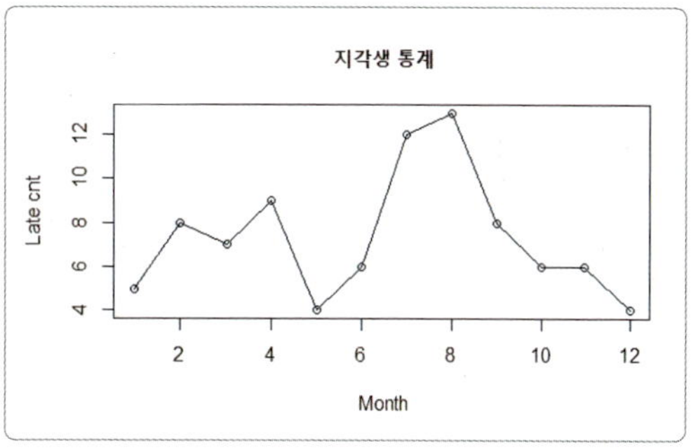

(d) type = "o"

그림 9-2 **매개변수 type에 따른 다양한 선그래프**

매개변수에서 lty는 선의 종류를 지정하는 데 사용되며, 매개변수값에 따른 선의 종류는 [그림 9-3]과 같습니다.

그림 9-3 **선의 종류**

실행 결과 그래프를 보면 지각생 수가 5월에 급감했다가 7, 8월에는 급증하는 것을 알 수 있습니다. 이러한 결과를 바탕으로 7, 8월에 왜 지각생이 급증하는지 원인을 파악해보고 지각생을 줄이기 위한 방안을 수립하는 것이 데이터 분석을 하는 이유일 것입니다.

복수의 선그래프 작성하기

선그래프는 하나의 선뿐만 아니라 복수의 선도 나타낼 수 있습니다. 이번에는 [그림 9-4]와 같은 2개 학급의 지각생 통계 데이터를 사용해 [코드 9-5]에서 반별 지각생 추이를 선그래프로 작성해보겠습니다.

month	1	2	3	4	5	6	7	8	9	10	11	12
late	5	8	7	9	4	6	12	13	8	6	6	4
late2	4	6	5	8	7	8	10	11	6	5	7	3

그림 9-4 2개 학급의 지각생 통계 데이터

코드 9-5 code09-05.r

```
month = 1:12
late1  = c(5,8,7,9,4,6,12,13,8,6,6,4)
late2  = c(4,6,5,8,7,8,10,11,6,5,7,3)
plot(month,                                   # x 데이터
     late1,                                   # y 데이터
     main='Late students',
     type='b',                                # 그래프의 종류 선택(알파벳)
     lty=1,                                   # 선의 종류(line type) 선택
     col='red',                               # 선의 색상 선택
     xlab='Month',                            # x축 레이블
     ylab='Late cnt'                          # y축 레이블
)
lines(month,                                  # x 데이터
     late2,                                   # y 데이터
     type='b',                                # 선의 종류(line type) 선택
     col='blue')                              # 선의 색상 선택
```

[코드 9-5]의 실행 결과를 나누어서 설명하면 다음과 같습니다.

```
> month = 1:12
> late1  = c(5,8,7,9,4,6,12,13,8,6,6,4)
> late2  = c(4,6,5,8,7,8,10,11,6,5,7,3)
```

월을 입력하고, 2개 학급의 월별 지각생 데이터를 입력합니다.

```
> plot(month,                         # x 데이터
+       late1,                        # y 데이터
+       main='Late students',
+       type='b',                     # 그래프의 종류 선택(알파벳)
+       lty=1,                        # 선의 종류(line type) 선택
+       col='red',                    # 선의 색상 선택
+       xlab='Month',                 # x축 레이블
+       ylab='Late cnt'               # y축 레이블
+ )
```

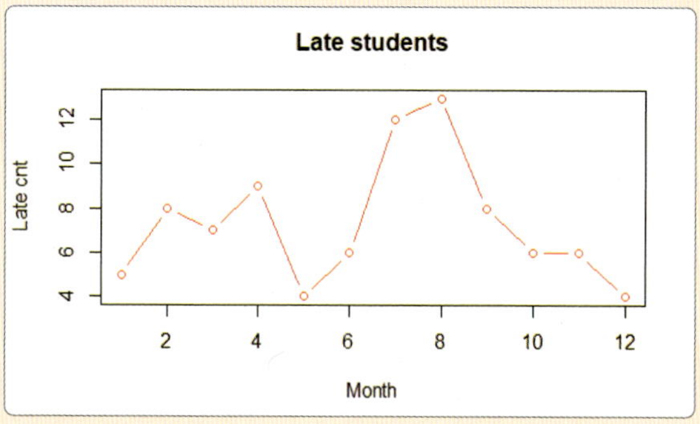

1반의 데이터(`late1`)를 사용해 선그래프를 작성합니다.

```
> lines(month,                        # x 데이터
+        late2,                       # y 데이터
+        type='b',                    # 선의 종류(line type) 선택
+        col='blue')                  # 선의 색상 선택
```

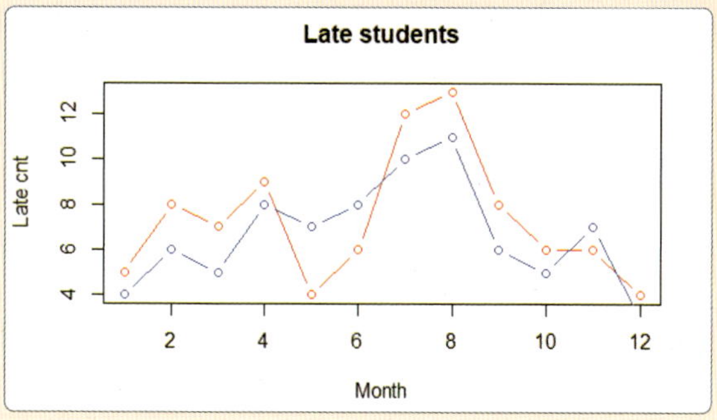

`lines()` 함수는 `plot()` 함수로 작성한 그래프 위에 선을 겹쳐서 그리는 역할을 합니다. 이때 사용한 데이터는 2반의 데이터(`late2`)입니다. `lines()` 함수를 추가할 때마다 선이 하나씩 추가됩니다. 이와 같이 하면 여러 개의 선이 겹쳐진 그래프를 작성할 수 있습니다.

확인문제

R에서 제공하는 ChickWeight 데이터셋은 다이어트 방법에 따른 병아리의 체중 변화를 일정 시간 간격으로 측정한 데이터이다. 1번 병아리와 21번 병아리의 체중 변화를 선그래프로 작성하시오. 단, 선의 종류와 색은 [코드 9-5]와 같게 한다. Chick 열은 병아리 번호, Time 열은 측정시간, Weight 열은 병아리 체중을 의미한다.

정답

```
c1 <- subset(ChickWeight, Chick==1)
c21 <- subset(ChickWeight, Chick==21)

plot(c1$Time,                          # x 데이터
     c1$weight,                        # y 데이터
     main='병아리체중변화',
     type='b',                         # 그래프의 종류 선택(알파벳)
     lty=1,                            # 선의 종류(line type) 선택
     col='red',                        # 선의 색깔 선택
     xlab='Time',                      # x축 레이블
     ylab='Weight',                    # y축 레이블
     ylim=c(40,400)                    # y값 범위
)
lines(c21$Time,                        # x 데이터
      c21$weight,                      # y 데이터
      type='b',                        # 선의 종류(line type) 선택
      col='blue')                      # 선의 색깔 선택
```

LAB 원그래프와 선그래프로 데이터 정리하기

DAAG 패키지에 포함된 science 데이터셋은 학생들의 과학 과목에 대한 선호도가 저장되어 있고, R에 기본으로 포함된 LakeHuron 데이터셋은 1875년부터 1972년까지의 휴런 호수 수위 변화를 저장하고 있습니다. 이 두 데이터를 이용하여 원그래프, 3차원 원그래프, 선그래프를 작성해봅시다.

1. 다음과 같이 과학 과목에 대한 선호도 점수별 비율을 원그래프로 나타냅니다.

```
install.packages('DAAG')
library(DAAG)

ds <- table(science$like)
pie(ds, main='선호 점수별 비율',
    col=rainbow(length(ds)),          # 파이의 색 지정
    radius=1)                         # 파이의 크기 지정
```

2. 다음과 같이 주(state)별로 조사 대상 학생수 비율을 3차원 원그래프로 나타냅니다.

```
install.packages('plotrix')
library(plotrix)

ds <- table(science$State)
pie3D(ds, main='주별 학생 비율',
      labels=names(ds),               # 파이별 레이블 지정
      labelcex=1.0,                   # 레이블의 폰트 크기
      explode=0.1,                    # 파이 간 간격
      radius=1.5,                     # 파이의 크기
      col=c('brown','green'))         # 파이의 색 지정
```

3. 휴런 호수의 수위 변화를 선그래프로 작성합니다.

```
year = 1875:1972
ds <- data.frame(year, LakeHuron)

plot(ds$year,                         # x data
     ds$LakeHuron,                    # y data
     main='수위 변화',
     type='b',
     lty=1,
     col='blue',
     xlab='연도',
     ylab='수위')
```

Section
02 상자그림에 대해 알아봅니다

1 상자그림의 이해

상자그림(box plot)은 **사분위수를 시각화하여 그래프 형태로 나타낸 것**으로, 상자수염그림(box-and-whisker-plot)으로 부르기도 합니다. 상자그림은 하나의 그래프로 데이터의 분포 형태를 포함한 다양한 정보를 전달하기 때문에 단일변수 수치형 자료를 파악하는 데 자주 사용됩니다.

[그림 9-5]는 상자그림의 구성 요소들을 설명하고 있습니다. 상자그림은 상자가 세로 방향으로 표현되는데, 데이터의 관측값들이 작은 값부터 큰 값 순으로 아래에서 위로 세워져 있는 것과 대응시켜서 생각하면 쉽게 이해가 됩니다.

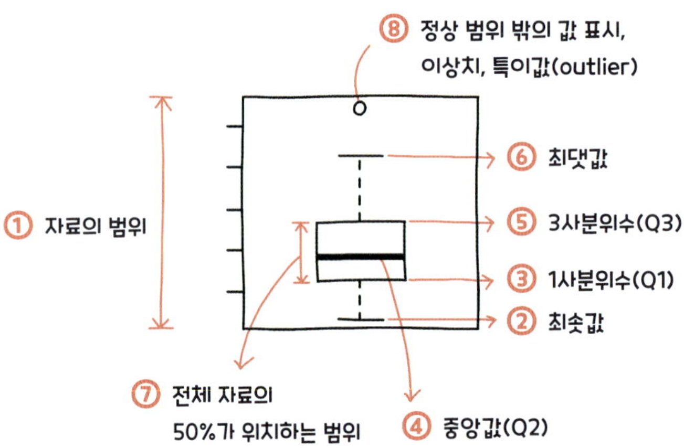

그림 9-5 **상자그림의 구성 요소**

> ① 상자그림의 y축은 데이터값들이 갖는 범위를 등간격 눈금으로 나타낸 것이다.
>
> ②~⑥ 아래에서부터 차례로 최솟값, 1사분위수(Q1), 중앙값(Q2), 3사분위수(Q3), 최댓값을 표시한다. 여기서의 최솟값과 최댓값은 **정상 범위에 있는 관측값 중에서의 최솟값과 최댓값**을 의미한다.
>
> ⑦ 1사분위수와 3사분위수 사이에서 상자로 표현된 구간을 의미하며 전체 데이터의 50%가 모여 있는 구간을 나타낸다. 즉, 전체를 대표할 만한 주류 데이터가 분포하는 구간을 의미한다.
>
> ⑧ 정상 범위 밖에 있는 값을 **이상치** 또는 **특이값**(outlier)이라고 하며, 작은 동그라미로 표현된다. 동그라미 하나는 값 하나를 의미한다.

> 사분위수란 1차원 데이터를 작은 값부터 큰 값 순으로 줄을 세웠을 때 이를 4등분하는 숫자를 말합니다. 데이터의 개수가 100개라고 하면 1사분위수(Q1)는 앞에서 25번째의 값을 의미하고, 2사분위수(Q2)는 50번째의 값으로 중앙값을 의미하며, 3사분위수(Q3)는 75번째의 값을 나타냅니다.

상자그림에서 모든 정보는 세로 방향으로 표현되어 있기 때문에 가로 방향은 별 의미가 없습니다. 상자의 면적도 의미를 갖지 않습니다. 또한 상자그림에서 '상자'는 바깥쪽의 테두리 상자를 말하는 것이 아니라 안쪽의 작은 상자를 말합니다. R에서 제공하는 **boxplot()** 함수를 이용해 상자그림을 작성하고 내용을 관찰해봅시다.

코드 9-6 code09-06.r

```
dist <- cars[,2]                          # 자동차 제동거리 (단위: 피트)
boxplot(dist, main='자동차 제동거리')
```

실행 결과

```
> dist <- cars[,2]                        # 자동차 제동거리 (단위: 피트)
> boxplot(dist, main='자동차 제동거리')
```

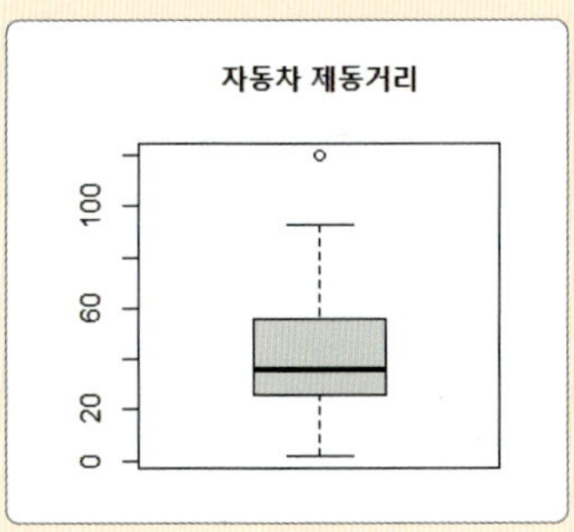

dist 벡터에는 자동차의 제동거리 데이터가 저장되어 있습니다. [코드 9-6]을 실행하면 상자그림이 그려집니다. 먼저 상자그림에서 y축을 보면 눈금이 20 간격으로 그려져 있고, 제동거리 값이 0~120 범위에 있음을 알 수 있습니다. 이 중 정상 범위 제동거리는 대략 1~95 사이입니다. 정상 범위 내에서는 상자가 아래쪽으로 살짝 치우쳐 있는데, 전체의 50%에 해당하는 값들이 아래쪽(대략 22~58)에 분포함을 알려줍니다. 상자그림에서 상자 위쪽으로 특이값 1개가 관찰되는데, 다른 경우에 비해 제동거리가 매우 긴 경우를 의미합니다.

상자그림은 데이터의 전반적인 분포를 이해하는 데는 도움이 되지만, 구체적으로 최솟값, 최댓값, 중앙값 등이 정확히 얼마인지는 알기가 어렵습니다. 이를 알기 위해서는 [코드 9-7]과 같이 **boxplot.stats()** 함수를 사용하면 됩니다. 실행 결과는 리스트(list) 형태로 출력됩니다.

코드 9-7 code09-07.r

```
# [코드 9-6] 에 이어서
boxplot.stats(dist)
```

실행 결과

```
> boxplot.stats(dist)
$stats
[1]  2 26 36 56 93

$n
[1] 50

$conf
[1] 29.29663 42.70337

$out
[1] 120
```

나타나는 리스트에서 각 원소의 의미는 다음과 같습니다.

- `$stats` : 정상 범위의 데이터 내에서 사분위수에 해당하는 값들이 표시된다. 5개의 값은 차례로 최솟값, 1사분위수, 중앙값, 3사분위수, 최댓값을 의미한다.
- `$n` : 데이터에 있는 관측값들의 개수로, 50개의 관측값이 저장되어 있음을 의미한다.
- `$conf` : 중앙값에 관련된 신뢰 구간이다.
- `$out` : 특이값들의 목록을 저장한다.

만약 특이값들만 추출하려면 `boxplot.stats(dist)$out`과 같은 명령문을 사용합니다. `boxplot.stats()` 함수에 나타난 값들을 `boxplot()` 함수의 상자그림과 대응시키면 [그림 9-6]과 같은 내용이 됩니다.

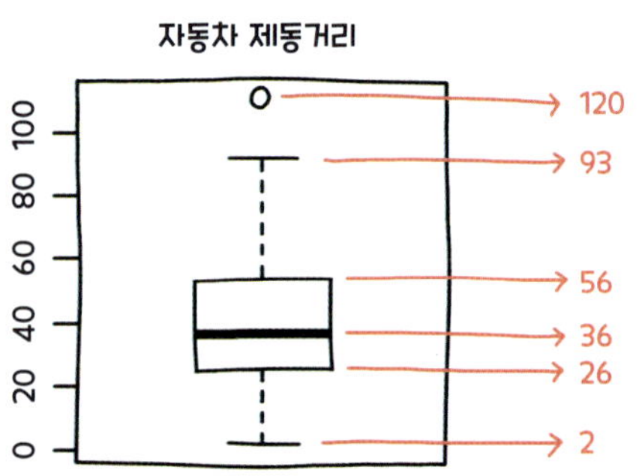

그림 9-6 자동차 제동거리에 대한 상자그림과 대응되는 통계값

확인문제

R에서 제공하는 state.x77 데이터셋은 미국 50개 주에 대한 통계 데이터를 저장하고 있다. 전체 주의 인구분포(Population)를 상자그림으로 나타내시오.

정답

```
boxplot(state.x77[,'Population'])
```

2 그룹이 있는 데이터의 상자그림

단일변수 데이터 중에는 그룹 정보가 포함되어 있는 데이터도 있습니다. 예를 들면 iris 데이터셋에서 꽃잎과 꽃받침에 대한 측정값들은 품종(Species)에 의해 3개의 그룹으로 나눌 수 있습니다. 이런 경우는 데이터의 관측값들을 품종별로 나눈 뒤, 품종 그룹별로 상자그림을 그리면 품종들 간 데이터의 분포가 어떻게 다른지를 확인할 수 있어서 매우 유용합니다. iris 데이터셋에서 꽃잎의 길이(Sepal.Length) 데이터를 품종별로 나누어 상자그림을 그리는 과정은 [코드 9-8]과 같습니다.

코드 9-8 code09-08.r

```
boxplot(Petal.Length~Species,           # 데이터와 그룹 정보
        data=iris,                      # 데이터가 저장된 자료구조
        main='품종별 꽃잎의 길이',         # 그래프의 제목
        col=c('green','yellow','blue')) # 상자들의 색
```

실행 결과

```
> boxplot(Petal.Length~Species,           # 데이터와 그룹 정보
+         data=iris,                      # 데이터가 저장된 자료구조
+         main='품종별 꽃잎의 길이',         # 그래프의 제목
+         col=c('green','yellow','blue')) # 상자들의 색
```

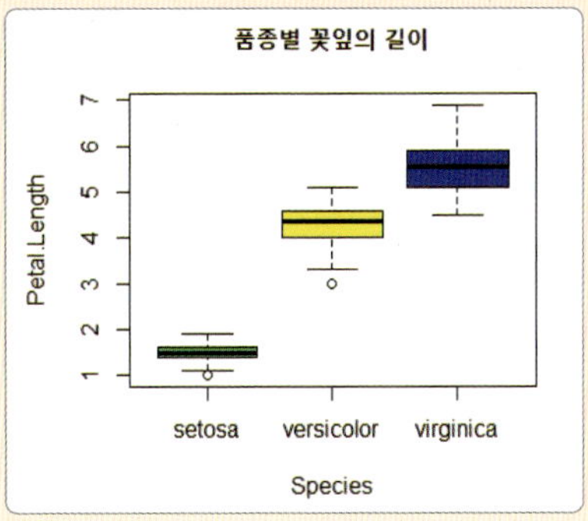

boxplot() 함수의 매개변수에서 Petal.Length~Species는 꽃잎의 길이(Petal.Length) 데이터를 품종(Species)별로 나누어서 상자그림을 그리라는 의미입니다. 반드시 그룹 정보가 저장되어 있는 열 이름이 ~ 뒤에 와야 합니다. 매개변수 data=iris는 Petal.Length와 Species를 포함하고 있는 데이터셋이 iris임을 알려줍니다.

boxplot() 함수의 실행 결과를 보면 3개의 품종에 대한 상자그림이 함께 그려진 것을 알 수 있습니다. 여기서 관찰할 수 있는 사실은 setosa 품종이 꽃잎의 길이가 가장 작고 virginia 품종이 꽃잎의 길이가 전반적으로 가장 크다는 것입니다. 또한 setosa 품종은 값들이 좁은 지역에 모여 있는 것을 알 수 있는데, 이는 setosa 품종의 꽃들은 꽃잎의 길이가 비슷한 것을 말해줍니다. 반면 versicolor와 virginica 품종의 꽃들은 데이터의 분포가 상대적으로 넓게 퍼져 있습니다.

하나 더 알기 √

다음과 같이 실행해도 [코드 9-8]과 동일한 결과를 얻을 수 있습니다. 상자그림을 그릴 대상 데이터와 그룹 정보 데이터가 동일한 데이터셋에 있지 않을 때는 이와 같은 문법을 사용하면 됩니다.

```
boxplot(iris$Petal.Length~iris$Species,
        main='품종별 꽃잎의 길이',
        col=c('green','yellow','blue'))
```

확인문제

R에서 제공하는 state.x77 데이터셋은 미국 50개 주에 대한 통계 데이터를, state.region 데이터셋은 50개 주에 대한 지역구분 정보를 저장하고 있다. 두 데이터셋을 이용하여 지역별 인구분포(Population)를 상자그림으로 나타내시오.

정답

```
boxplot(state.x77[,'Population']~state.region)
```

LAB 상자그림을 이용하여 자동차 데이터 분석하기

R에서 제공하는 mtcars 데이터셋은 여러 가지 자동차 모델에 대한 데이터를 저장하고 있습니다. 상자그림을 이용하여 자동차 데이터를 다양한 방식으로 분석해봅시다.

1. 자동차들의 연비(mpg) 분포를 상자그림을 통해 알아봅니다.

```
boxplot(mtcars$mpg)
```

2. 기어의 수(gear)에 따라 연비 분포가 어떻게 다른지 알아봅니다.

```
boxplot(mtcars$mpg~mtcars$gear)
```

∴ **기어의 수가 4개인 모델들이 연비가 높은 경향을 보입니다.**

3. 엔진 형태(vs)에 따라 연비 분포가 어떻게 다른지 알아봅니다.

```
boxplot(mtcars$mpg~mtcars$vs)
```

∴ **대체로 1자형 엔진(vs=1)이 V자형 엔진(vs=0)보다 연비가 높은 경향을 보입니다.**

4. 변속기 종류(am)에 따라 연비 분포가 어떻게 다른지 알아봅니다.

```
boxplot(mtcars$mpg~mtcars$am)
```

∴ **예상한 것처럼 스틱(am=1)이 오토매틱(am=0) 변속기보다 연비가 높은 경향을 보입니다.**

5. 자동차의 중량(wt)과 엔진의 힘(hp) 간의 관계를 알기 위해 중량이 평균 이상인 그룹('high')과 미만인 그룹('low')으로 모델들을 나누어 엔진의 힘(hp)에 대한 분포를 알아봅니다.

```
grp <- rep('high', nrow(mtcars))
grp[mtcars$wt < mean(mtcars$wt)] <- 'low'
boxplot(mtcars$hp~grp)
```

∴ **중량이 무거운 그룹의 엔진의 힘이 중량이 가벼운 그룹보다 센 경향을 보이는데, 차가 무거울수록 엔진의 힘이 좋아야 잘 달릴 수 있기 때문이라고 추정됩니다.**

Section 03

산점도란 무엇인가요?

산점도(scatter plot)는 **다중변수 데이터에서 두 변수에 포함된 값들을 2차원 그래프상에 점으로 표현하여 분포를 관찰할 수 있도록 하는 도구**입니다. 다중변수 데이터란 [그림 9-7]에 있는 iris와 같이 여러 주제의 데이터를 하나로 모은 2차원 형태의 데이터를 말합니다. iris의 경우는 **꽃받침의 길이와 폭, 꽃잎의 길이와 폭, 품종** 이렇게 5개의 주제에 대해 데이터를 모아 놓았습니다. 여기서 데이터의 주제를 통계 용어로 변수(variable)라고 합니다. 프로그래밍 용어로서의 변수와는 의미가 다르니 문맥에 따라 다르게 이해를 해야 합니다. 매트릭스나 데이터프레임에서 열(column)이라고 불렀던 것을 통계에서는 변수라고 부릅니다.

변수

	Sepal.Length	Sepal.Width	Petal.Length	Petal.Width	Species
1	5.1	3.5	1.4	0.2	setosa
2	4.9	3.0	1.4	0.2	setosa
3	4.7	3.2	1.3	0.2	setosa
4	4.6	3.1	1.5	0.2	setosa
5	5.0	3.6	1.4	0.2	setosa
6	5.4	3.9	1.7	0.4	setosa
7	4.6	3.4	1.4	0.3	setosa
8	5.0	3.4	1.5	0.2	setosa
9	4.4	2.9	1.4	0.2	setosa
10	4.9	3.1	1.5	0.1	setosa

관측값

그림 9-7 **다중변수 데이터인 iris**

다중변수 데이터 분석에는 여러 가지 분석 기법이 사용될 수 있는데, 이번에는 기본적인 관찰 도구인 산점도에 대해서 학습합니다.

1 두 변수 사이의 산점도

앞에서 설명한 것처럼 **산점도**는 2개의 변수로 구성된 데이터의 분포를 알아보는 그래프로, 관측값들의 분포를 통해 2개의 변수 사이의 관계를 파악할 수 있는 기법입니다. [코드 9-9]를 통해 mtcars 데이터셋에 있는 2개의 변수인 자동차의 '중량(wt)'과 '연비(mpg)' 사이의 관계에 대해 산점도를 이용해 알아봅니다.

코드 9-9 code09-09.r

```
wt <-mtcars$wt                    # 중량 데이터
mpg <- mtcars$mpg                 # 연비 데이터
plot(wt, mpg,                     # 2개 변수(x축, y축)
     main='중량-연비 그래프',       # 제목
     xlab='중량',                  # x축 레이블
     ylab='연비(MPG)',             # y축 레이블
     col='red',                   # point의 color
     pch=19)                      # point의 종류
```

실행 결과

```
...(생략)
```

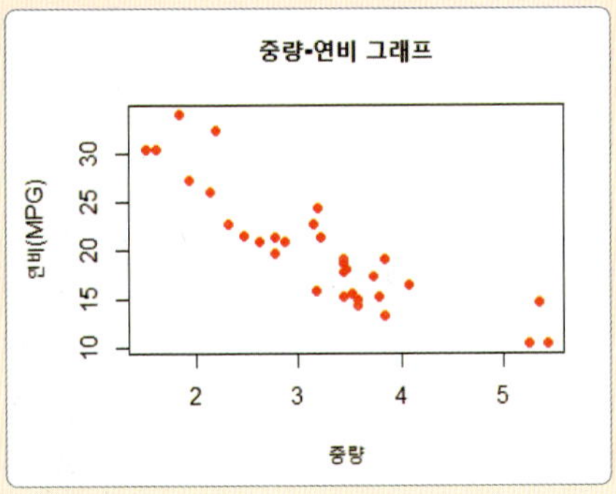

산점도는 두 변수의 데이터 분포를 살펴보는 것이기 때문에 두 개의 변수에 대한 데이터가 필요합니다. wt와 mpg에 각각 중량과 연비 데이터를 저장한 후에 plot() 함수를 이용하여 산점도를 작성합니다. 각 매개변수의 의미는 다음과 같습니다.

- **wt** : x축에 해당하는 데이터(벡터)를 의미한다.
- **xlab='중량'** : x축의 레이블을 의미한다.
- **col='red'** : 점의 색을 지정한다.
- **mpg** : y축에 해당하는 데이터(벡터)를 의미한다.
- **ylab='연비(MPG)'** : y축의 레이블을 의미한다.
- **pch=19** : 점의 모양을 지정한다.

매개변수 pch 값에 따른 점의 모양은 [그림 9-8]과 같습니다.

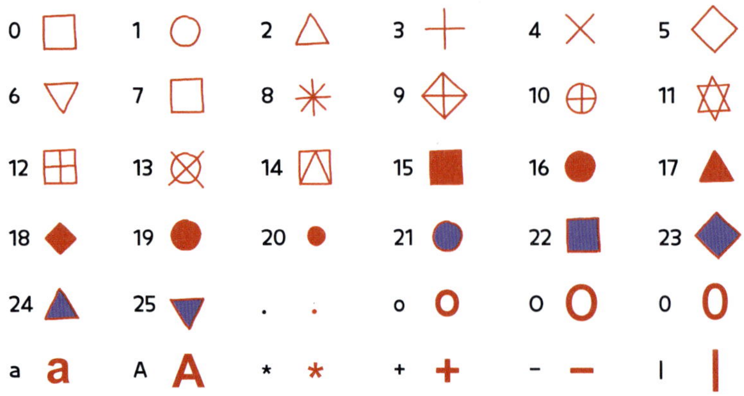

그림 9-8 pch 값에 따른 점의 모양

plot() 함수로 작성된 산점도를 살펴보면 중량이 증가할수록 연비는 감소하는 경향을 확인할 수 있습니다. 차가 무거울수록 연료 소모가 많다는 것을 생각하면 자연스러운 결과라고 할 수 있습니다. 이와 같이 산점도는 관측값들의 분포를 보고 두 변수 사이의 관련성을 확인하는 데 사용됩니다.

하나 더 알기

[코드 9-9]의 plot() 함수에서 첫 번째와 두 번째의 매개변수를 지정하는 다양한 방법들이 존재합니다. 다음과 같은 방법을 통해서도 동일한 결과를 얻을 수 있습니다(.. 부분은 [코드 9-9]와 동일함).

```
plot(mtcars$wt, mtcars$mpg,
..)
plot(mtcars[,c('wt', 'mpg')],
..)
plot(mpg~wt, data=mtcars,
..)
```

확인문제

DAAG 패키지에서 제공하는 milk 데이터셋은 특정 첨가물을 네 스푼(four) 첨가했을 때와 한 스푼(one) 첨가했을 때 당도를 측정한 데이터이다. 두 변수에 대한 산점도를 작성하시오.

정답

```
plot(milk$four, milk$one)
# 또는
plot(milk)
```

2 여러 변수들 간의 산점도

산점도는 기본적으로 2개의 변수에 대해서 작성하는 것이기 때문에 변수가 2개 이상인 데이터의 경우는 2개씩 짝을 지어서 산점도를 그리면 됩니다. 즉, plot() 함수는 변수가 2개 이상인 데이터에 대해서 변수를 2개씩 짝지어 산점도를 작성합니다. [코드 9-10]은 변수가 4개인 데이터 target에 대해 산점도를 작성하는 과정을 나타냅니다.

코드 9-10 code09-10.r

```
vars <- c('mpg','disp','drat','wt')          # 대상 변수
target <- mtcars[,vars]                      # 대상 데이터 생성
head(target)
plot(target,                                 # 대상 데이터
     main='Multi plots')
```

[코드 9-10]의 실행 결과를 나누어서 설명하면 다음과 같습니다.

```
> vars <- c('mpg','disp','drat','wt')        # 대상 변수
> target <- mtcars[,vars]                    # 대상 데이터 생성
> head(target)
                   mpg disp drat    wt
Mazda RX4         21.0  160 3.90 2.620
Mazda RX4 Wag     21.0  160 3.90 2.875
Datsun 710        22.8  108 3.85 2.320
Hornet 4 Drive    21.4  258 3.08 3.215
Hornet Sportabout 18.7  360 3.15 3.440
Valiant           18.1  225 2.76 3.460
```

mtcars 데이터셋에는 11개의 변수가 있는데 이 중 4개의 변수 데이터만 선택하여 target에 저장했습니다. target의 내용을 살펴보면 4개의 변수 데이터가 저장된 것이 보입니다. 4개의 변수는 mpg(연비), disp(배기량), drat(리어액슬기어비), wt(중량)입니다.

```
> plot(target,                          # 대상 데이터
+       main='Multi plots')
```

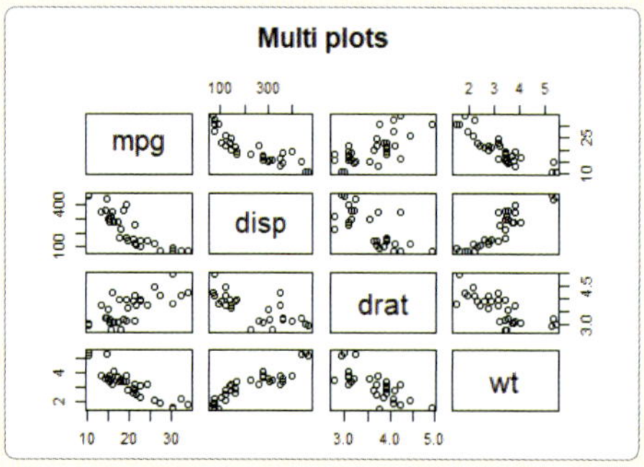

plot() 함수를 이용하여 4개의 변수에 대한 다중 산점도를 작성합니다. [코드 9-10]의 다중 산점도에는 4개의 변수가 대각선에 표기되어 있고, 두 변수가 만나는 지점에 두 변수에 대한 산점도가 나타납니다. 다중 산점도는 대각선을 기준으로 오른쪽 위의 산점도들과 왼쪽 아래의 산점도들이 대칭을 이룹니다(동일한 산점도인데 x축과 y축이 바뀌어 있음). 이 다중 산점도를 살펴보면 disp-wt 산점도의 경우 한 쪽이 증가하면 다른 쪽도 증가하고, drat-wt 산점도의 경우는 한 쪽이 증가하면 다른 쪽이 감소하는 추세를 확인할 수 있습니다. 이와 같이 다중 산점도는 여러 변수들 간의 추세를 한눈에 파악할 수 있어서 편리합니다.

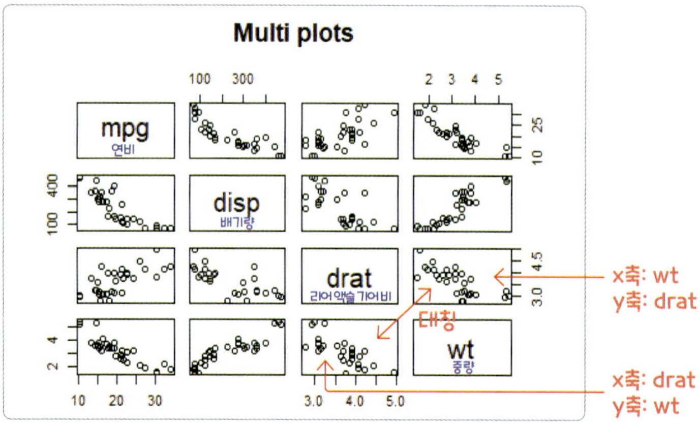

그림 9-9 **다중 산점도의 예**

확인문제

DAAG 패키지에 포함된 codling 데이터셋은 해충에 대한 여러 약품의 살충 효과를 측정한 데이터이다. 약품 투여량(dose), 약품에 의한 해충사망률(probs), 해충자연사망률(ct)에 대한 다중 산점도를 작성하시오.

정답

```
plot(codling[,c('dose','pobs','ct')])
```

3 그룹 정보가 있는 2개 변수의 산점도

2개의 변수에 대한 산점도를 작성할 때 만일 그룹 정보를 알고 있다면 산점도를 작성할 때 각 그룹별 관측값들을 다른 색깔과 점의 모양으로 표시하는 것이 가능합니다. 이렇게 작성된 산점도는 두 변수 간의 관계뿐만 아니라 그룹 간 관계도 파악할 수 있어서 편리합니다. [코드 9-11]은 iris 데이터셋에서 2개의 변수를 선택하여 품종별로 점의 모양과 색을 다르게 하여 산점도를 작성하는 방법을 나타냅니다.

코드 9-11 code09-11.r

```
iris.2 <- iris[,3:4]                      # 데이터 준비
levels(iris$Species)                      # 그룹 확인
group <- as.numeric(iris$Species)         # 점의 모양과 색
group                                     # group 내용 출력
color <- c('red','green','blue')          # 점의 컬러
plot(iris.2,
     main='Iris plot',
     pch=c(group),
     col=color[group])
```

[코드 9-11]의 실행 결과를 나누어서 설명하면 다음과 같습니다.

```
> iris.2 <- iris[,3:4]                    # 데이터 준비
```

iris 데이터셋에서 세 번째와 네 번째 열의 값들만 추출하여 새로운 데이터셋 iris.2를 생성합니다(3, 4번째 열은 Petal.Length, Petal.Width).

```
> levels(iris$Species)                    # 그룹 확인
[1] "setosa"     "versicolor" "virginica"
```

iris에서 품종(Species)은 팩터 타입이기 때문에 levels() 함수를 통해 품종 정보를 확인할 수 있습니다. 3개의 품종이 확인됩니다.

```
> group <- as.numeric(iris$Species)          # 점의 모양과 색
> group                                      # group 내용 출력
  [1] 1 1 1 1 1 1 1 1 1 1 1 1 1 1 1 1 1 1 1 1 1 1 1 1 1 1 1 1 1 1 1 1 1 1 1 1
 [37] 1 1 1 1 1 1 1 1 1 1 1 1 1 1 2 2 2 2 2 2 2 2 2 2 2 2 2 2 2 2 2 2 2 2 2 2
 [73] 2 2 2 2 2 2 2 2 2 2 2 2 2 2 2 2 2 2 2 2 2 2 2 2 2 2 2 2 3 3 3 3 3 3 3 3
[109] 3 3 3 3 3 3 3 3 3 3 3 3 3 3 3 3 3 3 3 3 3 3 3 3 3 3 3 3 3 3 3 3 3 3 3 3
[145] 3 3 3 3 3 3
```

산점도에서 품종별로 점의 모양과 색을 다르게 하기 위한 준비 작업입니다. 품종별로 점의 모양을 다르게 지정하려면 [그림 9-8]에서 확인한 것처럼 pch를 숫자로 지정하여야 합니다. as.numeric(iris$Species)는 팩터 타입으로 되어 있는 iris$Species를 숫자로 바꾸는 역할을 합니다. 그 결과 setosa, versicolor, virginica 품종이 각각 1, 2, 3으로 변환된 것을 알 수 있습니다. 이렇게 해서 150개의 관측값에 대한 점의 모양을 지정하였습니다.

팩터 타입을 숫자로 바꾸면 levels() 함수를 통해서 확인되는 그룹 이름의 순서대로 1, 2, 3,...과 같은 순서로 대응되어 변환됩니다.

```
> color <- c('red','green','blue')           # 점의 컬러
```

3개의 품종에 대한 색을 지정합니다. 그룹이 1(setosa)이면 'red', 2(versicolor)면 'green', 3(virginica)이면 'blue' 색으로 표시될 것입니다. 150개 관측값에 대한 그룹정보는 group에 저장되어 있습니다.

```
> plot(iris.2,
+      main='Iris plot',
+      pch=c(group),
+      col=color[group])
```

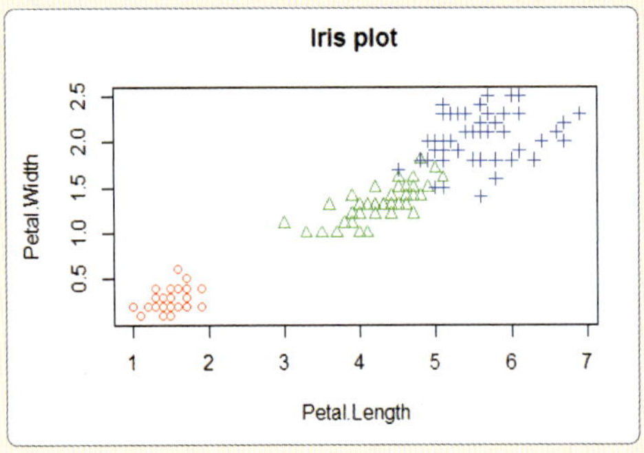

plot() 함수를 이용하여 산점도를 작성하는 명령입니다. 매개변수를 보면 점의 모양(pch)은 group에 있는 값으로 지정하고 있고, 점의 색(col)은 color 벡터에서 선택합니다. 만일 group의 값이 1

이면 color[1], 다시 말해서 red가 지정됩니다.

실행 결과를 보면 Petal.Length(꽃잎의 길이)의 길이가 길수록 Petal.Width(꽃잎의 폭)도 커짐을 알 수 있습니다. 또한 setosa 품종은 다른 두 품종에 비해 꽃잎의 길이와 폭이 확연히 작은 것을 알 수 있습니다. virginica 품종은 다른 두 품종에 비해 꽃잎의 길이와 폭이 제일 크다는 것도 관찰할 수 있습니다. 이와 같이 산점도를 그릴 때 그룹 정보를 표시하면 변수 간의 관계와 그룹 간의 관계를 함께 관찰할 수 있습니다.

그룹이 표시된 산점도라면 범례를 추가하여 그룹을 설명하는 것이 산점도를 이해하는 데 도움이 됩니다. [코드 9-12]를 통해 산점도에 범례를 추가해보겠습니다.

코드 9-12 code09-12.r

```
plot(iris.2,
     main='Iris plot',
     pch=c(group),
     col=color[group])

legend(x='bottomright',                    # 범례의 위치
       legend=levels(iris$Species),        # 범례의 내용
       col=c('red','green','blue'),        # 색 지정
       pch=c(1:3))                         # 점의 모양
```

[코드 9-12]의 실행 결과를 나누어서 설명하면 다음과 같습니다.

```
> plot(iris.2,
+      main='Iris plot',
+      pch=c(group),
+      col=color[group])
```

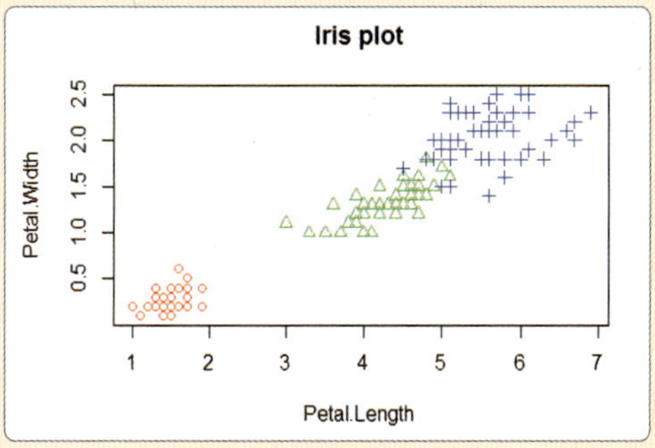

먼저 산점도를 출력합니다.

```
> legend(x='bottomright',                   # 범례의 위치
+        legend=levels(iris$Species),       # 범례의 내용
+        col=c('red','green','blue'),       # 색 지정
+        pch=c(1:3))                        # 점의 모양
```

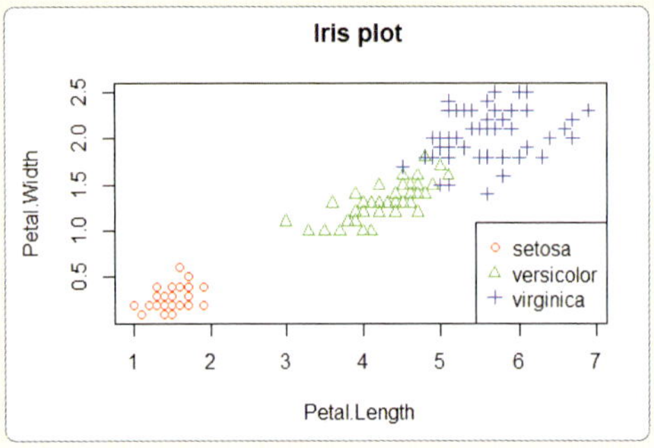

legend() 함수는 작성된 산점도 위에 범례를 겹쳐 출력할 때 사용하며, 각 매개변수의 의미는 다음과 같습니다. legend() 함수에는 열거한 매개변수 외에도 다양한 매개변수가 있어 사용자가 원하는 모양대로 범례를 작성할 수 있도록 지원합니다.

- **x='bottomright'** : 범례가 표시될 산점도 상의 위치를 지정한다.
- **'bottomright'** : 산점도 하단 오른쪽을 나타낸다.
- **legend=levels(iris$Species)** : 범례에 표시할 항목을 지정한다.
- **levels(iris$Species)** : 품종의 이름을 나타낸다.
- **col=c('red','green','blue')** : 범례에 표시할 점의 색을 지정하며, 산점도에서 지정한 색과 동일하게 한다.
- **pch=c(1:3)** : 범례에 표시할 점의 모양을 지정하며, 산점도 그룹의 값 1,2,3과 동일하게 한다.

확인문제

DAAG 패키지에 포함된 codling 데이터셋은 해충에 대한 여러 약품의 살충 효과를 측정한 데이터이다. 약품 투여량(dose), 약품에 의한 해충사망률(prob), 농도-시간합계(ct)에 대한 다중 산점도를 작성하되 7개 약품제조사(Cultivar)별로 점의 모양과 색을 다르게 하시오.

정답

```
group <- as.numeric(factor(codling$Cultivar))       # 제조사명을 숫자로 표현
color <- rainbow(7)                                 # 점의 컬러
plot(codling[,c('dose','pobs','ct')],
     pch=group,
     col=color[group])
```

LAB 자동차의 선팅 분석하기

DAAG 데이터셋에서 제공하는 tinting 데이터셋은 자동차의 썬팅 정도에 따라 외부 사물을 인식하는 시간에 차이가 있는지를 조사한 데이터입니다. 산점도를 중심으로 데이터를 분석해봅시다.

1. 데이터를 불러와서 내용을 확인합니다.

```
library(DAAG)
str(tinting)
```

2. 간단한 식별 작업을 하는 데 걸리는 시간(it)과 알파벳 및 숫자를 인식하는 데 걸리는 시간(csoa)에 대해 산점도를 작성합니다.

```
plot(tinting$it,tinting$csoa)
```

∴ **두 변수는 비례 관계에 있고 알파벳 및 숫자를 인식하는 시간이 간단한 식별 작업을 하는 데 걸리는 시간보다 더 짧은 경향을 보입니다.**

3. 선팅의 정도(tint)에 따라 앞에서 언급한 두 가지 인식 시간에 차이가 있는지를 알아봅니다.

```
group <- tinting$tint
color <- c('red','green','blue')           # 점의 컬러
plot(tinting$it,tinting$csoa,
     pch=c(group),
     col=color[group])
```

(빨강: 선팅 안함, 초록: 약한 선팅, 파랑: 진한 선팅)

4. 연령대에 따라 앞에서 언급한 두 가지 인식 시간에 차이가 있는지를 알아봅니다.

```
group <- tinting$agegp
color <- c('red','blue')                   # 점의 컬러
plot(tinting$it,tinting$csoa,
     pch=c(group),
     col=color[group])
```

(빨강: 젊은 그룹, 파랑: 나이든 그룹)

∴ **3, 4번의 결과를 비교하면 반응 시간에 대해 선팅의 정도보다는 나이가 더 큰 영향을 미친다는 것을 알 수 있습니다.**

실전분석 호주의 사회 복지 서비스와 만족도 분석하기

문제

DAAG 패키지에 포함된 socsupport 데이터셋은 호주와 다른 나라의 사회 복지 서비스 및 그에 대한 만족도를 조사한 데이터입니다. 이 데이터를 바탕으로 실전분석을 진행합니다.

해결

1. 데이터를 불러와서 내용을 확인합니다.

```
library(DAAG)
str(socsupport)             # 데이터의 구조 확인
help(socsupport)            # 변수별 의미 확인
```

2. 조사 대상자의 연령(age)별 비율을 3차원 원그래프로 알아봅니다.

```
library(plotrix)
ds <- table(socsupport$age)
pie3D(ds, main='연령 분포',
      labels=names(ds),                # 파이별 레이블 지정
      labelcex=1.0,                    # 레이블의 폰트 크기
      explode=0.1,                     # 파이 간 간격
      radius=1.5,                      # 파이의 크기
      col=rainbow(length(ds)))         # 파이의 색 지정
```

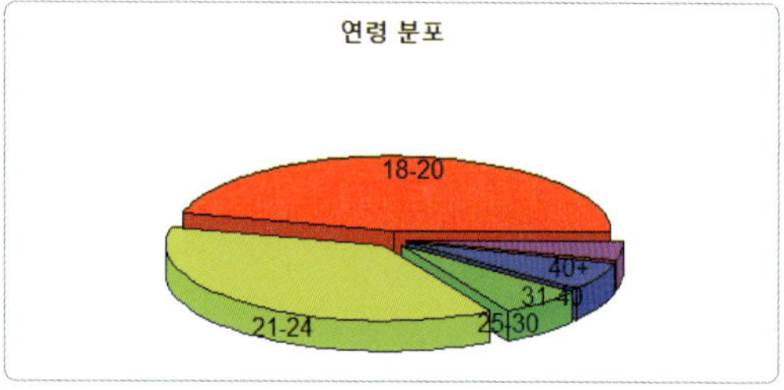

3. 정서적 지원 제도에 대한 점수(emotional) 분포를 호주와 아닌 지역으로 나누어 상자그림으로 작성합니다.

```
boxplot(socsupport$emotional~socsupport$country,
        main='정서적 지원 제도 비교')
```

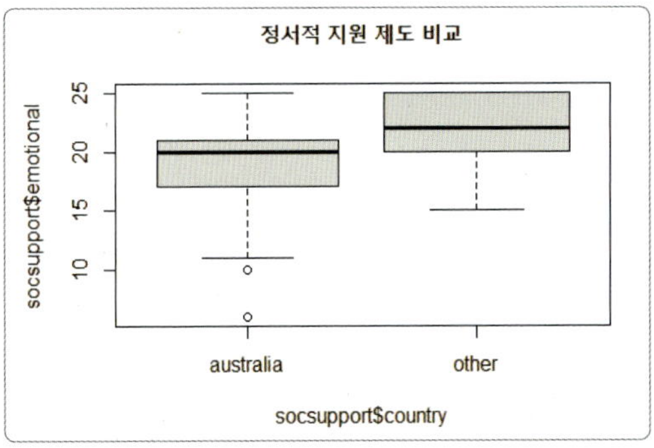

∴ 상자그림을 보면 응답자들은 호주의 정서적 지원 제도가 다른 나라에 비해 부족한 것으로 평가하고 있습니다.

4. 정서적 지원 제도에 대한 만족도(emotionalsat) 분포를 성별로 나누어 상자그림으로 작성합니다.

```
boxplot(socsupport$emotionalsat~socsupport$gender,
        main='정서적 지원 제도 만족도 비교')
```

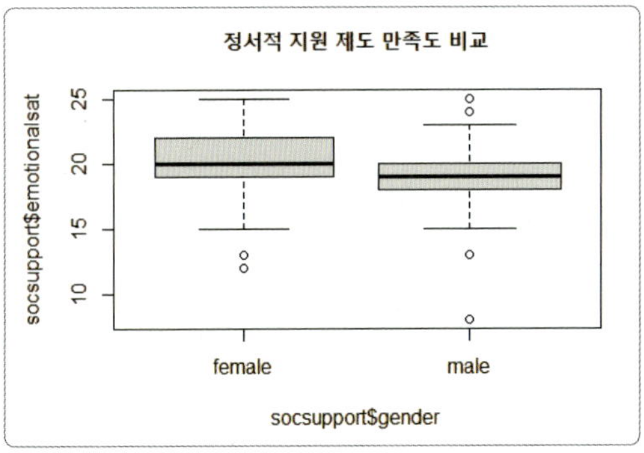

∴ 정서적 지원 제도에 대한 만족도는 여성 응답자들이 남성 응답자에 비해 다소 높은 것으로 나타납니다.

5. 정서적 지원 제도에 대한 만족도(emotionalsat) 분포를 연령대로 나누어 상자그림으로 작성합니다.

```
boxplot(socsupport$emotionalsat~socsupport$age,
        main='정서적 지원 제도 만족도 비교',
        col=rainbow(5))
```

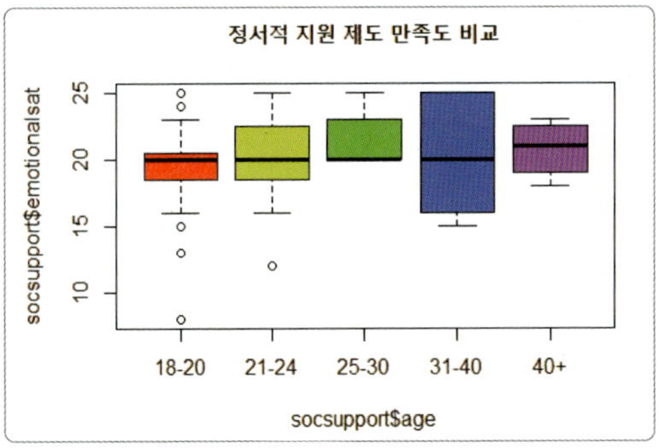

∴ 대체로 25~30세 연령대의 만족도가 다른 연령대에 비해 높아 보이고 응답자 간 편차도 작습니다.

6. 정서적 지원 제도에 대한 만족도(emotionalsat), 물질적 지원 제도에 대한 만족도(tangiblesat), 연령대(age)에 대해 산점도를 작성하되 성별에 따라 점의 모양과 색을 다르게 합니다.

```
group <- as.numeric(socsupport$gender)
color <- c('blue','red')                        # 여-blue, 남-red
plot(socsupport[,c('emotionalsat','tangiblesat','age')],
     pch=group,
     col=color[group])
```

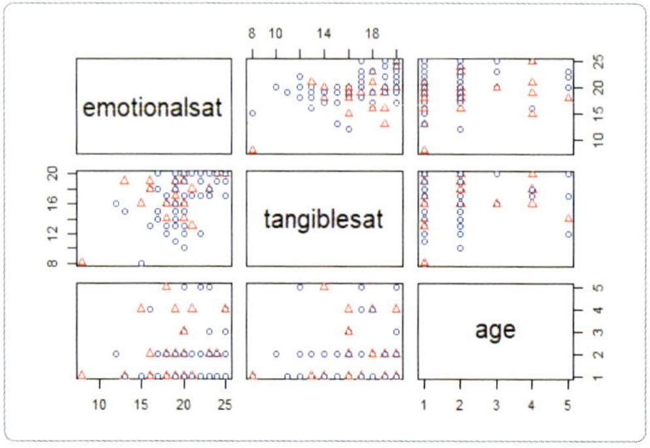

∴ **정서적 지원 제도에 대한 만족도(emotionalsat), 물질적 지원 제도에 대한 만족도(tangiblesat)는 대체로 비례하는 경향을 보입니다. 25~30세 연령대의 만족도가 높은 것으로 나타납니다.**

요약

01 원그래프는 하나의 원 안에서 각 데이터값이 차지하는 비율을 파이 조각의 넓이로 나타냅니다.

02 선그래프는 시간의 변화에 따라 수집된 데이터를 시각화하는 데 주로 이용합니다. 특히 시간에 따라 데이터를 수집한 경우 이것을 시계열 데이터라 합니다.

03 상자그림(box plot)은 사분위수를 그래프 형태로 나타낸 것으로 데이터의 전반적인 분포를 이해하는 데 유용합니다.

04 정상 범위 밖에 있는 값을 이상치 또는 특이값(outlier)이라 합니다.

05 산점도(scatter plot)는 두 변수의 값들을 2차원 그래프에 점으로 표현합니다. 산점도는 관측값의 분포를 관찰하여 변수 사이의 관계를 파악할 수 있는 도구입니다.

■ 그래프 관련 함수

함수명	설명	
pie()	원그래프를 작성한다. radius = -1~1 사이의 값으로 원의 크기를 지정한다.	
pie3D()	3차원 원그래프를 작성한다. labelcex = 레이블 폰트 크기를 지정한다. radius = 원의 크기를 지정한다. labels = 파이별 레이블을 지정한다. explode = 파이 간 간격을 지정한다.	
plot()	선그래프를 작성한다. lty = 선 종류를 지정한다. type = 선그래프의 종류를 지정한다. lwd = 선 굵기를 지정한다.	산점도를 작성한다. pch = 점(point)의 모양을 지정한다.
lines()	plot() 함수로 그린 그래프 위에 선을 추가한다.	
legend()	plot() 함수로 그린 그래프에 범례를 추가한다. x = 범례 위치를 지정한다. legend = 범례 표시 항목을 지정한다. pch = 범례에 표시할 점의 모양을 지정한다.	
boxplot()	상자그림을 작성한다.	다중 상자그림을 작성한다. Y ~ X : X의 종류에 따라 Y에 대한 상자그림을 그린다.
boxplot.stats()	상자그림의 통계값을 구한다.	

연습문제

01 **carData 패키지의 MplsStops 데이터셋은 차량이나 사람의 수상한 멈춤 행동에 대한 미니애폴리스 경찰의 보고 데이터를 저장하고 있다. 다음의 물음에 답하기 위한 R코드를 작성하시오.**

(1) 수상한 행동을 한 행인의 인종 비율(race)을 원그래프로 나타내시오.

(2) 수상한 멈춤인지 교통신호에 의한 멈춤인지(problem)의 비율을 원그래프로 나타내시오. 단, 수상한 멈춤(suspicious)은 빨간색으로, 교통신호에 의한 멈춤(traffic)은 파란색으로 나타낸다.

(3) 수상한 멈춤을 한 사람에 대한 수색여부(personSearch) 비율을 원그래프로 나타내시오.

(4) 수상한 멈춤을 한 사람의 성별(gender) 비율을 3차원 원그래프로 나타내시오. 단, 파이의 색을 남성은 오렌지색, 여성은 초록색, 기타는 노란색으로 지정한다.

02 **DAAG 패키지의 greatLakes 데이터셋은 1918~2009년 사이의 4개 호수에 대한 수위 측정 데이터를 저장하고 있다. 다음과 같이 ds를 생성한 뒤 다음 물음에 답하기 위한 R 코드를 작성하시오.**

```
library(DAAG)
data(greatLakes)
ds <- data.frame(year=1918:2009, greatLakes)
```

(1) Erie호의 연도별 수위 변화를 선그래프로 나타내시오.

(2) michHuron호의 수위 변화를 다음과 같은 모양의 그래프로 작성하시오.

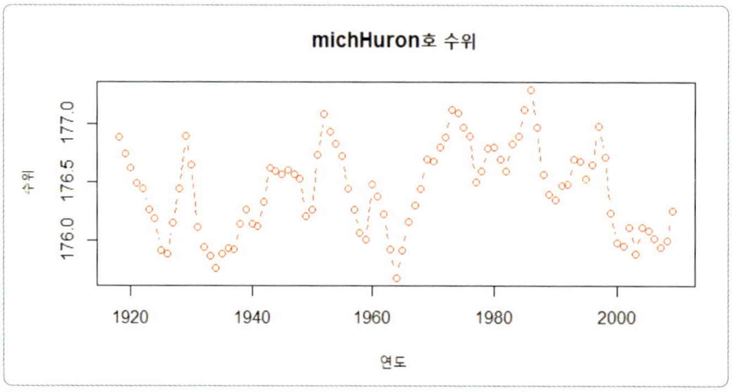

(3) Erie, michHuron, StClair 호수의 연도별 수위 변화를 하나의 그래프로 작성하되 호수별로 선의 색을 다르게 하시오(y축 값의 범위는 173~177.5, 선의 종류(type)는 'b'로 설정).

03 **DAAG 패키지의 `cfseal` 데이터셋은 상업적 포획에 의해 죽은 물개에 대한 데이터를 저장하고 있다. 다음 물음에 답하기 위한 R 코드를 작성하시오.**

(1) 물개의 체중(weight) 분포를 상자그림으로 나타내시오.

(2) 물개의 심장무게(heart) 분포에서 특이값을 찾아 출력하시오.

(3) 물개를 두 그룹으로 나누되 나이가 평균보다 적은 경우는 'young'으로, 평균 이상인 경우는 'old'로 지정한다. 그룹에 따라 물개의 몸무게(weight) 분포를 상자그림으로 나타내시오. 단, 상자의 색은 'old'인 경우 오렌지색, 'young'인 경우 초록색으로 한다.

주의 그룹별 상자그림을 그릴 때 그룹 정보는 팩터 타입이어야 한다.

(4) 물개를 세 그룹으로 나누되 몸무게가 사분위수의 Q1 미만인 경우는 'low', Q1~Q3 사이인 경우는 'middle', Q3를 초과하는 경우는 'high'로 한다. 그룹에 따라 물개의 위(stomach) 무게 분포를 상자그림으로 나타내시오.

04 **DAAG 패키지의 greatLakes 데이터셋은 4개 호수의 수위 측정 데이터를 저장하고 있다. 다음과 같이 ds를 생성한 뒤 다음 물음에 답하기 위한 R 코드를 작성하시오.**

```
library(DAAG)
data(greatLakes)
ds <- data.frame(greatLakes)
```

(1) Erie호와 michHuron호의 수위 분포를 산점도로 나타내시오.

(2) 4개 호수의 수위를 다중 산점도로 나타내시오.

05 **DAAG 패키지의 grog 데이터셋은 호주와 뉴질랜드의 주류 소비에 대한 데이터를 저장하고 있다. 다음과 같이 데이터셋을 불러온 뒤, 다음 물음에 답하기 위한 R 코드를 작성하시오.**

```
library(DAAG)
data(grog)
```

(1) 맥주(Beer)와 와인(Wine)에 대한 산점도를 작성하시오.

(2) 맥주(Beer), 와인(Wine), 스피릿(Spirit)에 대한 다중 산점도를 작성하되 점의 색을 호주는 빨간색, 뉴질랜드는 파란색으로 지정하시오. 그리고 나라에 따라 점의 모양도 다르게 하시오.

CHAPTER 10

데이터 탐색하기

학습목표

- 데이터 분석의 절차와 탐색적 데이터 분석에 대해 이해합니다.
- 단일변수 범주형 데이터와 단일변수 수치형 데이터를 분석하는 방법에 대해 알아봅니다.
- 다중변수 데이터를 분석하는 방법에 대해 알아봅니다.

Preview

탐색적 데이터 분석은 본격적인 분석에 앞서 수집한 데이터의 전반적인 정보를 파악하는 기초적인 분석 단계입니다. 이때 수집한 데이터의 종류에 따라 사용하는 분석 도구도 달라집니다. 이번 장에서는 앞서 학습한 분석 도구들을 이용하여 탐색적 데이터 분석을 수행해봅니다.

1절에서는 데이터를 분석하는 절차와 탐색적 데이터 분석에 대해 알아본 후, 데이터의 유형을 구분하고 그 형태에 따라 사용 가능한 분석 도구를 소개합니다. 2절에서는 단일변수 데이터를 분석하는 방법에 대해 학습하며, 분석 사례와 함께 범주형 데이터와 수치형 데이터에 따라 분석 방법에는 어떤 차이가 있는지 알아봅니다. 3절에서는 다중변수 데이터를 분석하는 방법에 대해 학습하며, 특히 두 변수 간의 상관관계란 무엇이고 어떻게 알아볼 수 있는지 분석 사례와 실습을 통해 살펴봅니다.

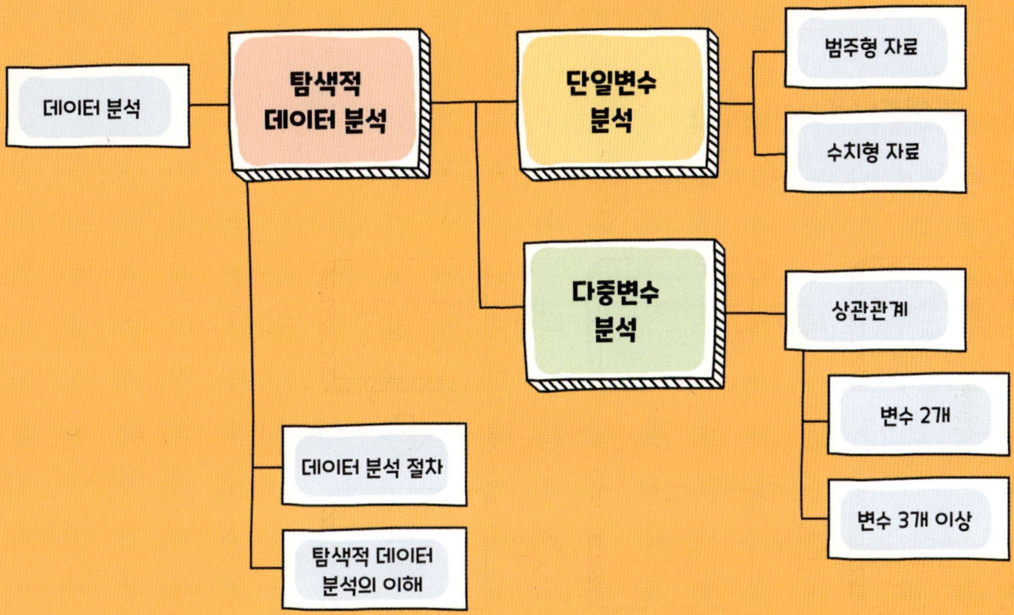

Section 01

이것이 탐색적 데이터 분석입니다

R 프로그래밍을 배우는 중요한 목적은 주어진 데이터를 효과적으로 분석하기 위해서입니다. 지금까지는 데이터 분석을 하기 위해 필요한 기초 지식에 대해 학습하였습니다. 이번 장부터는 그 기초 지식을 바탕으로 실제로 데이터를 분석하는 과정과 방법에 대해 학습할 것입니다. 먼저 데이터 분석의 절차에 대해 알아보도록 합니다.

1 데이터 분석의 절차

데이터를 분석하는 일반적인 과정은 [그림 10-1]과 같습니다.

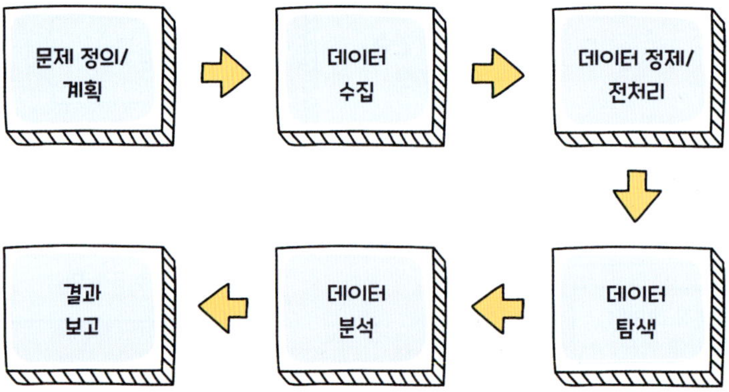

그림 10-1 데이터 분석의 절차

1단계 : 문제 정의 및 계획

데이터 분석은 현실에서 해결하고자 하는 문제가 무엇인지를 명확히 정의하는 것으로부터 시작합니다. 미세먼지 농도가 어떻게 변화하는지, 배추를 어느 규모로 경작하는 것이 좋은지, 외국인 관광객들이 선호하는 여행 형태는 무엇인지 등이 문제의 사례라고 할 수 있습니다. 문제가 명확해야 그 문제를 해결하기 위해 어떤 데이터를 수집해야 하는지 알 수 있고, 어떤 분석 기법을 적용해야 하는지도 계획할 수 있습니다. 문제 정의를 바탕으로 데이터 분석에 대한 계획을 수립합니다.

2단계 : 데이터 수집

문제가 명확히 정의되면 문제를 해결하기 위해 필요한 데이터가 무엇인지 파악하고, 이러한 데이터들을 수집하는 과정을 거칩니다. 문제 해결에 필요한 데이터는 기존 시스템의 데이터베이스에 저장되어 있을 수도 있고, 엑셀 파일 형태로 관리되고 있을 수도 있습니다. 또는 디지털 데이터가 아닌 문서의 형태로 되어 있어서 컴퓨터에 직접 입력해야 할 수도 있습니다.

3단계 : 데이터 정제 및 전처리

여러 경로를 통해 수집된 데이터는 바로 분석에 사용할 수 없는 경우가 대부분입니다. 예를 들면, 한국과 미국의 초등학생 발육 상태를 비교하기 위해 신체 검사 데이터를 수집했는데, 한국은 키와 몸무게의 단위가 센티미터(cm)와 킬로그램(kg)인 데 비해, 미국은 인치(inch)와 파운드(lb)로 되어 있다면 직접 비교가 되지 않으므로 단위를 통일해야 합니다. 설문조사 데이터의 경우 '무응답' 항목도 있기 때문에 이렇게 비어 있는 결측값을 어떻게 처리할지도 정해야 합니다. 또한 정상 범위를 넘어서는 이상값이나 오류 데이터가 포함되어 있는 경우에는 이를 처리하지 않으면 통계 결과가 왜곡될 수도 있습니다. 이러한 경우 외에도 연도별로 흩어져 있는 데이터를 하나로 병합하는 경우도 있고, 가로 방향으로 나열되어 있는 데이터를 분석이 용이하도록 세로 방향으로 구조를 변형해야 하는 경우도 있습니다. 이와 같이 수집된 데이터를 분석이 가능한 형태로 정돈하는 과정을 데이터 정제 또는 전처리(data preprocessing) 과정이라고 합니다.

4단계 : 데이터 탐색

이 단계부터가 사실상 데이터 분석에 해당하는데, 일반적으로 데이터 탐색(data exploration)과 데이터 분석(data analysis)을 구분합니다. 데이터 탐색은 가벼운 데이터 분석이라고 이해하면 됩니다. 분석을 위해 정돈된 데이터 자체를 이해하고 파악하는 과정이 탐색인데, 수집된 데이터의 건수가 얼마나 되는지, 남녀 데이터의 비율이 얼마나 되는지, 각 수집 항목별로 평균은 얼마나 되는지 등 비교적 간단하고 쉬운 통계 기법을 적용하여 전반적인 데이터의 내용을 파악하는 단계입니다. 탐색적 데이터 분석(EDA, Exploratory Data Analysis)이라고도 합니다.

5단계 : 데이터 분석

데이터 탐색 단계에서 파악한 정보를 바탕으로 보다 심화된 분석을 수행하는 단계입니다. 전통적인 통계 분석을 포함하여 군집 분석(clustering analysis), 분류 분석(classification analysis), 주성분 분석(principal component analysis), 시계열 분석(time series analysis) 등 고급 분석 기법들이 사용됩니다.

6단계 : 결과 보고

데이터 분석과 해석이 마무리되면 내용을 정리하여 보고서 형태로 작성합니다. 정리의 핵심은 처음에 했던 문제 정의에 대해 문제를 해결하는 데 도움이 되는 내용을 요약하는 것입니다. 데이터 시각화(data visualization) 기술은 데이터 분석 단계에서도 중요하지만 결과 보고서의 작성에서도 중요하게 활용됩니다.

확인문제

다음을 읽고 괄호 안에 적절한 용어를 적으시오.

분석을 위해 정돈된 데이터 자체를 이해하고 파악하는 과정을 [　　　　　]이라고 한다.

정답

데이터 탐색(또는 탐색적 데이터 분석)

2 탐색적 데이터 분석의 이해

탐색적 데이터 분석은 전체 데이터 분석 단계에서 4번째에 해당하는 과정으로 수집된 데이터의 내용을 이해하기 위한 기초 분석 단계를 말합니다. 이 교재에서 다루는 데이터 분석은 대체로 탐색적 데이터 분석에 해당합니다. 데이터 분석은 수집한 데이터의 종류에 따라 사용하는 분석 도구가 달라집니다. 우리는 4장에서 데이터의 종류에 대해 학습하였는데, 배운 내용을 간단히 복습하도록 합니다.

데이터는 키, 몸무게, 혈액형, 생산량, GNP와 같은 데이터의 수집 주제의 개수에 따라 '1차원 데이터'와 '2차원 데이터'로 분류됩니다. **수집 주제**는 통계에서 **변수**라는 용어로 사용되는데, 수집 주제가 하나인 1차원 데이터는 **단일변수 데이터**, 여러 개의 수집 주제에 대한 데이터를 하나로 모아 놓은 2차원 데이터는 **다중변수 데이터**라고 합니다.

> 본 교재에서는 이해를 돕기 위해 전문 용어를 풀어서 사용하고 있습니다. 통계에서 단일변수 데이터의 정식 용어는 **일변량 데이터**, 다중변수 데이터는 **다변량 데이터**입니다.

데이터의 형태에 따라서는 혈액형과 같이 '그룹' 정보로 구성된 범주형 데이터와 키, 몸무게와 같이 크기를 갖는 숫자로 구성된 수치형 데이터로 구분됩니다. [표 10-1]은 데이터 분석 과정에서 접할 수 있는 데이터의 종류와 데이터의 종류에 따른 분석 도구를 정리했습니다. 분석 도구들은 대부분

이전에 배운 내용이지만, 상관계수와 같이 이번 장에서 새로 배우는 것도 있고, 나무지도나 방사형 차트와 같이 다음 장에서 배울 도구도 있습니다.

표 10-1 데이터의 종류에 따른 분석 도구

데이터의 종류		자료구조	분석 도구
단일변수	범주형	팩터 벡터	도수분포표 막대그래프 원그래프
	수치형	벡터	평균, 중앙값, 분산, 4분위수 히스토그램 선그래프 상자그림
다중변수	수치형	매트릭스 데이터프레임	산점도 상관계수 나무지도 방사형차트

다중변수 데이터는 변수가 여러 개이므로 수치형 변수로만 이루어진 데이터도 있고, 범주형과 수치형이 섞여 있는 데이터도 있습니다. 이 교재에서는 수치형 변수로 이루어진 다중변수 데이터를 주로 다룹니다.

이번 장에서는 실제 데이터를 이용하여 데이터의 종류별 분석 사례를 살펴보면서 데이터의 종류별 특성을 이해하고 구체적인 분석 기법을 배우도록 합니다.

확인문제

수집한 데이터의 종류를 파악하는 이유는 무엇인가?

정답

데이터의 종류에 따라 사용하는 분석 도구가 달라지기 때문

Section 02

단일변수 데이터를 분석해봅니다

단일변수 데이터는 분석 주제가 하나인 가장 기본적인 형태의 데이터입니다. 다중변수 데이터도 복수의 단일변수 데이터로 구성되므로 단일변수 데이터에 대한 분석은 모든 데이터 분석의 기초가 됩니다. 현실적인 데이터들을 사용해 단일변수 데이터를 분석하는 방법에 대해 알아봅니다.

1 단일변수 범주형 데이터 분석

1912년 4월 15일에 빙산과 충돌하여 침몰한 타이타닉호는 1, 2, 3등실로 선실이 구분되어 있었습니다. 타이타닉호의 승객들이 어떤 선실에 묵었는지를 알아보도록 하겠습니다. 타이타닉호에 대한 데이터는 carData 패키지의 TitanicSurvival로부터 얻을 수 있는데 먼저 carData 패키지를 설치한 후에 [코드 10-1]을 실행해봅니다.

코드 10-1 code10-01.r

```
install.packages('carData')
library(carData)

# (1) 데이터 준비
room.class <- TitanicSurvival$passengerClass          # 선실 정보
room.class

# (2) 도수분포 계산
tbl <- table(room.class)
tbl
sum(tbl)                                              # 전체 탑승객수

# (3) 막대그래프 작성
barplot(tbl, main='선실별 탑승객',
        xlab='선실 등급',
        ylab='탑승객수',
        col=c('blue', 'green', 'yellow'))
```

```
#(4) 원그래프 작성
tbl/sum(tbl)                                        # 선실별 탑승객 비율
par(mar=c(1,1,4,1))
pie(tbl, main='선실별 탑승객',
     col=c('blue', 'green', 'yellow'))
par(mar=c(5.1,4.1,4.1,2.1))
```

[코드 10-1]의 실행 결과를 나누어서 설명하면 다음과 같습니다.

```
> # (1) 데이터 준비
> room.class <- TitanicSurvival$passengerClass      # 선실 정보
> room.class
   [1] 1st 1st 1st 1st 1st 1st 1st 1st 1st 1st 1st 1st 1st 1st 1st 1st 1st
  [18] 1st 1st 1st 1st 1st 1st 1st 1st 1st 1st 1st 1st 1st 1st 1st 1st 1st
 ...(중간 생략)
 [987] 3rd 3rd 3rd 3rd 3rd 3rd 3rd 3rd 3rd 3rd 3rd 3rd 3rd 3rd
 [ reached getOption("max.print") -- omitted 309 entries ]
Levels: 1st 2nd 3rd
```

분석을 위한 데이터를 준비하는 과정입니다. TitanicSurvival은 다중변수 데이터 데이터셋으로 탑승객의 성별, 연령대, 탑승 선실, 생존 여부 등의 정보를 저장하고 있습니다. 이 중에서 선실 정보가 저장된 passengerClass 열의 데이터만 추출하여 room.class에 저장하였습니다. 데이터의 내용과 같이 room.class는 단일변수 범주형 데이터입니다.

```
> # (2) 도수분포 계산
> tbl <- table(room.class)
> tbl
room.class
1st 2nd 3rd
323 277 709
> sum(tbl)                                          # 전체 탑승객수
[1] 1309
```

table() 함수를 이용하여 선실별 탑승객수를 계산한 후 tbl에 저장했습니다. tbl의 내용을 살펴보면 1등실에 323명, 2등실에 277명, 3등실에 709명이 탑승했고, 전체 탑승객수는 1,309명입니다.

```
> # (3) 막대그래프 작성
> barplot(tbl, main='선실별 탑승객',
```

```
+         xlab='선실 등급',
+         ylab='탑승객수',
+         col=c('blue', 'green', 'yellow'))
```

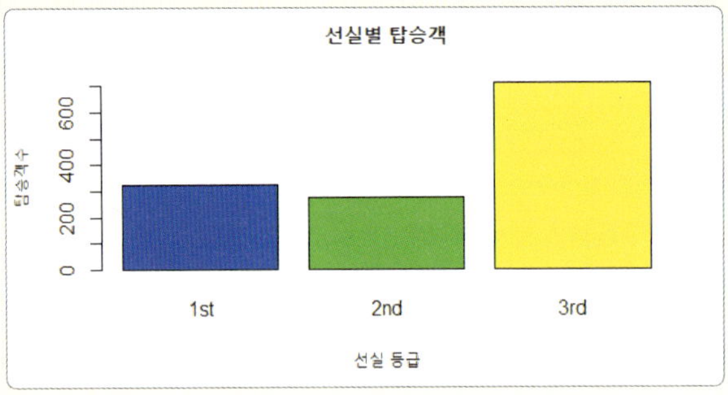

막대그래프를 통해 선실별 탑승객수를 시각화하였습니다. 3등실의 탑승 인원이 가장 많았던 것을 알 수 있습니다.

```
> #(4) 원그래프 작성
> tbl/sum(tbl)                                    # 선실별 탑승객 비율
room.class
      1st       2nd       3rd
0.2467532 0.2116119 0.5416348
> par(mar=c(1,1,4,1))
> pie(tbl, main='선실별 탑승객',
+     col=c('blue', 'green', 'yellow'))
> par(mar=c(5.1,4.1,4.1,2.1))
```

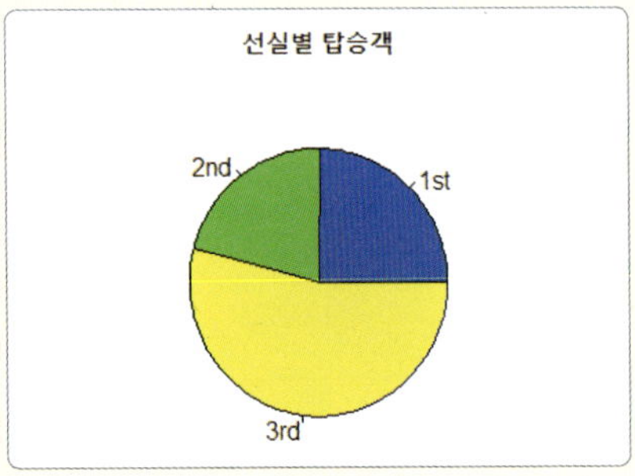

선실별 탑승객수를 전체 탑승객수로 나누어 선실별 탑승객 비율을 계산했습니다. 3등실 탑승객 비율이 54%로 전체 탑승객의 절반 이상을 차지합니다. 원그래프를 작성하면 이를 시각적으로도 확인할 수 있습니다. par() 함수를 사용하여 원그래프의 바깥쪽 여백을 조절하여 원을 크게 표시하였습니다. mar 매개변수에 지정한 4개의 숫자는 각각 그래프의 아래, 왼쪽, 위쪽, 오른쪽의 여백을 나타냅니다.

분석 결과를 정리하면 총 1,309명의 탑승객들은 3등실에 가장 많이 투숙했고 1등실은 두 번째, 2등실은 가장 적은 수의 인원이 투숙했습니다. 실제로 3등실에는 미국에 새로운 보금자리를 얻기 위해 승선한 가난한 승객들이 많이 타고 있었다고 합니다.

확인문제

TitanicSurvival 데이터셋에서 성별(sex)에 따른 탑승객수를 막대그래프로 나타내시오. 단, 남성은 파란색, 여성은 초록색으로 막대의 색을 나타내시오.

정답

```
tbl <- table(TitanicSurvival$sex)
barplot(tbl, main='성별 탑승객수',
        xlab='성별',
        ylab='탑승객수',
        col=c('green', 'blue'))
```

2 단일변수 수치형 데이터 분석

이번에는 단일변수 수치형 데이터의 사례를 분석하겠습니다. 미국의 주별 고등학교 졸업률과 영국 폐질환 사망자 데이터를 토대로 진행합니다.

미국의 주별 고등학교 졸업률 분석하기

R에서 제공하는 기본 데이터셋인 state.x77은 미국 50개 주에 대한 1970년대 통계 데이터를 저장하고 있습니다. 이 중에서 고등학교 졸업률 데이터가 저장된 'HS Grad' 열을 추출해 분석합니다.

코드 10-2 code10-02.r

```
# (1) 데이터 준비
grad <- state.x77[,'HS Grad']                # 주별 고등학교 졸업률
grad

# (2) 사분위수
summary(grad)
var(grad)                                    # 분산
sd(grad)                                     # 표준 편차

# (3) 히스토그램
```

```
hist(grad, main='주별 졸업률',
     xlab='졸업률',
     ylab='주의 개수',
     col='orange')

# (4) 상자그림
boxplot(grad, main='주별 졸업률',
        col='orange')

# (5) 졸업률이 가장 낮은 주
idx <- which(grad==min(grad))
grad[idx]

# (6) 졸업률이 가장 높은 주
idx <- which(grad==max(grad))
grad[idx]

# (7) 졸업률이 평균 이하인 주
idx <- which(grad<mean(grad))
grad[idx]
```

[코드 10-2]의 실행 결과를 나누어서 설명하면 다음과 같습니다.

```
> # (1) 데이터 준비
> grad <- state.x77[,'HS Grad']              # 주별 고등학교 졸업률
> grad
      Alabama        Alaska       Arizona      Arkansas    California
         41.3          66.7          58.1          39.9          62.6
     Colorado   Connecticut      Delaware       Florida       Georgia
         63.9          56.0          54.6          52.6          40.6
...(생략)
```

state.x77 데이터셋에서 고등학교 졸업률(HS Grad) 열의 데이터만 추출하여 grad에 저장했습니다. grad는 벡터이며 단일변수 수치형 데이터입니다.

```
> # (2) 사분위수
> summary(grad)
   Min. 1st Qu.  Median    Mean 3rd Qu.    Max.
  37.80   48.05   53.25   53.11   59.15   67.30
> var(grad)                                  # 분산
```

```
[1] 65.23789
> sd(grad)                              # 표준편차
[1] 8.076998
```

사분위수는 상자그림에서 설명한 바 있습니다. summary() 함수는 사분위수에 최솟값(Min.), 평균(Mean), 최댓값(Max.)을 추가하여 나타냅니다. 50개 주의 고등학교 졸업률은 37.8~67.3% 사이에 분포하고 평균 졸업률은 53.11%입니다. 1970년대에는 미국의 고교 졸업률이 전반적으로 낮았다는 것을 알 수 있습니다. 분산과 표준편차는 50개 주 졸업률값들이 흩어져 있는 정도를 나타내며, 값이 클수록 퍼져 있는 정도가 넓은 것을 의미합니다. 표준편차가 약 8% 정도라면 주별 졸업률의 편차가 꽤 크다고 볼 수 있습니다.

```
> # (3) 히스토그램
> hist(grad, main='주별 졸업률',
+      xlab='졸업률',
+      ylab='주의 개수',
+      col='orange')
```

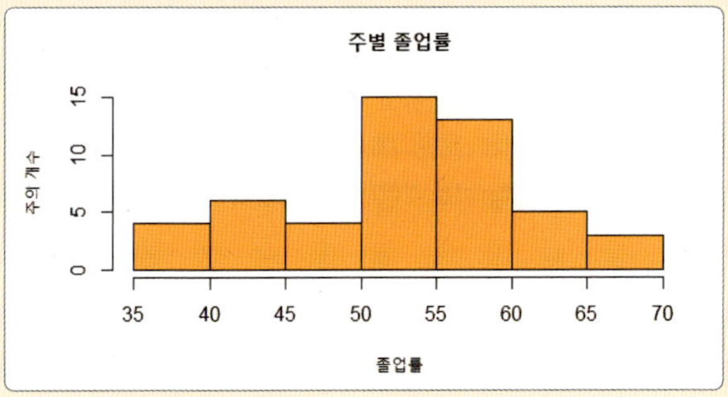

히스토그램을 보면 졸업률 50~60% 사이에 가장 많은 주가 몰려 있다는 것을 알 수 있습니다.

```
> # (4) 상자그림
> boxplot(grad, main='주별 졸업률',
+         col='orange')
```

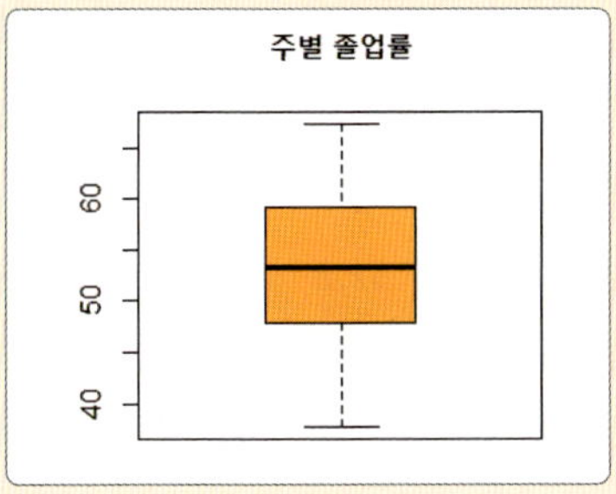

상자그림도 히스토그램과 동일한 결과를 나타냅니다. 주황색 상자의 범위는 대략 48~58%를 나타내는데, 전체의 절반에 해당하는 25개 주의 졸업률이 이 범위에 위치합니다. 상자그림에서 상자의 상하방향 폭이 클수록 분산이나 표준편차가 크고, 상하방향 폭이 작을수록 분산이나 표준편차가 작습니다. 상자 위의 점선과 아래 점선의 길이가 비슷한데, 이는 데이터의 범위에서 가운데를 중심으로 값들이 어느 한쪽으로 치우지지 않고 균형 있게 분포함을 나타냅니다.

```
> # (5) 졸업률이 가장 낮은 주
> idx <- which(grad==min(grad))
> grad[idx]
South Carolina
          37.8
```

졸업률이 가장 낮은 주를 찾는 과정입니다. which() 함수를 통해 졸업률이 가장 낮은 주는 전체에서 몇 번째에 위치하고 있는지 알아내어 idx에 저장하고, grad에서 idx에 해당하는 위치의 값을 추출합니다. 그 결과 졸업률이 가장 낮은 주는 South Carolina이고 졸업률은 37.8%입니다.

하나 더 알기 ✓

which() 함수에서 grad==min(grad)의 의미는 grad에 있는 각각의 값들과 데이터의 최솟값(min(grad))을 비교하여 크기가 같은지(==)를 알아보는 것입니다. 크기가 같으면 TRUE, 아니면 FALSE가 되는데, which() 함수는 TRUE인 값들이 몇 번째에 위치하는지 인덱스값을 찾아서 알려줍니다.

```
> # (6) 졸업률이 가장 높은 주
> idx <- which(grad==max(grad))
> grad[idx]
Utah
67.3
>
> # (7) 졸업률이 평균 이하인 주
> idx <- which(grad<mean(grad))
> grad[idx]
      Alabama      Arkansas       Florida       Georgia      Illinois
         41.3          39.9          52.6          40.6          52.6
      Indiana      Kentucky     Louisiana      Maryland      Michigan
         52.9          38.5          42.2          52.3          52.8
...(생략)
```

비슷한 방법으로 졸업률이 가장 높은 주와 평균 이하인 주의 정보를 알 수 있습니다.

확인문제

TitanicSurvival 데이터셋에서 탑승자의 연령(age)을 히스토그램과 상자그림으로 나타내시오.

정답

```
# 히스토그램
hist(TitanicSurvival$age, main='탑승자 연령대',
     xlab='연령대',
     ylab='탑승자수')
# 상자그림
 boxplot(TitanicSurvival$age, main='탑승자 연령대')
```

영국 폐질환 사망자 분석하기

본 교재에서 제공하는 fdeath.csv 파일에는 1974~1979년 사이의 영국 폐질환 사망자 통계가 월별로 정리되어 있습니다. 월별로 정리되어 있기 때문에 시간 순서를 갖는 데이터이고 연도를 그룹으로 간주하여 분석할 수 있습니다. 시간 순서를 갖는 데이터는 시간의 흐름에 따른 값의 변화를 알아보는 것이 목적이기 때문에 선그래프를 작성하여 결과를 관찰하는 것이 좋습니다.

코드 10-3 code10-03.r

```
# (1) 데이터 준비
ds <- read.csv('c:/Rworks/fdeaths.csv', row.names='year')
ds

# (2) 선그래프 작성
my.col <- c('black', 'blue','red', 'green','purple','dark gray')
my.lty <- 1:6

plot(1:12,                          # x data
     ds[1,],                        # y data(1974년 데이터)
     main='월별 사망자 추이',       # 그래프 제목
     type='b',                      # 그래프 종류
     lty=my.lty[1],                 # 선의 종류
     xlab='Month',                  # x축 레이블
     ylab='사망자수',               # y축 레이블
     ylim=c(300,1200),              # y축 값의 범위
     col=my.col[1]                  # 선의 색
)
```

```
for( i in 2:6) {
  lines(1:12,                  # x data
        ds[i,],                # y data(1975~1979)
        type='b',              # 그래프 종류
        lty=my.lty[i],         # 선의 종류
        col=my.col[i]          # 선의 색
  )
}

legend(x='topright',           # 범례의 위치
       lty=my.lty,             # 선의 종류
       col=my.col,             # 선의 색
       legend=1974:1979        # 범례의 내용
)
```

[코드 10-3]의 실행 결과를 나누어서 설명하면 다음과 같습니다.

```
> #(1) 데이터 준비
> ds <- read.csv('c:/Rworks/fdeaths.csv', row.names='year')
> ds
     Jan  Feb Mar Apr May Jun Jul Aug Sep Oct Nov Dec
1974 901  689 827 677 522 406 441 393 387 582 578 666
1975 830  752 785 664 467 438 421 412 343 440 531 771
1976 767 1141 896 532 447 420 376 330 357 445 546 764
1977 862  660 663 643 502 392 411 348 387 385 411 638
1978 796  853 737 546 530 446 431 362 387 430 425 679
1979 821  785 727 612 478 429 405 379 393 411 487 574
```

'fdeaths.csv' 파일에서 데이터를 읽어서 ds에 저장합니다. 이때 파일이 저장된 폴더에 맞게 폴더 경로를 각자 변경합니다. read.csv() 함수에서 매개변수 row.names='year'의 의미는 'fdeaths.csv' 파일의 첫 번째 열인 'year'가 사망자수가 아닌 연도를 나타내는데, 이것을 그룹 레이블로 사용하기 위한 것입니다. ds의 내용을 보면 연도가 값에 포함되지 않고 행 이름으로 표시된 것을 알 수 있습니다.

```
> #(2) 선그래프 작성
> my.col <- c('black', 'blue','red', 'green','purple','dark gray')
> my.lty <- 1:6
>
```

```
> plot(1:12,                          # x data
+       ds[1,],                       # y data(1974년 데이터)
+       main='월별 사망자 추이',       # 그래프 제목
+       type='b',                     # 그래프 종류
+       lty=my.lty[1],                # 선의 종류
+       xlab='Month',                 # x축 레이블
+       ylab='사망자수',               # y축 레이블
+       ylim=c(300,1200),             # y축 값의 범위
+       col=my.col[1]                 # 선의 색
+ )
```

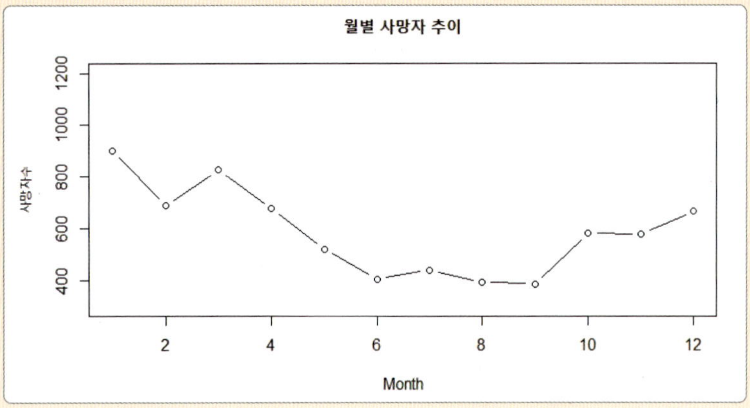

ds에는 1974~1979년까지의 6년치 월별 사망자수가 저장되어 있습니다. 따라서 6개의 선그래프를 겹쳐서 작성해야 합니다. 6개의 선그래프에서 선의 색(`col`)과 선의 종류(`lty`)를 각각 다르게 하기 위해 `my.col`과 `my.lty`에 6개의 선 색과 선 종류를 미리 저장했습니다. 그리고 `plot()` 함수를 이용하여 기본이 되는 그래프를 작성하였습니다. 이 그래프는 `ds[1,]`의 데이터를 이용하는데 이는 1974년도의 데이터입니다.

```
> for( i in 2:6) {
+   lines(1:12,                       # x data
+         ds[i,],                     # y data (1975~1979)
+         type='b',                   # 그래프 종류
+         lty=my.lty[i],              # 선의 종류
+         col=my.col[i]               # 선의 색
+   )
+ }
```

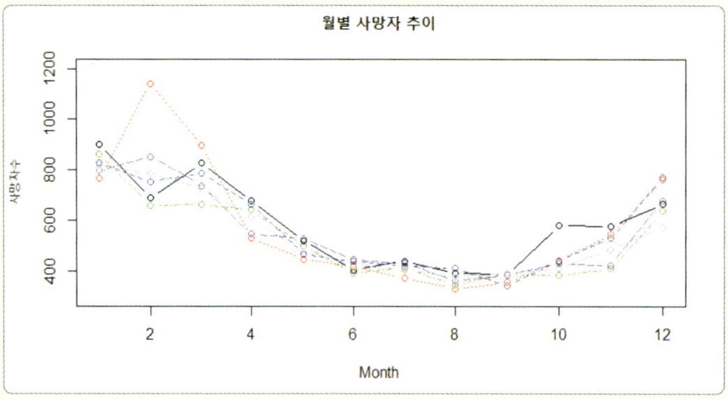

기본 그래프인 1974년도 그래프에 1975~1979년도 그래프를 겹쳐서 그리는 작업입니다. 기본 그래프에 다른 그래프를 겹쳐 그리려면 lines() 함수를 이용해야 하는데, 5개년도의 그래프를 추가해야 하므로 5번의 lines() 함수를 이용합니다. 이는 반복적인 작업이므로 for문을 이용하여 간단히 작성하였습니다.

```
> legend(x='topright',              # 범례의 위치
+        lty=my.lty,                # 선의 종류
+        col=my.col,                # 선의 색
+        legend=1974:1979           # 범례의 내용
+ )
```

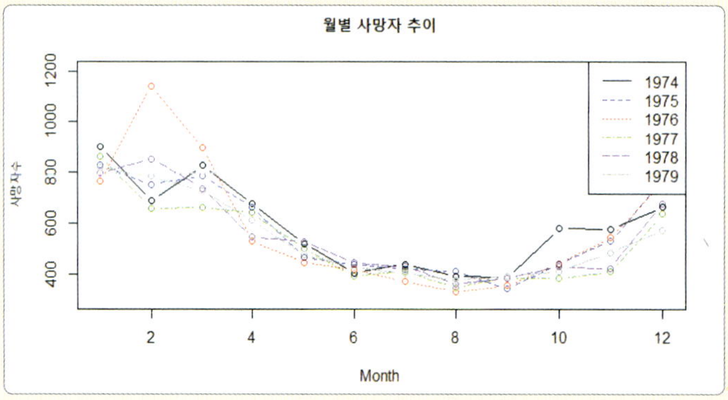

범례를 추가해 그래프의 각 추세선이 어느 연도의 것인지 알 수 있도록 하였습니다.

영국의 폐질환 관련 사망자의 월별 추이를 보면 겨울철에 사망자수가 많고 여름철로 갈수록 사망자수가 줄어드는 것을 관찰할 수 있습니다. 이는 폐질환이 계절적 요인의 영향을 많이 받는다는 것을 나타냅니다. 1976년도 2월에는 사망자수가 다른 연도에 비해 급증한 것을 알 수 있는데 인터넷에서 검색해보면 이때 영국에 독감이 대유행했던 사실을 알 수 있습니다. 독감의 영향으로 사망자수가 급증한 것으로 이해할 수 있습니다.

확인문제

R에서 제공하는 mdeaths 데이터셋은 연도별, 월별 폐암 사망률을 저장하고 있다. 다음과 같이 실행하면 1974년도의 월별 사망자수를 추출할 수 있다. 이 결과를 이용하여 월별 사망자수를 선그래프로 작성하시오.

```
death <- as.vector(window(mdeaths, 1974, c(1974, 12)))
```

정답

```
plot(1:12,                        # x data
     death,                       # y data (1974년 데이터)
     main='월별 사망자 추이',      # 그래프 제목
     type='b',                    # 그래프 종류
     lty=1,                       # 선의 종류
     xlab='Month',                # x축 레이블
     ylab='사망자수'               # y축 레이블
)
```

그래프 작성 기법을 익히는 것도 중요하지만, 작성된 그래프를 해석하여 그것에 담긴 의미와 정보를 찾아내는 능력을 기르는 것도 중요합니다.

LAB 자동차 가격 및 성능 데이터 분석

DAAG 패키지에 포함된 carprice 데이터셋은 미국 자동차의 판매 가격 및 성능 데이터를 저장하고 있습니다. 가격(Price) 열을 중심으로 데이터를 분석해봅니다.

1. 데이터셋을 불러와서 내용을 확인합니다.

```
library(DAAG)
str(carprice)
carprice$Price              # 자동차 가격
```

2. 자동차 가격의 범위와 평균을 구합니다.

```
range(carprice$Price)     # 값의 범위
mean(carprice$Price)      # 값의 평균
```

3. 가격에 대한 히스토그램을 작성하여 데이터의 분포를 확인합니다.

```
hist(carprice$Price, main='자동차 가격',
     xlab='가격대',
     ylab='빈도',
     col='green')
```

4. 자동차 타입(Type)별로 데이터의 빈도수를 계산하여 막대그래프로 확인합니다.

```
tbl <- table(carprice$Type)

barplot(tbl, main='자동차 타입별 빈도수',
        xlab='타입',
        ylab='빈도수',
        col=rainbow(length(tbl)))
```

∴ **rainbow(length(tbl)) : 레인보우 팔레트에서 막대의 개수(타입의 개수)만큼 색을 가져옵니다.**

5. 가격이 가장 비싼 자동차는 어떤 타입인지 알아봅니다.

```
idx <- which(carprice$Price==max(carprice$Price))
carprice[idx, c('Type','Price')]
```

Section 03

다중변수 데이터를 분석해봅니다

다중변수 데이터는 단일변수 데이터가 모여서 형성되었기 때문에 다중변수 데이터 분석에도 단일변수 데이터 분석 방법이 적용될 수 있습니다. 다중변수 데이터에서는 포함된 변수들에 대한 개별 분석보다는 변수와 변수의 관계를 찾는 것이 더 의미가 있습니다. 예를 들면 100명의 학생으로부터 키와 몸무게 정보를 얻었다면 키에 대한 데이터와 몸무게에 대한 데이터를 개별적으로 분석하는 것보다 키와 몸무게가 어떤 관계가 있는지를 찾는 것이 더 중요합니다. 따라서 이번 절에서는 다중변수 데이터에서 변수들 간의 상관관계를 분석하는 데 초점을 둘 것입니다.

1 두 변수의 상관관계

다중변수 데이터 중 두 개의 변수로 이루어진 데이터가 가장 단순한 형태이므로 이를 통해서 변수의 상관관계에 대해서 알아보겠습니다. R에서 제공하는 pressure 데이터셋은 온도에 따른 기압의 변화 데이터를 저장하고 있습니다. 먼저 산점도를 이용해 온도와 기압이 어떤 관련성이 있는지 [코드 10-4]를 통해 알아보겠습니다.

코드 10-4 code10-04.r

```
# (1) 데이터 확인
head(pressure)

# (2) 산점도 작성
plot(pressure$temperature,          # x축 데이터
     pressure$pressure,             # y축 데이터
     main='온도와 기압',              # 그래프 제목
     xlab='온도(화씨)',               # x축 레이블
     ylab='기압',                    # y축 레이블
)
```

[코드 10-4]의 실행 결과를 나누어서 설명하면 다음과 같습니다.

```
> head(pressure)
  temperature pressure
1           0   0.0002
2          20   0.0012
3          40   0.0060
4          60   0.0300
5          80   0.0900
6         100   0.2700
```

head() 함수로 데이터의 내용을 확인하면 온도와 기압에 대한 측정값들이 저장되어 있는 것을 알 수 있습니다.

```
> plot(pressure$temperature,          # x축 데이터
+      pressure$pressure,             # y축 데이터
+      main='온도와 기압',              # 그래프 제목
+      xlab='온도(화씨)',               # x축 레이블
+      ylab='기압',                    # y축 레이블
+ )
```

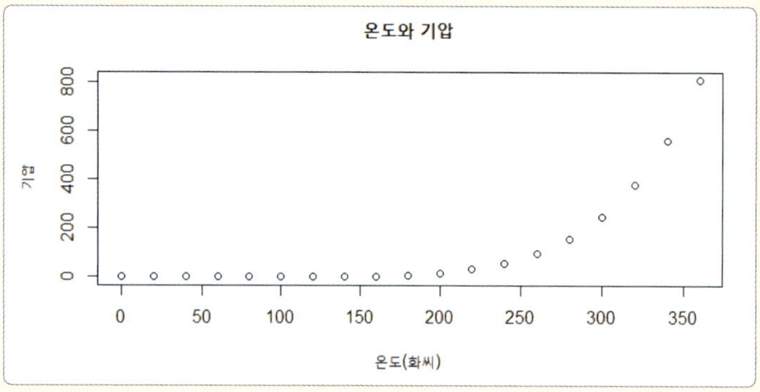

plot() 함수를 이용해 작성된 산점도를 통해 온도와 기압 사이의 관계를 확인합니다. 즉, 온도가 200도가 될 때까지는 기압의 변화가 거의 없다가 200도를 넘어가면서 기압이 급격하게 높아지는 것을 알 수 있습니다. 산점도로부터 온도와 기압은 일정한 관계가 있음이 확인되었습니다.

[그림 10-2]의 산점도는 x축 변수와 y축 변수 사이에 특별한 관련성이 있음을 찾아보기 어려운 경우입니다.

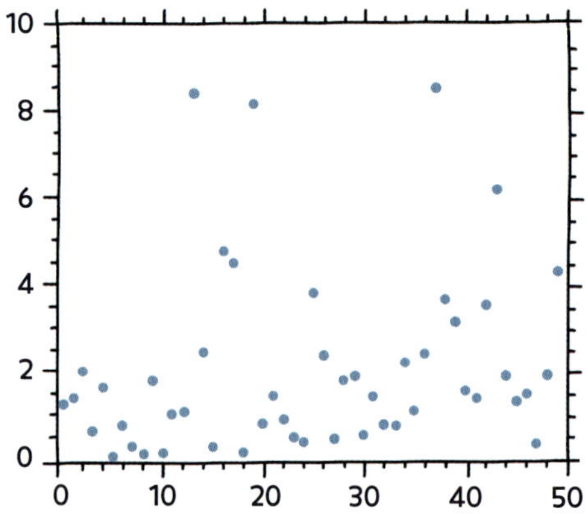

그림 10-2 두 변수 사이의 관계가 약한 산점도

상관관계

x축 변수의 값이 증가하면 y축 변수의 값이 비례해서 증가하거나 반대로 x축 변수의 값이 증가하면 y축 변수의 값이 비례해서 감소하는 경우 두 변수는 **상관관계에 있다**고 말합니다. 두 변수가 어느 정도나 강한 상관관계인지 수치로 나타낸 지표를 상관계수(corelation coefficient)라고 합니다. 상관계수는 -1에서 1 사이의 값을 갖는데, [그림 10-3]은 상관계수에 따른 산점도의 예를 나타냅니다.

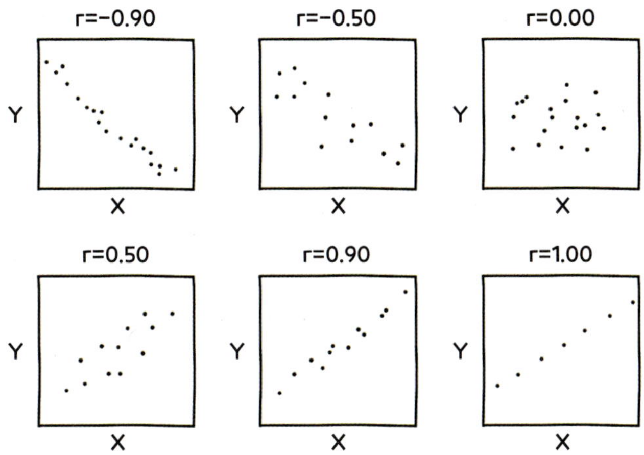

그림 10-3 **상관계수(r)에 따른 산점도**

상관계수가 0인 경우는 두 변수 X, Y 사이에 상관성을 찾기 어렵습니다. 상관계수가 (-)인 경우는 X, Y가 반비례하고 **음의 상관관계에 있다**라고 말합니다. 상관계수가 -1에 가까울수록 강한 음의 상관관계에 있으며, 산점도상의 점들이 직선에 가까워집니다. 상관계수가 (+)인 경우는 X, Y가 비례하고 **양의 상관관계에 있다**라고 말합니다. 상관계수가 1에 가까울수록 X, Y는 상관성이 강해집니다. [코드 10-5]에서는 cars 데이터셋을 이용하여 산점도와 상관계수를 계산해봅니다.

코드 10-5 code10-05.r

```
#(1) 데이터의 확인
head(cars)

#(2) 산점도의 작성
plot(cars$speed,                    # x축 데이터
     cars$dist,                     # y축 데이터
     main='자동차 속도와 제동거리',     # 그래프 제목
     xlab='속도',                    # x축 레이블
     ylab='제동거리',                 # y축 레이블
)
```

```
#(3) 상관계수
cor(cars$speed, cars$dist)
```

실행 결과

```
> # (1) 데이터의 확인
> head(cars)
  speed dist
1     4    2
2     4   10
3     7    4
4     7   22
5     8   16
6     9   10
>
> # (2) 산점도의 작성
...(생략)
```

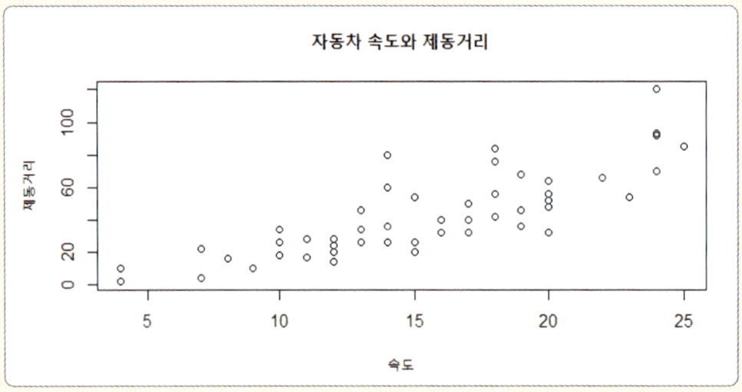


```
>
> # (3) 상관계수
> cor(cars$speed, cars$dist)
[1] 0.8068949
```

상관계수를 보면 자동차 속도와 제동거리는 강한 양의 상관관계에 있습니다.

Q 상관계수값이 어느 정도 되어야 두 변수가 상관관계에 있다고 말할 수 있나요?

A 정해진 기준은 없습니다만, 대체로 0.5 이상이거나 -0.5 이하이면 상관관계가 있다고 볼 수 있습니다.

확인문제

DAAG 패키지에 포함된 carprice 데이터셋에서 자동차 가격(Price)과 시내 주행 연비(MPG.city) 간의 상관관계를 산점도와 상관계수를 통해 알아보시오.

정답

자동차 가격(Price)과 시내 주행 연비(MPG.city)는 음의 상관관계에 있다. 이는 자동차 가격이 비쌀수록 연비는 떨어지는 상황을 반영한 것으로 보인다.

```
plot(carprice$MPG.city,
     carprice$Price,
     xlab='연비',
     ylab='가격',
)

cor(carprice$MPG.city, carprice$Price)     # -0.6933728
```

2 다중변수 사이의 상관관계

변수가 3개 이상인 데이터는 변수를 2개씩 짝지어서 상관관계를 분석할 수 있습니다. R에서 제공하는 state.x77 데이터셋을 대상으로 분석하도록 합니다. state.x77 데이터셋의 각 열(변수)의 의미는 다음과 같습니다.

- **Population** : 인구수
- **Illiteracy** : 문맹률
- **Murder** : 인구 10만 명당 살인범죄율
- **Frost** : 대도시 지역에서 최저 기온이 영하 이하인 날의 평균일수
- **Income** : 1인당 소득
- **Life Exp** : 기대 수명
- **HS Grad** : 고등학교 졸업률
- **Area** : 면적

코드 10-6 code10-06.r

```
# (1) 데이터 확인
st <- data.frame(state.x77)          # 매트릭스를 데이터프레임으로 변환
head(st)

# (2) 다중 산점도 작성
plot(st)

# (3) 다중 상관계수
cor(st)
```

[코드 10-6]의 실행 결과를 나누어서 설명하면 다음과 같습니다.

```
> # (1) 데이터 확인
> st <- data.frame(state.x77)     # 매트릭스를 데이터프레임으로 변환
> head(st)
           Population Income Illiteracy Life.Exp Murder HS.Grad Frost   Area
Alabama          3615   3624        2.1    69.05   15.1    41.3    20  50708
Alaska            365   6315        1.5    69.31   11.3    66.7   152 566432
Arizona          2212   4530        1.8    70.55    7.8    58.1    15 113417
Arkansas         2110   3378        1.9    70.66   10.1    39.9    65  51945
California      21198   5114        1.1    71.71   10.3    62.6    20 156361
Colorado         2541   4884        0.7    72.06    6.8    63.9   166 103766
```

state.x77은 자료구조가 매트릭스이므로 분석의 편의를 위해 데이터프레임으로 변환하고 내용을 확인하였습니다.

```
> # (2) 다중 산점도 작성
> plot(st)
```

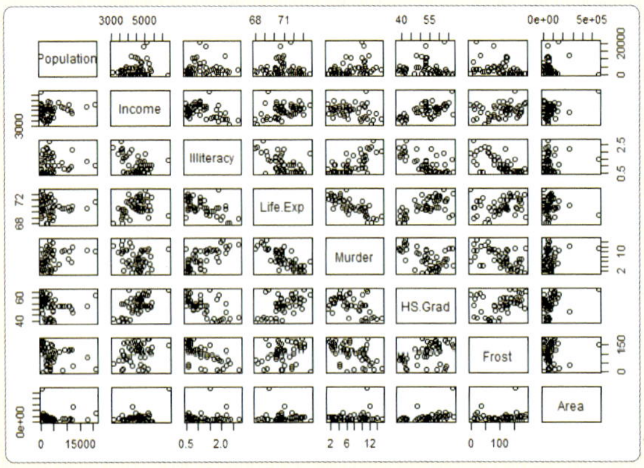

다중 산점도를 보면 일부 상관관계가 확인됩니다. 예를 들면 기대 수명(Life.Exp)과 살인범죄율(Murder)은 음의 상관관계로 보이고, 1인당 소득(Income)과 고등학교 졸업률(HS.Grad)은 양의 상관관계로 보입니다.

```
> # (3) 다중 상관계수
> cor(st)
            Population     Income  Illiteracy    Life.Exp     Murder     HS.Grad
Population  1.00000000  0.2082276  0.10762237 -0.06805195  0.3436428 -0.09848975
Income      0.20822756  1.0000000 -0.43707519  0.34025534 -0.2300776  0.61993232
Illiteracy  0.10762237 -0.4370752  1.00000000 -0.58847793  0.7029752 -0.65718861
```

```
Life.Exp    -0.06805195   0.3402553 -0.58847793  1.00000000  -0.7808458  0.58221620
Murder       0.34364275  -0.2300776  0.70297520 -0.78084575   1.0000000 -0.48797102
HS.Grad     -0.09848975   0.6199323 -0.65718861  0.58221620  -0.4879710  1.00000000
Frost       -0.33215245   0.2262822 -0.67194697  0.26206801  -0.5388834  0.36677970
Area         0.02254384   0.3633154  0.07726113 -0.10733194   0.2283902  0.33354187
                 Frost        Area
Population  -0.3321525  0.02254384
Income       0.2262822  0.36331544
Illiteracy  -0.6719470  0.07726113
Life.Exp     0.2620680 -0.10733194
Murder      -0.5388834  0.22839021
HS.Grad      0.3667797  0.33354187
Frost        1.0000000  0.05922910
Area         0.0592291  1.00000000
```

상관계수를 구하는 cor() 함수에 2개의 변수가 아닌 3개 이상의 변수 데이터를 입력하면 다중 산점도와 비슷한 형태의 결과가 나타납니다. 테이블의 가로와 세로에 변수를 배치하고, 가로의 변수와 세로의 변수가 만나는 지점에 두 변수의 상관계수값을 표시합니다. 대각선은 동일한 변수끼리의 상관계수가 표시되므로 값은 항상 1입니다.

기대 수명(Life.Exp)과 살인범죄율(Murder)은 상관계수값이 -0.78로 매우 강한 음의 상관관계를 나타냅니다. 즉, 살인범죄율이 높아질수록 기대 수명은 낮아지는 양상을 보입니다. 1인당 소득(Income)과 고등학교 졸업률(HS.Grad)의 상관계수는 0.62로 어느 정도 상관관계가 있다고 볼 수 있습니다. 살인범죄율(Murder)과 문맹률(Illiteracy)의 상관계수는 0.70으로 상당히 높은 상관관계가 있습니다. 결과만 본다면 문맹률이 높아질수록 흉악범죄율도 높아진다고 해석할 수 있습니다.

하나 더 알기

상관관계는 '인과관계'를 의미하지는 않습니다. 예를 들면 기대 수명(Life.Exp)과 살인범죄율(Murder)의 상관계수값이 높다고 해서 범죄가 원인이 되어 기대 수명이 낮아진다고 단정할 수는 없습니다. 인과관계 여부는 보다 심층적인 연구를 해야 알 수 있습니다.

확인문제

DAAG 패키지에 포함된 carprice 데이터셋에서 자동차 가격(Price), 100마일 주행에 필요한 연료량(gpm100), 시내 주행 연비(MPG.city), 고속도로 주행 연비(MPG.highway) 간의 상관관계를 다중 산점도와 다중 상관계수를 통해 알아보고, 가장 상관도가 높은 두 변수를 찾으시오.

정답

gpm100과 MPG.highway의 상관계수가 -0.95로 가장 상관도가 높다.

```
tmp <- carprice[,c('Price','gpm100','MPG.city','MPG.highway')]
plot(tmp)
cor(tmp)
```

LAB 경제지표 데이터 분석하기

R에서 제공하는 longley 데이터셋은 경제지표에 관련된 데이터를 저장하고 있습니다. 데이터셋에 있는 GNP, 실업자수(Unemployed), 군인수(Armed.Forces), 경제활동가능 인구수(Population), 취업자수(Employed) 간의 상관관계를 알아봅니다.

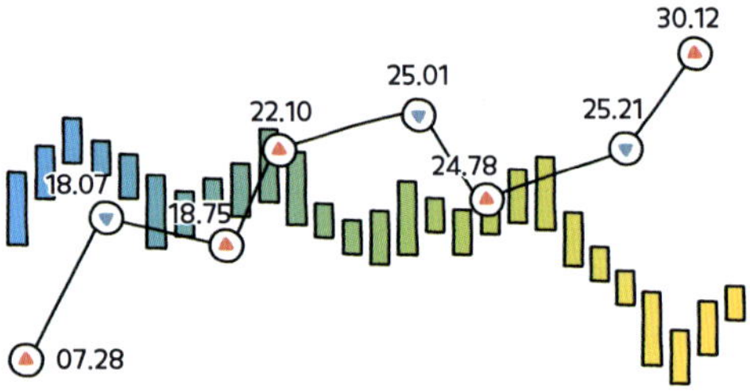

1. 먼저 데이터의 내용을 살펴봅니다.

```
str(longley)
head(longley)
```

2. 5개의 변수만 추출하여 새로운 데이터프레임을 생성합니다.

```
df <- longley[,c('GNP', 'Unemployed', 'Armed.Forces', 'Population','Employed')]
df
```

3. 5개의 변수에 대한 다중 산점도를 작성하여 상관관계를 확인합니다.

```
plot(df)
```

∴ **GNP, 경제활동가능 인구수(Population), 취업자수(Employed) 사이에 강한 상관관계가 있는 것으로 파악됩니다.**

4. 5개의 변수에 대한 다중 상관계수를 구하여 상관관계를 확인합니다.

```
cor(df)
```

∴ **GNP, 경제활동가능 인구수(Population), 취업자수(Employed) 사이의 상관계수가 0.9 이상으로 강한 상관관계를 보입니다.**

실전 분석 주택담보대출 데이터 탐색하기

문제

Ecdat 패키지에 포함된 Hdma 데이터셋은 미국의 주택담보대출에 대한 데이터를 저장하고 있습니다. 이 데이터셋을 탐색해보겠습니다.

해결

1. 먼저 Ecdat 패키지를 설치한 후, 데이터를 불러와서 기본적인 내용을 확인합니다.

```
install.packages('Ecdat')
library(Ecdat)
str(Hdma)
```

```
> str(Hdma)
'data.frame':2381 obs. of  13 variables:
 $ dir         : num  0.221 0.265 0.372 0.32 0.36 ...
 $ hir         : num  0.221 0.265 0.248 0.25 0.35 ...
...(생략)
```

2. 대출에 대한 승인과 거절 비율을 막대그래프로 작성합니다.

```
tbl <- table(Hdma$deny)
tbl <- tbl / sum(tbl)
tbl
names(tbl) <- c('승인','거절')
barplot(tbl, main='주택담보대출 승인/거절',
        col=c('green','yellow'),
        ylim=c(0,1),
        ylab='비율')
```

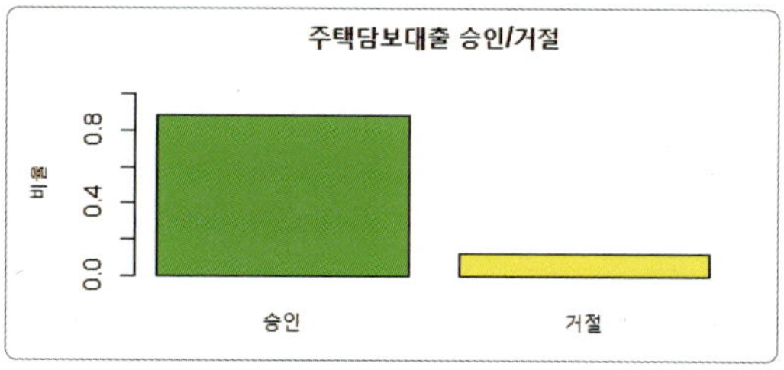

3. 주택가격대비 대출금 비율(lvr)의 분포를 히스토그램으로 알아봅니다.

```
hist(Hdma$lvr, main='주택가격대비 대출금 비율',
     col=rainbow(10))
```

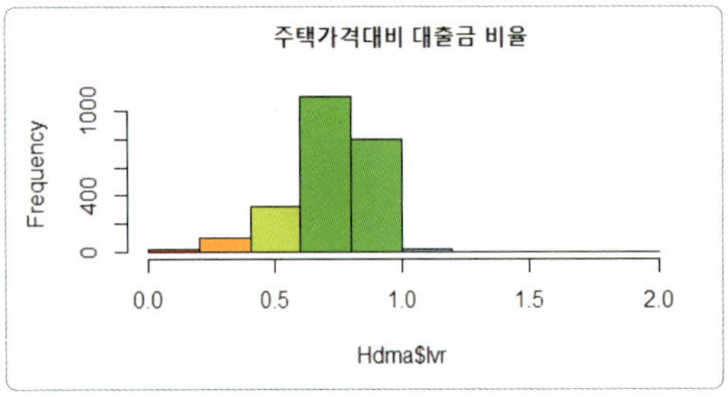

4. 대출 신청자가 흑인인지 아닌지 여부(black)에 따라 대출 거절 여부에 차이가 있는지를 알아봅니다.

```
black.yn <- table(Hdma$black)
# 흑인 신청자중 거절 비율
black.deney <- sum(Hdma$black=='yes' & Hdma$deny=='yes') / black.yn['yes']
# 비흑인 신청자중 거절 비율
non.black.deney <- sum(Hdma$black=='no' & Hdma$deny=='yes') / black.yn['no']
cat('흑인, 비흑인 거절률 : ', black.deney, non.black.deney, '\n')
```

```
> cat('흑인, 비흑인 거절률 : ', black.deney, non.black.deney, '\n')
흑인, 비흑인 거절률 :  0.2831858 0.09255632
```

∴ 흑인 신청자의 대출 거절률이 비흑인에 비해 상당히 높은 것으로 나타납니다.

5. 흑인 신청자의 대출 거절률이 비흑인에 비해 높은 이유를 알아보기 위해 흑인/비흑인 신청자의 신용등급(ccs)에 대해 알아보도록 합니다.

```
black.credit <- mean(Hdma$ccs[Hdma$black=='yes'])
non.black.credit <- mean(Hdma$ccs[Hdma$black=='no'])
cat('흑인, 비흑인 신용등급 : ', black.credit, non.black.credit, '\n')
```

```
> cat('흑인, 비흑인 신용등급 : ', black.credit, non.black.credit, '\n')
흑인, 비흑인 신용등급 :  3.020649 1.966267
```

∴ 흑인 신청자의 신용등급이 비흑인에 비해 낮은 것을 알 수 있습니다.

6. 수입대비 보증금 비율(dir), 수입대비 주택유지비용 비율(hir), 고객 신용등급(ccs), 대출 신용등급(mcs) 사이의 상관도를 다중 산점도를 그려서 확인하되 대출 승인/거절 여부에 따라 점의 색을 다르게 합니다.

```
df <- Hdma[,c('dir','hir','ccs','mcs')]
point.col <- c('green','red')          # green : 대출 승인, red : 대출 거절
plot(df, col= point.col[Hdma$deny])
```

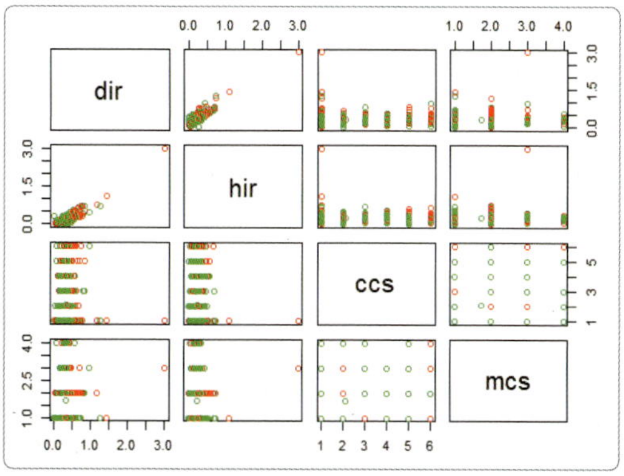

∴ **수입대비 보증금 비율(dir), 수입대비 주택유지비용 비율(hir)만 어느 정도 상관관계를 보입니다.**

7. 수입대비 보증금 비율(dir), 수입대비 주택유지비용 비율(hir), 고객 신용등급(ccs), 대출 신용등급(mcs) 사이의 상관도를 다중 상관계수를 구하여 알아봅니다.

```
cor(df)
```

```
> cor(df)
           dir         hir         ccs        mcs
dir 1.00000000 0.781472578 0.065233663 0.05131764
hir 0.78147258 1.000000000 0.005277454 0.10472067
ccs 0.06523366 0.005277454 1.000000000 0.15268594
mcs 0.05131764 0.104720669 0.152685936 1.00000000
```

∴ **수입대비 보증금 비율(dir), 수입대비 주택유지비용 비율(hir)의 상관계수값이 0.78로 높은 양의 상관관계를 보입니다.**

요약

01 데이터 분석의 절차는 '문제 정의 및 계획 → 데이터 수집 → 데이터 정제 및 전처리 → 데이터 탐색 → 데이터 분석 → 결과 보고' 순서로 진행됩니다.

02 문제가 명확해야 문제 해결을 위해 어떤 데이터를 수집하고 어떤 분석 기법을 적용할지 계획할 수 있습니다. 데이터의 종류에 따라 사용하는 분석 도구도 달라집니다.

03 비교적 간단하고 쉬운 통계 기법을 적용하여 전반적인 데이터의 내용을 파악하는 단계를 탐색적 데이터 분석(EDA)이라 합니다.

04 통계에서 '변수'란 데이터의 '수집 주제'를 의미합니다. 수집 주제가 하나인 1차원 데이터는 단일변수 데이터, 여러 개의 수집 주제를 모아 놓은 2차원 데이터는 다중변수 데이터라 합니다.

05 데이터의 형태에 따라 '그룹' 정보로 구성된 범주형 데이터와 크기를 갖는 숫자로 구성된 수치형 데이터로 구분할 수 있습니다.

06 다중변수 데이터에서는 변수와 변수의 관계를 찾는 것이 의미가 있습니다.

07 x값이 증가하면 y값도 비례해서 증가하거나 반대로 x값이 증가하면 y값이 비례해서 감소하는 경우 '상관관계에 있다'고 말합니다.

08 상관계수(corelation coefficient)는 두 변수가 어느 정도 강한 상관관계에 있는지를 수치로 나타낸 지표입니다.

09 R에서 상관계수는 `cor()` 함수로 구할 수 있으며, −1에서 1사이의 값을 가집니다. 상관계수가 0에 가까울수록 두 변수 사이의 상관관계가 약함을 의미합니다.

10 상관관계가 '인과관계'를 의미하지는 않습니다.

연습문제

01 데이터 분석 단계에서 수집된 데이터를 분석이 가능한 형태로 정돈하는 과정을 무엇이라고 하는가?

02 다음은 어떤 나무의 나뭇잎 길이를 측정한 데이터이다. 이 데이터를 분석하기 위한 가장 적당한 도구를 고르시오.

```
5.1, 6.0, 6.1, 6.2, 5.7, 6.8, 5.7, 5.9, 6.3, 5.7
```

① 도수분포표 ② 히스토그램 ③ 산점도 ④ 원그래프 ⑤ 상관계수

03 다음은 구내식당 업체 교체에 대한 찬반 여부를 조사한 데이터의 일부이다. 이 데이터를 분석하기 위한 가장 적당한 도구를 고르시오.

```
yes, no, no, yes, NA, yes, no, no, yes, no, yes, yes, NA
```

① 도수분포표 ② 선그래프 ③ 원그래프 ④ 상자그림 ⑤ 산점도

04 Ecdat 패키지에 포함된 Hdma 데이터셋에 대해 다음의 문제를 해결하기 위한 R 코드를 작성하시오.

(1) 대출 신청자의 직업이 자영업인 경우와 아닌 경우의 빈도를 막대그래프로 나타내시오. 직업이 자영업인지 여부는 `self` 열에 저장되어 있다.

(2) 대출 신청자가 미혼인 경우와 아닌 경우의 비율을 원그래프로 나타내시오. 미혼 여부는 `single` 열에 저장되어 있다.

(3) 대출 신청자가 속한 직업군의 실업률(`uria`) 데이터에 대해 다음 물음에 답하시오.
① 실업률의 분포를 상자그림으로 작성하시오.
② 데이터의 분포에서 정상 범위는 어디부터 어디까지인지를 보이시오.
③ 데이터의 분포에서 정상 범위를 벗어나는 값들은 몇 개인지를 보이시오.

Hint ②③번 문제는 `boxplot.stats()` 함수를 이용

(4) 대출 승인과 거절에 대한 케이스(`deny`)별로 수입대비 주택유지비용 비율(`hir`)의 평균을 구하시오.

(5) (4)번의 결과를 볼 때 수입대비 주택유지비용 비율이 높으면 대출에 유리한지 불리한지를 판단하시오.

CHAPTER 11

데이터 전처리 알아보기

학습목표

- 결측값을 다루는 방법에 대해 학습합니다.
- 데이터를 정렬하는 방법에 대해 알아봅니다.
- 샘플링과 조합을 이해합니다.
- 그룹에 따라 데이터를 집계하는 방법을 알아봅니다.

Preview

데이터 분석 작업을 수행하려면 잘 정돈된 데이터셋이 준비되어야 합니다. 현실에서는 데이터 분석을 위해 확보한 데이터가 정돈되어 있지 않은 경우가 많습니다. 데이터 전처리는 정돈되지 않은 초기 데이터를 데이터 분석에 적합하도록 정돈하는 과정입니다. 이번 장에서는 전처리 과정에서 많이 사용되는 함수들에 대해 학습하겠습니다.

1절에서는 데이터에 결측값이 포함되어 있는지를 파악하고, 결측값을 제외하거나 대체하는 방법을 실습합니다. 2절에서는 벡터, 매트릭스, 데이터프레임에서 기준에 따라 데이터를 정렬(sort)하는 방법을 학습합니다. 3절에서는 데이터에서 특정 개수만큼 값을 추출하는 샘플링과 짝을 지어 추출하는 조합에 대해 알아봅니다. 4절에서는 주어진 데이터셋에서 그룹에 대한 합계나 평균을 어떻게 구할 수 있는지 실습을 통해 알아봅니다.

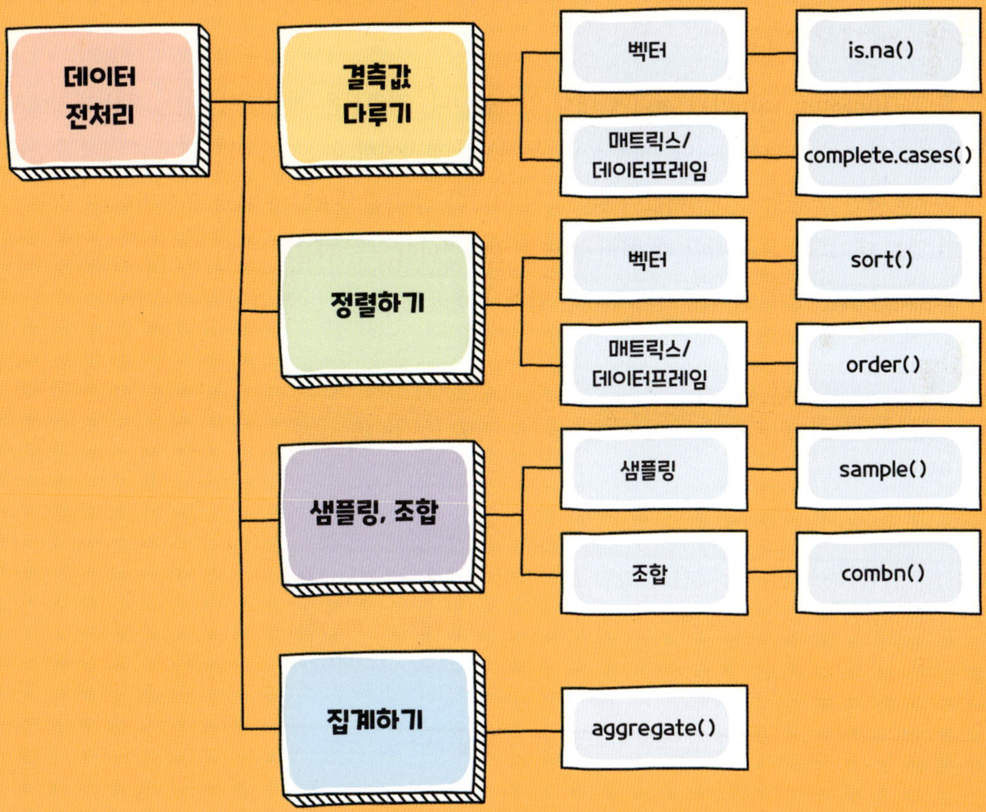

Section

01 결측값에 대해 알아봅니다

우리는 지금까지 잘 정리된 데이터셋을 대상으로 분석하는 방법을 학습했습니다. 그런데 현실에서는 잘 정리된 데이터셋을 얻는 경우가 많지 않습니다. 가장 먼저 확보한 데이터를 정제하고 가공해야 비로소 분석에 적합한 데이터를 얻게 됩니다. 이러한 과정을 **데이터 전처리**(data preprocessing)라고 합니다. 데이터 전처리는 전체 분석 과정에서 오랜 시간을 차지하기 때문에 이를 효과적으로 처리하는 방법을 아는 것은 매우 중요합니다. 이번 장에서는 데이터 전처리 과정에서 자주 사용하는 몇 가지 기법들에 대해 학습합니다.

우선 **결측값**(missing value)의 처리에 대해 알아봅니다. 결측값은 데이터의 수집, 저장 과정에서 값을 얻지 못하는 경우 발생합니다. 예를 들면, 통계조사 과정에서 응답자가 어떤 문항에 대해 응답하지 않았다고 하면 그 문항의 데이터값이 결측값이 됩니다. 결측값은 R에서 NA로 표현됩니다. 결측값이 섞여 있는 데이터셋은 분석할 때 여러 문제를 일으킵니다. 즉, 다음과 같이 성적 데이터에 결측값이 포함되어 있는 경우 성적 데이터에 대한 합계나 평균을 계산하는 작업이 불가능합니다.

```
> score <- c(90,70,NA,40,60)
> sum(score)
[1] NA
```

결측값을 처리하는 방법에는 다음과 같이 2가지 방법이 있습니다. 이번 장에서는 결측값이 있는지의 여부를 파악하고, 결측값을 제거 및 제외하는 방법에 대해서 학습합니다.

- 결측값을 제거하거나 제외한 후 분석합니다.
- 결측값을 추정하여 적당한 값으로 치환한 후 분석합니다.

1 벡터의 결측값

[코드 11-1]에서 결측값의 특성과 존재 여부의 확인 방법 등에 대해서 알아봅니다.

코드 11-1 code11-01.r

```
z <- c(1,2,3,NA,5,NA,8)       # 결측값이 포함된 벡터 z
sum(z)                        # 정상 계산이 되지 않음
is.na(z)                      # NA 여부 확인
sum(is.na(z))                 # NA의 개수 확인
sum(z, na.rm=TRUE)            # NA를 제외하고 합계를 계산
```

[코드 11-1]의 실행 결과를 나누어서 설명하면 다음과 같습니다.

```
> z <- c(1,2,3,NA,5,NA,8)     # 결측값이 포함된 벡터 z
```

실습을 위해 2개의 NA값이 포함된 벡터 z를 생성합니다.

```
> sum(z)                      # 정상 계산이 되지 않음
[1] NA
```

NA를 포함한 상태에서 sum() 함수를 실행하면 합계가 정상적으로 계산되지 않고, NA가 출력됩니다. '모르는 값 + 3 = 모르는 값'과 같은 원리입니다.

```
> is.na(z)                    # NA 여부 확인
[1] FALSE FALSE FALSE  TRUE FALSE  TRUE FALSE
```

is.na() 함수는 벡터 z에 NA가 있는지 확인하는 함수입니다. NA가 아닌 값은 FALSE, NA인 값은 TRUE를 출력합니다.

```
> sum(is.na(z))               # NA의 개수 확인
[1] 2
```

TRUE와 FALSE가 계산에 사용되면 TRUE는 1, FALSE는 0으로 변환됩니다. 따라서 이 명령문은 is.na(z)에 포함된 TRUE의 개수를 세는 역할을 합니다. 일반적으로 어떤 벡터에 NA가 있는지를 알아볼 때는 이 명령문을 사용하면 됩니다. 여기에서는 NA가 2개 있음을 알 수 있습니다.

```
> sum(z, na.rm=TRUE)          # NA를 제외하고 합계를 계산
[1] 19
```

sum() 함수의 매개변수 중에는 na.rm이 있는데, NA값을 제외하고 계산할지 여부를 지정하는 매개변수입니다. 매개변수값으로 TRUE 또는 줄여서 T를 지정하면 NA를 제외하고 합계를 계산합니다.

대부분의 산술연산 함수가 na.rm 매개변수를 제공하니 필요할 때 사용하도록 합니다.

[코드 11-2]는 NA를 다른 값으로 대체하는 방법과 NA를 제거하는 방법을 보여줍니다.

코드 11-2 code11-02.r

```
z1 <- c(1,2,3,NA,5,NA,8)          # 결측값이 포함된 벡터 z1
z2 <- c(5,8,1,NA,3,NA,7)          # 결측값이 포함된 벡터 z2
z1[is.na(z1)] <- 0                # NA를 0 로 치환
z1
z3 <- as.vector(na.omit(z2))      # NA를 제거하고 새로운 벡터 생성
z3
```

[코드 11-2]의 실행 결과를 나누어서 설명하면 다음과 같습니다.

```
> z1 <- c(1,2,3,NA,5,NA,8)        # 결측값이 포함된 벡터 z1
> z2 <- c(5,8,1,NA,3,NA,7)        # 결측값이 포함된 벡터 z2
> z1[is.na(z1)] <- 0              # NA를 0 으로 치환
> z1
[1] 1 2 3 0 5 0 8
```

is.na(z1) 함수는 벡터 z1에서 NA값을 TRUE로, NA가 아닌 값을 FALSE로 변환시켜 결과를 반환합니다. 따라서 z1[is.na(z1)]는 z1에 있는 NA값들을 의미합니다. 이 값들에 대해서만 값이 0으로 바뀝니다. 결과를 보면 NA값들이 0으로 바뀐 것을 알 수 있습니다.

```
> z3 <- as.vector(na.omit(z2))    # NA를 제거하고 새로운 벡터 생성
> z3
[1] 5 8 1 3 7
```

na.omit(z2) 함수는 벡터 z2에서 NA값들을 제거하는 함수인데, 결과의 자료구조가 벡터가 아니기 때문에 as.vector() 함수를 이용하여 벡터로 만듭니다. 실행 결과를 보면 NA를 제외한 값들로 z3가 만들어졌음을 확인할 수 있습니다.

확인문제

다음 명령문을 실행하여 ozone 벡터를 생성하고, 다음 물음에 답하시오.

```
ozone <- airquality$Ozone
```

(1) ozone 벡터의 결측값은 몇 개인가?

(2) ozone 벡터에서 결측값을 제거하여 ozone.pure 벡터에 저장하시오.

정답

(1) sum(is.na(ozone)), 결측값은 37개
(2) ozone.pure <- as.vector(na.omit(ozone))

2 매트릭스와 데이터프레임의 결측값

실습을 위해서 [코드 11-3]과 같이 NA가 포함된 데이터프레임 x를 생성합니다.

코드 11-3 code11-03.r

```
# NA를 포함하는 test 데이터 생성
x <- iris
x[1,2]<- NA; x[1,3]<- NA
x[2,3]<- NA; x[3,4]<- NA
head(x)
```

실행 결과

```
> head(x)
  Sepal.Length Sepal.Width Petal.Length Petal.Width Species
1          5.1          NA           NA         0.2  setosa
2          4.9         3.0           NA         0.2  setosa
3          4.7         3.2          1.3          NA  setosa
4          4.6         3.1          1.5         0.2  setosa
5          5.0         3.6          1.4         0.2  setosa
6          5.4         3.9          1.7         0.4  setosa
```

[코드 11-4]는 열(column)별로 결측값이 몇 개인지를 알아보는 명령문입니다.

코드 11-4 code11-04.r

```
# [코드 11-3]에 이어 실행
# for를 이용한 방법
for (i in 1:ncol(x)) {
    this.na <- is.na(x[,i])
    cat(colnames(x)[i], '\t', sum(this.na), '\n')
}
```

```
# apply를 이용한 방법
col_na <- function(y) {
    return(sum(is.na(y)))
}

na_count <-apply(x, 2, FUN=col_na)
na_count
```

[코드 11-4]의 실행 결과를 나누어서 설명하면 다음과 같습니다.

```
> # for를 이용한 방법
> for (i in 1:ncol(x)) {
+   this.na <- is.na(x[,i])
+   cat(colnames(x)[i], '\t', sum(this.na), '\n')
+ }
Sepal.Length  0
Sepal.Width   1
Petal.Length  2
Petal.Width   1
Species       0
```

for문을 살펴보면 is.na() 함수를 통해 각 열별로 NA의 개수를 파악한 뒤 cat() 함수를 통해 열 이름과 NA의 개수를 출력합니다. cat() 함수에서 '\t'는 탭(tab)을 나타내는 특수문자로, 앞의 문자열에서 일정 간격을 띄우는 역할을 합니다.

```
> # apply를 이용한 방법
> col_na <- function(y) {
+   return(sum(is.na(y)))
+ }
>
> na_count <-apply(x, 2, FUN=col_na)
> na_count
Sepal.Length  Sepal.Width Petal.Length  Petal.Width      Species
           0            1            2            1            0
```

apply를 이용한 방법은 먼저 열별로 NA의 값을 파악하는 col_na() 함수를 정의하고, apply() 함수에서 각 열별로 col_na() 함수를 적용하여 결과를 얻습니다.

[코드 11-5]는 행(row)별로 NA의 개수를 파악하는 예입니다.

코드 11-5 code11-05.r

```
rowSums(is.na(x))                 # 행별 NA 개수
sum(rowSums(is.na(x))>0)          # NA가 포함된 행의 개수
sum(is.na(x))                     # 데이터셋 전체에서 NA 개수
```

실행 결과

```
> rowSums(is.na(x))                 # 행별 NA 개수
  [1] 2 1 1 0 0 0 0 0 0 0 0 0 0 0 0 0 0 0 0 0 0 0 0 0 0 0 0 0 0 0 0 0 0 0 0 0 0
 [38] 0 0 0 0 0 0 0 0 0 0 0 0 0 0 0 0 0 0 0 0 0 0 0 0 0 0 0 0 0 0 0 0 0 0 0 0 0
 [75] 0 0 0 0 0 0 0 0 0 0 0 0 0 0 0 0 0 0 0 0 0 0 0 0 0 0 0 0 0 0 0 0 0 0 0 0 0
[112] 0 0 0 0 0 0 0 0 0 0 0 0 0 0 0 0 0 0 0 0 0 0 0 0 0 0 0 0 0 0 0 0 0 0 0 0 0
[149] 0 0
> sum(rowSums(is.na(x))>0)          # NA가 포함된 행의 개수
[1] 3
> sum(is.na(x))                     # 데이터셋 전체에서 NA 개수
[1] 4
```

이제 NA를 포함한 행은 제외하고 새로운 데이터셋을 만들어봅시다. 이 작업을 위해 complete.cases() 함수가 사용되는데, 어떤 데이터셋에서 NA를 포함하지 않은 완전한(complete) 행들을 찾아줍니다. 정확히 말하면 완전한 행들의 인덱스 값을 찾아줍니다.

코드 11-6 code11-06.r

```
head(x)
x[!complete.cases(x),]            # NA가 포함된 행들을 나타냄
y <- x[complete.cases(x),]        # NA가 포함된 행들을 제거
head(y)                           # 새로운 데이터셋 y의 내용 확인
```

[코드 11-6]의 실행 결과를 나누어서 설명하면 다음과 같습니다.

```
> head(x)
  Sepal.Length Sepal.Width Petal.Length Petal.Width Species
1          5.1          NA           NA         0.2  setosa
2          4.9         3.0           NA         0.2  setosa
3          4.7         3.2          1.3          NA  setosa
4          4.6         3.1          1.5         0.2  setosa
5          5.0         3.6          1.4         0.2  setosa
6          5.4         3.9          1.7         0.4  setosa
```

먼저 x의 내용을 확인합니다. 1~3행에 NA값이 포함된 것을 알 수 있습니다.

```
> x[!complete.cases(x),]          # NA가 포함된 행들을 나타냄
  Sepal.Length Sepal.Width Petal.Length Petal.Width Species
1          5.1          NA           NA         0.2  setosa
2          4.9         3.0           NA         0.2  setosa
3          4.7         3.2          1.3          NA  setosa
```

!는 부정(not)을 의미하는 논리연산자이므로 !complete.cases(x)는 완전하지 않은 행들, 즉 NA를 포함한 행들을 의미합니다. NA가 포함된 1~3행이 출력됩니다.

```
> y <- x[complete.cases(x),]      # NA가 포함된 행들을 제거
> head(y)                         # 새로운 데이터셋 y의 내용 확인
  Sepal.Length Sepal.Width  Petal.Length Petal.Width Species
4          4.6         3.1           1.5         0.2  setosa
5          5.0         3.6           1.4         0.2  setosa
6          5.4         3.9           1.7         0.4  setosa
7          4.6         3.4           1.4         0.3  setosa
8          5.0         3.4           1.5         0.2  setosa
9          4.4         2.9           1.4         0.2  setosa
```

행 번호를 확인해 보면 NA가 포함된 1~3행이 제거된 것을 확인할 수 있습니다.

어떤 데이터셋은 NA값을 포함한 행이 많아 이를 모두 제거하면 남는 것이 별로 없어서 결국 분석이 어려운 경우도 있습니다. 이런 경우 만일 NA값이 특정 열에 몰려 있으면 그 열은 제외하고 분석합니다.

확인문제

R에서 제공하는 airquality 데이터셋에 대해 열별로 몇 개의 NA값이 존재하는지 apply() 함수를 이용해 나타내시오.

정답

```
col_na <- function(y) {
    return(sum(is.na(y)))
}

apply(airquality, 2, FUN=col_na)
```

LAB 전 세계 국가들의 통계 데이터 분석하기

carData 패키지에 포함된 UN 데이터셋에는 전 세계 국가들에 대한 통계 데이터를 저장하고 있는데 여기에는 결측값이 포함되어 있습니다. 결측값을 제외하고 기본적인 데이터 분석을 진행해봅시다.

1. 먼저 데이터셋을 불러와서 요약 정보를 확인합니다.

```
library(carData)
str(UN)                              # 요약 정보 확인
```

2. 각 열별로 NA를 몇 개 포함하고 있는지 확인합니다.

```
col_na <- function(y) {
    return(sum(is.na(y)))
}

apply(UN, 2, FUN=col_na)
```

3. 여성의 평균수명(lifeExpF)은 몇 살인지 확인합니다.

```
mean(UN$lifeExpF, na.rm=T)          # NA 제외하고 계산
```

4. 도시지역 평균비율(pctUrban)과 영아사망률 평균비율(infantMortality)을 확인합니다.

```
tmp <- UN[,c('pctUrban','infantMortality')]
tmp <- tmp[complete.cases(tmp),]   # NA 제거
colMeans(tmp)
```

5. 아시아 국가들의 여성 1인당 평균출산율(fertility)을 알아봅니다.

```
tmp <- subset(UN, region=='Asia') # 아시아 국가 추출
mean(tmp$fertility, na.rm=T)
```

Section

02 이것이 정렬입니다

정렬(sort)은 **주어진 기준에 따라 데이터를 크기순으로 재배열하는 과정**으로, 데이터 분석 과정에서 빈번하게 수행하는 작업 중 하나입니다. 숫자의 경우는 숫자의 크기에 따라 정렬이 가능하고, 문자열의 경우는 알파벳순, 또는 가나다순으로 정렬이 가능합니다.

1 벡터의 정렬

벡터의 정렬은 이전에 학습한 바 있지만 [코드 11-7]을 통해 다시 확인하도록 합니다.

코드 11-7 code11-07.r

```
v1 <- c(1,7,6,8,4,2,3)
v1 <- sort(v1)                    # 오름차순
v1
v2 <- sort(v1, decreasing=T)      # 내림차순
v2
```

실행 결과

```
> v1 <- c(1,7,6,8,4,2,3)
> v1 <- sort(v1)                  # 오름차순
> v1
[1] 1 2 3 4 6 7 8
> v2 <- sort(v1, decreasing=T)    # 내림차순
> v2
[1] 8 7 6 4 3 2 1
```

정렬은 기본적으로 오름차순으로 진행되는데, 내림차순으로 하려면 sort() 함수의 매개변수 decreasing을 T(TRUE)로 설정하면 됩니다.

이번에는 [코드 11-8]을 통해 문자열을 정렬하는 예를 살펴봅니다. 한글의 경우에는 가나다순으로 정렬되는 것을 확인할 수 있습니다.

코드 11-8 code11-08.r

```
name <- c('정대일','강재구','신현석','홍길동')
sort(name)                        # 오름차순
sort(name, decreasing=T)          # 내림차순
```

실행 결과

```
> name <- c('정대일','강재구','신현석','홍길동')
> sort(name)                        # 오름차순
[1] "강재구" "신현석" "정대일" "홍길동"
> sort(name, decreasing=T)          # 내림차순
[1] "홍길동" "정대일" "신현석" "강재구"
```

NA가 포함된 벡터를 정렬하면 오름차순이나 내림차순 지정에 상관없이 NA값들은 맨 뒤쪽에 위치시킵니다.

정렬과 관련된 함수로 sort() 외에 order() 함수가 있습니다. sort() 함수는 값의 크기에 따라 값들을 정렬하는 함수입니다. 이에 비해 order() 함수는 값의 크기에 따라 값들의 인덱스를 정렬하는 함수입니다. [코드 11-9]를 통해서 이를 확인해보겠습니다.

코드 11-9 code11-09.r

```
name <- c('정대일','강재구','신현석','홍길동')
order(name)                       # 오름차순
order(name, decreasing=T)         # 내림차순

idx <- order(name)
name[idx]                         # 오름차순 정렬
```

[코드 11-9]의 실행 결과를 나누어서 설명하면 다음과 같습니다.

```
> name <- c('정대일','강재구','신현석','홍길동')
> order(name)                       # 오름차순
[1] 2 3 1 4
> order(name, decreasing=T)         # 내림차순
[1] 4 1 3 2
```

order(name)의 결과에서 2, 3, 1, 4의 의미는 각각 다음과 같습니다.

- 2 : name의 두 번째에 있는 '강재구'가 제일 앞에 위치하는 값입니다.
- 3 : name의 세 번째에 있는 '신현석'이 두 번째에 위치하는 값입니다.
- 1 : name의 첫 번째에 있는 '정대일'이 세 번째에 위치하는 값입니다.
- 4 : name의 네 번째에 있는 '홍길동'이 네 번째에 위치하는 값입니다.

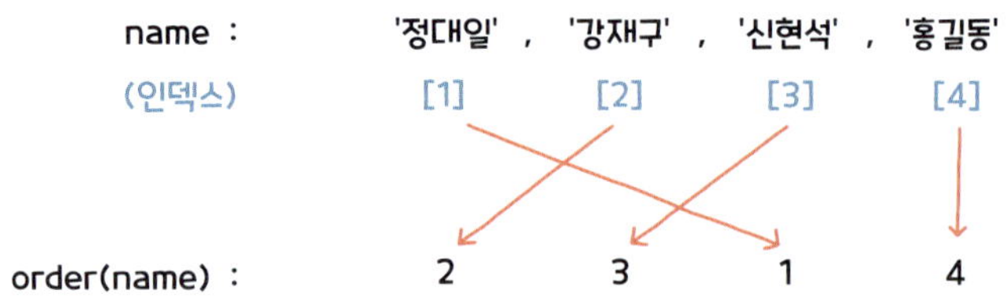

그림 11-1 order() 함수의 기능

order(name, decreasing=T)는 값들의 인덱스를 값의 크기에 따라 내림차순으로 정렬하는 것을 나타냅니다.

```
> idx <- order(name)
> name[idx]                    # 오름차순 정렬
[1] "강재구" "신현석" "정대일" "홍길동"
```

이 명령문은 값의 크기에 따라 오름차순으로 인덱스를 정렬한 뒤, 정렬된 인덱스를 이용하여 값을 정렬하는 과정을 나타냅니다.

확인문제

iris 데이터셋의 Petal.Length 열의 값들을 내림차순으로 정렬하시오.

정답

```
sort(iris$Petal.Length, decreasing=T)
```

2 매트릭스와 데이터프레임의 정렬

매트릭스와 데이터프레임에 저장된 데이터는 특정 열의 값들을 기준으로 행들을 재배열하는 형태로 정렬하는 경우가 많습니다. [코드 11-10]은 iris 데이터셋의 꽃잎의 길이(Sepal.Length)를 기준으로 행들을 재정렬하는 과정을 나타냅니다.

코드 11-10 code11-10.r

```
head(iris)
order(iris$Sepal.Length)
iris[order(iris$Sepal.Length),]                     # 오름차순으로 정렬
iris[order(iris$Sepal.Length, decreasing=T),]       # 내림차순으로 정렬
iris.new <- iris[order(iris$Sepal.Length),]         # 정렬된 데이터를 저장
head(iris.new)
iris[order(iris$Species, decreasing=T, iris$Petal.Length),]       # 정렬 기준이 2개
```

[코드 11-10]의 실행 결과를 나누어서 설명하면 다음과 같습니다.

```
> head(iris)
  Sepal.Length Sepal.Width Petal.Length Petal.Width Species
1          5.1         3.5          1.4         0.2  setosa
2          4.9         3.0          1.4         0.2  setosa
3          4.7         3.2          1.3         0.2  setosa
4          4.6         3.1          1.5         0.2  setosa
5          5.0         3.6          1.4         0.2  setosa
6          5.4         3.9          1.7         0.4  setosa
```

head() 함수의 실행 결과를 보면 각 행들에 1, 2, 3, 4, 5, 6이 붙어 있는데 이것은 행들의 순서를 나타내는 값입니다. 입력된 순서대로 번호가 붙습니다.

```
> order(iris$Sepal.Length)
  [1]  14   9  39  43  42   4   7  23  48   3  30  12  13  25  31  46   2  10
 [19]  35  38  58 107   5   8  26  27  36  41  44  50  61  94   1  18  20  22
 [37]  24  40  45  47  99  28  29  33  60  49   6  11  17  21  32  85  34  37
 [55]  54  81  82  90  91  65  67  70  89  95 122  16  19  56  80  96  97 100
 [73] 114  15  68  83  93 102 115 143  62  71 150  63  79  84  86 120 139  64
 [91]  72  74  92 128 135  69  98 127 149  57  73  88 101 104 124 134 137 147
[109]  52  75 112 116 129 133 138  55 105 111 117 148  59  76  66  78  87 109
[127] 125 141 145 146  77 113 144  53 121 140 142  51 103 110 126 130 108 131
[145] 106 118 119 123 136 132
```

order() 함수는 주어진 열의 값들에 대해 순서를 붙입니다. 실행 결과는 iris 데이터셋에 있는 행들의 번호(인덱스)를 의미합니다. 즉 iris 데이터셋에서 Sepal.Length의 값을 기준으로 보았을 때, 첫 번째 값 14는 14번째 값이 제일 작은 값임을 나타내고, 두 번째 값 9는 9번째에 있는 값이 두 번째로 작음을 나타냅니다.

```
> iris[order(iris$Sepal.Length),]            # 오름차순으로 정렬
    Sepal.Length Sepal.Width Petal.Length Petal.Width    Species
14           4.3         3.0          1.1         0.1     setosa
9            4.4         2.9          1.4         0.2     setosa
39           4.4         3.0          1.3         0.2     setosa
43           4.4         3.2          1.3         0.2     setosa

...(중간생략)
119          7.7         2.6          6.9         2.3  virginica
123          7.7         2.8          6.7         2.0  virginica
136          7.7         3.0          6.1         2.3  virginica
132          7.9         3.8          6.4         2.0  virginica
```

order() 함수를 이용하여 Sepal.Length의 값을 기준으로 오름차순으로 정렬한 결과입니다. Sepal.Length 열을 보면 값들이 정렬된 것이 확인됩니다. 행들의 순서 번호를 보면 14, 9, 39 등과 같이 나타나는데, 첫 번째 행 번호 14는 첫 번째 행이 정렬되기 전에는 14번째에 있었음을 의미합니다. 즉, 14번째 행에 있다가 첫 번째 행으로 이동한 것입니다.

```
> iris[order(iris$Sepal.Length, decreasing=T),]   # 내림차순으로 정렬
    Sepal.Length Sepal.Width Petal.Length Petal.Width    Species
132          7.9         3.8          6.4         2.0  virginica
118          7.7         3.8          6.7         2.2  virginica
119          7.7         2.6          6.9         2.3  virginica
123          7.7         2.8          6.7         2.0  virginica
...(중간생략)
9            4.4         2.9          1.4         0.2     setosa
39           4.4         3.0          1.3         0.2     setosa
43           4.4         3.2          1.3         0.2     setosa
14           4.3         3.0          1.1         0.1     setosa
```

행들을 내림차순으로 정렬할 때는 order() 함수의 매개변수 decreasing을 T(TRUE)로 설정합니다.

```
> iris.new <- iris[order(iris$Sepal.Length),]       # 정렬된 데이터를 저장
> head(iris.new)
    Sepal.Length Sepal.Width Petal.Length Petal.Width Species
14           4.3         3.0          1.1         0.1  setosa
9            4.4         2.9          1.4         0.2  setosa
39           4.4         3.0          1.3         0.2  setosa
43           4.4         3.2          1.3         0.2  setosa
```

```
42            4.5          2.3          1.3          0.3  setosa
4             4.6          3.1          1.5          0.2  setosa
```

iris 데이터셋에 order() 함수를 적용하면 정렬되었을 때 어떤 모양인지를 보여줄 뿐 실제 iris 데이터셋이 정렬되는 것은 아닙니다. 정렬된 결과를 유지하기 위해서는 이와 같이 정렬 결과를 다른 곳(iris.new)에 저장해야 합니다.

확인문제

R에서 제공하는 state.x77 데이터셋을 인구수(Population)를 기준으로 내림차순으로 정렬하시오. state.x77의 자료구조는 매트릭스이다.

정답

```
state.x77[order(state.x77[,'Population'], decreasing = T),]
```

LAB 교통사고 통계 데이터 탐색하기

carData 패키지에 있는 데이터셋 중 고속도로 39개 구간에 대한 교통사고 통계 데이터를 저장하고 있는 Highway1 데이터셋의 내용을 탐색해봅시다.

1. 데이터셋의 내용을 확인합니다.

```
library(carData)
str(Highway1)
```

∴ **데이터셋의 행 번호가 고속도로 구간의 번호입니다.**

2. 사고율(rate)을 기준으로 데이터셋을 내림차순으로 정렬합니다.

```
Highway1[order(Highway1$rate, decreasing = T),]
```

∴ **가장 사고율이 높은 구간은 25번 구간입니다.**

3. 구간의 길이(len)가 가장 긴 상위 10개 구간의 총 길이를 구합니다.

```
tmp <- Highway1[order(Highway1$len, decreasing = T),'len']
tmp              # 구간별 길이를 내림차순으로 정렬한 결과
sum(tmp[1:10])   # 상위 10개 구간의 총 길이
```

4. 일일 교통량(adt)이 적은 하위 10개 구간의 일일 교통량(adt), 사고율(rate)을 알아봅니다.

```
tmp <- Highway1[order(Highway1$adt),c('adt','rate')]
tmp
tmp[1:10,]
```

5. 제한속도(slim)가 높은 상위 5개 구간의 길이(len), 일일 교통량(adt), 사고율(rate)을 알아봅니다.

```
tmp <- Highway1[order(Highway1$slim, decreasing = T),c('len','adt','rate')]
tmp
tmp[1:5,]
```

Section 03

샘플링과 조합이란 무엇인가요?

1 샘플링

샘플링(sampling)은 통계용어로서 **주어진 값들이 있을 때 그중에서 임의의 개수만큼 값들을 추출하는 작업**을 의미합니다. 만약 1부터 10까지 쓴 10개의 쪽지들을 추첨함 안에 넣고 그중 4개의 쪽지를 임의로 추출한다고 가정합니다. 이때, 한 번 추출한 쪽지는 다시 추첨함에 넣지 않는 방식으로 추출하는 것을 **비복원 추출**, 추출한 쪽지의 내용을 확인하고 다시 추첨함에 넣은 뒤 새로운 쪽지를 추출하는 방식을 **복원 추출**이라고 합니다. 데이터 분석에서는 주로 비복원 추출을 많이 이용합니다.

데이터셋의 크기가 너무 커서 분석에 시간이 많이 걸리는 경우, 일부의 데이터만 추출하여 대략의 결과를 미리 확인하고자 할 때 샘플링이 필요합니다. [코드 11-11]은 100개의 숫자 중 10개를 임의로 추출하는 예입니다. 추출 방식은 비복원 추출입니다.

코드 11-11 code11-11.r

```
x <- 1:100
y <- sample(x, size=10, replace=FALSE)      # 비복원 추출
y
```

실행 결과

```
> x <- 1:100
> y <- sample(x, size=10, replace=FALSE)      # 비복원 추출
> y
 [1] 57 90 20 86 50 85 49  1 60 38
```

sample() 함수에서 size는 추출할 값의 개수를 지정하는 매개변수이고, replace=FALSE는 비복원 추출을 의미합니다. 복원 추출을 원하면 replace=TRUE로 지정합니다.

[코드 11-12]는 iris 데이터셋에서 50개의 행을 임의로 추출하는 예입니다.

코드 11-12 code11-12.r

```
idx <- sample(1:nrow(iris), size=50, replace=F)
iris.50 <- iris[idx,]          # 50개의 행 추출
dim(iris.50)                   # 행과 열의 개수 확인
head(iris.50)
```

[코드 11-12]의 실행 결과를 나누어서 설명하면 다음과 같습니다.

```
> idx <- sample(1:nrow(iris), size=50, replace=F)
```

nrow() 함수는 행의 개수를 알아내는 함수이므로 nrow(iris)의 결과는 150입니다. 따라서 이 명령문은 1부터 150 사이의 숫자 중 50개를 임의로 추출하여 idx에 저장하는 역할을 합니다.

```
> iris.50 <- iris[idx,]          # 50개의 행 추출
> dim(iris.50)                   # 행과 열의 개수 확인
[1] 50  5
> head(iris.50)
    Sepal.Length Sepal.Width Petal.Length Petal.Width    Species
74           6.1         2.8          4.7         1.2 versicolor
37           5.5         3.5          1.3         0.2     setosa
62           5.9         3.0          4.2         1.5 versicolor
8            5.0         3.4          1.5         0.2     setosa
54           5.5         2.3          4.0         1.3 versicolor
131          7.4         2.8          6.1         1.9  virginica
```

idx값에 따라 50개의 행을 추출하여 iris.50에 저장합니다. iris.50의 행과 열의 개수는 각각 50과 5입니다. iris.50의 결과를 보면 행 번호가 일정한 규칙이 없는데, 이는 임의로 추출되었음을 의미합니다.

sample() 함수는 임의 추출이기 때문에 함수를 실행할 때마다 매번 그 결과가 다릅니다. 경우에 따라서는 임의 추출을 하되 다음번에 다시 추출해도 동일한 결과가 나오도록 해야 하는 경우가 있습니다. 이런 경우는 sample() 함수 실행 직전에 set.seed() 함수를 먼저 실행하면 됩니다. set.seed() 함수의 매개변수값이 같으면 sample() 함수의 결과도 같습니다. [코드 11-13]을 통해 이것을 확인합니다.

코드 11-13 code11-13.r

```
sample(1:20, size=5)
sample(1:20, size=5)
sample(1:20, size=5)
```

```
set.seed(100)
sample(1:20, size=5)
set.seed(100)
sample(1:20, size=5)
sample(1:20, size=5)
```

[코드 11-13]의 실행 결과를 나누어서 설명하면 다음과 같습니다.

```
> sample(1:20, size=5)
[1]  3  9  8  1 17
> sample(1:20, size=5)
[1] 11 14  7 12 13
> sample(1:20, size=5)
[1]  2 14 16 20 13
```

set.seed() 함수를 실행하지 않으면 샘플링을 할 때마다 매번 다른 결과가 나옵니다.

```
> set.seed(100)
> sample(1:20, size=5)
[1]  7  5 10  1  8
> set.seed(100)
> sample(1:20, size=5)
[1]  7  5 10  1  8
> sample(1:20, size=5)
[1] 10 16  7 20  3
```

set.seed(100)을 먼저 실행한 후 샘플링을 두 번 진행하면 결과가 같지만, set.seed() 함수 없이 샘플링을 하면 결과가 다르게 나옵니다. 여기서 알 수 있는 사실은 set.seed() 함수의 효과는 샘플링을 한 번 하면 사라진다는 것입니다.

확인문제

state.x77 데이터셋에서 10개의 행을 비복원 추출로 샘플링하여 나타내시오.

정답

```
idx <- sample(nrow(state.x77), size=10, replace=F)
state.10 <- state.x77[idx,]        # 10개의 행 추출
state.10
```

2 조합

조합(combination)은 **글자 그대로 주어진 데이터값 중에서 몇 개씩 짝을 지어 추출하는 작업**을 말합니다. combn() 함수가 사용되는데, 결과에서 얻은 각 열은 하나의 조합을 의미합니다. [코드 11-14]의 예를 보면 쉽게 이해할 수 있습니다.

코드 11-14 code11-14.r

```
combn(1:5,3)                # 1~5에서 3개를 뽑는 조합

x <- c("red","green","blue","black","white")
com <- combn(x,2)           # x의 원소를 2개씩 뽑는 조합
com

for(i in 1:ncol(com)) {     # 조합을 출력
    cat(com[,i], "\n")
}
```

[코드 11-14]의 실행 결과를 나누어서 설명하면 다음과 같습니다.

```
> combn(1:5,3)                # 1~5 에서 3개를 뽑는 조합
     [,1] [,2] [,3] [,4] [,5] [,6] [,7] [,8] [,9] [,10]
[1,]    1    1    1    1    1    1    2    2    2     3
[2,]    2    2    2    3    3    4    3    3    4     4
[3,]    3    4    5    4    5    5    4    5    5     5
```

combn() 함수의 실행 결과를 보면 하나의 열이 하나의 조합을 나타냅니다. 즉 (1,2,3), (1,2,4), (1,2,5) 등의 조합을 나타내는 것입니다.

```
> x <- c("red","green","blue","black","white")
> com <- combn(x,2)           # x의 원소를 2개씩 뽑는 조합
> com
     [,1]    [,2]    [,3]    [,4]    [,5]    [,6]    [,7]    [,8]    [,9]    [,10]
[1,] "red"   "red"   "red"   "red"   "green" "green" "green" "blue"  "blue"  "black"
[2,] "green" "blue"  "black" "white" "blue"  "black" "white" "black" "white" "white"
```

5개의 색에 대해 2개씩 색의 조합을 만드는 명령문입니다.

```
> for(i in 1:ncol(com)) {  # 조합을 출력
+   cat(com[,i], "\n")
```

```
+ }
red green
red blue
red black
red white
green blue
green black
green white
blue black
blue white
black white
```

두 가지 색의 조합을 보기 쉽게 가로 방향으로 짝지어 출력하는 명령문입니다.

확인문제

iris 데이터셋의 품종(Species)을 2개씩 짝지어서 나타내시오.

정답

```
sp <- levels(iris$Species)
combn(sp, 2)
```

LAB 편두통 치료 데이터 분석하기

carData 패키지에서 제공하는 KosteckiDillon 데이터셋은 편두통 치료에 대한 데이터를 저장하고 있는데, 관측값의 수가 4,152개인 큰 규모의 데이터셋입니다. 일부 데이터만 샘플링하여 분석에 사용하려고 하는데, 전체 관측값의 10%, 20%, 30%, 40%, 50%를 샘플링했을 때의 평균 치료일수(dos)가 전체 데이터의 치료일수와 얼마나 차이가 나는지 분석해봅시다.

1. KosteckiDillon 데이터셋을 불러와서 내용을 확인합니다.

```
library(carData)
str(KosteckiDillon)
```

2. 전체 데이터에 대한 평균 치료일수(dos)를 구합니다.

```
tot.mean <- mean(KosteckiDillon$dos)
tot.mean
```

3. 샘플링 비율을 달리하면서 평균 치료일수(dos)를 구하여 tot.mean과의 차이를 확인합니다.

```
for (rate in (1:5)*0.1) {
    set.seed(100)
    idx <- sample(nrow(KosteckiDillon), nrow(KosteckiDillon)*rate)
    sam.data <- KosteckiDillon[idx,'dos']          # 샘플링 데이터 추출
    tmp.mean <- mean(sam.data)                     # 샘플링 데이터 평균
    cat('Diff:', rate, tot.mean-tmp.mean, '\n')
}
```

∴ **샘플링 비율이 10%일 때가 전체 데이터와의 차이가 가장 적은 것이 확인됩니다.**

4. 5개의 열로 구성된 데이터셋에서 열을 3개씩 짝지어서 새로운 데이터셋을 생성한다고 했을 때 몇 개의 데이터셋이 만들어질 수 있는지 알아봅니다.

```
cbn <- combn(1:5, 3)
cbn
ncol(cbn)        # 조합의 개수
```

Section

04 데이터를 집계해봅니다

매트릭스나 데이터프레임과 같은 2차원 데이터는 데이터의 그룹에 대해서 합계나 평균을 계산할 일이 많습니다. 이와 같은 작업을 집계(aggregation)라고 하는데, R에서는 aggregate() 함수를 통해서 가능합니다. 다양한 문제들을 통해서 집계를 이해하도록 합니다.

1 품종별 꽃잎 꽃받침의 폭과 길이의 평균

[코드 11-15]의 코드를 통해 다음 문제를 해결해봅시다.

iris 데이터셋에서 각 품종별로 꽃잎 꽃받침의 폭과 길이의 평균을 나타내시오.

코드 11-15 code11-15.r

```
agg <- aggregate(iris[,-5], by=list(iris$Species),
                 FUN=mean)
agg
```

실행 결과

```
> agg <- aggregate(iris[,-5], by=list(iris$Species),
+                  FUN=mean)
> agg
     Group.1 Sepal.Length Sepal.Width Petal.Length Petal.Width
1     setosa        5.006       3.428        1.462       0.246
2 versicolor        5.936       2.770        4.260       1.326
3  virginica        6.588       2.974        5.552       2.026
```

aggregate() 함수에 있는 각 매개변수의 의미는 다음과 같습니다.

- iris[,-5] : 집계 작업을 수행할 대상 데이터셋을 의미한다.
- by=list(iris$Species) : 집계 작업의 기준이 품종(Species) 열의 값임을 의미한다.
- FUN=mean : 집계 작업의 내용이 평균(mean) 계산임을 의미한다.

집계 작업의 결과를 보면 첫 번째 열(Group.1)이 집계의 기준이 되는 품종값임을 알 수 있습니다. 품종값을 기준으로 iris에 있는 4개의 열에 대한 평균값이 계산되었습니다.

만약 집계 기준이 되는 열 이름을 Group.1이 아니라 '품종'이라고 하고 싶으면 다음과 같이 코드를 수정합니다(빨간색 텍스트 추가).

```
> agg <- aggregate(iris[,-5], by=list(품종=iris$Species),
+                  FUN=mean)
> agg
        품종 Sepal.Length Sepal.Width Petal.Length Petal.Width
1     setosa        5.006       3.428        1.462       0.246
2 versicolor        5.936       2.770        4.260       1.326
3  virginica        6.588       2.974        5.552       2.026
```

2 품종별 꽃잎 꽃받침의 폭과 길이의 표준편차

[코드 11-16]을 통해서 다음 문제를 해결합니다.

iris 데이터셋에서 각 품종별로 꽃잎 꽃받침의 폭과 길이의 표준편차를 나타내시오.

코드 11-16 code11-16.r

```
agg <- aggregate(iris[,-5], by=list(품종=iris$Species),
                 FUN=sd)
agg
```

실행 결과

```
> agg <- aggregate(iris[,-5], by=list(품종=iris$Species),
+                  FUN=sd)
> agg
        품종 Sepal.Length Sepal.Width Petal.Length Petal.Width
1     setosa    0.3524897   0.3790644    0.1736640   0.1053856
2 versicolor    0.5161711   0.3137983    0.4699110   0.1977527
3  virginica    0.6358796   0.3224966    0.5518947   0.2746501
```

3 2개의 기준에 대해 다른 열들의 최댓값 구하기

[코드 11-17]을 통해서 다음 문제를 해결합니다.

mtcars 데이터셋에서 cyl과 vs를 기준으로 다른 열들의 최댓값을 나타내시오.

코드 11-17 code11-17.r

```
head(mtcars)
agg <- aggregate(mtcars, by=list(cyl=mtcars$cyl,
                 vs=mtcars$vs),FUN=max)
agg
```

실행 결과

```
> head(mtcars)
                   mpg cyl disp  hp drat    wt  qsec vs am gear carb
Mazda RX4         21.0   6  160 110 3.90 2.620 16.46  0  1    4    4
Mazda RX4 Wag     21.0   6  160 110 3.90 2.875 17.02  0  1    4    4
Datsun 710        22.8   4  108  93 3.85 2.320 18.61  1  1    4    1
Hornet 4 Drive    21.4   6  258 110 3.08 3.215 19.44  1  0    3    1
Hornet Sportabout 18.7   8  360 175 3.15 3.440 17.02  0  0    3    2
Valiant           18.1   6  225 105 2.76 3.460 20.22  1  0    3    1
> agg <- aggregate(mtcars, by=list(cyl=mtcars$cyl,
+                                  vs=mtcars$vs),FUN=max)
> agg
  cyl vs  mpg cyl  disp  hp drat    wt  qsec vs am gear carb
1   4  0 26.0   4 120.3  91 4.43 2.140 16.70  0  1    5    2
2   6  0 21.0   6 160.0 175 3.90 2.875 17.02  0  1    5    6
3   8  0 19.2   8 472.0 335 4.22 5.424 18.00  0  1    5    8
4   4  1 33.9   4 146.7 113 4.93 3.190 22.90  1  1    5    2
5   6  1 21.4   6 258.0 123 3.92 3.460 20.22  1  0    4    4
```

확인문제

iris 데이터셋에서 품종별 Sepal.Length의 최댓값을 나타내시오.

정답

```
agg <- aggregate(iris[,'Sepal.Length'], by=list(품종=iris$Species), FUN=max)
agg
```

LAB 전국 선거 통계 데이터 분석하기

carData 패키지에 포함된 CES11 데이터셋은 2011년도 캐나다 전국 선거에 대한 통계 샘플링 데이터를 저장하고 있습니다. 특별히 낙태 금지에 대한 찬반 의견을 포함하고 있는데, 다양한 기준으로 데이터를 분석해봅시다.

1. 먼저 데이터셋을 불러와서 내용을 확인합니다.

```
library(carData)
data('CES11')                         # 데이터셋 불러오기
str(CES11)
```

2. 낙태 금지(abortion)에 대한 전체적인 찬성(Yes)/반대(No) 비율을 알아봅니다.

```
table(CES11$abortion)                 # 반대, 찬성 인원수
table(CES11$abortion)/nrow(CES11)     # 반대, 찬성 비율
```

∴ **전체적으로는 찬성이 18.5%, 반대가 81.5%입니다.**

3. 낙태 금지(abortion)에 대해 성별(gender)에 따른 찬성(Yes)/반대(No) 비율을 알아봅니다.

```
agg <- aggregate(CES11[,'abortion'], by=list(성별=CES11$gender), FUN=table)
agg.2 <- agg[,2]                      # Yes/No 빈도수 부분만 추출
agg.2[1,] <- agg.2[1,]/sum(agg.2[1,]) # female Yes/No 비율 계산
agg.2[2,] <- agg.2[2,]/sum(agg.2[2,]) # male Yes/No 비율 계산
rownames(agg.2) <- agg[,1]
agg.2
```

∴ **성별에 따른 찬성, 반대 비율에는 큰 차이가 없습니다.**

4. 낙태 금지(abortion)에 대해 도시지역(urban)과 비도시지역(rural)의 찬성(Yes)/반대(No) 비율을 알아봅니다.

```
agg <- aggregate(CES11[,'abortion'], by=list(지역=CES11$urban), FUN=table)
agg.2 <- agg[,2]                      # Yes/No 빈도수 부분만 추출
agg.2[1,] <- agg.2[1,]/sum(agg.2[1,]) # 도시외 지역 Yes/No 비율 계산
agg.2[2,] <- agg.2[2,]/sum(agg.2[2,]) # 도시지역 Yes/No 비율 계산
rownames(agg.2) <- agg[,1]
agg.2
```

∴ **비도시지역이 도시지역에 비해 찬성 비율이 유의미하게 높습니다.**

실전 분석 칠레 대통령 선거 여론조사 데이터 분석하기

문제

carData 패키지에 포함된 Chile 데이터셋은 1988년도 칠레 대통령 선거에 대한 여론조사 결과를 저장하고 있습니다. 배운 내용을 토대로 Chile 데이터셋을 분석해봅니다.

해결

1. Chile 데이터셋에 대한 내용 요약을 확인합니다.

```
library(carData)
help(Chile)                # 데이터셋에 대한 도움말 확인
str(Chile)
```

2. 결측값이 있는지 확인하고, 만약 있다면 결측값을 제거한 다음 ch에 저장합니다.

```
sum(is.na(Chile))                    # 결측값 개수 확인
ch <- Chile[complete.cases(Chile),]  # 결측값 제거
```

∴ **295개의 결측값이 존재합니다.**

3. 데이터의 크기를 줄이기 위해 60%의 데이터를 샘플링합니다.

```
set.seed(100)
idx <- sample(nrow(ch), nrow(ch)*.6)    # 60% 샘플링
ch60 <- ch[idx, ]
dim(ch60)
```

```
[1] 1458    8
```

∴ **원 데이터에 있던 2,700개의 관측값이 1,458개로 줄었습니다.**

4. 조사대상 지역(region)별 인구(population)를 내림차순으로 정렬하여 확인합니다. 이때 지역과 인구수를 나타냅니다.

```
agg <- aggregate(ch60[,'population'], by=list(지역=ch60$region), sum)
agg[order(agg$x, decreasing = T),]
```

```
   지역         x
5    SA 130000000
1     C  35653750
4     S  33218750
3     N  20041250
2     M   2355000
```

5. 여론조사 응답 결과(vote)를 확인합니다(A: 기권, N: 현 대통령 반대, U: 결정 못 함, Y: 현 대통령 찬성).

```
table(ch60$vote)
```

```
  A   N   U   Y
 96 533 318 511
```

6. 성별(sex)로 현 대통령에 대한 찬성 비율에 차이가 있는지 알아봅니다.

```
no.people <- table(ch60$sex)              # 여성, 남성 응답자수
tmp     <- subset(ch60, vote=='Y')        # 찬성만 추출
agg <- aggregate(tmp[,'vote'], by=list(성별=tmp$sex), length)
yes.ratio <- agg$x / no.people            # 찬성 비율 계산
yes.ratio
```

```
        F         M
0.3794466 0.3190272
```

∴ 여성이 남성에 비해 찬성 비율이 다소 높습니다.

7. 지역(region)별로 현 대통령에 대한 찬성 비율에 차이가 있는지 알아봅니다.

```
no.region <- table(ch60$region)           # 지역별 응답자수
tmp     <- subset(ch60, vote=='Y')        # 찬성만 추출
agg <- aggregate(tmp[,'vote'], by=list(지역=tmp$region), length)
yes.ratio <- agg$x / no.region            # 찬성 비율 계산
yes.ratio
```

```
        C         M         N         S        SA
0.2839879 0.4693878 0.4235294 0.4201031 0.3057692
```

∴ M 지역의 찬성률이 가장 높고, 인구가 가장 많은 C 지역의 찬성률이 가장 낮습니다.

요약

01 데이터를 정제하고 가공하여 분석에 적합한 데이터를 얻는 과정을 **데이터 전처리**라고 합니다.

02 결측값은 데이터의 수집, 저장 과정에서 저장할 값을 얻지 못하는 경우 발생합니다. 결측값은 데이터 분석시 문제가 되어 다음과 같은 방법으로 처리합니다.

- 결측값 제거 또는 제외하고 분석
- 결측값을 추정하여 적당한 값으로 치환한 후 분석

03 정렬은 주어진 기준에 따라 데이터를 크기순으로 재배열하는 과정입니다.

04 샘플링은 주어진 값들에서 임의의 개수만큼 추출하는 작업을 의미합니다. 한 번 추출한 것을 제외하고 추출하는 것을 비복원 추출, 추출한 것을 다시 포함시켜 추출하는 방식을 복원 추출이라고 합니다.

05 조합은 주어진 데이터값 중에서 몇 개씩 짝을 지어 추출하는 작업입니다.

06 데이터의 그룹에 대한 합계나 평균을 계산하는 작업을 집계라고 합니다. R에서는 aggregate() 함수를 통해 가능합니다.

▪ 전처리 관련 함수

함수명	설명
is.na()	벡터값들에 대한 결측값 여부를 확인한다.
na.omit()	벡터값들에서 결측값을 제거한다.
complete.cases()	데이터프레임에서 결측값이 없는 행들의 번호를 반환한다.
sort()	벡터의 값들을 크기순으로 정렬한다.
order()	벡터의 값들을 크기순으로 정렬했을 때 인덱스값을 반환한다.
sample()	주어진 값들에서 임의의 개수만큼 값을 추출한다.
set.seed()	sample() 함수가 매번 일정한 결과를 도출하도록 설정한다.
combn()	주어진 값에서 n개의 값을 짝지어 추출한다.
aggregate()	2차원 데이터를 그룹값에 의해 집계한다.

연습문제

01 carData 패키지에 포함된 Chile 데이터셋의 열별 결측값의 개수를 for문을 이용하여 집계하는 R 코드를 작성하시오.

02 carData 패키지에 포함된 Chile 데이터셋에서 결측값이 포함된 행은 전체 행의 몇 퍼센트인지 R 코드로 작성하시오.

03 airquality 데이터셋을 tmp에 복사한 다음 tmp의 Ozone과 Solar.R 열에 있는 NA값을 0으로 바꾸는 코드를 작성하시오.

04 airquality 데이터셋의 일조량(Solar.R)값을 내림차순으로 정렬하는 코드를 작성하시오.

05 airquality 데이터셋의 월(Month), 일(Day), 일조량(Solar.R)값을 나타내는 코드를 작성하시오. 단, 일조량을 기준으로 내림차순으로 정렬하시오.

06 airquality 데이터셋에서 일조량(Solar.R)이 적은 하위 10개의 월(Month), 일(Day)을 나타내는 코드를 작성하시오.

07 carData 패키지에 포함된 CES11 데이터셋에서 200개의 행을 샘플링한 후, 도시/비도시(urban)별 데이터수를 나타내는 코드를 작성하시오(seed값은 1234).

08 carData 패키지에 포함된 CES11 데이터셋에서 20%의 행을 샘플링한 후, 교육수준(education)별 데이터수를 나타내는 코드를 작성하시오(seed값은 1234).

09 분식집에서 손님들이 '김밥', '라면', '쫄면', '칼국수', '아메리카노' 중 3가지를 선택할 수 있는 세트 메뉴를 선보이려고 한다. 다음 물음에 맞는 코드를 작성하시오.

(1) 손님들이 선택할 수 있는 음식의 조합은 총 몇 개인지 나타내시오.

(2) '라면'이 포함된 3가지 음식의 조합을 모두 보이시오.

10 **carData 패키지에 포함된 Leinhardt 데이터셋은 세계 여러 나라의 영아사망률 관련 통계를 저장하고 있다. 다음 물음에 답하기 위한 R 코드를 작성하시오.**

(1) 대륙(region)별 평균 영아사망률(infant)을 구하시오(결측값 제거 필요).

(2) 산유국 여부(oil)에 따른 평균 영아사망률을 구하시오(결측값 제거 필요).

(3) 1인당 소득(income)이 전체 평균 이상인 국가와 미만인 국가로 나누어 두 그룹의 평균 영아사망률을 구하시오(결측값 제거 필요).

11 **carData 패키지에 포함된 Ericksen 데이터셋은 미국의 인구 센서스 조사 결과의 일부를 저장하고 있다. 다음 물음에 답하기 위한 R 코드를 작성하시오.**

(1) 조사대상 지역(city)별 평균 소수 인종 비율(minority)을 나타내시오.

(2) 소수 인종 비율(minority)이 25% 이상인 지역과 미만인 지역으로 나누어 평균 범죄율(crime)과 빈곤율(poverty)을 나타내시오.

(3) 고등학교 미졸업자 비율(highschool)이 28% 미만인 지역, 28~40%인 지역, 40%를 초과하는 지역으로 나누어 그룹별 평균 소규모 주택 거주비율(housing), 범죄율(crime), 빈곤율(poverty)을 나타내시오.

(4) (3)번 문제의 결과를 볼 때 고등학교 미졸업자 비율(highschool)과 평균 소규모 주택 거주비율(housing), 범죄율(crime)과 빈곤율(poverty) 사이의 상관관계를 유추해 보시오.

CHAPTER 12

고급 그래프 작성하기

01 나무지도에 대해 알아봅니다

02 다중 상자그림을 작성해봅니다

03 이것이 방사형 차트입니다

04 ggplot은 무엇인가요?

실전분석

요약

연습문제

학습목표

- 나무지도를 작성하는 방법에 대해 알아봅니다.
- 다중 상자그림을 작성하는 방법에 대해 알아봅니다.
- 방사형 차트를 작성하는 방법에 대해 알아봅니다.
- ggplot을 이용하여 다양한 그래프를 작성해봅니다.

Preview

데이터 시각화는 독립적인 과정으로 존재할 만큼 데이터 분석에서 아주 중요합니다. 다양한 시각화 기법을 알면 데이터가 가진 정보와 그 의미를 쉽게 파악하고 전달할 수 있습니다. 이번 장에서는 앞서 학습한 기본 그래프 외에 나무지도, 다중 상자그림, 방사형 차트와 보다 미적인 그래프를 그릴 수 있는 ggplot 사용법에 대해 알아봅니다.

1절에서는 나무지도와 treemap 패키지를 소개하고, 나무지도를 작성해보며 그 특징을 이해합니다. 2절에서는 다중 상자그림으로 여러 그룹의 데이터를 표현하여 비교하는 방법을 학습합니다. 3절에서는 방사형 차트와 fmsb 패키지에 대해 소개하고, 실습을 통해 방사형 차트의 특징을 이해합니다. 4절에서는 ggplot을 사용한 그래프 작성법을 알아봅니다.

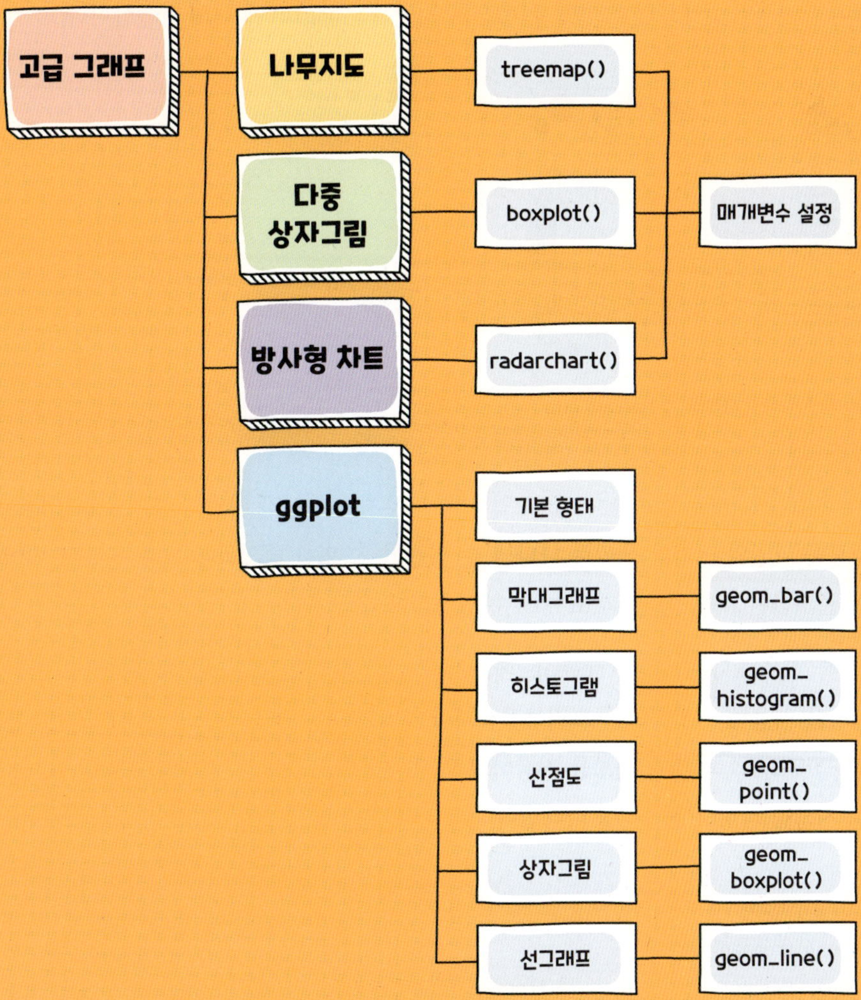

Section 01

나무지도에 대해 알아봅니다

데이터 분석 과정에서 중요한 기술 중 하나가 데이터 시각화(data visualization)입니다. 데이터를 시각화하면 데이터가 저장하고 있는 정보나 의미를 보다 쉽게 파악할 수 있고 때로는 시각화의 결과로부터 중요한 영감을 얻기도 합니다. 따라서 데이터 시각화는 데이터 분석의 중요한 분야로 다루어져 왔고, 독립적인 교육 과정이 존재하기도 합니다. 이번 장에서는 나무지도, 다중 상자그림, 방사형 차트, 그리고 미적인 그래프를 작성할 수 있도록 지원하는 ggplot에 대해 학습합니다.

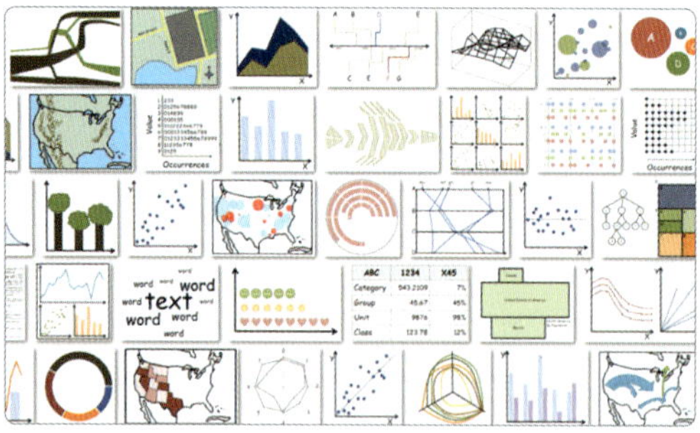

그림 12-1 **다양한 데이터 시각화의 사례들** © harvard.edu

먼저 살펴볼 시각화 도구는 나무지도(tree map)입니다. 나무지도는 사각 타일의 형태로 표현되는데, 데이터의 정보를 타일의 크기와 색깔로 나타낼 수 있습니다. 또한 타일들은 계층 구조로 되어 있어서 데이터에 존재하는 계층 구조까지 표현할 수 있습니다.

나무지도를 작성하기 위해서는 먼저 treemap 패키지를 설치해야 합니다. 이 패키지에 포함된 GNI2014 데이터셋을 사용해 나무지도를 그려보겠습니다. GNI2014는 2014년도의 전 세계 국가별 인구 및 국민총소득(GNI), 소속 대륙 정보를 저장하고 있습니다. [코드 12-1]은 GNI2014 데이터셋을 가져와서 나무지도를 작성하는 과정을 나타냅니다.

코드 12-1 code12-01.r

```
install.packages('treemap')
library(treemap)                    # treemap 패키지 불러오기
```

```
data(GNI2014)                         # 데이터 불러오기
head(GNI2014)                         # 데이터 내용 보기
treemap(GNI2014,
        index=c('continent','iso3'),  # 계층 구조 설정(대륙-국가)
        vSize='population',           # 타일의 크기
        vColor='GNI',                 # 타일의 컬러
        type='value',                 # 타일 컬러링 방법
        bg.labels='yellow',           # 레이블의 배경색
        title="World's GNI")          # 나무지도 제목
```

[코드 12-1]의 실행 결과를 나누어서 설명하면 다음과 같습니다.

```
> library(treemap)                    # treemap 패키지 불러오기
> data(GNI2014)                       # 데이터 불러오기
> head(GNI2014)                       # 데이터 내용 보기
  iso3          country     continent population    GNI
3  BMU          Bermuda North America      67837 106140
4  NOR           Norway        Europe    4676305 103630
5  QAT            Qatar          Asia     833285  92200
6  CHE      Switzerland        Europe    7604467  88120
7  MAC Macao SAR, China          Asia     559846  76270
8  LUX       Luxembourg        Europe     491775  75990
```

상자그림을 그리는 데 필요한 `treemap` 패키지를 로딩한 후 `data()` 함수로 실습에 필요한 `GNI2014` 데이터를 불러옵니다. `GNI2014` 각 열의 의미는 다음과 같습니다.

- `iso3` : 국가를 식별하는 표준 코드
- `country` : 국가명
- `continent` : 국가가 속한 대륙명
- `population` : 국가의 인구
- `GNI` : 국가의 국민총소득

```
...(생략)
```

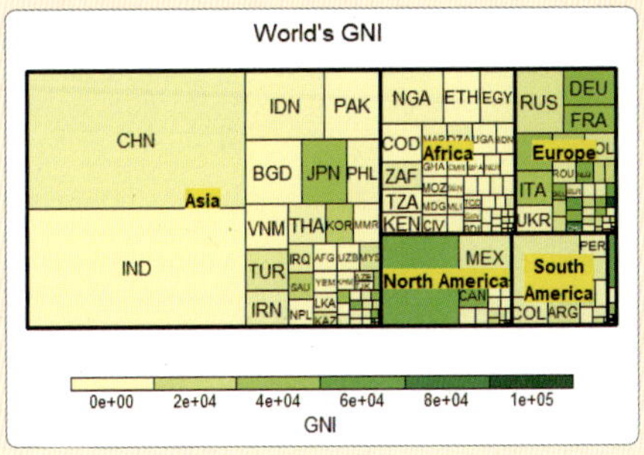

나무지도의 각 타일에는 CHN, IND, IDN 등과 같이 국가를 나타내는 코드가 표시되어 있습니다. **타일의 면적은 인구수와 비례**하고 **타일의 색깔은** GNI를 의미하는데, 소득이 높을수록 진한 초록색에 가깝고 낮을수록 노란색에 가깝습니다. 타일들은 굵은 테두리선에 의해서 대륙으로 묶여져 있으며, 대륙의 이름이 노란색 바탕의 글씨로 표기되어 있습니다.

나무지도의 내용을 살펴보면 아시아대륙(Asia)의 인구가 타 대륙에 비해 압도적으로 많은 것을 알 수 있습니다. 그중에서도 중국(CHN)과 인도(IND)의 인구가 아시아 인구의 절반을 차지합니다. 소득 측면을 보면 잘 사는 나라들이 유럽(Europe)과 북아메리카(North America)에 몰려 있음을 알 수 있습니다. 아시아에서 소득이 높은 나라는 일본(JPN)과 한국(KOR)이 눈에 띕니다.

이와 같이 나무지도는 하나의 그림을 통해 많은 정보를 함축적으로 전달할 수 있는 도구입니다. 나무지도를 그리는 treemap( ) 함수에 대해 매개변수가 갖는 의미는 다음과 같습니다.

- **GNI2014** : 나무지도를 그릴 대상이 되는 데이터셋을 의미하며, 데이터프레임 형태이어야 한다.
- **index=c('continent','iso3')** : 나무지도 상에서 타일들이 대륙(continent) 안에 국가(iso3)의 형태로 배치되는 것을 지정한다.
- **vSize='population'** : 타일의 크기를 결정하는 열을 지정하는데, 여기서는 인구수(population)로 지정했다.
- **vColor='GNI'** : 타일의 색상을 결정하는 열을 지정하는데, 여기서는 소득(GNI)으로 지정했다.
- **type='value'** : 타일의 컬러링 방법을 지정하는 것으로, 'value'는 vColor에서 지정한 열에 저장된 값의 크기에 의해 색이 결정됨을 의미한다. 'value' 외에도 'index', 'comp', 'dens' 등을 지정할 수 있다.
- **bg.labels='yellow'** : 대륙을 나타내는 레이블의 배경색을 지정한다.
- **title='World's GNI'** : 나무지도의 제목을 지정한다.

[코드 12-2]는 미국의 각 주별 통계 정보를 저장하고 있는 state.x77 데이터셋에 대해 나무지도를 작성하는 예입니다. 타일의 면적은 주의 면적(Area)으로, 타일의 색깔은 주의 소득(Income)으로 표현했습니다. 데이터에 계층 구조는 존재하지 않아 나무지도에 표현하지 않았습니다.

코드 12-2 code12-02.r

```
library(treemap)                                 # treemap 패키지 불러오기
st <- data.frame(state.x77)                      # 매트릭스를 데이터프레임으로 변환
st <- data.frame(st, stname=rownames(st))        # 주의 이름 열 stname을 추가

treemap(st,
        index=c('stname'),                       # 타일에 주 이름 표기
        vSize='Area',                            # 타일의 크기
        vColor='Income',                         # 타일의 컬러
        type='value',                            # 타일 컬러링 방법
        title='USA states area and income' )     # 나무그림의 제목
```

실행 결과

```
...(생략)
```

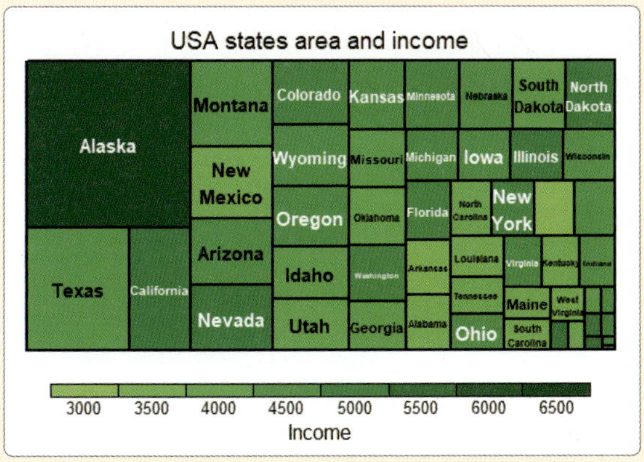

이 나무지도를 살펴보면 Alaska주가 면적도 가장 넓으면서 소득도 가장 높은 주라는 것을 알 수 있습니다.

확인문제

state.x77 데이터셋에서 타일의 면적은 인구(Population)로 하고, 타일의 색은 문맹률(Illiteracy)로 지정한 나무지도를 작성하시오.

정답

```
library(treemap)                             # treemap 패키지 불러오기
st <- data.frame(state.x77)                  # 매트릭스를 데이터프레임으로 변환
st <- data.frame(st, stname=rownames(st))    # 주의 이름 열 stname을 추가

treemap(st,
        index=c('stname'),                   # 타일에 주 이름 표기
        vSize='Population',                  # 타일의 크기
        vColor='Illiteracy',                 # 타일의 컬러
        type='value',                        # 타일 컬러링 방법
        title='USA states 인구와 문맹률' )   # 나무그림의 제목
```

LAB 미국의 주요 도시 통계 데이터 분석하기

carData 패키지에 포함된 Ericksen 데이터셋은 미국의 주와 주요 도시에 대한 통계 데이터를 저장하고 있습니다. 나무지도를 이용하여 이 데이터셋을 분석해봅시다.

1. 먼저 Ericksen 데이터셋의 내용을 확인합니다.

```
library(treemap)
library(carData)
head(Ericksen)
```

2. Ericksen 데이터셋에서 도시 정보는 제외하고 주의 정보만 추출하여 저장합니다.

```
ds <- subset(Ericksen, city=='state')
```

3. ds에 대해 나무그림을 작성하되, 타일의 면적은 빈곤율(poverty)로, 타일의 색은 범죄건수(crime)로 지정합니다.

```
ds$stname <- rownames(ds)
treemap(ds,
        index=c('stname'),           # 타일에 주 이름 표기
        vSize='poverty',             # 타일의 크기
        vColor='crime',              # 타일의 컬러
        type='value',                # 타일 컬러링 방법
        title='USA states poverty and crime' )      # 나무그림의 제목
```

4. ds에 대해 나무그림을 작성하되 타일의 면적은 소규모 다중시설 거주율(housing)로, 타일의 색은 소수 인종 비율(minority)로 지정합니다. 타일의 색은 heat.colors 팔레트에서 가져옵니다.

```
treemap(ds,
        index=c('stname'),           # 타일에 주 이름 표기
        vSize='housing',             # 타일의 크기
        vColor='minority',           # 타일의 컬러
        type='value',                # 타일 컬러링 방법
        palette=heat.colors(nrow(ds)),         # 컬러 팔레트
        title='USA states poverty and crime' ) # 나무그림의 제목
```

Section 02

다중 상자그림을 작성해봅니다

다중 상자그림은 앞에서 배운 상자그림을 응용한 시각화 도구로, 여러 그룹의 데이터 분포를 비교하거나 일정 시간 간격으로 수집된 데이터들의 시간별 분포를 비교할 때 유용합니다. 사례를 통해 다중 상자그림을 작성하는 방법에 대해 알아보도록 합니다.

1 월별 기온 변화를 다중 상자그림으로 작성

[코드 12-3]에서는 서울시의 월별 기온 변화를 바탕으로 다중 상자그림을 작성합니다.

코드 12-3 code12-03.r

```
# (1) 데이터 확인
ds <- read.csv('C:/Rworks/seoul_temp_2017.csv')
dim(ds)
head(ds)

# (2) 서울의 1년 기온 분포
summary(ds$avg_temp)
boxplot(ds$avg_temp,
        col='green',
        ylim=c(-20,40),
        xlab='서울 1년 기온',
        ylab='기온')

# (3) 월별 기온 분포
# 월별 평균기온 계산
month.avg <- aggregate(ds$avg_temp,
                       by=list(ds$month),median)[2]
month.avg

# 데이터프레임을 벡터로 변환
month.avg <- month.avg[,1]          # dataframe을 벡터로
```

```
names(month.avg) <- 1:12            # 1월~12월

# 평균기온 순위 계산 (내림차순)
odr <- rank(-month.avg)
odr

# 월별 기온 분포
boxplot(avg_temp~month, data=ds,
        col=heat.colors(12)[odr],   # 상자의 색을 지정
        ylim=c(-20,40),
        ylab='기온',
        xlab='월',
        main='서울시 월별 기온 분포(2017)')
```

[코드 12-3]의 실행 결과를 나누어서 설명하면 다음과 같습니다.

```
> # (1) 데이터 확인
> ds <- read.csv('C:/Rworks/seoul_temp_2017.csv')
> dim(ds)
[1] 365   3
> head(ds)
        date month avg_temp
1 2017-01-01     1      2.7
2 2017-01-02     1      5.0
3 2017-01-03     1      2.0
4 2017-01-04     1      3.9
5 2017-01-05     1      3.8
6 2017-01-06     1      5.4
```

서울시의 2017년도 일별 기온 데이터를 불러옵니다. 총 365일에 대한 데이터가 포함되어 있고, 날짜(date), 월(month), 일평균 기온(avg_temp) 항목이 수집되었습니다.

```
> # (2) 서울의 1년 기온 분포
> summary(ds$avg_temp)
   Min. 1st Qu.  Median    Mean 3rd Qu.    Max.
  -9.40    3.00   15.10   13.07   22.60   31.40
> boxplot(ds$avg_temp,
+         col='green',
+         ylim=c(-20,40),
```

```
+         xlab='서울 1년 기온',
+         ylab='기온')
```

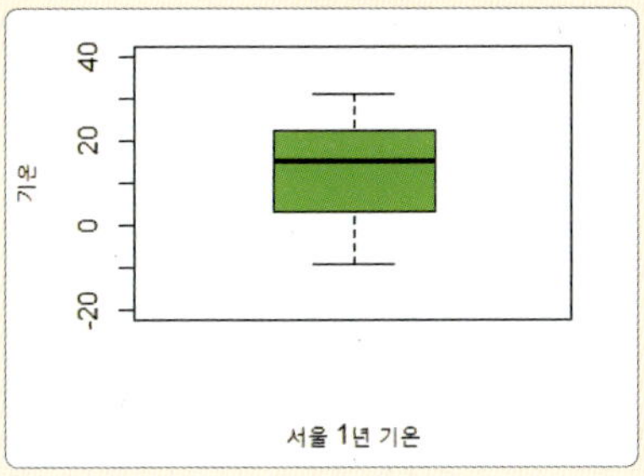

월별 기온 분포를 분석하기 전에 1년 전체에 대한 기온 분포를 알아보았습니다. 서울은 영하 9.4도에서 영상 31.4도까지 기온이 변화하며 연평균 기온은 13.7도입니다. 1년 중 절반은 기온이 3도에서 22도 사이에 있습니다.

```
> # (3) 월별 기온 분포
> # 월별 평균기온 계산
> month.avg <- aggregate(ds$avg_temp,
+                         by=list(ds$month),median)[2]
> month.avg
       x
1  -2.20
2  -0.25
3   7.10
4  14.25
5  20.00
6  23.55
7  26.80
8  26.30
9  22.40
10 16.60
11  4.80
12 -2.10
```

월별 기온 분포를 알아보기 위해서 일일 기온에 대해 월을 기준으로 집계하여 평균을 계산합니다. 여기서 평균은 이상값(outlier)의 영향을 줄이기 위해 중앙값(median)을 사용합니다. aggregate() 함수를 이용하여 집계하는데 집계 결과에서 두 번째 열이 월별 평균기온이기 때문에 이 열의 데이터만 따로 뽑아서 month.avg에 저장합니다.

```
> month.avg <- month.avg[,1]          # 데이터프레임을 벡터로
> names(month.avg) <- 1:12            # 1월~12월
```

작업을 쉽게 하기 위해 12행 1열의 데이터프레임을 벡터로 변환한 뒤, 값들의 이름으로 1~12를 부여하였습니다.

```
> # 평균기온 순위 계산(내림차순)
> odr <- rank(-month.avg)
> odr
 1  2  3  4  5  6  7  8  9 10 11 12
12 10  8  7  5  3  1  2  4  6  9 11
```

rank() 함수는 값들의 크기에 따른 순위를 계산하는 역할을 합니다. 오름차순으로 순위를 계산하기 때문에 내림차순으로 순위를 계산하려면 이와 같이 변수명 앞에 (–)를 붙여야 합니다. 순위를 보면 7월이 1순위로 가장 기온이 높고 1월이 가장 기온이 낮습니다. 월평균 기온에 대해 순위를 계산한 이유는 순위에 따라 상자의 색을 다르게 채우기 위해서입니다.

```
> # 월별 기온 분포
> boxplot(avg_temp~month, data=ds,
...(중간 생략)
+          main='서울시 월별 기온 분포(2017)')
```

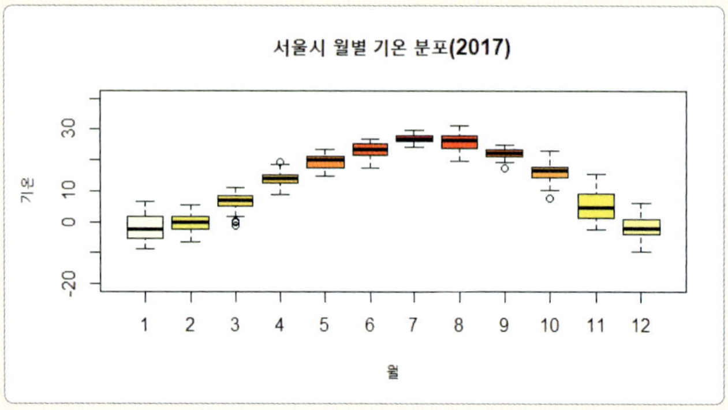

boxplot() 함수에서 주요 매개변수의 의미는 다음과 같습니다.

- **avg_temp~month** : 일평균 기온(avg_temp)을 월(month)별로 그룹화하여 상자그림을 작성한다.
- **col=heat.colors(12)[odr]** : 상자의 색을 heat.colors 12색 팔레트에서 선택하되 월평균 기온 순위(odr)에 따라 색을 선택한다.
- **ylim=c(-20,40)** : y축에 표시되는 값의 범위를 -20도에서 40도까지 지정한다.

heat.colors는 R에서 제공하는 팔레트 중 하나입니다. 이 팔레트에는 여러 가지 색의 물감이 준비되어 있고, 이 중 하나를 골라서 색을 칠합니다. heat.colors는 온도를 색으로 표현하기 쉽게 구성되어 있는데 낮은 온도는 노란색, 높은 온도는 빨간색으로 표현되며, 온도가 높을수록 진한 빨간색으로, 온도가 낮을수록 연한 노란색으로 표현됩니다. heat.colors(12)는 색온도 팔레트에서 12색만 사용한다는 의미입니다. heat.colors(12)는 12개의 값이 들어 있는 벡터입니다. heat.colors(12)[odr]는 팔레트에서 색을 선택하는 명령문으로 odr값에 의해서 색이 선택됩니다. odr값이 작을수록 진한 빨간색 계열, odr값이 클수록 진한 노란색 계열의 색이 선택됩니다.

작성된 다중 상자그림을 살펴보면 월별로 기온 분포가 어떻게 변화되는지 다음과 같이 분석할 수 있습니다.

- 여름이 될수록 기온이 높아지고 겨울이 될수록 기온이 낮아지는 것이 확인됩니다.
- 기온이 색으로 표시되어 기온이 높은 달은 빨간색, 낮은 달은 노란색입니다.
- 상자의 높이가 7월에는 매우 작고 1월과 11월에는 매우 큰데, 이는 7월에는 기온 변화가 작고 1월과 11월에는 기온 변화의 폭이 크다는 것을 나타냅니다.
- 3월의 상자그림 밑에 동그라미가 2개 보이는데, 이는 **특이값**(outlier)으로 다른 날에 비해 비정상적으로 추운 날이 있었음을 나타냅니다.
- 4월 상자그림에서 위쪽 동그라미는 다른 날에 비해 비정상적으로 더운 날이 있었음을 나타냅니다.

확인문제

R에서 제공하는 state.x77 데이터셋에서 수입(Income)의 분포를 다중 상자그림으로 작성하여 확인하시오(상자의 색은 오렌지색).

정답

```
boxplot(state.x77[,'Income'], col='orange')
```

2 월별 오존농도 변화를 다중 상자그림으로 작성

R에서 제공하는 airquality 데이터셋은 일별 기상관측 데이터를 포함하고 있습니다. 이 데이터를 이용하여 월별로 오존농도가 어떻게 변화하는지 관찰합니다. airquality 데이터셋에는 결측값이 포함되어 있으니 사용에 주의합니다.

코드 12-4 code12-04.r

```
# (1) 데이터 확인
head(airquality)
ds <- airquality[complete.cases(airquality),]  # 결측값 제거
unique(ds$Month)                               # 월 확인

# (2) 월별 오존농도 분포
# 월별 평균 오존농도 계산
month.avg <- aggregate(ds$Ozone,
                       by=list(ds$Month),median)[2]
month.avg

# 데이터프레임을 벡터로 변환
month.avg <- month.avg[,1]                     # dataframe을 벡터로
names(month.avg) <- 5:9                        # 5월~9월

# 평균오존농도 순위 계산(내림차순)
odr <- rank(-month.avg)
odr

# 월별 오존농도 분포
boxplot(Ozone~Month, data=ds,
        col=heat.colors(5)[odr],               # 상자의 색 지정
        ylim=c(0,170),
        ylab='오존농도',
        xlab='월',
        main='여름철 오존농도')
```

[코드 12-4]의 실행 결과를 나누어서 설명하면 다음과 같습니다.

```
> # (1) 데이터 확인
> head(airquality)
  Ozone Solar.R Wind Temp Month Day
1    41     190  7.4   67     5   1
2    36     118  8.0   72     5   2
3    12     149 12.6   74     5   3
4    18     313 11.5   62     5   4
5    NA      NA 14.3   56     5   5
6    28      NA 14.9   66     5   6
> ds <- airquality[complete.cases(airquality),]# 결측값 제거
```

```
> unique(ds$Month)                          # 월 확인
[1] 5 6 7 8 9
```

airquality 데이터셋은 오존농도, 일사량, 풍속, 기온 데이터를 일별로 모아 놓았습니다. 결측값이 보이므로 결측값을 제거하여 ds에 저장했습니다. 월을 확인하면 5월에서 9월만 있는 것으로 보아 여름철에 대해서만 데이터를 수집했습니다.

```
> # (2) 월별 오존농도 분포
> # 월별 평균 오존농도 계산
> month.avg <- aggregate(ds$Ozone,
+                   by=list(ds$Month),median)[2]
> month.avg
   x
1 18
2 23
3 60
4 45
5 23
>
> month.avg <- month.avg[,1]                # dataframe을 벡터로
> names(month.avg) <- 5:9                   # 5월~9월
>
> # 평균오존농도 순위 계산(내림차순)
> odr <- rank(-month.avg)
> odr
  5   6   7   8   9
5.0 3.5 1.0 2.0 3.5
```

오존농도에 따라 상자의 색을 달리하기 위해서 오존농도의 순위를 계산했습니다. 7월이 1위인 것이 확인됩니다.

```
> # 월별 오존농도 분포
> boxplot(Ozone~Month, data=ds,
...(중간 생략)
+        main='여름철 오존농도')
```

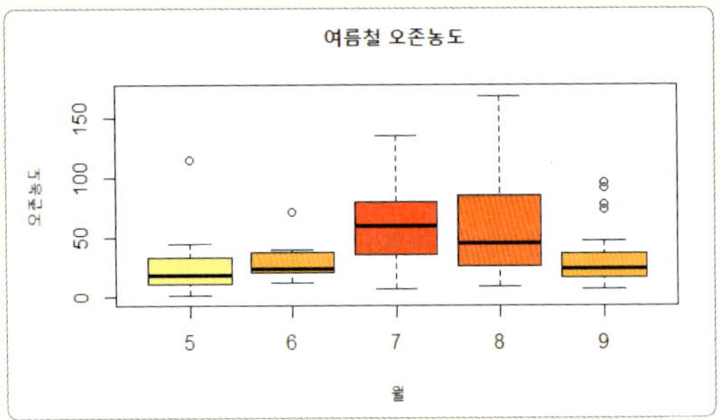

월별 오존농도 분포를 다중 상자그림으로 나타냈습니다. 결과로부터 다음과 같은 사실을 관찰할 수 있습니다.

- 7, 8월이 다른 달에 비해 오존농도가 현저히 높습니다. 이 중에서 7월의 평균 오존농도(중앙값)가 8월보다 높습니다.
- 8월에는 오존농도의 변화가 가장 심하여 오존농도 분포의 폭이 큽니다.
- 5, 6, 9월은 오존농도가 낮고 변화폭도 크지 않지만, 비정상적으로 오존농도가 높아지는 날이 있습니다.

확인문제

airquality 데이터셋에서 월별 기온(Temp) 분포를 다중 상자그림으로 작성하여 확인하시오. 단, 상자의 색은 지정하지 않는다.

정답

```
boxplot(Temp~Month, data=airquality,
        ylab='기온',
        xlab='월',
        main='월별 기온')
```

LAB 캐나다 온타리오 지역의 임금 정보 분석하기

carData 패키지의 SLID 데이터셋은 캐나다 온타리오 지역의 임금(wages) 정보를 교육수준, 나이, 성별, 사용 언어별로 수집해 정리한 데이터입니다. 다중 상자그림을 이용하여 그룹별로 임금의 차이가 있는지를 분석해봅시다.

1. 먼저 SLID 데이터셋에서 결측값을 제거하고 내용을 확인합니다.

```
library(carData)
ds <- SLID[complete.cases(SLID),]
head(ds)
```

2. 성별에 따라 임금의 차이가 있는지를 확인합니다.

```
boxplot(wages~sex, data=ds,
        main='성별 임금',
        col=c('green','steelblue'))
```

3. 사용 언어에 따라 임금의 차이가 있는지를 확인합니다.

```
boxplot(wages~language, data=ds,
        main='사용언어별 임금',
        col=c('green','steelblue','yellow'))
```

4. 교육연수에 따른 임금의 차이가 있는지 확인하기 위해 교육연수를 5구간(A: 0~9년, B: 10~12년, C: 13~14년, D: 15~17, E: 18년 이상)으로 나눈 후 분석합니다.

```
ds$edu_group <- NA        # 새 열 추가
ds$edu_group[ds$education<10] <- 'A'
ds$edu_group[ds$education>=10 & ds$education<13] <- 'B'
ds$edu_group[ds$education>=13 & ds$education<15] <- 'C'
ds$edu_group[ds$education>=15 & ds$education<18] <- 'D'
ds$edu_group[ds$education>=18] <- 'E'

boxplot(wages~edu_group, data=ds,
        main='교육기간별 임금',
        col=rainbow(5))   # 상자의 색을 rainbow 팔레트에서 선택
```

Section 03

이것이 방사형 차트입니다

방사형 차트(radar chart)는 레이더 차트나 거미줄 차트라고도 부릅니다. 다중변수 데이터는 시각화가 어려운데 방사형 차트는 다중변수 데이터를 2차원 평면상에 시각화할 수 있는 몇 안 되는 도구 중 하나입니다. R에서 방사형 차트를 작성하려면 fmsb 패키지를 설치해야 합니다.

1 기본 차트

어떤 학생의 과목별 성적이 다음과 같을 때 [코드 12-5]를 통해 방사형 차트로 작성해보겠습니다.

과목	국어	영어	수학	물리	음악
성적	80	60	95	85	40

코드 12-5 code12-05.r

```
install.packages('fmsb')
library(fmsb)

# (1) 데이터 준비
score <- c(80,60,95,85,40)
max.score <- rep(100,5)          # 100을 5회 반복
min.score <- rep(0,5)            # 0을 5회 반복
ds <- rbind(max.score,min.score, score)
ds <- data.frame(ds)             # 매트릭스를 데이터프레임으로 변환
colnames(ds) <- c('국어','영어','수학','물리','음악')
ds

# (2) 방사형 차트
radarchart(ds)
```

[코드 12-5]의 실행 결과를 나누어서 설명하면 다음과 같습니다.

```
> # (1) 데이터 준비
...(중간 생략)
          국어 영어 수학 물리 음악
max.score  100  100  100  100  100
min.score    0    0    0    0    0
score       80   60   95   85   40
```

방사형 차트를 작성하기 위해 먼저 radarchart() 함수가 요구하는 데이터프레임 형태의 데이터를 준비해야 합니다. ds의 내용을 살펴봅니다. 첫 번째 행, 두 번째 행에는 각 과목의 점수 범위가 입력되어야 합니다. 첫 번째 행에는 점수 범위의 최댓값, 두 번째 행에는 점수 범위의 최솟값이 입력됩니다. 모든 과목이 0~100점 사이에 있는 것을 알 수 있습니다. 세 번째 행부터 실제 방사형 차트에 표시될 값들이 입력됩니다.

```
> # (2) 방사형 차트
> radarchart(ds)
```

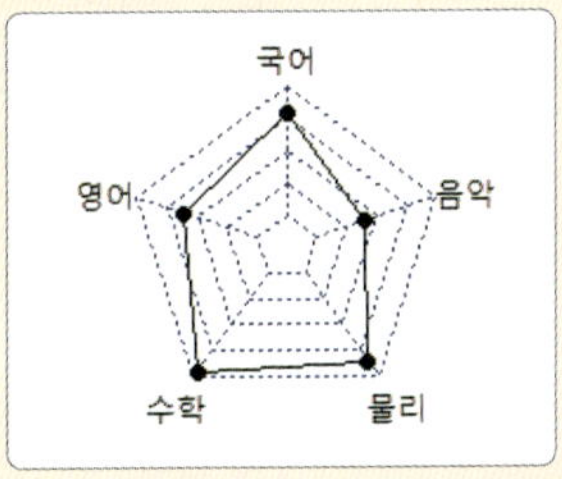

방사형 차트는 중심점을 기준점으로 하여 밖으로 뻗어가는 방향으로 변수별 값의 크기를 표시합니다. 이 경우는 가장 안쪽 점선이 0점, 가장 바깥쪽 점선이 100점입니다. 각 변수별(과목별)로 축이 표시되고 변수의 값(과목별 점수)이 축 위에 점으로 표시됩니다. 그리고 축 위의 점들은 서로 연결되어 있습니다. 각 축에는 변수의 이름(데이터프레임에서 열 이름)이 표시됩니다. 방사형 차트에서는 변수별 값의 차이가 쉽게 눈에 들어오는데, 이 경우 다른 과목에 비해 음악 점수가 상당히 낮은 것이 관찰됩니다.

확인문제

A, B, C, D, E 5개 그룹의 해외여행 선호도가 다음과 같을 때 이를 방사형 차트로 나타내시오. 단, 선호도 값의 범위는 0~1이다.

A	B	C	D	E
0.6	0.8	0.9	0.7	0.5

정답

```
library(fmsb)

score <- c(0.6, 0.8, 0.9, 0.7, 0.5)
max.score <- rep(1,5)                    # 1을 5회 반복
min.score <- rep(0,5)                    # 0을 5회 반복
ds <- rbind(max.score,min.score, score)
ds <- data.frame(ds)                     # 매트릭스를 데이터프레임으로 변환
colnames(ds) <- c('A','B','C','D','E')

radarchart(ds)                           # 방사형 차트
```

2 매개변수의 지정

radarchart() 함수는 다양한 매개변수를 지정할 수 있습니다. [코드 12-6]을 통해서 매개변수를 지정하는 방법을 살펴봅니다.

코드 12-6 code12-06.r

```
# [코드 12-5]에 이어 실행
radarchart(ds,                           # 데이터프레임
          pcol='dark green',             # 다각형 선의 색
          pfcol=rgb(0.2,0.5,0.5,0.5),    # 다각형 내부 색
          plwd=3,                        # 다각형 선의 두께
          cglcol='grey',                 # 거미줄의 색
          cglty=1,                       # 거미줄의 타입
          cglwd=0.8,                     # 거미줄의 두께
          axistype=1,                    # 축의 레이블 타입
          seg=4,                         # 축의 눈금 분할
          axislabcol='grey',             # 축의 레이블 색
          caxislabels=seq(0,100,25)      # 축의 레이블 값
)
```

실행 결과

...(생략)

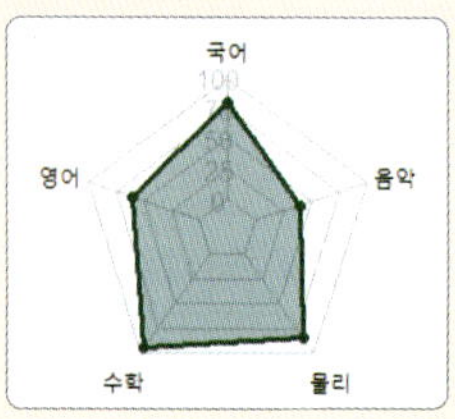

다음은 radarchart() 함수의 매개변수에 대한 설명입니다.

- **ds** : 차트를 작성할 데이터가 저장된 데이터프레임 이름을 지정한다.
- **pcol='dark green'** : 차트 내 다각형의 윤곽선 색을 지정한다.
- **pfcol=rgb(0.2,0.5,0.5,0.5)** : 차트 내 다각형의 내부 색을 지정한다.
- **plwd=3** : 차트 내 다각형의 윤곽선 두께를 지정한다.
- **cglcol='grey'** : 거미줄의 색을 지정한다.
- **cglty=1** : 거미줄의 타입을 지정하며, 1은 실선을 의미한다.
- **cglwd=0.8** : 거미줄의 두께를 지정한다.
- **axistype=1** : 축의 레이블 타입(0~5)을 지정한다.
  - 0 : 눈금에 레이블을 붙이지 않음(기본값)
  - 1 : 차트 상단 중심축에만 레이블 표시
  - 2~5 : 설명 생략
- **seg=4** : 축의 눈금 분할을 지정하는데, 이 경우 1~100 사이를 4등분한다(눈금 수는 5).
- **axislabcol='grey'** : 축의 눈금 레이블 색을 지정한다.
- **caxislabels=seq(0,100,25)** : 축의 눈금 레이블 값을 지정한다.
  - seq(0,100,25)는 0, 25, 50, 75, 100을 의미한다.
  - 매개변수 seg에서 지정한 눈금수와 개수가 맞도록 지정한다.

R에서 색을 지정하는 방법은 여러 가지가 있는데 그중 하나가 **rgb()** 함수를 이용하는 것입니다. **rgb()** 함수는 4개의 매개변수값을 갖는데 앞에서부터 빨강(red), 초록(green), 파랑(blue), 투명도(transparency)를 의미하고 0~1 사이의 값으로 강도를 조절합니다.

확인문제

441p의 [확인문제]에서 제공된 데이터 ds에 대해 방사형 차트를 작성하시오(차트 내 다각형의 내부 색은 rgb(0.1,0.4,0.4,0.5), 차트 내 다각형의 윤곽선 색은 steelblue로 설정).

정답

```
radarchart(ds,
    pfcol=rgb(0.1,0.4,0.4,0.5),
    pcol='steelblue'
)
```

LAB 종교 유무를 조사한 데이터 분석하기

R의 carData 패키지에 포함된 WVS 데이터셋은 미국, 호주, 노르웨이, 스웨덴 국민들을 대상으로 종교 유무와 학사 학위 유무 등을 조사한 데이터입니다. 국가별로 종교 유무에 차이가 있는지를 방사형 차트를 작성하여 알아봅니다.

1. 먼저 WVS 데이터셋의 내용을 확인합니다.

```
library(carData)
head(WVS)
```

2. 국가별로 종교가 있다고 답한 응답자의 비율을 구합니다.

```
pop <- table(WVS$country)                  # 국가별 응답자수
tmp <- subset(WVS, religion=='yes')
rel <- table(tmp$country)                  # 국가별 종교가 있는 응답자수
stat <- rel/pop                            # 국가별 종교가 있는 응답자수 비율
stat
```

3. 방사형 차트를 작성하기 위한 데이터프레임을 생성합니다.

```
max.score <- rep(1,4)                      # 최댓값
min.score <- rep(0,4)                      # 최솟값
ds <- rbind(max.score,min.score, stat)
ds <- data.frame(ds)                       # 매트릭스를 데이터프레임으로 변환
```

4. 방사형 차트를 작성합니다.

```
radarchart(ds,                             # 데이터프레임
          pcol='dark green',               # 다각형 선의 색
          pfcol=rgb(0.2,0.5,0.5,0.5),      # 다각형 내부색
          plwd=3,                          # 다각형 선의 두께
          cglcol='grey',                   # 거미줄의 색
          cglty=1,                         # 거미줄의 타입
          axistype=1,                      # 축의 레이블 표시
          axislabcol='grey',               # 축의 레이블 색
          caxislabels=seq(0,1,0.25),       # 축의 레이블 값
          title='국가별 종교인 비율'         # 그래프 제목
)
```

Section 04 ggplot은 무엇인가요?

지금까지 우리는 그래프를 작성할 때 주로 R에서 제공하는 기본적인 함수들을 사용했습니다. 데이터 분석에 있어서는 기본 함수들만 이용해도 충분하지만 보고서용 그래프와 같이 보다 미적인 그래프를 작성하려면 ggplot을 이용해야 합니다. R의 강점 중의 하나가 ggplot이라고 할 만큼 ggplot은 데이터 시각화에서 널리 사용되고 있습니다. ggplot을 이용하면 복잡하고 화려한 그래프를 작성할 수 있는 장점이 있지만, 그만큼 배우기 어렵다는 단점도 있습니다. 이번 장에서는 ggplot 명령문의 기본 구조에 대해 알아보고, 막대그래프, 산점도, 선그래프 등 기본적인 그래프 작성 사례를 살펴보도록 합니다.

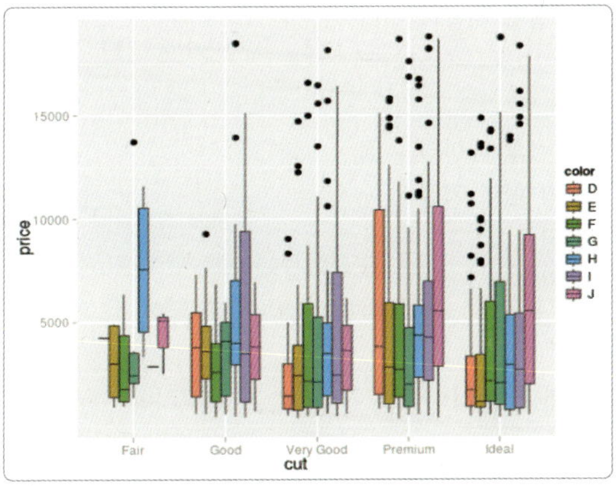

그림 12-2 ggplot의 사례

ggplot을 이용하기 위해서는 먼저 ggplot2 패키지를 설치해야 합니다. ggplot 명령문은 여러 개의 함수들을 연결해 사용하는 형태로 작성합니다. 일반적인 ggplot 명령문의 형태는 다음과 같습니다.

```
ggplot(data=xx, aes(x=x1,y=x2)) +
    geom_xx() +
    geom_yy() +
  ..
```

ggplot은 보통 하나의 ggplot() 함수와 여러 개의 geom_xx() 함수들이 +로 연결되어 하나의 그래프를 완성합니다. 또한 ggplot() 함수의 매개변수로는 그래프를 작성할 때 사용할 데이터셋(data=xx)과 데이터셋 안에서 x축과 y축으로 사용할 열 이름(aes(x=x1,y=x2))을 지정합니다. 그리고 이 데이터를 이용하여 어떤 형태의 그래프를 그릴지 geom_xx() 함수를 통해 지정합니다. 예를 들면 geom_bar() 함수는 ggplot() 함수에서 지정한 데이터를 이용하여 막대그래프를 그리는 경우에 사용합니다.

1 막대그래프와 히스토그램

[코드 12-7]은 월(month)과 강우량(rain) 데이터를 입력한 후 ggplot으로 막대그래프를 작성하는 코드입니다.

코드 12-7 code12-07.r

```
library(ggplot2)

month <- c(1,2,3,4,5,6)
rain  <- c(55,50,45,50,60,70)
df <- data.frame(month,rain)         # 그래프를 작성할 대상 데이터
df

ggplot(df, aes(x=month,y=rain)) +   # 그래프를 작성할 데이터 지정
    geom_bar(stat='identity',        # 막대그래프의 형태 지정
            width=0.7,               # 막대의 폭 지정
            fill='steelblue')        # 막대의 색 지정
```

[코드 12-7]의 실행 결과를 나누어서 설명하면 다음과 같습니다.

```
> library(ggplot2)
>
> month <- c(1,2,3,4,5,6)
> rain  <- c(55,50,45,50,60,70)
> df <- data.frame(month,rain)
> df
  month rain
1     1   55
2     2   50
3     3   45
```

```
4     4   50
5     5   60
6     6   70
```

ggplot에서 제공하는 함수들을 이용하려면 먼저 library(ggplot2)를 통해서 ggplot2를 불러옵니다. 그 다음으로 그래프를 작성할 데이터를 준비해야 하는데, 1~6월과 월별 강우량을 입력하여 데이터프레임 df를 생성합니다.

```
> ggplot(df, aes(x=month,y=rain)) +         # 그래프를 그릴 데이터 지정
+     geom_bar(stat='identity',             # 막대그래프의 형태 지정
+              width=0.7,                   # 막대의 폭 지정
+              fill='steelblue')            # 막대의 색 지정
```

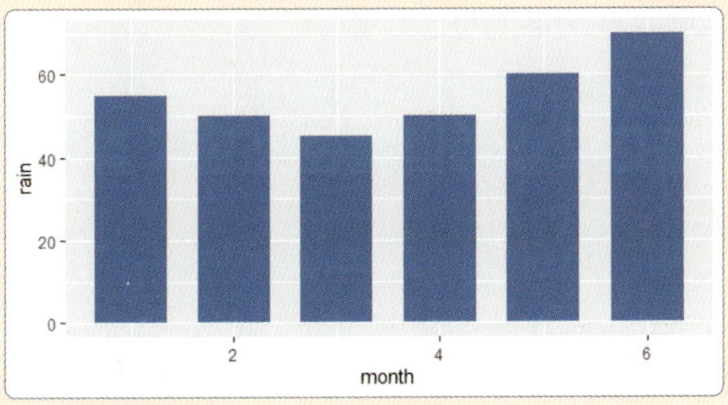

앞에서 설명한 바와 같이 그래프를 작성하는 명령문은 ggplot() 함수와 geom_bar() 함수의 조합으로 구성됩니다. 먼저 ggplot() 함수의 매개변수를 살펴봅니다.

- **df** : 그래프를 작성할 데이터가 저장되어 있는 데이터프레임을 지정한다. 매트릭스는 데이터프레임으로 변환하여 입력해야 한다.
- **aes(x=month,y=rain)** : aes() 함수를 통해 그래프를 그리기 위한 x축, y축 열을 지정한다.
  - x=month : x축을 구성하는 열이 month임을 지정한다.
  - y=rain : y축을 구성하는 열이 rain임을 지정한다.

막대그래프를 작성할 때 사용하는 geom_bar() 함수의 매개변수를 살펴봅니다.

- **stat='identity'** : 막대의 높이는 ggplot() 함수에서 y축에 해당하는 열(여기서는 rain)에 의해 결정되도록 지정한다.
- **width=0.7** : 막대의 폭을 지정한다.
- **fill='steelblue'** : 막대의 내부 색을 지정한다.

ggplot() 함수와 geom_bar() 함수가 + 기호로 연결되는데, + 기호는 반드시 명령문의 맨 마지막에 와야 합니다. + 기호를 통해 다음 줄에 연결되는 함수가 있음을 R에게 알려주게 됩니다.

[코드 12-7]은 가장 기본적인 형태의 막대그래프 작성 명령문입니다. 여기에 여러 가지 옵션을 추가하여 그래프를 꾸밀 수 있습니다. [코드 12-8]을 통해 그래프의 제목을 붙이고, 막대를 가로로 표시하고, x축과 y축의 레이블도 바꾸어봅니다.

코드 12-8 code12-08.r

```
# [코드 12-7]에 이어서
ggplot(df, aes(x=month,y=rain)) +          # 그래프를 그릴 데이터 지정
    geom_bar(stat='identity',              # 막대 높이는 y축에 해당하는 열의 값
            width=0.7,                     # 막대의 폭 지정
            fill='steelblue') +            # 막대의 색 지정
    ggtitle('월별 강수량') +                # 그래프의 제목 지정
    theme(plot.title = element_text(size=25, face='bold', colour='steelblue')) +
    labs(x='월',y='강수량') +               # 그래프의 x, y축 레이블 지정
    coord_flip()                           # 그래프를 가로 방향으로 출력
```

실행 결과

```
...(생략)
```

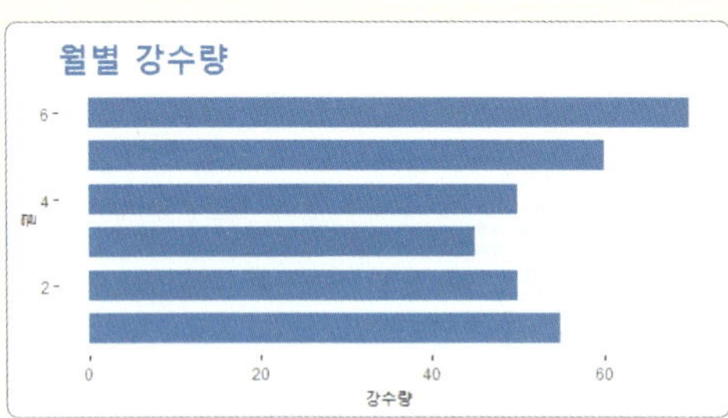

[코드 12-7]의 명령문에 3개의 함수가 추가되었는데, 각각의 의미는 다음과 같습니다.

- **ggtitle('월별 강수량')** : 그래프의 제목을 지정한다.
- **theme(plot.title = element_text(size = 25, face = 'bold', colour='steelblue'))** : 지정된 그래프 제목의 폰트 크기, 색상 등을 지정한다. 이 경우에 폰트 크기는 25, 폰트 스타일은 볼드로, 폰트의 색상은 어두운 파란색으로 지정한다.
- **labs(x='월',y='강수량')** : 그래프의 x축 레이블과 y축 레이블을 지정한다.
- **coord_flip()** : 막대를 가로로 표시하도록 지정한다.

ggplot으로 히스토그램 작성하기

이제 히스토그램을 작성하는 예제에 대해 살펴봅니다. [코드 12-9]는 `iris` 데이터셋의 꽃잎의 길이(`Petal.Length`) 열에 대해 히스토그램을 작성하는 코드입니다.

코드 12-9 code12-09.r

```
library(ggplot2)

ggplot(iris, aes(x=Petal.Length)) +      # 그래프를 그릴 데이터 지정
    geom_histogram(binwidth =0.5)        # 히스토그램 작성
```

실행 결과

...(생략)

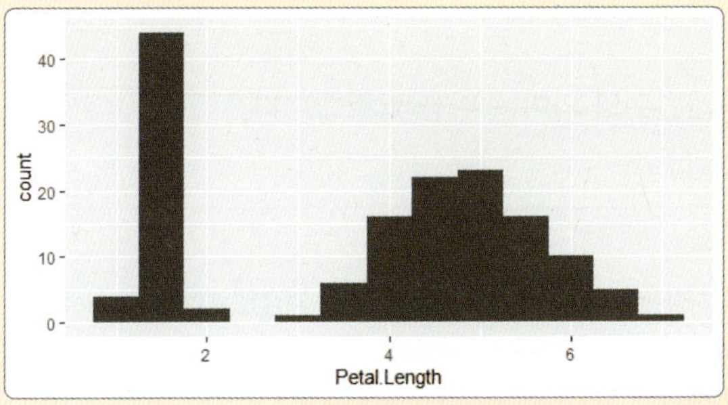

히스토그램에서 각 막대의 간격은 0.5입니다. 히스토그램은 `ggplot()` 함수 안에 그래프 작성 대상 데이터인 `iris`를 지정하고 꽃잎의 길이(`Petal.Length`) 열을 `aes()` 함수의 x 매개변수값으로 줍니다. 히스토그램을 작성하는 함수는 `geom_histogram()` 함수입니다. 매개변수의 의미는 다음과 같습니다.

- `binwidth =0.5` : 히스토그램은 연속형 숫자 데이터에 대해 일정 길이로 구간을 나눈 후, 각 구간에 속하는 데이터값이 몇 개 있는지 센다. `binwidth`는 구간의 길이를 지정하는 매개변수로, 이 경우는 꽃잎의 길이를 0.5 간격으로 나누라는 의미이다.

`iris` 데이터는 품종(`Species`)에 의해 그룹이 나누어지므로 [코드 12-10]을 통해 그룹별로 히스토그램을 작성해봅니다. 꽃받침의 폭(`Sepal.Width`) 열에 대해 그룹별로 히스토그램을 작성하는 명령문은 다음과 같습니다.

코드 12-10 code12-10.r

```
library(ggplot2)

ggplot(iris, aes(x=Sepal.Width, fill=Species, color=Species)) +
    geom_histogram(binwidth = 0.5, position='dodge') +
    theme(legend.position='top')         # 범례의 위치
```

실행 결과

```
...(생략)
```

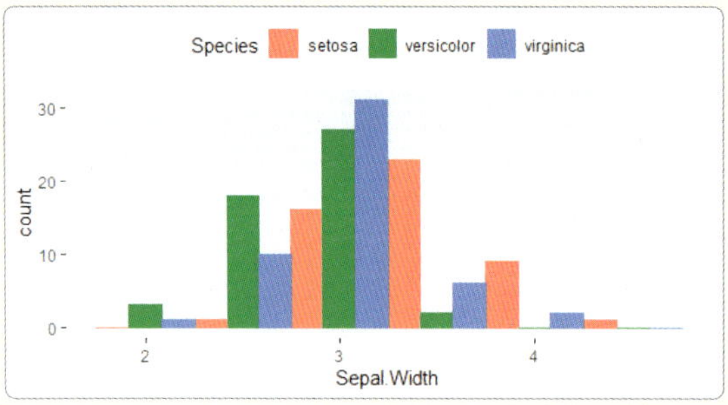

ggplot() 함수의 aes() 함수 부분에 대한 매개변수의 의미는 다음과 같습니다.

- `x=Sepal.Width` : 히스토그램을 작성할 대상 열을 지정한다.
- `fill=Species` : 히스토그램의 막대 내부를 채울 색을 지정한다. 여기서는 품종(Specise)을 지정했는데 품종(Specise)은 팩터 타입이므로 숫자 1, 2, 3으로 변환될 수 있다. 품종별로 막대의 색이 다르게 채워진다.
- `color=Species` : 히스토그램의 막대 윤곽선의 색을 지정한다.

geom_histogram() 함수의 매개변수의 의미는 다음과 같습니다.

- `binwidth = 0.5` : 데이터의 구간을 0.5 간격으로 나누어 히스토그램을 작성한다.
- `position='dodge'` : 이 히스토그램은 3개 품종의 히스토그램이 하나의 그래프 상에 작성된다. 동일 구간에 대해 3개의 막대가 작성되는데, position은 동일 구간의 막대들을 어떻게 그릴지를 지정한다. 'dodge'는 막대들을 겹치지 말고 병렬적으로 그리도록 지정하는 것이다.

품종별 히스토그램의 결과는 [그림 12-3]과 같습니다. 구간별로 분홍색, 초록색, 파란색 막대가 함께 표시된 것을 알 수 있습니다.

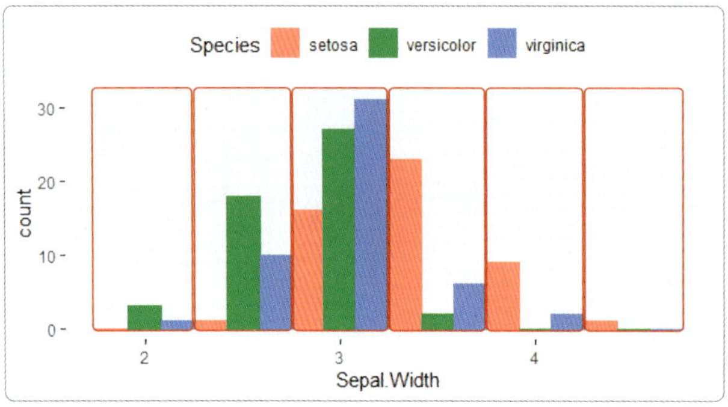

그림 12-3 **꽃받침의 폭에 대한 품종별 히스토그램**

확인문제

5개 반의 평균 성적이 다음과 같을 때 ggplot을 이용하여 막대그래프를 작성하시오.

1반	2반	3반	4반	5반
65	75	63	50	60

정답

```
library(ggplot2)
class <- c(1,2,3,4,5)
score <- c(65,75,63,50,60)
df <- data.frame(class,score)          # 그래프를 작성할 대상 데이터

ggplot(df, aes(x=class,y=score)) +     # 그래프를 그릴 데이터 지정
    geom_bar(stat='identity',          # 막대그래프의 형태 지정
             width=0.7, fill='green')  # 막대의 색 지정
```

2 산점도

ggplot으로 산점도를 작성하는 방법도 막대그래프나 히스토그램과 크게 다르지 않습니다. [코드 12-11]을 통해 iris의 꽃잎의 길이(Petal.Length)와 폭(Petal.Width) 열에 대해 geom_point() 함수로 산점도를 작성하겠습니다.

코드 12-11 code12-11.r

```
library(ggplot2)

ggplot(data=iris, aes(x=Petal.Length, y=Petal.Width)) +
    geom_point()
```

실행 결과

...(생략)

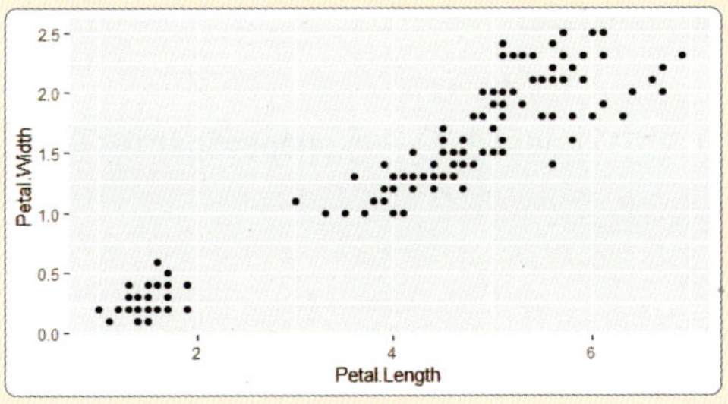

[코드 12-12]를 통해 geom_point() 함수에 매개변수값을 추가하여 산점도를 작성합니다.

코드 12-12 code12-12.r

```
library(ggplot2)

ggplot(data=iris, aes(x=Petal.Length, y=Petal.Width,
                       color=Species)) +
    geom_point(size=3) +
    ggtitle('꽃잎의 길이와 폭') +          # 그래프의 제목 지정
    theme(plot.title = element_text(size=25, face='bold', colour='steelblue'))
```

실행 결과

...(생략)

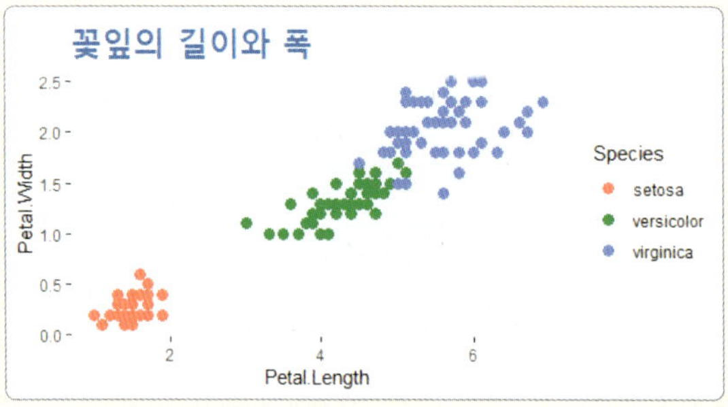

[코드 12-12]에서 추가된 부분은 ggplot() 함수의 aes() 함수에서 color=Species입니다. 점의 색상을 품종에 따라 다르게 하기 위한 옵션입니다. geom_point() 함수에는 size=3이 추가되었는데 점의 크기를 지정하는 매개변수입니다. ggtitle() 함수와 theme() 함수는 산점도의 제목을 표시하기 위한 것입니다. theme() 함수에 입력하는 매개변수의 의미는 다음과 같습니다.

- **plot.title** : ggtitle() 함수에서 입력한 제목에 대한 테마 설정을 의미한다.
- **size=25** : 제목의 폰트 크기를 지정한다.
- **face='bold'** : 제목을 볼드체로 표시한다.
- **colour='steelblue'** : 제목의 폰트 색을 지정한다.

만약 점의 모양도 품종별로 다르게 하려면 ggplot() 함수의 aes() 함수에 shape=Species를 추가하면 됩니다.

확인문제

R에서 제공하는 cars 데이터셋을 이용해 x축은 자동차의 속력(speed), y축은 제동거리(dist)로 하여 ggplot으로 산점도를 작성하시오.

정답

```
library(ggplot2)

ggplot(data=cars, aes(x=speed, y=dist)) +
    geom_point()
```

3 상자그림

[코드 12-13]은 ggplot으로 iris 데이터셋에서 꽃잎의 길이(Petal.Length)에 대한 상자그림을 작성하는 코드입니다.

코드 12-13 code12-13.r

```
library(ggplot2)

ggplot(data=iris, aes(y=Petal.Length)) +
    geom_boxplot(fill='yellow')
```

실행 결과

...(생략)

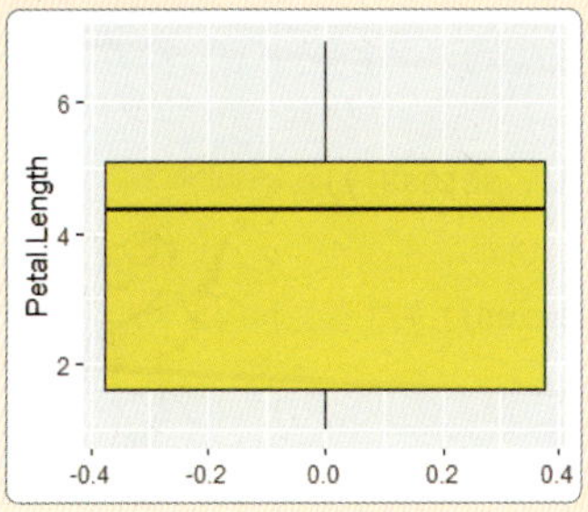

상자그림을 그릴 때 주의할 점은 상자그림을 그릴 대상 열을 지정할 때 ggplot() 함수의 aes() 함수에서 매개변수 x가 아닌 y에 Petal.Length를 지정해야 한다는 것입니다. 상자그림을 그리는 함수의 이름은 geom_boxplot()입니다.

[코드 12-14]는 꽃잎의 길이(Petal.Length)에 대해 품종(Species)별로 상자그림을 작성하는 코드입니다.

코드 12-14 code12-14.r

```
library(ggplot2)

ggplot(data=iris, aes(x=Species, y=Petal.Length, fill=Species)) +
    geom_boxplot()
```

실행 결과

...(생략)

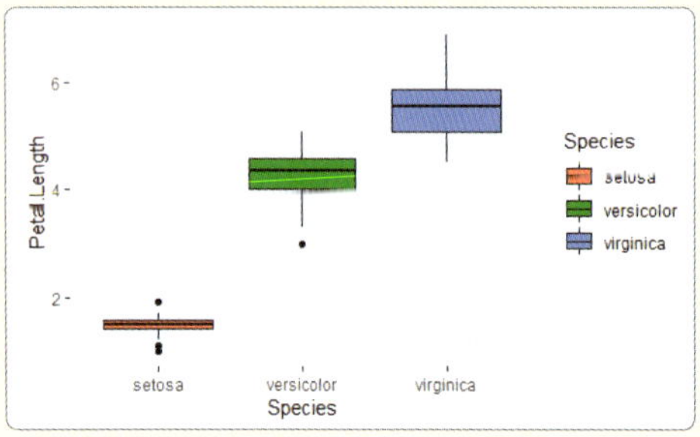

하나 더 알기

[코드 12-14]의 실행 결과를 보면 상자그림의 순서가 setosa, versicolor, virginica로 알파벳 순서임을 알 수 있습니다. 만일 상자그림의 순서를 versicolor, virginica, setosa로 바꾸고 싶으면 다음과 같이 실행하면 됩니다. x축에 품종 정보가 표시되는데, 팩터 타입인 품종(Species) 열의 levels 정보를 바꾸어주면 바뀐 levels 순서대로 상자그림이 표시됩니다.

```
iris.new <- iris
iris.new$Species <- factor(iris.new$Species,
                           levels=c('versicolor','virginica','setosa'))

ggplot(data=iris.new, aes(x=Species, y=Petal.Length, fill=Species)) +
    geom_boxplot()
```

확인문제

R에서 제공하는 cars 데이터셋에서 제동거리(dist)에 대한 상자그림을 ggplot으로 작성하시오. 단, 상자의 색은 빨간색으로 한다.

정답

```
ggplot(data=cars, aes(y=dist)) +
    geom_boxplot(fill='red')
```

4 선그래프

ggplot으로 선그래프를 그리는 방법은 막대그래프와 유사합니다. [코드 12-15]는 1937~1960년 사이 항공기에 의한 승객들의 이동거리 통계에 대한 선그래프를 작성하는 코드입니다.

코드 12-15 code12-15.r

```
library(ggplot2)

year <- 1937:1960
cnt <- as.vector(airmiles)
df <- data.frame(year,cnt)                    # 데이터 준비
head(df)

ggplot(data=df, aes(x=year,y=cnt)) +          # 선그래프 작성
    geom_line(col='red')
```

실행 결과

```
> year <- 1937:1960
> cnt <- as.vector(airmiles)
> df <- data.frame(year,cnt)                  # 데이터 준비
> head(df)
  year  cnt
1 1937  412
2 1938  480
3 1939  683
4 1940 1052
5 1941 1385
6 1942 1418
>
> ggplot(data=df, aes(x=year,y=cnt)) +        # 선그래프 작성
+   geom_line(col='red')
```

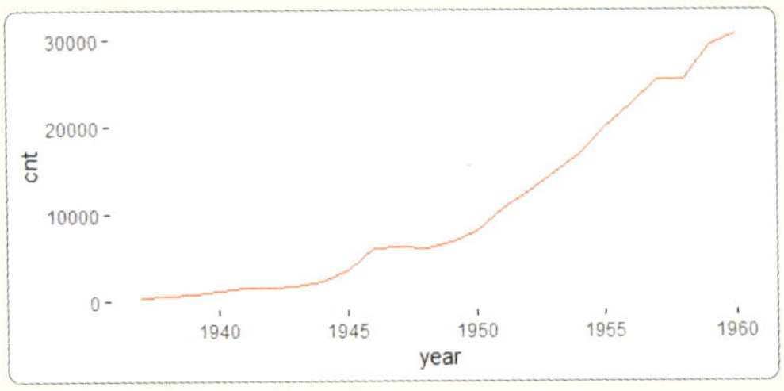

지금까지 ggplot2 패키지를 이용해 다양한 그래프의 작성 방법들을 살펴보았습니다. ggplot2 패키지는 다양한 그래프를 작성하기 위한 함수들을 지원하고, 각 함수들은 많은 수의 매개변수를 지원하기 때문에 ggplot2 패키지 사용법을 모두 암기하기는 어렵습니다. 이때 자신이 작성하고 싶은 어떤 그래프가 있다면 geom_bar, geom_boxplot 등으로 구글에서 검색합니다. 그러면 다양한 작성 사례를 찾을 수 있는데, 그중에서 본인이 원하는 것과 가장 유사한 그래프의 코드를 가져와서 나에게 맞게 수정하는 것이 ggplot을 활용하는 효과적인 방법입니다.

확인문제

R에서 제공하는 airquality 데이터셋에 대해 5월의 일별 온도(Temp) 변화를 ggplot의 선 그래프로 나타내시오.

정답

```
df <- subset(airquality, Month==5)

ggplot(data=df, aes(x=Day,y=Temp)) +
    geom_line(col='red')
```

LAB 기후 변화 그래프로 작성하기

airquality 데이터셋의 열(column)은 오존(Ozone), 일조량(Solar.R), 풍속(Wind), 기온(Temp), 월(Month), 일(Day)을 나타냅니다. airquality 데이터셋을 ggplot 그래프를 이용하여 분석해봅시다.

1. 월별 평균기온 변화를 막대그래프로 확인합니다.

```
library(ggplot2)

df <- aggregate(airquality[,'Temp'], by=list(month=airquality$Month), FUN=mean)
ggplot(df, aes(x=month,y=x)) +          # 그래프를 그릴 데이터 지정
    geom_bar(stat='identity',           # 막대그래프의 형태 지정
             width=0.7, fill='green')   # 막대의 색 지정
```

2. 월별 오존농도의 범위를 상자그림으로 비교합니다. 이때 ggplot의 상자그림에서 그룹에 해당하는 데이터는 팩터 타입이어야 합니다.

```
df <- airquality[complete.cases(airquality),]      # 결측값 제거

ggplot(data=df, aes(x=factor(Month), y=Ozone, fill=factor(Month))) +
    geom_boxplot()
```

3. 기온과 오존농도 사이의 관계를 알아보기 위해 산점도를 작성합니다.

```
ggplot(data=df, aes(x=Temp, y=Ozone, color='orange')) +
    geom_point(size=3)
```

∴ **기온이 높을수록 오존농도도 증가하는 추세가 확인됩니다.**

4. 7월의 일별 오존농도 변화를 선그래프로 확인합니다.

```
df.7 <- subset(df, Month==7)
ggplot(data=df.7, aes(x=Day,y=Ozone)) +
    geom_line(col='red')
# 또는
ggplot(data=df[df$Month==7,], aes(x=Day,y=Ozone)) +
    geom_line(col='red')
```

실전 분석 세계 각국의 다양한 지표 분석하기

문제

carData 패키지에서 제공하는 UN98 데이터셋은 세계 각국에 대한 통계 데이터를 저장하고 있습니다. 이번 장에서 배운 여러 가지 데이터 시각화 도구들을 이용하여 데이터를 분석해봅시다. 단, 이 데이터에는 결측값이 많이 포함되어 있으니 주의합니다.

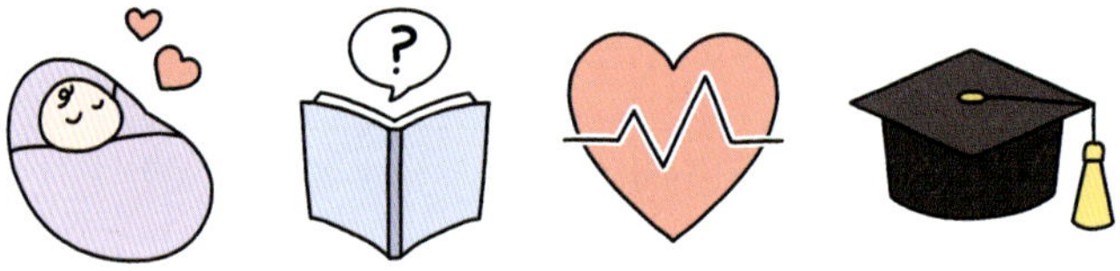

해결

1. 먼저 데이터의 내용을 확인합니다.

```
library(carData)
data(UN98)        # 데이터셋 불러오기
head(UN98)
help(UN98)        # 데이터셋에 대한 설명보기
```

2. 대륙별로 여성 1인당 출산율(tfr)을 ggplot 막대그래프를 통해 비교합니다.

```
df <- UN98[, c('region', 'tfr')]
df <- df[complete.cases(df),]
df <- aggregate(df[,'tfr'], by=list(region=df$region), FUN='mean')

ggplot(df, aes(x=region,y=x)) +              # 그래프를 그릴 데이터 지정
    geom_bar(stat='identity',                # 막대그래프의 형태 지정
            width=0.7, fill=rainbow(5))      # 막대의 폭과 색 지정
```

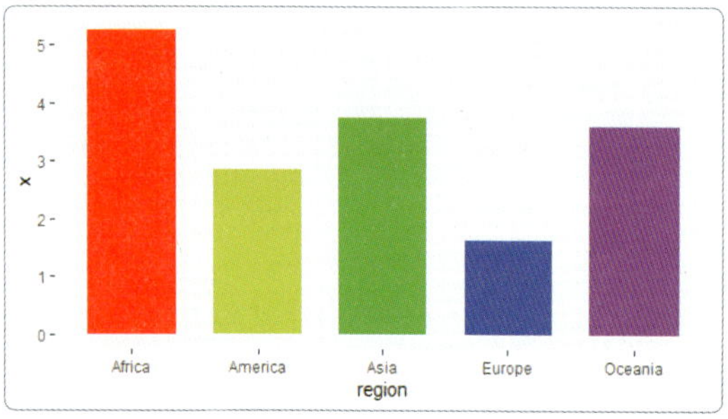

∴ 아프리카의 출산율이 제일 높고 유럽의 출산율이 가장 낮은 것을 알 수 있습니다.

3. 타일의 크기를 여성의 평균수명(lifeFemale)으로, 타일의 색을 여성의 문맹률(illiteracyFemale)로 하여 나무지도를 작성합니다.

```
library(treemap)                        # treemap 패키지 불러오기

df <- UN98[,c('region','lifeFemale','illiteracyFemale')]
df <- df[complete.cases(df),]           # 결측값 제거
df$country <- rownames(df)              # 국가명을 열로 추가

treemap(df,
        index=c('region','country'),    # 계층구조 설정(대륙-국가)
        vSize='lifeFemale',             # 타일의 크기
        vColor='illiteracyFemale',      # 타일의 색
        type='value',                   # 타일 컬러링 방법
        bg.labels='yellow',             # 레이블의 배경색
        title="World's Women")          # 나무지도 제목
```

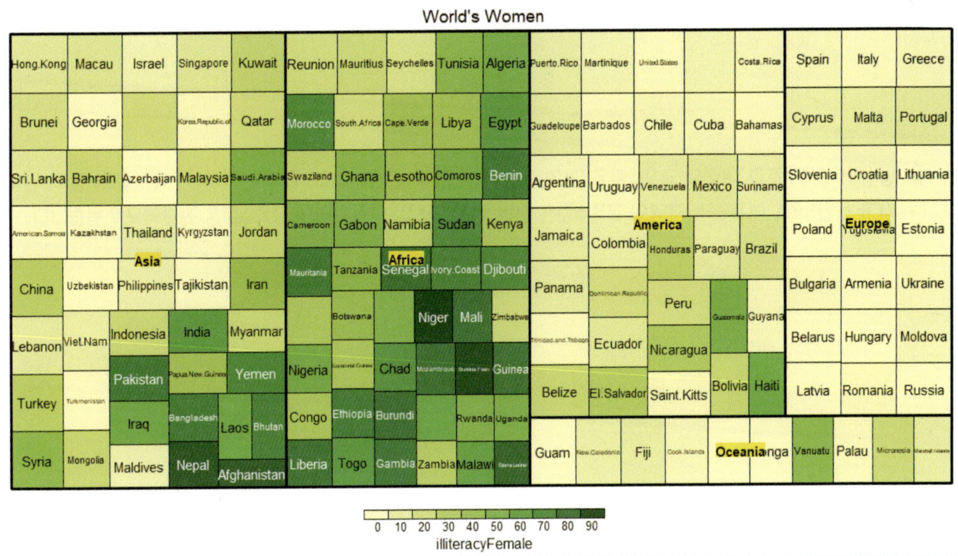

∴ **아프리카 국가들의 여성 문맹률이 두드러지게 높고 평균수명은 다소 낮은 것이 관찰됩니다.**

4. 남성의 교육수준(educationMale)과 여성의 교육수준(educationFemale)을 ggplot 산점도로 작성하되 대륙별로 색을 다르게 합니다.

```
df <- UN98[,c('region','educationMale','educationFemale')]
df <- df[complete.cases(df),]          # 결측값 제거

ggplot(data=df, aes(x=educationMale, y=educationFemale,
                    color=region)) +
    geom_point(size=3) +
    ggtitle('남성, 여성의 교육수준') +    # 그래프의 제목 지정
    theme(plot.title = element_text(size=25, face='bold', colour='steelblue'))
```

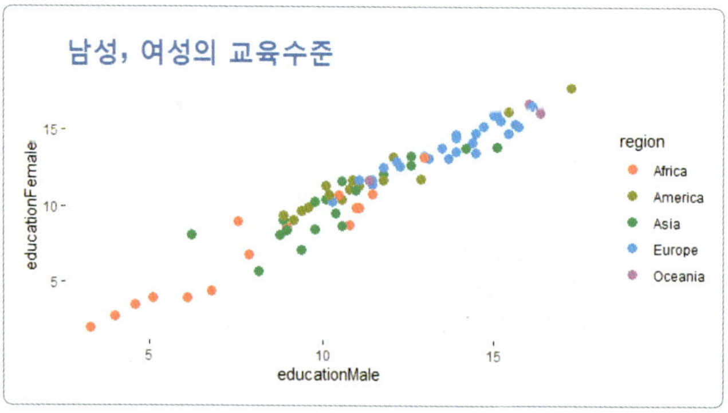

∴ 남성의 교육수준과 여성의 교육수준은 대체로 정비례 관계에 있습니다. 하지만 아시아 국가들의 경우, 남녀별 편차가 심합니다. 아프리카 지역의 교육수준은 전반적으로 낮고, 유럽지역의 교육수준은 전반적으로 높습니다.

요약

01 나무지도(tree map)는 데이터를 사각 타일의 형태로 나타냅니다. R에서는 `treemap` 패키지를 설치해야 사용할 수 있습니다.

02 다중 상자그림은 여러 그룹의 데이터 분포를 비교할 때 유용한 시각화 방법입니다.

03 R에서는 사전에 색을 구성해 놓은 벡터인 팔레트를 제공합니다.

04 방사형 차트는 다중변수 데이터를 2차원 평면상에 시각화할 수 있습니다. 레이더 차트 또는 거미줄 차트라고도 부르며, R에서는 `fmsb` 패키지를 설치해야 사용할 수 있습니다.

05 `ggplot`은 그래프를 작성할 때 널리 활용되며 여러 개의 함수들을 +로 연결하여 사용합니다. 즉, `ggplot()` 함수와 `geom_xx()` 함수를 + 형태로 연결합니다.

06 `ggplot()` 함수와 `geom_xx()` 함수가 + 기호로 연결될 때 + 기호는 반드시 명령문의 맨 뒤쪽에 와야 합니다.

■ 데이터 시각화 관련 함수

함수명	내용
treemap()	나무지도를 작성한다.
radarchart()	방사형 차트를 작성한다.
rgb()	4개의 매개변수(빨강, 초록, 파랑, 투명도)로 색을 지정한다.
ggplot()	ggplot 작성에 필요한 기본 정보를 지정한다.
geom_bar()	ggplot에서 막대그래프를 작성한다.
geom_histogram()	ggplot에서 히스토그램을 작성한다.
geom_point()	ggplot에서 산점도를 작성한다.
geom_boxplot()	ggplot에서 상자그림을 작성한다.
geom_line()	ggplot에서 선그래프를 작성한다.
ggtitle()	ggplot에서 그래프 제목을 지정한다.
theme()	그래프의 폰트 사이즈, 색, 두께 등 테마를 지정한다.
labs()	그래프의 축에 대한 레이블을 지정한다.
coord_flip()	그래프를 가로로 표시한다.

연습문제

01 **R에서 제공하는 기본 그래프 함수를 이용하여 코드를 작성하시오.**

(1) state.x77 데이터셋에서 타일의 면적은 기대수명(Life Exp)으로, 타일의 색은 살인범죄율(Murder)로 하여 나무그림을 작성하시오. 타일에는 주의 이름을 표시한다.

(2) state.region 데이터셋은 state.x77 데이터셋의 각 주를 지역별로 구분한 데이터를 저장하고 있다. 이 정보를 이용하여 (1)번 문제의 나무그림을 지역 구분을 포함하여 작성하시오.

(3) (2)번 문제의 나무그림을 볼 때 가장 살인범죄율이 높은 지역은 어디인가?

(4) state.x77 데이터셋과 state.region 데이터셋을 이용하여 지역별 살인범죄율(Murder) 분포를 상자그림으로 작성하시오. 상자의 색은 오렌지색으로 한다.

(5) state.x77 데이터셋과 state.region 데이터셋을 이용하여 지역별 문맹률(Illiteracy) 분포를 상자그림으로 작성하시오. 상자의 색은 heat.colors 펄레트를 이용하여 문맹률 평균이 높을수록 빨간색으로 표시한다.

(6) airquality 데이터셋에서 월별 일조량(Solar.R) 분포를 상자그림으로 작성하시오. 상자의 색은 heat.colors 팔레트를 이용하여 일조량 평균이 높을수록 빨간색으로 표시한다.

02 **다음을 참조하여 airquality 데이터셋에서 월별 일조량(Solar.R) 평균을 방사형 차트로 작성하시오.**

- 일조량 평균값의 범위는 100~200이다.
- 다각형의 내부색을 포함한 매개변수값은 [코드 12-6]을 참조한다.
- 일조량에 NA값을 포함한 행을 먼저 제거한 후에 작업한다.

03 **iris 데이터셋의 4개 측정값 열(Sepal.Length, Sepal.Width, Petal.Length, Petal.Width)에 대해 평균을 구하고 이를 방사형 차트로 작성하시오(차트에서 열별 최솟값은 1, 최댓값은 6).**

04 **carData 패키지의 States 데이터셋은 미국의 주별 교육 관련 통계를 저장하고 있다. 이 데이터셋에 대해 ggplot 함수를 이용하여 코드를 작성하시오.**

(1) 지역(region)별 총인구(pop)수를 막대그래프로 나타내시오. 그래프의 색은 rainbow 팔레트에서 선택한다.

(2) 1인당 교육비(dollars)에 대해 히스토그램을 작성하시오. 막대의 내부색은 초록색, 막대의 테두리색은 파란색, 막대의 방향은 가로 방향으로 설정한다.

(3) 언어(SATV) 점수와 수학(SATM) 점수에 상관관계가 있는지 산점도 및 상관계수를 구하여 알아보시오.

(4) ESC 지역과 PAC 지역 학생들의 언어(SATV) 점수와 수학(SATM) 점수에 대해 산점도를 작성하시오. 지역에 따라 점의 색을 다르게 표현한다.

(5) (4)번의 산점도를 볼 때 두 지역 학생들의 언어와 수학 점수에 차이가 있는가?

(6) 지역별로 교사의 평균연봉(pay)에 대한 범위를 상자그림으로 나타내시오. 상자의 색은 지역에 따라 다르게 한다.

(7) 지역별로 고교 졸업생중 SAT 응시 비율(percent)을 상자그림으로 작성하시오. 상자그림의 제목은 '지역별 SAT 응시 비율', 상자의 색은 지역에 따라 다르게 표현한다.

(8) carData 패키지의 Hartnagel 데이터셋은 캐나다의 연도별 통계 데이터를 저장하고 있다. 여성 1,000명당 연도별 출산 자녀수(tfr)를 선그래프로 나타내시오.

CHAPTER 13

사례로 알아보는 데이터 분석

학습목표

- 포브스 기업 리포트 데이터 분석을 실습합니다.
- 대기오염 측정 데이터 분석을 실습합니다.

Preview

이번 장에서는 포브스의 2004년도 기업 리포트 데이터와 한국환경공단의 대기오염 농도 측정 데이터를 사용해 기초적인 데이터 분석을 진행합니다. 데이터를 정리하고, 결측값을 제거하는 과정과 데이터 분석 과정, 그리고 분석 내용을 시각화하는 방법까지 포함하여 학습합니다.

1절에서는 포브스 기업 리포트 데이터를 통해 국가와 업종별 기업 통계 비교, 상위 10개 기업 선별, 기업 가치와 관련 높은 요인에 대해 분석합니다. 2절에서는 도시의 대기오염 농도 측정 데이터를 통해 지역과 시간에 따른 미세먼지 농도의 추이, 미세먼지와 오염물질의 상관관계를 분석합니다.

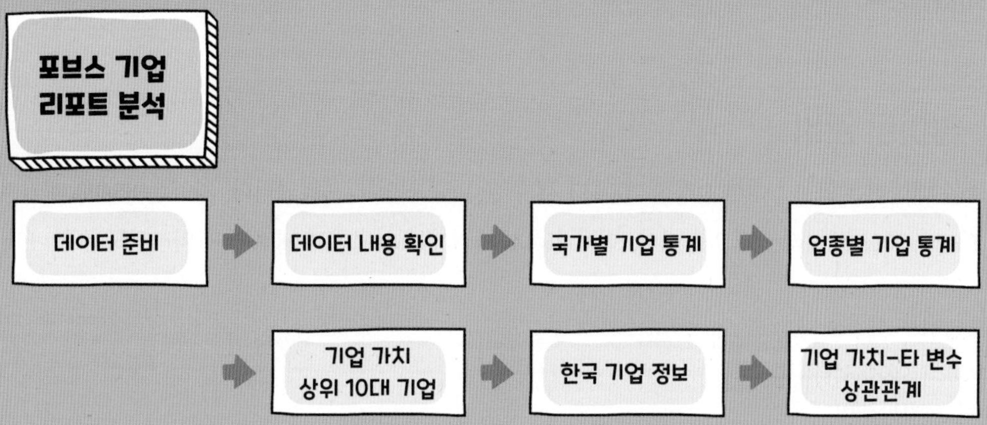

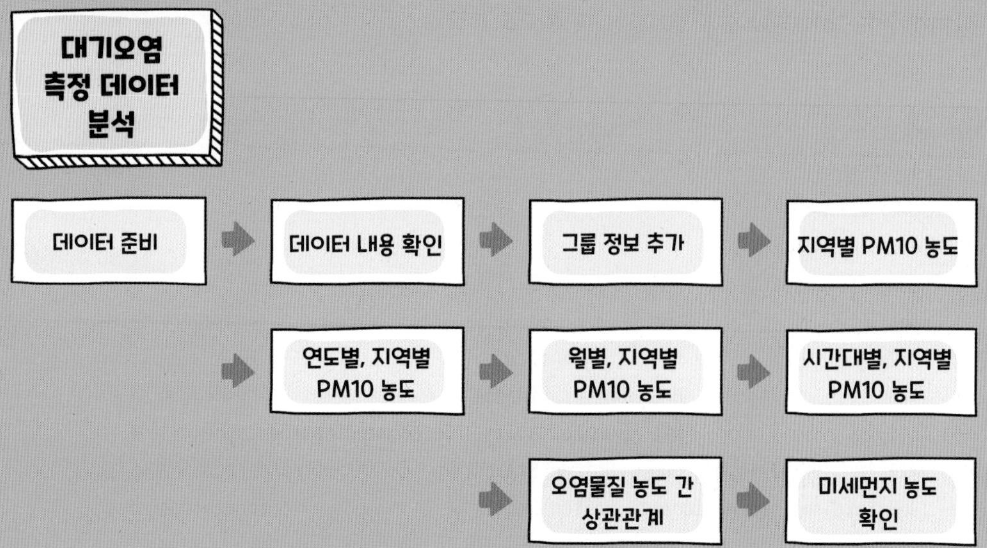

Section 01

포브스 기업 리포트 데이터를 분석합니다

지금까지 배운 데이터 분석 프로그래밍 지식을 활용하여 실제 데이터를 분석하는 과정을 살펴봅니다. 예제 코드에 대한 설명은 꼭 필요한 부분에 대해서만 하고, 이미 알고 있는 부분들은 생략하도록 하겠습니다.

1 데이터 준비

살펴볼 데이터는 포브스에서 선정한 2004년 세계 2000대 기업 리포트입니다. 자료는 HSAUR 패키지의 Forbes2000 데이터셋에 있습니다. 먼저 HSAUR 패키지를 설치한 후에 예제를 따라하도록 합니다.

코드 13-1 code13-01.r

```
install.packages('HSAUR')
library(HSAUR)
data("Forbes2000")
ds <- Forbes2000
ds[!complete.cases(ds),]          # 결측값 확인
```

실행 결과

```
> library(HSAUR)
> data("Forbes2000")
> ds <- Forbes2000
> ds[!complete.cases(ds),]          # 결측값 확인
     rank                   name        country                   category sales
772   772                    AMP      Australia                  Insurance  5.40
1085 1085                    HHG United Kingdom                  Insurance  5.68
1091 1091                    NTL  United States Telecommunications services  3.50
1425 1425       US Airways Group  United States             Transportation  5.50
1909 1909 Laidlaw International  United States             Transportation  4.48
```

```
     profits assets marketvalue
772       NA  42.94        6.70
1085      NA  51.65        2.07
1091      NA  10.59        5.94
1425      NA   8.58        0.24
1909      NA   3.98        1.49
```

분석을 위한 데이터를 ds에 저장합니다. 결측값 여부를 확인하면 총 5건이 있는데, 모두 profits 열에 위치합니다. 지금 미리 제거하지 않고 나중에 profits 열을 사용하는 시점에서 제거하기로 합니다.

2 데이터 내용 확인

[코드 13-2]를 통해 데이터 내용을 확인해보겠습니다.

코드 13-2 code13-02.r

```
str(ds)
head(ds)
```

[코드 13-2]의 실행 결과를 나누어서 설명하면 다음과 같습니다.

```
> str(ds)
'data.frame':2000 obs. of  8 variables:
 $ rank       : int  1 2 3 4 5 6 7 8 9 10 ...
 $ name       : chr  "Citigroup" "General Electric" "American Intl Group" "ExxonMobil" ...
 $ country    : Factor w/ 61 levels "Africa","Australia",..: 60 60 60 60 56 60 56 28 60 60 ...
 $ category   : Factor w/ 27 levels "Aerospace & defense",..: 2 6 16 19 19 2 2 8 9 20 ...
 $ sales      : num  94.7 134.2 76.7 222.9 232.6 ...
 $ profits    : num  17.85 15.59 6.46 20.96 10.27 ...
 $ assets     : num  1264 627 648 167 178 ...
 $ marketvalue: num  255 329 195 277 174 ...
```

자료는 총 2,000행, 8열로 구성되는데, 각 열의 의미는 다음과 같습니다.

- **rank** : 기업 순위
- **name** : 기업 이름
- **country** : 기업 소속 국가
- **category** : 업종 구분
- **sales** : 매출액(단위: 10억 달러)
- **profits** : 순익(단위: 10억 달러)
- **assets** : 자산 금액(단위: 10억 달러)
- **marketvalue** : 기업 가치(단위: 10억 달러)

8개의 열(변수) 중에서 name은 문자열 자료, country와 category는 팩터 타입의 범주형 자료, 나머지는 수치형 자료로 되어 있습니다.

```
> head(ds)
  rank               name        country                category  sales  profits
1    1          Citigroup  United States                 Banking  94.71    17.85
2    2   General Electric  United States           Conglomerates 134.19    15.59
3    3 American Intl Group  United States               Insurance  76.66     6.46
4    4         ExxonMobil  United States  Oil & gas operations 222.88    20.96
5    5                 BP United Kingdom  Oil & gas operations 232.57    10.27
6    6    Bank of America  United States                 Banking  49.01    10.81
   assets  marketvalue
1 1264.03       255.30
2  626.93       328.54
3  647.66       194.87
4  166.99       277.02
5  177.57       173.54
6  736.45       117.55
```

head( ) 함수를 통해 ds에 저장된 내용을 확인합니다.

3 국가별 기업 통계

[코드 13-3]을 통해 국가별 기업 통계 내용을 확인합니다.

코드 13-3　　code13-03.r

```
table(ds$country)
tmp <- sort(table(ds$country), decreasing=T)
top.10.contry <- tmp[1:10]
top.10.contry                          # 상위 10개국

par(mar=c(8,4,4,2))                    # 그래프 여백 조정
barplot(top.10.contry,
        main='기업수 상위 10개국',
        col=rainbow(10),               # 레인보우 팔레트
        las=2
)
par(mar=c(5,4,4,2))
```

[코드 13-3]의 실행 결과를 나누어서 설명하면 다음과 같습니다.

```
> table(ds$country)

                   Africa                  Australia
                        2                         37
   Australia/ United Kingdom                 Austria
                        2                          8
...(중간생략)
United Kingdom/ South Africa            United States
                        1                        751
                Venezuela
                        1
```

각 나라별로 몇 개의 기업이 2,000개 기업에 포함되었는지를 확인합니다.

```
> tmp <- sort(table(ds$country), decreasing=T)
> top.10.contry <- tmp[1:10]
> top.10.contry                            # 상위 10개국

United States          Japan  United Kingdom      Germany      France
          751            316             137           65          63
       Canada    South Korea           Italy    Australia      Taiwan
           56             45              41           37          35
```

포함된 기업의 수가 많은 상위 10개국을 알아보기 위해 도수분포표를 내림차순으로 정렬한 후, 앞에서 10개의 자료만 잘라 출력했습니다. 미국이 압도적인 1위를 차지하였고, 일본과 영국이 그 뒤를 이었습니다. 한국도 7위를 기록하였습니다.

```
> par(mar=c(8,4,4,2))                      # 그래프 여백 조정
> barplot(top.10.contry,
...(생략)
```

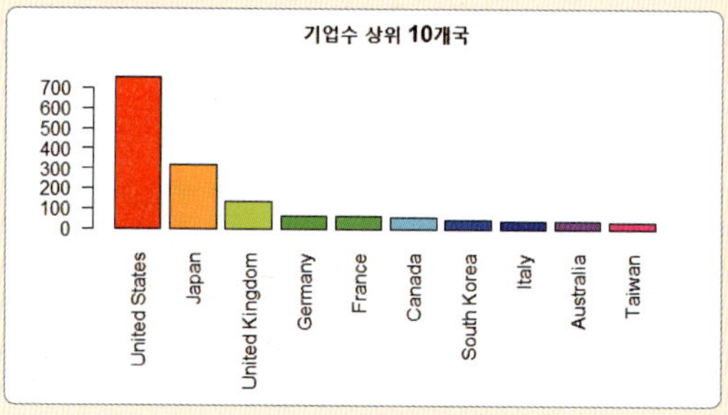

기업수 상위 10개국을 막대그래프로 나타내었습니다. 막대의 색은 rainbow 팔레트에서 10개의 색을 선택하여 적용했습니다. 미국과 일본 2개국의 기업수가 나머지 8개국을 합친 것보다 더 많다는 것을 눈으로 쉽게 확인할 수 있습니다.

4 업종별 기업 통계

[코드 13-4]를 통해 업종별 기업 통계 내용을 확인합니다.

코드 13-4 code13-04.r

```
# 업종별 기업 분포
table(ds$category)
tmp <- sort(table(ds$category), decreasing=T)
top.10.category <- tmp[1:10]
top.10.category                          # 상위 10개 업종

par(mar=c(10,4,4,2))                     # 그래프 여백 조정
barplot(top.10.category,
        main='기업수 상위 10개 업종',
        col='pink',
        las=2)
par(mar=c(5,4,4,2))

# 업종별 기업자산 분포
tmp <- ds[ds$category %in% names(top.10.category),]
levels(tmp$category)
tmp$category <- factor(tmp$category)
levels(tmp$category)

par(mar=c(10,4,4,2))                     # 그래프 여백 조정
boxplot(assets~category, data=tmp,
        ylim=c(0,100),
        xlab='',
        las=2)
par(mar=c(5,4,4,2))
```

[코드 13-4]의 실행 결과를 나누어서 설명하면 다음과 같습니다.

```
# 업종별 기업 분포
> table(ds$category)
```

```
             Aerospace & defense                        Banking
                              19                            313
     Business services & supplies                 Capital goods
                              70                             53
...(중간생략)
  Technology hardware & equipment   Telecommunications services
                              59                             67
               Trading companies                 Transportation
                              25                             80
                       Utilities
                             110
> tmp <- sort(table(ds$category), decreasing=T)
> top.10.category <- tmp[1:10]
> top.10.category                          # 상위 10개 업종

Banking Diversified financials      Insurance
                   313                    158                112
             Utilities              Materials  Oil & gas operations
                   110                     97                 90
             Retailing    Food drink & tobacco     Transportation
                    88                     83                 80
          Construction
                    79
```

기업수가 많이 분포한 상위 10개 업종을 알아봅니다. 1, 2, 3위가 모두 금융 관련 업종이라는 사실을 확인할 수 있습니다.

```
> par(mar=c(10,4,4,2))                     # 그래프 여백 조정
> barplot(top.10.category,
+         main='기업수 상위 10개 업종',
+         col='pink',
+         las=2)
> par(mar=c(5,4,4,2))
```

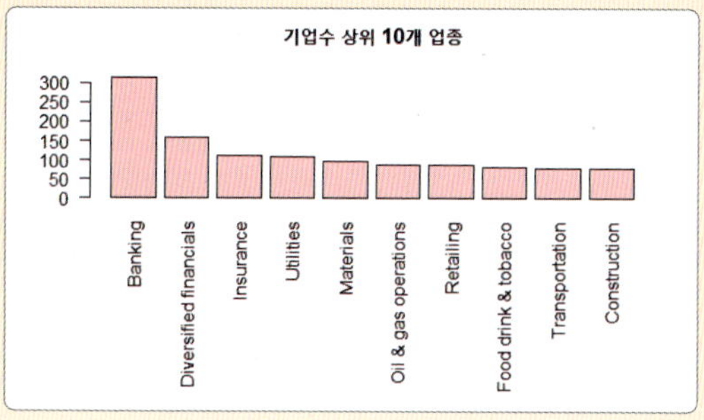

기업수가 많은 상위 10개 업종을 그래프로 표현하였습니다.

```
> # 업종별 기업자산 분포
> tmp <- ds[ds$category %in% names(top.10.category),]
> levels(tmp$category)
 [1] "Aerospace & defense"                "Banking"
 [3] "Business services & supplies"       "Capital goods"
 [5] "Chemicals"                          "Conglomerates"
 [7] "Construction"                       "Consumer durables"
 [9] "Diversified financials"             "Drugs & biotechnology"
[11] "Food drink & tobacco"               "Food markets"
[13] "Health care equipment & services"   "Hotels restaurants & leisure"
[15] "Household & personal products"      "Insurance"
[17] "Materials"                          "Media"
...(중간생략)
> tmp$category <- factor(tmp$category)
> levels(tmp$category)
 [1] "Banking"                "Construction"           "Diversified financials"
 [4] "Food drink & tobacco"   "Insurance"              "Materials"
 [7] "Oil & gas operations"   "Retailing"              "Transportation"
[10] "Utilities"
```

상위 10개 업종에 대한 기업 자산 분포를 알아보기 위해서 ds에서 해당 데이터를 추출하여 tmp에 저장합니다. 여기서 %in% 연산자가 사용되었는데 A %in% B 연산은 **A에 있는 값들 중 B에 속하는 값들**을 찾는 역할을 하며, 결과는 TRUE, FALSE로 얻어집니다. 따라서 첫 번째 명령문은 ds에서 업종이 상위 10개 업종에 포함되는 행들만 추출하여 tmp에 저장하는 작업을 수행합니다.

그런데 tmp의 업종을 출력하면 업종이 10개가 아닌 원래 ds에 있던 업종들이 출력됩니다. 그 이유는 category 열이 팩터 타입이기 때문입니다. 팩터는 포함하고 있는 값들과 그룹 정보를 함께 저장하기 때문에 값들이 바뀌어도 그룹 정보는 유지됩니다. 따라서 tmp$category <- factor(tmp$category) 명령문을 통해 그룹 정보가 포함된 값들만 사용해서 재설정하는 작업이 필요합니다.

```
> par(mar=c(10,4,4,2))                    # 그래프 여백 조정
> boxplot(assets~category, data=tmp,
+         ylim=c(0,100),
+         xlab='',
+         las=2)
> par(mar=c(5,4,4,2))
```

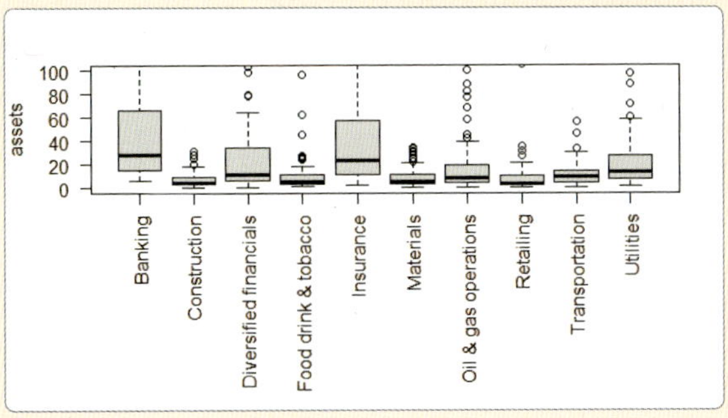

업종별로 기업 자산 분포를 확인하면 역시 은행과 보험 업종 기업의 자산이 많은 것을 알 수 있습니다. 두 업종은 막대의 길이가 다른 업종에 비해 길게 보이는데, 이는 업체 간 자산액의 편차가 크다는 것을 의미합니다. 상자그림에서 동그라미는 특이값(outlier)을 의미하는데 업종별로 타 기업에 비해 특이하게 자산이 많은 기업들이 있음을 말해줍니다.

5 기업 가치 상위 10대 기업

[코드 13-5]를 통해 기업 가치 상위 10대 기업을 확인합니다.

코드 13-5 code13-05.r

```
tmp <- ds[order(ds$marketvalue, decreasing=T),]
tmp[1:10,c('name', 'country','category','marketvalue')]
```

실행 결과

```
> tmp <- ds[order(ds$marketvalue, decreasing=T),]
> tmp[1:10,c('name', 'country','category','marketvalue')]
                    name        country                     category  marketvalue
2       General Electric  United States                Conglomerates       328.54
31             Microsoft  United States          Software & services       287.02
24                Pfizer  United States        Drugs & biotechnology       285.27
4             ExxonMobil  United States         Oil & gas operations       277.02
1              Citigroup  United States                      Banking       255.30
10       Wal-Mart Stores  United States                    Retailing       243.74
58                 Intel  United States               Semiconductors       196.87
3   American Intl Group   United States                    Insurance       194.87
7             HSBC Group United Kingdom                      Banking       177.96
354             Vodafone United Kingdom  Telecommunications services       174.61
```

기업 가치가 큰 상위 10대 기업을 보면 General Electric, Microsoft, Pfizer 등 우리가 잘 알고 있는 기업들입니다. 이들 기업의 업종 또한 다양하고, 10개 중 8개 기업이 미국 기업입니다.

6 한국 기업 정보

[코드 13-6]을 통해 한국의 기업 정보를 확인합니다.

코드 13-6 code13-06.r

```
korea <- subset(ds, country=='South Korea')
korea[,c('rank','name','category','marketvalue')]
```

실행 결과

```
> korea <- subset(ds, country=='South Korea')
> korea[,c('rank','name','category','marketvalue')]
    rank                    name                       category  marketvalue
45    45     Samsung Electronics                 Semiconductors        72.72
152  152     Korea Electric Power                     Utilities        11.84
154  154             Kookmin Bank                       Banking        14.44
180  180           Hyundai Motor               Consumer durables         8.85
236  236                      KT    Telecommunications services        10.98
275  275                   Posco                      Materials        13.23
390  390  Woori Finance Holdings                        Banking         4.93
...(생략)
```

2000대 기업에 포함된 한국 기업의 데이터만 따로 추출하여 출력하였습니다. 국내 기업 중 삼성전자가 기업 순위와 기업 가치에 있어서 가장 상위를 차지하고 있습니다. 100대 기업에 포함된 기업도 삼성전자가 유일합니다. 공사인 한전(Korea Electric Power)이 한국 기업 랭킹 2위입니다.

7 기업 가치와 타 변수와의 상관관계

[코드 13-7]을 통해 기업 가치와 타 변수와의 상관관계를 확인합니다.

코드 13-7 code13-07.r

```
tmp <- ds[,5:8]
tmp <- tmp[complete.cases(tmp),]     # 결측값 제거
plot(tmp, lower.panel=NULL)          # 산점도
cor(tmp)                             # 상관계수
```

실행 결과

```
> tmp <- ds[,5:8]
> tmp <- tmp[complete.cases(tmp),]        # 결측값 제거
> plot(tmp, lower.panel=NULL)             # 산점도
```

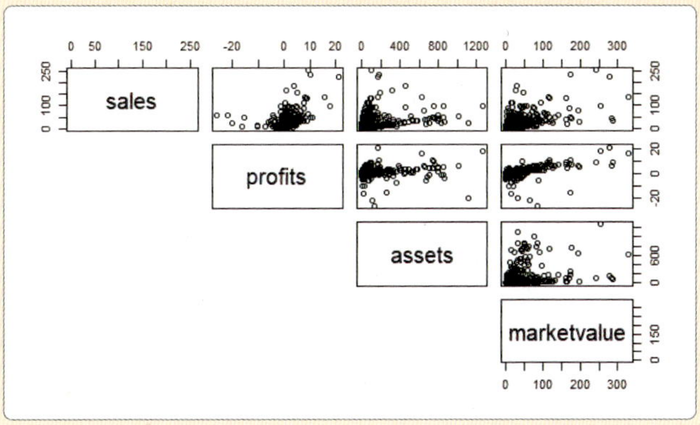


```
> cor(tmp)                                # 상관계수
                sales   profits    assets marketvalue
sales       1.0000000 0.4042672 0.4261359   0.6419901
profits     0.4042672 1.0000000 0.2243573   0.5472202
assets      0.4261359 0.2243573 1.0000000   0.4539952
marketvalue 0.6419901 0.5472202 0.4539952   1.0000000
```

산점도상으로는 상관관계를 찾기가 어렵지만, 상관계수를 보면 기업 가치와 가장 상관도가 높은 변수는 매출액(sales)으로 상관계수 값이 0.642로 나타났습니다.

Section 02

대기오염 측정 데이터를 분석합니다

에어코리아(http://www.airkorea.or.kr)는 한국환경공단이 운영하는 사이트로 전국의 대기오염 측정망에서 측정하고 있는 아황산가스, 일산화탄소, 이산화질소, 오존, 미세먼지 등 대기오염도 데이터를 수집 및 제공하고 있습니다. 여기서 제공되는 대기오염 측정 데이터(2015년~2019년)를 다운로드하여 분석하기로 합니다.

원 데이터는 전국 단위의 정보를 저장하고 있으므로 크기도 크고 연노별로 데이터의 구조도 다릅니다. 여기에서는 실습이 용이하도록 구조를 통일한 후 서울·강릉·목포 3개 지역 측정소 자료만 정리하였습니다. 데이터의 구성은 [표 13-1]과 같고, 미세먼지(PM10)를 중심으로 분석을 진행합니다.

표 13-1 **대기오염 측정 데이터의 구성**

열	내용
loc	측정소 코드 (111123: 서울시 종로구, 632132: 강릉 옥천동, 336111: 목포시 용당동)
mdate	측정 일시(매일 1시간 단위로 측정)
SO2	아황산가스
CO	일산화탄소
O3	오존
NO2	이산화질소
PM10	미세먼지(입경 10㎛ 이하)
PM25	초미세먼지(입경 2.5㎛ 이하)

1 데이터 준비

[코드 13-8]을 통해 데이터를 준비하겠습니다. 먼저 5개년도의 측정 데이터 파일을 읽어서 ds에 모아 저장합니다.

코드 13-8 code13-08.r

```
setwd('C:/Rworks')
files <- c('ds.2015.csv', 'ds.2016.csv','ds.2017.csv',
          'ds.2018.csv','ds.2019.csv')

ds <- NULL
for (f in files) {
    tmp <- read.csv(f, header=T)
    ds <- rbind(ds, tmp)
    print(f)
}
```

실행 결과

```
> setwd('C:/Rworks')
> files <- c('ds.2015.csv', 'ds.2016.csv','ds.2017.csv',
+           'ds.2018.csv','ds.2019.csv')
>
> ds <- NULL
> for (f in files) {
+   tmp <- read.csv(f, header=T)
+   ds <- rbind(ds, tmp)
+   print(f)
+ }
[1] "ds.2015.csv"
[1] "ds.2016.csv"
[1] "ds.2017.csv"
[1] "ds.2018.csv"
[1] "ds.2019.csv"
```

2 데이터 내용 확인

[코드 13-9]를 통해 데이터의 내용을 확인하겠습니다.

코드 13-9 code13-09.r

```
str(ds)
head(ds)
unique(ds$loc)                        # 관측 장소
range(ds$mdate)                       # 측정 기간
```

```
# 열별 결측값 확인
for (i in 3:8) {
    cat(names(ds)[i], sum(is.na(ds[,i])), sum(is.na(ds[,i]))/nrow(ds), '\n')
}
ds <- ds[,-8]                              # PM25 열 제거
ds <- ds[complete.cases(ds),]              # 결측값 포함 행 제거
```

실행 결과

```
> str(ds)
'data.frame':131472 obs. of  8 variables:
 $ loc  : int  632132 632132 632132 632132 632132 632132 632132 632132 632132 632132 ...
 $ mdate: int  2015010101 2015010102 2015010103 2015010104 2015010105 2015010106
2015010107 2015010108 2015010109 2015010110 ...
 $ SO2  : num  0.005 0.006 0.005 0.006 0.005 0.005 0.005 0.005 0.006 0.006 ...
 $ CO   : num  0.6 0.6 0.7 0.6 0.6 0.6 0.6 0.6 0.6 0.6 ...
...(중간 생략)
> head(ds)
     loc      mdate   SO2  CO    O3   NO2 PM10 PM25
1 632132 2015010101 0.005 0.6 0.025 0.005   33   11
2 632132 2015010102 0.006 0.6 0.023 0.005   35    8
3 632132 2015010103 0.005 0.7 0.022 0.005   37    9
4 632132 2015010104 0.006 0.6 0.021 0.005   42   11
5 632132 2015010105 0.005 0.6 0.021 0.005   47    8
6 632132 2015010106 0.005 0.6 0.020 0.006   47    7
> unique(ds$loc)                          # 관측 장소
[1] 632132 111123 336111
> range(ds$mdate)                         # 측정 기간
[1] 2015010101 2019123124
>
> # 열별 결측값 확인
> for (i in 3:8) {
+   cat(names(ds)[i], sum(is.na(ds[,i])), sum(is.na(ds[,i]))/nrow(ds), '\n')
+ }
 SO2  5838 0.04440489
  CO  5821 0.04427559
  O3  6040 0.04594134
 NO2  6515 0.04955428
PM10  7725 0.05875776
PM25 24159  0.1837578
> ds <- ds[,-8]                           # PM25 열 제거
> ds <- ds[complete.cases(ds),]           # 결측값 포함 행 제거
```

ds는 8개 열에 약 13만 건의 측정 데이터를 포함하고 있습니다. 관측 장소는 3곳이고 측정 기간은 2015년 1월 1일 1시부터 2019년 12월 31일 24시까지입니다. 열별로 결측값을 확인하니 모든 열에 결측값이 포함되어 있는데, 특히 PM25 열은 약 18%가 결측값입니다. 따라서 ds에서 PM25를 제거하고, 결측값이 포함된 행들도 제거했습니다.

3 그룹 정보 추가

[코드 13-10]을 통해 그룹 정보를 추가합니다.

코드 13-10 code13-10.r

```
mdate <- as.character(ds$mdate)
head(mdate)
ds$year  <- as.numeric(substr(mdate, 1,4))    # 연도
ds$month <- as.numeric(substr(mdate, 5,6))    # 월
ds$hour  <- as.numeric(substr(mdate, 9,10))   # 시간
ds$locname <- NA                              # locname 열을 추가
ds$locname[ds$loc==111123] <- '서울'           # 도시
ds$locname[ds$loc==336111] <- '목포'           # 도시
ds$locname[ds$loc==632132] <- '강릉'           # 도시

head(ds)
```

실행 결과

```
> mdate <- as.character(ds$mdate)
> head(mdate)
[1] "2015010101" "2015010102" "2015010103" "2015010104" "2015010105" "2015010106"
> ds$year  <- as.numeric(substr(mdate, 1,4))  # 연도
> ds$month <- as.numeric(substr(mdate, 5,6))  # 월
> ds$hour  <- as.numeric(substr(mdate, 9,10)) # 시간
> ds$locname <- NA                            # locname 열을 추가
> ds$locname[ds$loc==111123] <- '서울'         # 도시
> ds$locname[ds$loc==336111] <- '목포'         # 도시
> ds$locname[ds$loc==632132] <- '강릉'         # 도시
>
> head(ds)
     loc      mdate   SO2  CO    O3   NO2 PM10 year month hour locname
1 632132 2015010101 0.005 0.6 0.025 0.005   33 2015     1    1    강릉
2 632132 2015010102 0.006 0.6 0.023 0.005   35 2015     1    2    강릉
```

```
3 632132 2015010103 0.005 0.7 0.022 0.005    37 2015    1    3    강릉
4 632132 2015010104 0.006 0.6 0.021 0.005    42 2015    1    4    강릉
5 632132 2015010105 0.005 0.6 0.021 0.005    47 2015    1    5    강릉
6 632132 2015010106 0.005 0.6 0.020 0.006    47 2015    1    6    강릉
```

자료를 연도, 월, 시간대로 그룹핑하여 분석하기 위해 측정 일시(mdate) 열을 문자 타입으로 변환하여 추출한 뒤 여기서 연도, 월, 시간을 분리하여 각각 별도의 열로 저장했습니다. 숫자 코드로 되어있는 측정 위치도 도시 이름으로 변환하여 새로운 열에 저장합니다. ds의 내용을 보면 새로 추가된 열들(PM10 이후 열들)이 확인됩니다.

4 지역별 PM10 농도 분포

지역별 PM10 농도 분포를 확인하기 위해 [코드 13-11]을 실행합니다.

코드 13-11 code13-11.r

```
boxplot(PM10~locname, data=ds,
        main='미세먼지 농도 분포')
boxplot(PM10~locname, data=ds,
        main='미세먼지 농도 분포',
        ylim=c(1,100))
```

실행 결과

```
> boxplot(PM10~locname, data=ds,
+         main='미세먼지 농도 분포')
```

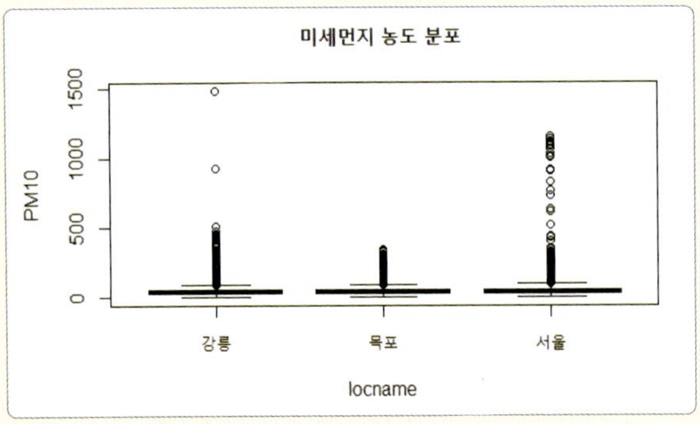


```
> boxplot(PM10~locname, data=ds,
+         main='미세먼지 농도 분포',
+         ylim=c(1,100))
```

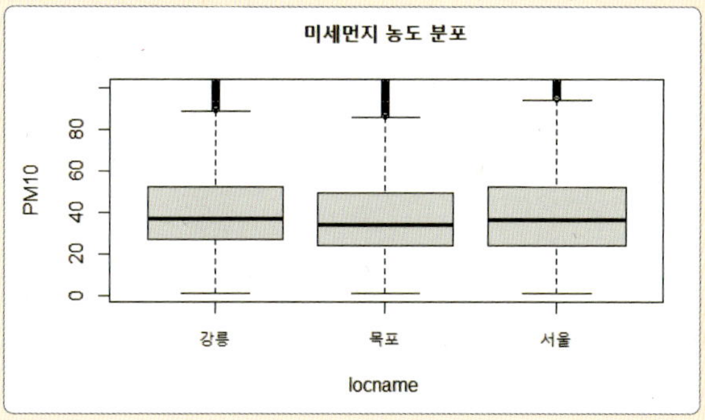

첫 번째 상자그림을 보면 세 지역 모두 정상 범위보다 미세먼지 농도가 극단적으로 높아지는 시점들이 존재합니다. 특히 목포에 비해 서울과 강릉 지역이 더 심합니다. 두 번째 상자 그림은 미세먼지 농도 범위를 100 이하로 제한하여 작성한 것으로 세 지역 모두 정상 범위는 30~50 사이로 비슷합니다.

5 연도별, 지역별 PM10 농도 추이

연도별, 지역별 PM10 농도 추이를 확인하기 위해 [코드 13-12]를 실행합니다.

코드 13-12 code13-12.r

```
library(ggplot2)

tmp.year <- aggregate(ds[,7], by=list(year=ds$year,loc=ds$locname), FUN='mean')
tmp.year$loc = as.factor(tmp.year$loc)
head(tmp.year)

ggplot(tmp.year, aes(x=year,y=x, colour=loc, group=loc))+
    geom_line()+
    geom_point(size=6, shape=19, alpha=0.5)+
    ggtitle('연도별 PM10 농도 변화')+
    ylab('농도')
```

실행 결과

```
> tmp.year <- aggregate(ds[,7], by=list(year=ds$year,loc=ds$locname), FUN='mean')
> tmp.year$loc = as.factor(tmp.year$loc)
> head(tmp.year)
  year  loc        x
```

```
1 2015 강릉 48.50395
2 2016 강릉 46.98465
3 2017 강릉 43.51509
4 2018 강릉 36.17345
5 2019 강릉 35.73346
6 2015 목포 39.21271
>
> ggplot(tmp.year, aes(x=year,y=x, colour=loc, group=loc))+
...(중간 생략)
```

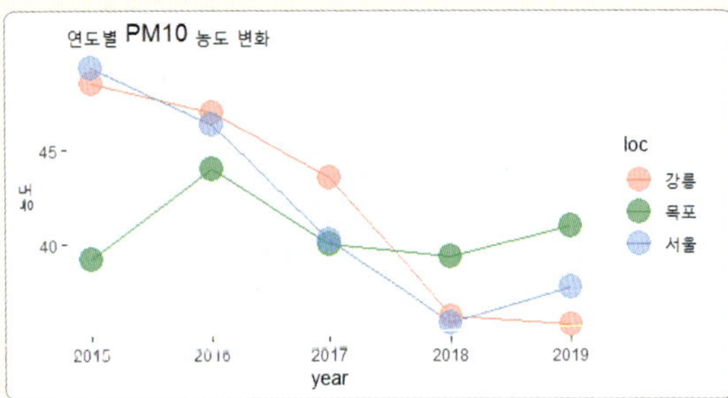

ds 데이터를 연도와 지역을 기준으로 평균 농도를 집계한 후 선그래프를 작성합니다. 전체적으로 2018년도까지는 미세먼지 농도가 감소하는 추세를 보이다가 2019년도에 다시 증가하는 추세를 보입니다. 목포 지역은 미세먼지 농도 변화가 다른 지역보다 적습니다.

6 월별, 지역별 PM10 농도 추이

월별, 지역별 PM10 농도 추이를 확인하기 위해 [코드 13-13]을 실행합니다.

코드 13-13 code13-13.r

```
tmp.month <- aggregate(ds[,7], by=list(month=ds$month,loc=ds$locname),
                       FUN='mean')
tmp.month$loc = as.factor(tmp.month$loc)
head(tmp.month)

ggplot(tmp.month, aes(x=month,y=x, colour=loc, group=loc))+
    geom_line()+
    geom_point(size=3, shape=19, alpha=0.5)+
    ggtitle('월별 PM10 농도 변화')+
    ylab('농도')
```

실행 결과

```
> tmp.month <- aggregate(ds[,7], by=list(month=ds$month,loc=ds$locname),
+                         FUN='mean')
> tmp.month$loc = as.factor(tmp.month$loc)
> head(tmp.month)
  month  loc        x
1    01 강릉 42.58224
2    02 강릉 50.58458
3    03 강릉 56.95353
4    04 강릉 52.63149
5    05 강릉 53.31255
6    06 강릉 38.82852
>
> ggplot(tmp.month, aes(x=month,y=x, colour=loc, group=loc))+
+   geom_line()+
+   geom_point(size=3, shape=19, alpha=0.5)+
+   ggtitle('월별 PM10 농도 변화')+
+   ylab('농도')
```

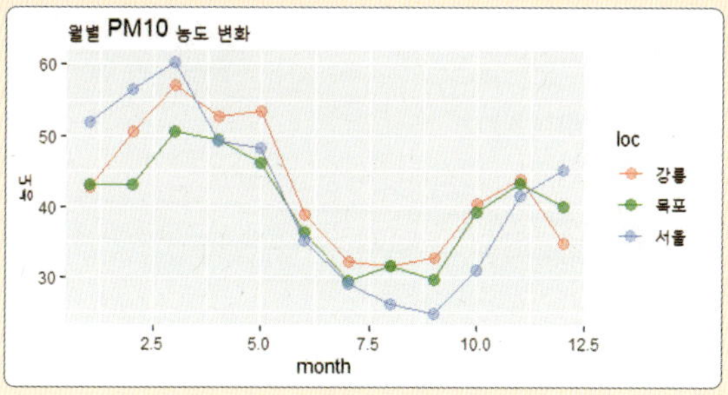

월별 미세먼지 농도 변화를 보면 겨울에서 봄철로 가면서 미세먼지 농도가 높아지다가 우기인 여름철에는 미세먼지 농도가 낮아지는 것을 관찰할 수 있습니다. 서울 지역은 겨울철과 봄철에는 미세먼지 농도가 가장 높은데, 여름철에는 미세먼지 농도가 가장 낮아지는 흥미로운 사실이 관찰됩니다.

7 시간대별, 지역별 PM10 농도 추이

시간대별, 지역별 PM10 농도 추이를 확인하기 위해 [코드 13-14]를 실행합니다.

코드 13-14 code13-14.r

```
tmp.hour <- aggregate(ds[,7], by=list(hour=ds$hour,loc=ds$locname), FUN='mean')
tmp.hour$loc = as.factor(tmp.hour$loc)
head(tmp.hour)
```

```
ggplot(tmp.hour, aes(x=hour,y=x, colour=loc, group=loc))+
    geom_line()+
    geom_point(size=3, shape=19, alpha=0.5)+
    ggtitle('시간별 PM10 농도 변화')+
    ylab('농도')
```

실행 결과

```
> tmp.hour <- aggregate(ds[,7], by=list(hour=ds$hour,loc=ds$locname), FUN='mean')
> tmp.hour$loc = as.factor(tmp.hour$loc)
> head(tmp.hour)
  hour  loc        x
1   01 강릉 41.71627
2   02 강릉 40.28853
3   03 강릉 40.40870
4   04 강릉 39.53623
5   05 강릉 38.55162
6   06 강릉 38.04002
>
> ggplot(tmp.hour, aes(x=hour,y=x, colour=loc, group=loc))+
+   geom_line()+
+   geom_point(size=3, shape=19, alpha=0.5)+
+   ggtitle('시간별 PM10 농도 변화')+
+   ylab('농도')
```

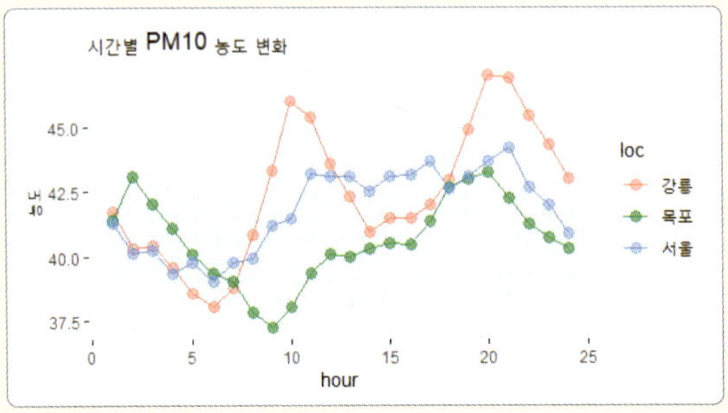

시간대별 미세먼지 농도 추이를 보면 아침 시간대에 낮아졌다가 서서히 올라가서 저녁 시간대에 가장 높아집니다. 이 그래프를 보면 지역별로 어느 시간대에 실내 환기를 하는 것이 좋은지에 대한 정보를 얻을 수 있습니다. 강릉의 경우 시간대별 미세먼지 농도 변화의 폭이 매우 큰데, 아마도 지형의 영향을 받는 것으로 추측됩니다.

8 오염물질 농도 간의 상관관계

오염물질 농도 간의 상관관계를 확인하기 위해 [코드 13-15]를 실행합니다.

코드 13-15 code13-15.r

```
set.seed(1234)
plot(ds[sample(nrow(ds),5000),3:7], lower.panel=NULL)
cor(ds[,3:7])
```

실행 결과

```
> set.seed(1234)
> plot(ds[sample(nrow(ds),5000),3:7], lower.panel=NULL)
```

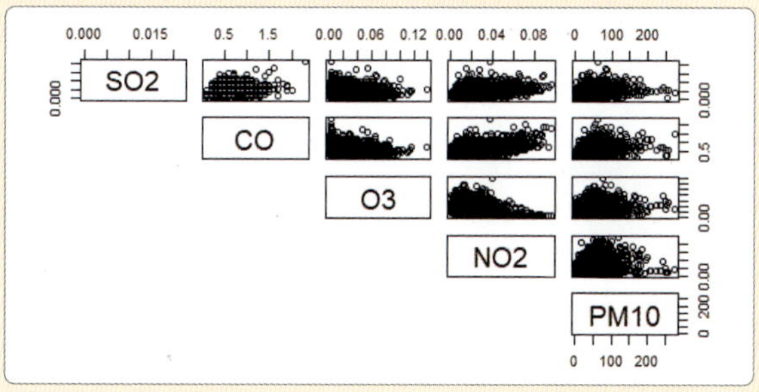


```
> cor(ds[,3:7])
            SO2        CO          O3        NO2       PM10
SO2   1.0000000  0.3561397 -0.09126510  0.4182895 0.28120938
CO    0.3561397  1.0000000 -0.22502479  0.4723789 0.27845309
O3   -0.0912651 -0.2250248  1.00000000 -0.4737260 0.07889194
NO2   0.4182895  0.4723789 -0.47372596  1.0000000 0.23273135
PM10  0.2812094  0.2784531  0.07889194  0.2327313 1.00000000
```

미세먼지 농도와 다른 오염물질 간의 상관관계를 확인하기 위해 산점도와 상관계수를 알아보았는데, 특별히 상관성을 보이는 오염물질은 없는 것으로 파악되었습니다.

9 미세먼지 최고점과 최저점 확인

미세먼지 농도가 가장 높았던 달과 가장 낮았던 달을 확인하기 위해 [코드 13-16]을 실행합니다.

코드 13-16 code13-16.r

```
tmp.yml <- aggregate(ds[,7], by=list(year=ds$year,month=ds$month,
                     loc=ds$locname), FUN='mean')
```

```
# 가장 미세먼지가 많았던 달
idx <- which(tmp.yml$x==max(tmp.yml$x))
tmp.yml[idx,]

# 가장 미세먼지가 적었던 달
idx <- which(tmp.yml$x==min(tmp.yml$x))
tmp.yml[idx,]
```

실행 결과

```
> tmp.yml <- aggregate(ds[,7], by=list(year=ds$year,month=ds$month,
+                                       loc=ds$locname), FUN='mean')
>
> # 가장 미세먼지가 많았던 달
> idx <- which(tmp.yml$x==max(tmp.yml$x))
> tmp.yml[idx,]
    year month  loc        x
123 2015    02 서울 99.06929
>
> # 가장 미세먼지가 적었던 달
> idx <- which(tmp.yml$x==min(tmp.yml$x))
> tmp.yml[idx,]
   year month  loc        x
49 2018    10  강릉 16.57143
```

미세먼지 농도가 가장 높았던 때는 2015년 2월 서울 지역으로 월평균 미세먼지 농도가 100에 근접하였고, 미세먼지 농도가 가장 낮았던 때는 2018년 10월 강릉 지역으로 미세먼지 농도는 16.57을 기록하였습니다.

요약

01 Forbes2000 데이터셋은 포브스에서 2004년도에 선정한 전 세계 2000대 기업에 대한 리포트 데이터입니다.

02 Forbes2000 데이터셋에 포함된 변수는 기업 순위, 기업 이름, 기업 소속 국가, 업종 구분, 매출액, 순익, 자산 금액, 기업 가치입니다.

03 2000대 기업에 가장 많은 기업을 포함시킨 나라는 미국입니다. 우리나라는 7번째로 많은 기업을 포함시켰습니다.

04 기업수가 많은 상위 업종은 금융 관련 업종입니다.

05 A %in% B 연산은 **'A에 있는 값들 중 B에 속하는 값들'**을 찾아내는 역할을 하며 결과는 TRUE, FALSE로 얻어집니다.

06 에어코리아에서 제공하는 대기오염 측정 자료는 서울, 강릉, 목포 지역의 3개 측정소에서 측정한 자료입니다.

07 대기오염 데이터셋에 포함된 내용은 측정소 코드, 측정 일시, 아황산가스, 일산화탄소, 오존, 이산화질소, 미세먼지, 초미세먼지 농도입니다.

08 2018년도까지는 미세먼지 농도가 감소하는 추세를 보이다가 2019년도에 다시 증가하는 추세를 보입니다.

09 겨울철에서 봄철로 가면서 미세먼지 농도가 높아지다가 우기인 여름철에는 미세먼지 농도가 낮아지는 것을 관찰할 수 있습니다.

10 시간대별 미세먼지 농도 추이를 보면 아침 시간대에 낮아졌다가 서서히 올라가서 저녁 시간대에 가장 높아집니다.

11 미세먼지 농도와 특별히 상관성을 보이는 오염물질은 없는 것으로 파악됩니다.

연습문제

01 **1절에서 소개한 포브스 기업 리포트 데이터를 기준으로 다음 물음에 대한 R 코드를 작성하시오. 모든 그래프는 R에서 제공하는 기본 그래프를 이용하여 작성한다.**

(1) 기업 순위 상위 10개 기업과 하위 10개 기업의 평균 매출액 차이를 보이시오.

(2) 순익이 많은 상위 10개 기업의 기업 순위, 기업 이름, 매출액, 순익을 나타내시오.

(3) 자산 금액이 많은 상위 10개 기업에 대해서 자산 금액에 대한 막대그래프를 작성하시오.

(4) 기업 순위 상위 20%와 하위 20%를 각각 하나의 그룹으로 하고 매출액에 대한 상자 그림을 작성하여 두 그룹을 비교하시오(상자그림에서 y축 값의 범위는 0~80).

(5) 캐나다(`Canada`)와 한국(`South Korea`)을 각각 하나의 그룹으로 하고 기업 가치에 대한 상자 그림을 작성하여 두 그룹을 비교하시오(상자그림에서 y축 값의 범위는 0~40).

(6) 보험(`Insurance`) 업종 기업 중 기업 순위가 높은 상위 5개 기업에 대해 매출액과 순익을 이용해 막대그래프를 각각 작성하되 한 화면에 두 개가 모두 표시되도록 하시오.

(7) 소매업(`Retailing`) 업종 기업 중 기업 순위가 높은 상위 20개 기업과 하위 20개 기업의 기업 가치에 대해 상자그림을 작성하여 비교하시오(상자그림에서 y축 값의 범위는 0~60).

02 **[코드 13-10]에서 대기오염물질 측정 자료를 정리한 `ds`에 대해 다음 물음에 대한 R 코드를 작성하시오(모든 그래프는 `ggplot`을 이용하여 작성).**

(1) 오존(O_3)에 대해 연도별 변화 추이를 다음과 같이 선그래프로 작성하시오.

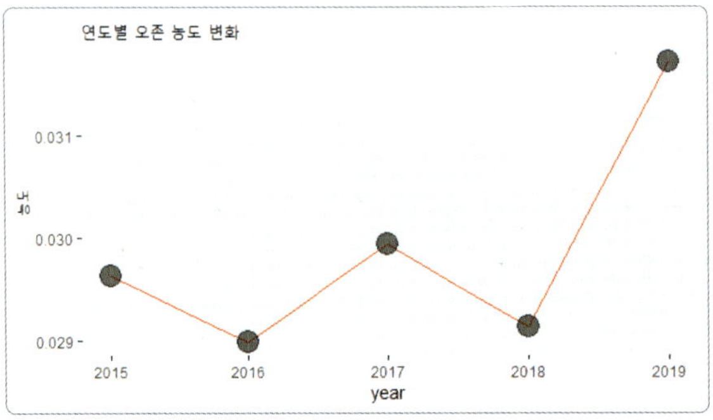

(2) 아황산가스(SO_2)와 오존(O_3)의 월별 변화 추이를 다음과 같이 선그래프로 작성하시오.

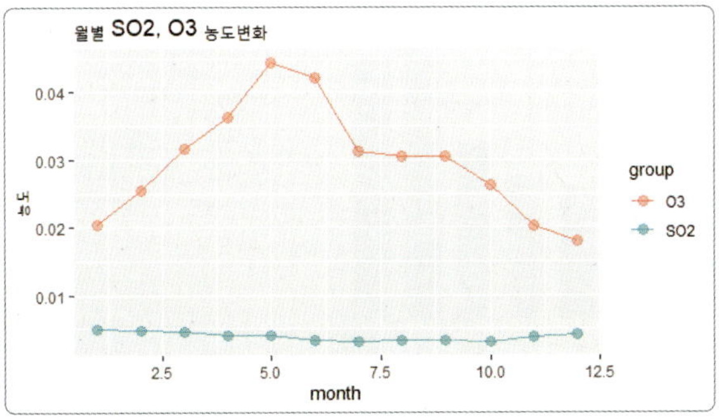

(3) 데이터셋 ds에 계절 정보를 나타내는 season 열을 추가하시오. 열의 값의 경우 12, 1, 2월은 winter, 3~5월은 spring, 6~8월은 summer, 9~11월은 fall로 한다.

(4) 3개 지역의 계절별 미세먼지(PM10) 농도 변화를 다음과 같이 선그래프로 작성하시오. 계절의 순서는 봄, 여름, 가을, 겨울로 한다((3)번 문제에 이어서 실행).

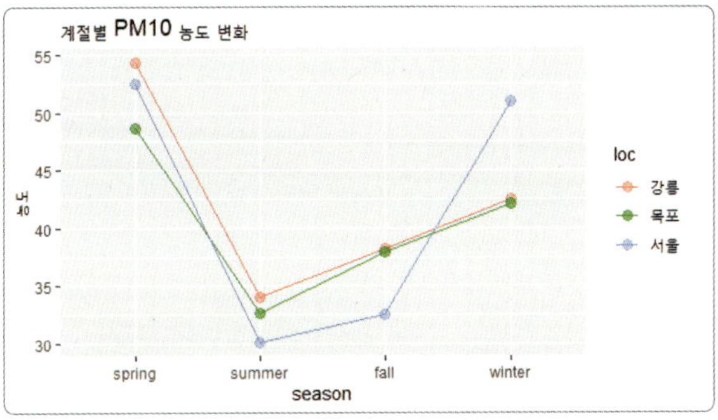

(5) 월별 미세먼지 농도를 다음과 같이 상자그림을 작성하여 비교하시오. 상자그림에서 y축 값의 범위를 0~100으로 제한하기 위해서 명령문에 `coord_cartesian(ylim=c(0,100))`을 포함한다.

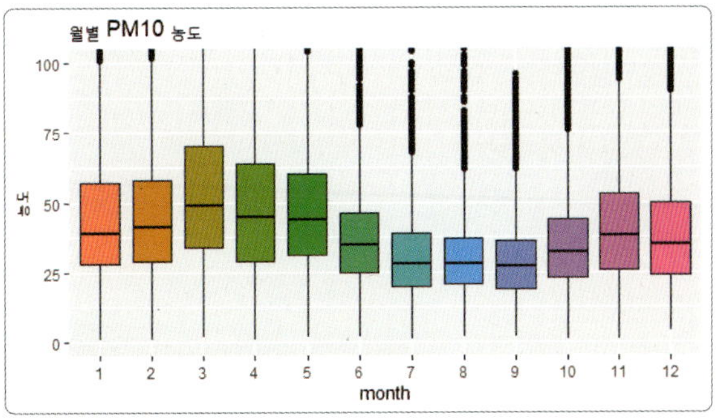

(6) 이산화질소(NO_2)의 2019년 월별 평균 농도 변화 추이를 다음과 같이 막대그래프로 나타내시오. 막대의 색은 `steelblue`로 한다.

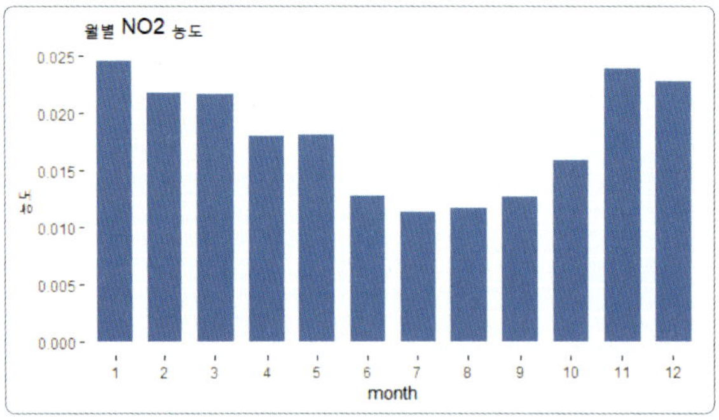

(7) 2019년도에 3개 지역에서 일평균 미세먼지 농도가 '전체 일평균'보다 높은 날은 며칠인지 각각 구하시오. 단, 자료를 날짜별로 집계한 후 작업을 수행한다.

(8) 자료에서 일평균 미세먼지 농도가 가장 높았던 날짜와 지역, 미세먼지 농도값을 보이시오.

찾아보기

찾아보기

찾아보기

찾아보기